Schriften der Hans-Böckler-Stiftung

Band 20

Martina Klein

Gewerkschaften und Teilzeitarbeit in Deutschland

Eine vergleichende Untersuchung des Einzelhandels und der Gebäudeinnenreinigung

Gewidmet einer
unermüdlichen [illegible]
netten Kollegin
und
charmanten Frau!
Herzlich
Deine Martina

Nomos Verlagsgesellschaft
Baden-Baden

Frankfurt, im Juli 1996

Die Deutsche Bibliothek – CIP-Einheitsaufnahme

Klein, Martina:
Gewerkschaften und Teilzeitarbeit in Deutschland : Eine vergleichende Untersuchung des Einzelhandels und der Gebäudeinnenreinigung / Martina Klein. – 1. Aufl. – Baden-Baden : Nomos Verl.-Ges., 1995
(Schriftenreihe / Hans-Böckler-Stiftung ; Bd. 20)
ISBN 3-7890-3932-2
NE: Hans-Böckler-Stiftung: Schriftenreihe

1. Auflage 1995

Vorwort

Teilzeitarbeit ist »en vogue«. Sie ist immer noch Synonym für Frauenerwerbsarbeit und »bad jobs«. Dies kann und muß sich ändern. Dazu will das vorliegende Buch einen Beitrag leisten. Ich verstehe meine Arbeit als eine konstruktive Kritik, die dazu beitragen soll, auch innerhalb der gewerkschaftlichen Interessenvertretungen eine weitergehende Diskussion anzuregen. Die Studie beschreibt und analysiert vor allem gesellschaftliche und gewerkschaftliche Realitäten. Es würde mich freuen, wenn die vorgelegten weiteren Grundlagen und Argumente mit dazu beitragen, einen Weg aus der sog. »Teilzeitfalle« zu finden.

Studien wie die vorliegende, sind von besonderen Rahmenbedingungen und der Unterstützung vieler Personen und Institutionen abhängig. An erster Stelle möchte ich der *Hans-Böckler-Stiftung* danken, die nicht nur – über das Stipendium – meine ökonomische Basis gesichert, sondern auch Zugänge zum Forschungsfeld eröffnet und vielfach indirekte Hilfen geleistet hat. Mein besonderer Dank geht hier an *Werner Fiedler.* Ich möchte mich ebenfalls bei den in Anspruch genommenen Kolleginnen und Kollegen der Hauptverwaltungen der HBV, der DAG und der IG BSE für deren Diskussionsbereitschaft und Geduld bedanken. Wertvolle Hilfe erhielt ich vom WSI und hier insbesondere vom Tarifarchiv. Im e. S. wissenschaftlichen Kontext bin ich insbesondere Herrn Professor *Dr. Dietmar Petzina* und Herrn Professor *Dr. Rolf G. Heinze* verpflichtet.

Wer ähnliche Arbeiten abgefaßt hat, weiß um die Notwendigkeit enger Diskussionszusammenhänge und vielfacher Hilfen. Ich möchte mich hierfür besonders bei *Barbara Eifert*, *Adelheid Korpp*, *Dr. Martin Stein* und *Mag Wompel* bedanken. Über die wissenschaftliche Diskussion hinaus, haben insbesondere die Kochkünste *Klaus Schuberts* einen wesentlichen Beitrag zu meiner physischen und psychischen Balance geleistet. Last, not least möchte ich mich bei meinen Eltern, *Ursula* und *Gerhard Klein* bedanken, die einen großen Teil der sozialen Kosten übernommen haben.

Bochum, im April 1995 *Martina Klein*

Inhaltsverzeichnis

Verzeichnis der im Text verwendeten Tabellen

Verzeichnis der Tabellen im Anhang

I. Einleitung

1. Problemstellung und Erkenntnisinteresse

Seit den 70er Jahren ist in den meisten westlichen Industrieländern ein genereller Trend zur Verkürzung der Arbeitszeiten (Lebens-, Jahres- und Wochenarbeitszeit) zu beobachten. Weitgehend unabhängig von konjunkturellen Schwankungen nahm Teilzeitbeschäftigung in den 70er Jahren im Dienstleistungsbereich, im öffentlichen Dienst, im Handel sowie in Teilen der gewerblichen Produktion zu. Parallel hierzu verläuft eine fortschreitende Differenzierung und Diversifizierung von Arbeitszeitmustern. 1993 arbeiteten lediglich noch 23 Prozent der Beschäftigten unter Normalarbeitszeitbedingungen[1]; 77 Prozent der Beschäftigten sind dagegen in einer flexiblen Arbeitszeitform tätig. (MAGS 1994: XIX) Teilzeitarbeit steht als häufigste Variante flexibler Arbeitszeitgestaltung quantitativ sowie aufgrund der überwiegend geringen Qualität der Arbeitsverhältnisse an exponierter Stelle. Nach den Ergebnissen des Mikrozensus arbeiteten 1992 rund 4,4 Millionen Beschäftigte in einem Teilzeitarbeitsverhältnis.

Neun von zehn Teilzeitbeschäftigten sind weiblich. 1992 lag die Teilzeitquote bei 16,8 Prozent aller Erwerbstätigen. 36,4 Prozent der erwerbstätigen Frauen, jedoch nur lediglich 3,2 Prozent der Männer in den alten Bundesländern arbeiteten in einem Teilzeitarbeitsverhältnis. In den neuen Bundesländern lag die Teilzeitquote der Frauen bei 14,6 Prozent.

Bei der Untersuchung von Teilzeitarbeit kann von zwei Grundannahmen ausgegangen werden: Erstens wird Teilzeitarbeit fast ausschließlich von Frauen ausgeübt und zweitens ist Teilzeitarbeit zwar grundsätzlich in allen Branchen vertreten, quantitativ jedoch auf wenige Branchen konzentriert. (vgl. Büchtemann/Schupp 1987; Büchtemann/Neumann 1990; MAGS 1994) Für die vorliegende Untersuchung wurden exemplarisch zwei Branchen, der Einzelhandel und die Gebäudeinnenreinigung, ausgewählt, die zu den »Klassikern« der Teilzeitarbeit gehören und mit die höchsten Teilzeitquoten aufweisen. Infolge des Strukturwandels, den diese Branchen durchlaufen haben, ist eine zunehmend qualitative Ausdifferenzierung der Arbeitsverhältnisse feststellbar.

Betrachtet man die Spezifika der untersuchten Branchen, werden geschlechtsspezifisch determinierte gemeinsame Strukturmerkmale deutlich:

a) Frauen werden kurzfristig und mit geringen bzw. ohne Ausbildungskosten eingesetzt. Eine Berufsqualifikation wird oft nicht verlangt;

1 Hierunter wird eine Vollzeitbeschäftigung mit einer Arbeitszeit zwischen 35 und 40 Stunden verstanden, die auf 5 Wochentage – i.d.R. montags bis freitags – verteilt ist, tagsüber ausgeübt wird und in ihrer Lage nicht variiert.

b) Frauen arbeiten in Berufen bzw. Tätigkeitsbereichen, die sog. »weibliche Fähigkeiten« voraussetzen. Da diese keiner formalisierten Qualifikation entsprechen, werden sie entweder nicht bewertet oder unterbewertet. Die Dauer der Berufsausbildung ist entsprechend kurz;
c) Frauen werden, auch wenn sie über eine berufsqualifizierende Ausbildung verfügen, unterhalb ihrer Qualifikation eingesetzt und entlohnt.

Bei der Auswahl der zu untersuchenden Gewerkschaften ergab sich aufgrund des Industrieprinzips der deutschen Gewerkschaften das Problem, daß Überschneidungen bei den Organisationsbereichen und damit bei der Wahrnehmung der Interessen von ArbeitnehmerInnen vorliegen. Die Gewerkschaft Handel, Banken und Versicherungen bspw. organisiert Reinigungskräfte, wenn diese direkt bei einem Einzelhandelsbetrieb angestellt sind. Beschäftigt die Deutsche Bundesbahn Reinigungskräfte, sind diese in der Gewerkschaft der Eisenbahner organisiert. Daher konzentriert sich die Untersuchung auf die jeweilige »Haupt«-Interessenvertretung. Für die Gebäudeinnenreinigung ist dies die Industriegewerkschaft Bau-Steine-Erden und für den Einzelhandel die Gewerkschaft Handel, Banken und Versicherungen sowie die Deutsche Angestellten-Gewerkschaft. Die Auswahl der untersuchten Branchen stellt weniger eine Entscheidung gegen andere, ebenfalls im Bereich Teilzeitarbeit sehr wichtige Branchen, wie Textil oder Gaststätten, dar, als vielmehr den Versuch, möglichst viele unterschiedliche Aspekte, die wesentlich für Teilzeitarbeitsverhältnisse sind, innerhalb einer Branche anzutreffen und die Untersuchung gleichzeitig damit begrenzen zu können. Die konkrete Begrenzung des Untersuchungszeitraumes erfolgte im wesentlichen aus zwei Gründen: mit den 70er Jahren begann die qualitative Wende im Bereich der Teilzeitarbeit. Diese wurde nun nicht mehr aufgrund eines Arbeitskräftemangels, sondern zunehmend als Rationalisierungsinstrument eingesetzt. Diese Entwicklung setzte sich entsprechend weiter fort. 1989 wurde als Endpunkt gewählt, weil die weitere Arbeitsmarktentwicklung stark beeinflußt war von der Öffnung der ehemaligen DDR und darauffolgenden Vereinigung der beiden deutschen Staaten. Diese Entwicklung hätte eine gesonderte Untersuchung erfordert.

Im Bereich des Einzelhandels wird davon ausgegangen, daß ca. 35 Prozent aller Arbeitsplätze Teilzeitarbeitsplätze sind. (ExpertInnengespräch = EG 03/09/12) Dabei sind Betriebe vorzufinden, die eine Teilzeitquote von 80 Prozent und mehr aufweisen. Rund 2/3 (67 Prozent) der im Einzelhandel beschäftigten Personen sind Frauen. Auffallend ist, daß die Anzahl der vollzeitbeschäftigten Frauen zwischen 1980 und 1991 stagnierte, die Anzahl der Teilzeitbeschäftigten sich aber seit 1985 um fast 36 Prozent erhöhte; seit 1980 um mehr als die Hälfte. Jeder dritte neugeschaffene Arbeitsplatz im Einzelhandel ist ein Teilzeitarbeitsplatz. Während die Zahl der sozialversicherungspflichtigen Teilzeitbeschäftigten 1991 ca. 456000 betrug, geht die Gewerkschaft Handel, Banken und Versicherungen davon aus, daß in etwa die gleiche Zahl von Teilzeitbeschäftigten unterhalb der Sozialversicherungsgrenze tätig ist. 1989 wurden von der HBV teilzeitabsichernde Tarifforderungen durchgesetzt (Tarifrunde Einzelhandel 1989).

Das Gebäudereinigungshandwerk ist – neben dem Einzelhandel – eine der größten Teilzeitarbeitsbranchen (2/3 der in der Branche Beschäftigten). Auch diese Branche weist einen hohen Frauenanteil auf (ca. 95 Prozent); mehrere nebeneinander ausgeübte (prekäre) Beschäftigungsverhältnisse sind darüber hinaus keine Ausnahme. Teilzeitbeschäftigung und geringfügige Arbeitsverhältnisse prägen die Beschäftigungsbedingungen im Gebäudereinigungshandwerk. (Arbeitsmedizinische Berufskunde 12/90) Im Gebäudereinigungshandwerk sind nach gewerkschaftlicher Schätzung ca. 80 Prozent der ArbeitnehmerInnen geringfügig beschäftigt, der Frauenanteil beträgt über 90 Prozent. (EG 11/13) Auch von den Krankenkassen wird das Gebäudereinigungsgewerbe als ein Schwerpunktbereich geringfügiger Arbeitsverhältnisse gemeldet. Dabei bleiben die in dieser Branche auch illegal beschäftigten ArbeitnehmerInnen noch unberücksichtigt.

Wie bei allen geringfügigen Beschäftigungsverhältnissen ist auch im Gebäudereinigungshandwerk die genaue Anzahl der geringfügig Beschäftigten nicht feststellbar. Eine Meldepflicht für diese Beschäftigungsverhältnisse wurde erst ab 1.1.1990 eingeführt. Bis zum 31.12.1991 wurden in einer Sonderdatei beim Verband Deutscher Rentenversicherungsträger 9,8 Mio Personen mit 14,3 Mio geringfügigen Beschäftigungsverhältnissen gemeldet. Damit ist ein zusätzlicher und wichtiger Aspekt der Teilzeitarbeitsverhältnisse angesprochen: Die Anzahl der Beschäftigungsverhältnisse liegt über der Anzahl der beschäftigten Personen. Ausgehend davon, daß der Anteil der Teilzeitbeschäftigten bei allen Gewerkschaften traditionell sehr niedrig ist – die Gründe hierfür werden in der Untersuchung ausführlich diskutiert – wurde bei einer 1986 durchgeführten Befragung bei Gebäudereinigerinnen festgestellt, daß 51 Prozent nicht darüber informiert waren, daß die für sie zuständige Interessenvertretung die IG Bau-Steine-Erden ist und 56 Prozent nicht angeben konnten, ob in ihrer Firma ein Betriebsrat existiert.

Teilzeitarbeit wurde unter dem Stichwort »Neue Arbeitszeitpolitik« subsumiert. Im Gegensatz zu den tariflich-kollektiven Politiken wurde bei der Flexibilisierung von Arbeitszeitsystemen die Individualisierung von Arbeitszeitvereinbarungen präferiert. Damit wurde den Gewerkschaften ein Regelungsgegenstand und -bereich entzogen und auf Verhandlungsebenen verlagert, die außerhalb tarifvertraglicher Auseinandersetzungen liegen. Die Gewerkschaften setzten sich ihrerseits nur bedingt mit der Problematik von Teilzeitarbeit auseinander. Anstelle der offensiven Reklamation eines Regulierungsbedarfs für Teilzeitarbeit wurde diese als vermeintlich vorübergehende »Erscheinung«, als Abweichung von der Norm bewertet und weitgehend aus der gewerkschaftlichen Politik ausgeblendet.

Spätestens seit den 70er Jahren steckt die Arbeitszeitpolitik in einem Dilemma: (a) von gewerkschaftlicher Seite wurde die Forderung nach kürzeren Arbeitszeiten formuliert; (b) von Arbeitgeberseite wurden Forderungen nach flexibleren Arbeitszeitregelungen aufgestellt und (c) äußerten insbesondere Arbeitnehmerinnen Interesse an Teilzeitarbeitsplätzen. Die Arbeitgeberverbände setzten den gewerkschaftlichen Forderungen nach Arbeitszeitverkürzung offensiv ihr Konzept der Arbeitszeitflexibilisierung – als »Zeitsouveränität« bezeichnet – entgegen. Die »Arbeitszeit nach Maß« (Mertens 1979) sollte nicht nur konjunkturell bedingte Beschäftigungsschwankungen auffangen, sondern gleichzeitig Benachteiligungen von Problemgruppen des Arbeitsmarktes abbauen. Folgt man den Darstellungen der Arbeitgeber, so sollte Arbeitszeitflexibilisierung sowohl eine den Segmentierungstendenzen entgegenwirkende »Humanisierungs-« als auch beschäftigungssichernde »Arbeitsmarktpolitik« in einem sein. Auf einzelbetrieblicher Ebene zeigte sich jedoch, daß im wesentlichen die Arbeitgeber allein Dauer und Lage der Arbeitszeiten festlegten. Verbunden mit der Ausweitung der Teilzeitarbeit war die (teilweise) Verlagerung der Verhandlungsebene auf den einzelnen Betrieb. Diese Kompetenzverlagerung innerhalb des dualen Systems der Interessenvertretung kam durch die abnehmende Verbindlichkeit tariflicher Arbeitszeitregelungen gegenüber Betriebsvereinbarungen und einzelvertraglichen Regelungen zum Ausdruck. Hieraus resultierte eine Schwächung der gewerkschaftlichen Verhandlungsposition und der gewerkschaftlichen Funktion als Ordnungsfaktor. Die gewerkschaftliche Arbeitszeitpolitik entfernte sich zunehmend von ihrer einstigen Funktion als Schutzpolitik.

Wesentliches Element der Flexibilisierungspolitik, hier der Teilzeitarbeit, ist der nahezu ausschließliche Bezug auf untere Qualifikationsebenen. Das Arbeitgeberinteresse an Teilzeitarbeit ist durch Personalkosteneinsparungen bei gleichzeitiger Effektivierung der Arbeit geprägt. In höher qualifizierten Tätigkeitsbereichen entstehen für den Arbeitgeber keine direkten Vorteile, da Teilzeitarbeit hier nicht als Rationalisierungsinstrument einsetzbar ist. Die »Human-Kapital«-Investitionen sind für die Arbeitgeber zu hoch, als daß Teilzeitarbeitsplätze hier Vorteile bringen würden. Darüber hinaus dominieren bei Arbeitgebern als auch bei ArbeitnehmerInnen perpetuierte Vorstellungen traditioneller Karrieremuster, die Teilzeitarbeit in Führungs- und Leitungspositionen ausschließen. (vgl. Kurz-Scherf 1987b:171)

Im Einzelhandel sowie in der Gebäudeinnenreinigung wurde Teilzeitarbeit als Instrument betrieblicher Beschäftigungspolitik in Verbindung mit einer detaillierten Personaleinsatzplanung praktiziert. Damit wurden Rationalisierungsmaßnahmen in beiden Branchen durchgeführt. Teilzeitarbeit ermöglichte gleichzeitig den Zugriff auf »unausgeschöpfte Arbeitskräftereserven«: Frauen wurden bei entsprechendem Bedarf an Arbeitskräften eingesetzt, die Arbeitszeiten entsprechend der betrieblichen Bedürfnisse ausgedehnt bzw. reduziert.

Die Tarifierung dieses weitgehend nicht-regulierten Teilzeitarbeitsmarktes lag bzw. liegt nicht im Interesse der Arbeitgeber, deren Verhandlungsspielräume und -möglichkeiten damit eingegrenzt würden. Die Gründe für die unzureichende Auseinandersetzung der Gewerkschaften mit der spezifischen Problematik von Teilzeitarbeit weisen zunächst auf ein rationales Entscheidungsverhalten hin. Nach anfänglicher Fehleinschätzung bezüglich der quantitativen Ausweitung von Teilzeitarbeit lehnten die DGB-Gewerkschaften es weitgehend ab, sich mit der Problematik von Teilzeitarbeit auseinanderzusetzen. Die Deutsche Angestellten-Gewerkschaft (DAG) öffnete sich stärker für Überlegungen der Arbeitgeberseite und lehnte Teilzeitarbeit nicht grundsätzlich ab. Da Teilzeitarbeit zu ca. 95 Prozent von Frauen ausgeübt wird, haben die Gewerkschaften sich mit einer Gruppe von ArbeitnehmerInnen auseinanderzusetzen, die relativ gering organisiert ist und zudem als schwer organisierbar gilt. Die Vernachlässigung der Interessen Teilzeitbeschäftigter ließ zunächst weder gravierende Einbußen bei den Mitgliedsbeiträgen noch Einbrüche bei den Mitgliederzahlen erwarten.

Wesentliches Merkmal des Untersuchungsgegenstandes ist die heterogene und ambivalente Interessenlage der beteiligten Akteure. Hieraus ergibt sich eine temporäre »Interessengleichheit« zwischen ArbeitnehmerInnen, Gewerkschaften und Arbeitgebern. Basis dieser Interessengleichheit sind jedoch unterschiedliche Intentionen und Voraussetzungen sowie die unterschiedliche Bewertung und Einbeziehung der kurz- und langfristigen Konsequenzen, die sich aus einem Teilzeitarbeitsverhältnis ergeben. Während für viele ArbeitnehmerInnen insbesondere die kurzfristigen Chancen, die über Teilzeitarbeit eröffnet werden, von Interesse sind, verbinden Arbeitgeber – über den kurzfristigen Ausgleich von Produktionsschwankungen hinaus – langfristige Rationalisierungs- und Effektivierungsstrategien mit Teilzeitarbeit.

Das besondere Erkenntnisinteresse der Untersuchung richtet sich auf die konkrete Behandlung der mit Teilzeitarbeit verbundenen Problematik durch die untersuchten Gewerkschaften. Haben Gewerkschaften dabei teilzeitbeschäftigte ArbeitnehmerInnen systematisch aus ihrer Interessenvertretung ausgeschlossen? Warum stellt Teilzeitarbeit einen bis heute lückenhaft geregelten Bereich mit benachteiligten Arbeitsbedingungen dar, der für die Gewerkschaften nur von marginaler Bedeutung ist? Hierzu erscheint es von besonderem Interesse, die Repräsentation von Frauen innerhalb der einzelnen Gewerkschaften und deren Funktionen und Kompetenzen zu betrachten. Wie verhält sich die Mitgliederstruktur zur Repräsentanz und Wahrnehmung eines sog. spezifischen »Fraueninteresses« innerhalb der Gewerkschaften? Und wie entscheiden Gewerkschaftssekretärinnen, wenn sie die Möglichkeiten in den entsprechenden Positionen dazu haben? Welche Möglichkeiten waren vorhanden und welche Strategien wurden entwickelt, um die Interessen Teilzeitbeschäftigter zu vertreten?

Die Auseinandersetzung um Teilzeitarbeit, die exemplarisch anhand des Vergleichs zweier traditioneller Teilzeitarbeitsbranchen und der entsprechenden gewerkschaftlichen Interessenvertretungen untersucht wird, steht dabei im Kontext gesellschaftspolitischer, sozialstaatlicher, gesetzlicher und arbeitsmarktpolitischer Rahmenbedingungen.

Die Problematik des Untersuchungsgegenstandes Teilzeitarbeit steht im direkten Zusammenhang mit der Problematik von Frauenerwerbsarbeit. Daher soll der theoretische Zugang über Theorieansätze ermöglicht werden, die sich, aus unterschiedlichen Disziplinen stammend, mit geschlechtsspezifischer Arbeitsmarktsegmentation auseinandersetzen. Davon ausgehend, daß die gewerkschaftliche Organisationsstruktur entscheidenden Einfluß auf die Formulierung und Umsetzung unterschiedlicher ArbeitnehmerInneninteressen hat, sollen über die »Rational-Choice«-Theorie Erklärungsansätze und Interpretationsmöglichkeiten für das Entscheidungsverhalten von Gewerkschaften geboten werden. Durch unterschiedliche theoretische Erklärungsansätze und mehrere methodische Zugänge bietet sich erst die Möglichkeit einer theoretischen Annäherung an den Untersuchungsgegenstand.

Teilzeitarbeit wirkt über die Grenzen des Arbeitsmarktes hinaus und ist in einem gesellschaftlich-strukturellen Zusammenhang zu betrachten. Dieser bezieht Überlegungen zu einer Neuformulierung und Neugestaltung des Arbeitsbegriffes – über die bislang vorherrschende Polarisierung von Erwerbsarbeit und gesellschaftlich notwendiger Arbeit hinaus – mit ein.

Die bislang vorliegenden Untersuchungen zu Teilzeitarbeit befassen sich mit Teilaspekten, wie z.B. der sozialversicherungsrechtlichen Problematik oder mit der gesellschaftspolitischen Bedeutung von Teilzeitarbeit für das Geschlechterverhältnis. Dieses weitgefächerte Spektrum wird aus unterschiedlichen Perspektiven, aus juristischer, soziologischer oder arbeitswissenschaftlicher, betrachtet. Die vorliegende sozialwissenschaftlich/sozialhistorische Arbeit versucht auf der Grundlage des bisherigen Forschungsstandes (der sich in der Literaturliste und -verarbeitung widerspiegelt), durch den Vergleich zweier Branchen und den Vergleich der entsprechenden gewerkschaftlichen Interessenvertretungen hier eine Forschungslücke zu schließen.

2. Methode

Der Untersuchungsgegenstand »Teilzeitarbeit« ist Querschnittsthema verschiedener Politikfelder. Gewerkschaftliche Interessenvertretungen, Arbeitgeber und Staat setzen sich mit Teilzeitarbeit im Rahmen von Tarif-, Sozial-, Frauen-, Familienpolitik und des Arbeitsrechts auseinander.

Das besondere Interesse dieser Untersuchung gilt den Gewerkschaften, da diese, im Gegensatz zu den Arbeitgebern, ein konkretes Interesse an der Regulierung (prekärer) Teilzeitarbeit haben (müßten). Die Untersuchung ist nicht im engeren Sinne quantitativ empirisch angelegt. Sie stellt vielmehr eine »Mixture« aus quantitativen und qualitativen Methoden und Analyseansätzen dar.

Die Untersuchung stützt sich auf die Aufarbeitung und Auswertung insbesondere gewerkschaftlicher Quellen, wie auch auf Material der Arbeitgebervereinigungen. Hierzu zählen Geschäftsberichte, Protokolle, Mitgliederzeitschriften und interne Papiere. Der Autorin wurden darüber hinaus Aktenbestände mit entsprechendem Schriftwechsel sowie interne Diskussionsentwürfe zur Auswertung zur Verfügung gestellt. Darüber hinaus konnte das gewerkschaftliche Forschungsprojekt »Humane Arbeitszeiten im Einzel- und Großhandel« (HAZEG) der Gewerkschaft Handel, Banken und Versicherungen sowie das Forschungsprojekt der Hauptgemeinschaft des Deutschen Einzelhandels »Betriebs- und mitarbeitergerechte Arbeitszeitregelungen im Einzel- und im Großhandel« (ARIEL) ausgewertet werden. Für die Untersuchung wichtige Daten konnten in den Archiven und Beständen des Tarifarchivs des Wirtschafts- und Sozialwissenschaftlichen Instituts des Deutschen Gewerkschaftsbundes (WSI), des Archivs und der Bibliothek des WSI und des Deutschen Gewerkschaftsbundes ermittelt werden.

Das umfangreiche Quellenmaterial wurde durch die von der Autorin geführten ExpertInnengespräche (EG) mit GewerkschaftssekretärInnen der drei untersuchten Gewerkschaften ergänzt. Insgesamt wurden 22 ExpertInnengespräche mit einer Dauer zwischen 2 und 4 Stunden geführt. Die ExpertInnengespräche haben eine andere und gleichzeitig differenziertere Perspektive für den Untersuchungsgegenstand vermittelt, als die durch die schriftlichen Meinungsäußerungen vermittelte offizielle Gewerkschaftspolitik es leisten konnte.

Hierüber konnten gewerkschaftliche Einschätzungen und Handlungsbarrieren ermittelt werden, die für die Untersuchung – aufgrund einer fehlenden gewerkschaftlichen Gesamtstrategie – besonders wertvoll sind.[2]

Ein großes Problem stellte das unvollständige und teilweise auf unterschiedlichen Datenbasen beruhende Zahlenmaterial zu den gewerkschaftlichen Strukturdaten dar. Der Aussage von SekretärInnen aller drei Gewerkschaften zufolge, stehen nach Geschlecht und Branche differenzierte Daten erst ab Mitte bzw. Ende der 80er Jahre zur Verfügung. Für den davor liegenden Zeitraum, insbesondere für die 70er Jahre, wurden die Daten von den Gewerkschaften nicht ermittelt bzw. zwischenzeitlich wieder vernichtet. Auch durch personelle Fluktuation und Umzug »verschwand« Material. Die GewerkschaftsvertreterInnen selbst sehen hierin keinen wesentlichen Verlust, da »historische Daten aus den 70er Jahren nicht von Interesse für die gewerkschaftliche Arbeit sind«. (EG 07; sinngemäß auch EG 09/14) Problematisch waren nicht nur die

2 Der vom 1. bis 5. November 1993 in Wiesbaden stattgefundene Gewerkschaftstag der Gewerkschaft Handel, Banken und Versicherungen wurde von der Verfasserin besucht. Hier konnten die Erkenntnisse zu Durchsetzungsmöglichkeiten, zur Wahrnehmung und Vertretung »frauenspezifischer« Probleme vertieft werden.

unterschiedlichen Datenbasen[3], sondern daß diese selbst innerhalb einer Gewerkschaft von Abteilung zu Abteilung bzw. von einem Geschäftsbericht zum nächsten variieren. Aus diesen Gründen wurden von der Autorin teilweise eigene Berechnungen vorgenommen, teilweise mußte auf gewerkschaftliche Schätzungen zurückgegriffen werden. Da der Stellenwert der Daten in der vorliegenden Arbeit nicht über den Charakter von Tendenzaussagen hinausgeht, stellt die »Datenlücke« kein wesentliches Problem für die Untersuchung dar. Vielmehr wird hierüber sehr anschaulich und konkret vermittelt, welchen Stellenwert geschlechtsspezifische Strukturdaten für die untersuchten Gewerkschaften während der 70er und auch noch Anfang der 80er Jahre hatten.

Darüber hinaus wurde eine Sonderauswertung zur Beschäftigtenstruktur und zu Arbeitszeitvolumina der betreffenden Branchen beim Bundesamt für Statistik in Wiesbaden in Auftrag gegeben. Auf dessen Grundlage konnte die Anzahl weiblicher Beschäftigter beider Branchen in sozialversicherungspflichtigen und -freien Teilzeitbeschäftigungsverhältnissen ermittelt werden. Diese Auswertung konnte vom Bundesamt für Statistik nur unter zwei Einschränkungen vorgenommen werden: a) konnten die Daten erst ab 1972 zur Verfügung gestellt werden und b) reicht die Branchenstrukturierung nicht bis in den Bereich der Gebäudeinnenreinigung, der ein Teilbereich des Reinigungsgewerbes ist, hinein. Aufgrund der branchenüblichen Arbeitszeitstrukturen ist jedoch hier eine relativ genaue Einschätzung der Daten möglich. Mit dieser Sonderauswertung liegen nun erstmals Strukturdaten zu Teilzeitarbeit im Reinigungsgewerbe und im Einzelhandel zwischen 1972 und 1989 vor. Eine weitere Quelle boten extern veröffentlichte Daten aus wissenschaftlichen Untersuchungen. (vgl. Dengel/ Lill 1991; Müller-Jentsch 1989)

Das quantitative Angebot an Sekundärliteratur ist sehr umfangreich. Die WSI-Mitteilungen der Jahrgänge 1970 bis 1989 sowie die Gewerkschaftsjahrbücher wurden ab 1984 (erste Ausgabe) bis zum Ende des Untersuchungszeitraumes systematisch ausgewertet. Neben zahlreichen Monographien, die einen Einstieg und Überblick zur Komplexität des Untersuchungsgegenstandes boten, argumentiert der überwiegende Teil der Publikationen stark interessengebunden entweder pro oder contra Teilzeitarbeit.

Nach einem einleitenden historischen Rückblick zur Entwicklung der Arbeitszeit und einem Überblick zur neueren Debatte um das sog. Normalarbeitsverhältnis sowie Formen der Arbeitszeitflexibilisierung in Deutschland bzw. der Bundesrepublik Deutschland (Kapitel II) folgt ein theoretischer Diskurs zur Verortung von Teilzeitarbeit und zur Erklärung bestimmter Phänomene, die zur Herausbildung und Perpetuierung von Frauenerwerbsarbeit führten (Kapitel III). In Kapitel IV werden dann die konkrete Entwicklung und die Merkmale von Teilzeitarbeit im Zeitraum 1970 bis 1989 in der alten Bundesrepublik untersucht. Den Kern der Arbeit bilden zwei Branchen-Fallstudien

3 Im diskontinuierlichen Wechsel wurden Auszubildende und Rentner einbezogen bzw. ausgeschlossen. Angaben zur Datenbasis fehlten überwiegend.

für die Bereiche »Einzelhandel« und »Gebäudeinnenreinigung« (Kapitel V). Zunächst werden die Struktur- und Entwicklungsmerkmale der Branchen, deren Spezifika und strukturelle Parallelen diskutiert. Die bereits im dritten Kapitel allgemein diskutierten Problemfelder werden hier – bezogen auf ihre quantitative und qualitative Entwicklung – exemplarisch anhand der beiden Branchen untersucht. Auf der Mikroebene werden die betrieblichen Bedingungen von Teilzeitarbeit betrachtet. Hierbei wird die Motivlage der ArbeitnehmerInnen, die in einem engen Zusammenhang mit den Bedingungen und Entwicklungen auf der Makro- und Mesoebene steht, einbezogen. Auf der Mesoebene – der für diese Untersuchung wichtigsten Ebene – werden die Organisationsstrukturen der entsprechenden gewerkschaftlichen Interessenvertretungen analysiert.

In der abschließenden Betrachtung in Kapitel VI wird der Versuch unternommen, den theoretischen Ertrag der Untersuchung mit einer perspektivischen Betrachtung des Untersuchungsgegenstandes zu verbinden. Die interdependente Beziehung von Mikro- und Mesoebene wird unter Berücksichtigung staatlicher, gesetzlicher und ökonomischer Rahmenbedingungen (der Mesoebene) auf ihre Bedeutung für den Untersuchungsgegenstand hin abschließend betrachtet.

II. Die Entwicklung der Arbeitszeit: Von flexiblen Arbeitszeiten über den Normalarbeitstag zur Arbeitszeitflexibilisierung – Historischer Rückblick und neuere Debatten –

1. Die Entwicklung der Arbeitszeit

Der industrielle und gesellschaftliche Strukturierungsprozeß, der mit der Einführung geregelter Arbeitszeiten, in Abgrenzung zu frei verfügbaren Zeiten, einsetzte, führte zur Entwicklung einer normierten Arbeitszeit: Dem sog. »Normalarbeitstag« und späteren »Normalarbeitsverhältnis«. Bis heute orientieren sich die Auseinandersetzungen um Arbeitszeiten zwischen den Kollektivakteuren an diesem Normalarbeitsverhältnis, das zwar in seinen Ausprägungen stets verändert und den arbeitsmarktpolitischen bzw. betrieblichen Bedingungen angepaßt wird, in seiner Struktur jedoch gleich geblieben ist. (vgl. Deutschmann 1982; Deutschmann 1985; Willms-Herget 1985; Scharf 1987)

Die Relevanz der folgenden Kapitel ergibt sich daraus, daß Teilzeitarbeit nur in Abgrenzung zum Normalarbeitsverhältnis als solche identifiziert und definiert werden kann und daß die Grundlagen zu einer differenzierten Ausformung eines geschlechtsspezifisch segmentierten Arbeitsmarktes, wie dies bei Teilzeitarbeit der Fall ist, bereits zur Zeit der Industrialisierung festgelegt wurden. Hiervon ausgehend wird in den folgenden Kapiteln ein Überblick zur Entwicklung der Arbeitszeit in Deutschland und der späteren Bundesrepublik gegeben. Hieran schließt sich eine kritische Diskussion zur »ständigen Krise des Normalarbeitsverhältnisses« und dessen Relevanz in Bezug auf traditionelle und neue Formen der Arbeitszeitflexibilisierung an.

1.1 Die Entwicklung der Arbeitszeit in Deutschland

Die ersten Jahrzehnte des Industrialisierungsprozesses in Deutschland waren durch eine Ausdehnung und Streuung der Arbeitszeiten (täglich 12 bzw. wöchentlich bis zu 70 Stunden, Pausenkürzungen, Abschaffung der Feiertage etc.) bestimmt. Im Verlauf der Industrialisierung wurden die Arbeitszeiten schließlich einheitlicher, kürzer und verbindlicher. (Deutschmann 1990)

Das »industrielle Zeitarrangement« Ende des 19. Jahrhunderts kennzeichnet den Beginn der Arbeitszeitdynamik. Grundlage dieses historischen Kompromisses war – bezogen auf die Arbeitgeberseite – »das Entstehen eines an markt- und produktionsökonomischen Maßstäben orientierten rationalen Unternehmerverhaltens, das erst die Voraussetzung schuf, aus betriebsökonomischer Sicht optimale Arbeitszeiten zu ermitteln und durchzusetzen«.

(Schudlich 1990:182) Die Voraussetzungen für eine gewerkschaftliche Arbeitszeitpolitik wurden durch die zunehmende Ausbreitung der Lohnarbeit, die mit einem Perspektivwechsel verbunden war, geschaffen: der Faktor »Arbeitszeit« gewann erstmals in Konkurrenz zu dem Faktor »Einkommen« an empirischer Bedeutung.[1] Ziel der gewerkschaftlichen Arbeitszeitpolitik war es, eine »normale Arbeitszeit« verbindlich einzuführen. Diese Normierung hing eng mit der Verkürzung der Arbeitszeit zusammen, die als politischer Prozeß, auf den die Entfaltung der Sozialdemokratie, die staatliche Sozialpolitik und die Institution der Tarifautonomie standardisierenden Einfluß hatten, betrachtet werden kann. (vgl. Deutschmann 1982; Ferlemann 1982) Die Durchsetzung des 8-Stunden-Tages (1899-1918), der zur Norm wurde, verlief parallel zur beginnenden Durchgestaltung einer systematischen Arbeitsorganisation. Damit trat nun anstelle der Dauer, die Intensität der Arbeit sowie die Erforschung der optimalen Leistungs- und Einsatzbedingungen in den Vordergrund.

Die Arbeitszeitpolitik selbst sowie die Forderung der Beschäftigten nach einer Reduzierung der Arbeitsstunden waren gleichzeitig auch Resultat der historischen Entkoppelung von Betriebs- und Arbeitszeiten. Das Zeitregime als Phänomen einer sich stärker ausdifferenzierenden Gesellschaft definierte Pünktlichkeit und Zeitdisziplin als eigenständige soziale Normen. Damit wird deutlich, daß es sich bei dem »Wirkungszusammenhang von Arbeitszeit und -leistung nicht um ein ausschließlich arbeitswissenschaftlich bestimmbares Verhältnis und eine methodisch ermittelbare Größe handeln kann, sondern um das Resultat des Aufeinandertreffens und Aushandelns unterschiedlicher ökonomischer und sozialer Interessen.« (Schudlich 1990:181)

Mit der in diesen Zeitraum sich entfaltenden bürgerlichen Kleinfamilie im Arbeitermilieu wurden zunehmend die männlichen Arbeiter von Reproduktionsaufgaben entlastet. Damit war die Internalisierung des Zeitregimes für Arbeitnehmer einfacher als für Arbeitnehmerinnen: »Es war ein vorwiegend männliches Phänomen, das geradezu konstitutiv für die sich vertiefende Segmentierung von Männer- und Frauenarbeitsmärkten wurde«. (Deutschmann 1990:90) Hier wird deutlich, daß bereits mit der Einführung des Normalarbeitstages die geschlechtsspezifische Segmentierung des Arbeitsmarktes verbunden war, die später dann mit der Einführung spezifischer Arbeitszeitarrangements insbesondere Teilzeitarbeit, ausgedehnt und verfestigt wurde. Die gleichzeitige Entwicklung der außerhäuslichen Lohnarbeit zur vorherrschenden Form gesellschaftlich organisierter Arbeit und der Familie zum Privatraum verlief bis in die Gegenwart in vielen Misch- und Übergangsformen. Diese Misch- und Übergangsformen wurden überwiegend von Frauen durch die Verbindung des Produktions- und Reproduktionsprozesses praktiziert. (Ekkart 1990) Insgesamt führte diese Entwicklung zur Herausbildung des sog.

1 Der Anteil der abhängig Beschäftigten lag im Deutschen Reich (ca. 1890) bei etwa 44,7 Prozent aller Erwerbstätigen. Nur für einen geringen Teil dieser abhängig Beschäftigten wurden Tarifverträge, die u.a. Mindestnormen für Arbeitszeiten enthielten, abgeschlossen; vgl. Schudlich 1990.

»Normalarbeitstages« und festigte damit gleichzeitig die geschlechtsspezifische Arbeitsteilung. Der häusliche Arbeitsbereich engte für Frauen den Zugang zum Erwerbsarbeitsmarkt stark ein und implizierte die ökonomische Abhängigkeit von einem »männlichen Familienernährer«. Damit strukturiert Arbeitszeit nicht nur betriebliche Abläufe und gesellschaftliches Leben, sondern selektiert geschlechtsspezifisch den Zugang zum Erwerbsarbeitsmarkt.

Der Arbeitszeitbegriff selbst ist durch eine meist antagonistische Interessenlage definiert. Die inhaltliche Bestimmung dessen, was Arbeitszeit ist, orientiert sich an den Interessen derer, die Arbeitszeit »kaufen« bzw »anbieten«. Dabei ist die Grundlage der Arbeitszeit, die Arbeit oder die Verausgabung der Arbeitskraft, nur abstrakt erfaßbar. Wesentliche Unterscheidungen des Arbeitszeitbegriffes sind:

- die *gesetzlich vorgeschriebene Arbeitszeit*, die durch die regelmäßige Arbeitszeit und die höchst zulässige Arbeitszeit pro Tag – lt. Arbeitszeitordnung – bestimmt ist;
- die *tariflich vereinbarte Arbeitszeit*, d.h. Abmachungen der Tarifparteien zu bestimmten Arbeitszeitregelungen im gesetzlich vorgegebenen Rahmen;
- die *nominale Arbeitszeit*, die mit der kontrahierten Arbeitszeit identisch ist;
- die *effektive Arbeitszeit*, die orientiert ist an der tatsächlich erbrachten Arbeitszeit, unter Berücksichtigung von Überstunden oder krankheitsbedinger Ausfallzeiten u.a.;
- die *reine Tätigkeitszeit*, die der Arbeitszeitordnung entsprechend als die Zeit vom Beginn bis zum Ende der Arbeit ohne Ruhepausen definiert wird;
- die *Anwesenheitszeit am Arbeitsort* klammert alle Wegezeiten aus und
- die *arbeitsgebundene Zeit*, die den Gesamtzeitaufwand der mit der Arbeitstätigkeit in Verbindung steht, umfaßt, bspw. Wegezeiten, Pausenzeiten oder Bildungszeiten.

  (Teriet 1976:10f)

Von Beginn der Industrialisierung bis zum Ersten Weltkrieg wirkten staatliche, gewerkschaftliche und unternehmerische Initiativen gemeinsam auf die Arbeitszeitgestaltung ein. Die Verkürzung der Arbeitszeit verlief diskontinuierlich und schubweise. Kurz vor dem Ersten Weltkrieg war die Arbeitszeit fast vollständig über Tarifverträge, die aufgrund der zunehmenden Stärke der gewerkschaftlichen Organisation möglich wurden, nivilliert. (Hinrichs 1988:66) Die zunehmende Stärke der Gewerkschaften trug ebenfalls dazu bei, daß der Arbeitszeitkonflikt weitgehend institutionalisiert wurde, indem kollektive Zuständigkeiten zur Regulierung der Arbeitszeit gebildet wurden. Die staatlichen sowie einzelbetrieblichen Regelungen nahmen in ihrer Bedeutung ab und die tarifvertraglichen Regelungen dementsprechend an Bedeutung zu. (vgl. Hinrichs 1988) Während Frauen für die Kriegsproduktion zur Zeit des Ersten Weltkrieges massenhaft auf den Arbeitsmarkt geholt wurden, mußten sie 1918 als »stille Reserve« die außerhäusliche Lohnarbeit wieder gegen den häuslichen Arbeitsbereich eintauschen. Damit waren sie einerseits als Konkurrenz gegenüber ihren männlichen Kollegen nicht mehr präsent und fügten sich gleichzeitig und unmittelbar wieder in gesellschaftliche Normvorstellungen. Diese gesellschaftlichen Werthaltungen waren insofern auch gesetzlich verankert, als Arbeitnehmerinnen das schriftliche Einverständnis des Ehemannes zur Aufnahme einer Erwerbstätigkeit benötigten. Die während dieser Zeit geprägten arbeitsrechtlichen Strukturen wurden ohne die Beteiligung von Frauen geschaffen, so daß keine Möglichkeit der eigenen Interessenwahrnehmung bzw. -artikulation bestand.

In der Zwischenkriegszeit entwickelten sich drei wesentliche Forderungen bzw. Regelung im Arbeitszeitbereich: die allgemeine Einführung des 8-Stunden-Tages 1918, die Arbeitszeitverordnung von 1923 und die Forderung nach Einführung der 40-Stunden-Woche. Diese Arbeitszeitregelungen überdauerten die Weimarer Republik und wurden von der nationalsozialistischen Deutschen Arbeitsfront stabilisiert. Später wurden sie durch die alliierten Siegermächte in die ersten Landesverwaltungen übernommen. (vgl. Ferlemann 1982)

Aktuell ist davon auszugehen, daß die Entwicklung der gesetzlichen Arbeitszeitpolitik hinter der tariflichen zurückbleibt. Dafür ist insbesondere die heute (Stand Ende 1993) noch gültige Arbeitszeitordnung, die am 30. April 1938 vom Reichsarbeitsminister erlassen wurde, deutliches Beispiel. Letztlich sind es jedoch immer die täglich praktizierten Vereinbarungen in den Betrieben und Büros, die schließlich die konkrete Arbeitszeit festlegen. Die auf tariflicher, gesetzlicher oder im Rahmen der Richterlichen Rechtsfortbildung getroffenen Regelungen sind im wesentlichen Grenzen, die immer wieder verändert und neu bestimmt werden können und müssen.

1.2 Die Entwicklung der Arbeitszeit in der Bundesrepublik Deutschland

Seit der Konstituierung der Bundesrepublik und dem Beginn staatlicher Wirtschaftspolitik lassen sich verschiedene konjunkturelle Zyklen unterscheiden. Kennzeichnend für diese Zyklen – ohne hier im Detail darauf einzugehen – ist zum einen der Anstieg des realen Sozialproduktes bis zum ökonomischen Ende der Nachkriegszeit 1966/67. (Abelshauser 1983) Zum anderen verlief parallel hierzu ein stetiger Abwärtstrend der Wachstumsraten. (Kleßmann 1988) Unmittelbar verbunden mit diesem sog. »Normalisierungsprozeß« war der Anstieg der Arbeitszeit. Auch zu dieser Zeit lag die durchschnittliche Arbeitszeit von Frauen – bezogen auf die gesamte Industrie – deutlich unter der Arbeitszeit von Männern. Nach dem Zweiten Weltkrieg setzte, wie bereits 1918, ein ähnlicher Verdrängungsprozeß der Frauen aus der industriellen Fertigung zugunsten männlicher Arbeitnehmer ein. Die Folge war nicht nur das Ausscheiden von Frauen aus dem Erwerbsarbeitsmarkt, sondern auch die Reduzierung der Arbeitszeit als Alternative zur Arbeitslosigkeit. In den 50er Jahren wurde es – auch in Folge einer restaurativen Familienpolitik – für viele Frauen möglich und üblich eine sog. »Hausfrauenehe« zu führen.

In den 50er Jahren setzte eine Arbeitszeitdynamik ein, in deren Folge die Dauer der Arbeitszeiten erheblich verkürzt wurde und sich insbesondere die Lage der Wochenarbeitszeit durch die Einführung der 5-Tage-Woche ohne Arbeitszeitverkürzung änderte. 1952 wurde erstmals offiziell von den Gewerkschaften die Forderung nach einer 40-Stunden-Woche erhoben. Die einzelnen Branchen reagierten sehr unterschiedlich. Bislang war die verkürzte Wochenarbeitszeit eher die Ausnahme und die verlängerte Tagesarbeitszeit die Regel. Noch bevor tarifliche Vereinbarungen die Normalarbeitszeit stufenweise von 48 auf 40 Stunden reduzierten, führten bereits eine Reihe von Unternehmen eine Arbeitszeit, die unter 48 Stunden lag, ein. Häufig wurde auch die 5-Tage-Woche und – in geringem Umfang – die Wochenarbeitszeit ohne tarifliche Vereinbarung verringert. Beschäftigungspolitische Argumente nahmen bei der Reduzierung der Arbeitszeit nur einen geringen Stellenwert ein. Wesentlicher war, daß diese »dem allgemeinen Wiederaufbau, der Rationalisierung und der Organisierung der Wirtschaft« (DGB 1956:353) angepaßt sein mußte. Um Preiserhöhungen und Liquiditätsschwierigkeiten aufzufangen, wurde die Arbeitszeitverkürzung sukzessive durchgeführt – weniger anpassungsfähigen Branchen wurden größere Zeiträume für die Einführung der 40-Stunden-Woche gewährt.

Mit der sog. »ideologischen« Wende der Gewerkschaften traten an die Stelle einer systemkritischen Argumentation und interessenorientierter Positionen nun systemimmanente Argumente. Diese orientierten sich am Produktivitätszuwachs als Grundlage für Kooperation und Kompromiß zwischen den Tarifvertragsparteien. Die Konzessionsbereitschaft der Unternehmen in der Arbeitszeitfrage wurde durch die Prosperität der Wirtschaft erhöht. Damit wurde die 40-Stunden-Woche konsensfähig.

Ab Mitte der 50er Jahre wurde die Verkürzung der Wochenarbeitszeit und ab Mitte der 60er Jahre zusätzlich die Verlängerung des Jahresurlaubs Gegenstand von Tarifvereinbarungen. Neben die gesetzliche trat nun verstärkt die tarifliche Normalarbeitszeit. Die Differenzierung zwischen gesetzlichen Regelungen und tarifvertraglichen Vereinbarungen weist zum einen auf eine hohe und rasche Aktualisierungsnotwendigkeit hin, die über gesetzliche Regelungen in dem Maße kaum erreichbar gewesen wäre, und zum anderen auf den Stellenwert der Arbeitszeitfrage für die Tarifparteien.

Die tarifliche Herabsetzung der Wochenarbeitszeit setzte in den wichtigsten Industriezweigen ab 1956 ein. Den Anfang machte die Druckindustrie 1956 mit einem Vertrag zur Einführung der 45-Stunden-Woche, der ab 1957 gültig war. Die Eisen- und Stahlindustrie folgte 1965. Die Tarifverhandlungen zwischen den Gewerkschaften und den Arbeitgebervertretungen wurden zeitlich durch die bereits 1952 über Haustarifverträge in der Nahrungs- und Genußmittelindustrie eingeführte 45-Stunden-Woche übertroffen. (Scharf 1987)

Parallel zur Reduzierung der Arbeitszeit wurde die Arbeitszeit zunehmend stärker nach Lage und Länge (bspw. Sonn- und Feiertagsarbeit, Schichtarbeit) differenziert. Die Möglichkeiten, die Normalarbeitszeit zu verlängern, wurden vergrößert. Eine Ausdifferenzierung unterhalb der Normalarbeitszeit wurde durch das Anwachsen des Teilzeitarbeitmarktes, der zwischen 1960 und 1971 boomte, deutlich. Der Anteil der Teilzeitarbeitsverhältnisse stieg von 6 Prozent auf 20 Prozent. (Eckart 1988b:72) Ein bis dahin unausgeschöpftes Arbeitskräftepotential, das zu Vollzeitbedingungen nicht erwerbstätig sein konnte, wurde von den Unternehmen neu »entdeckt«: Weibliche Arbeitskräfte.

Bis in die 70er Jahre hinein wurde schließlich die Wochenarbeitszeit von 48 auf 40 Stunden reduziert und der Jahresurlaub nahezu verdoppelt. Die wirtschaftliche Krise Mitte der 70er Jahre bedingte eine Änderung des Regulierungsmodus« des »industriellen Konfliktes«; die Arbeitskämpfe nahmen zu. Die Unternehmen tabuisierten die weitere Reduzierung der Jahres- und Wochenarbeitszeit und plädierten stattdessen für die Flexibilisierung der Arbeitszeit. Mit der stärkeren Durchsetzung von Flexibilisierungsmaßnahmen wurde das Normalarbeitsverhältnis zunehmend aufgelöst.

Zusammenfassend ist festzustellen, daß die bedeutenste Arbeitszeitmaßnahme in der Bundesrepublik bis zum Beginn der 80er Jahre die Verkürzung der tariflichen Arbeitszeit auf 40 Wochenstunden, verteilt auf fünf Werktage, war. (Hinrichs 1988:133) Ungewöhnlich große Verteilungsspielräume ermöglichten einen Zuwachs an Freizeit sowie die Steigerung der Realeinkommen. Mit der Einführung der 40-Stunden-/5-Tage-Woche wurde ein zunächst stabiler Arbeitszeitrahmen gesetzt. Die kontrovers geführte Diskussion von Arbeitszeitflexibilisierungsmaßnahmen spitzte sich seit Mitte der 70er Jahre zu und fand zunehmend öffentliches Interesse. 1984 wurde ein Kompromiß in der Diskussion um die Verkürzung vs. der Flexibilisierung von Arbeitszeiten erstmals in einem Manteltarifvertrag der IG Metall festgelegt.

2. *Das Normalarbeitsverhältnis*

Die Analyse von der Norm abweichender – prekärer – Beschäftigungsverhältnisse setzt eine Diskussion des Normalarbeitsverhältnisses voraus. Hierdurch erst wird die Auseinandersetzung mit den speziellen Problemfeldern von Teilzeitarbeit möglich.

Im folgenden wird zunächst eine inhaltliche Bestimmung des sog. Normalarbeitsverhältnisses gegeben. Daran schließt sich die Diskussion zur Bedeutung der tarifvertraglichen und gesetzlichen Ebene sowie des Bereiches der richterlichen Rechtsfortbildung für die Bestimmung und Entwicklung des Normalarbeitsverhältnisses an. Damit verbunden ist die Frage, wie normal das Normalarbeitsverhältnis eigentlich ist, wenn die Abweichungen im Verhältnis zur Norm überproportional steigen? Kann hieraus eine ständige Krise des Normalarbeitsverhältnisses (siehe 2.3) abgeleitet werden? Wesentlichen Einfluß auf die Entwicklung des Normalarbeitsverhältnisses und die hiervon abweichenden Formen haben staatliche Deregulierungsmaßnahmen genommen. (siehe 2.3.1) Abschließend werden traditionelle und neue Formen der Arbeitszeitflexibilisierung (siehe 2.4) aus Sicht der Kollektivakteure, der Arbeitgeber und Gewerkschaften diskutiert (2.4.1).

2.1 Definition und Bedeutung des Normalarbeitsverhältnisses

Der historische Kompromiß des »industriellen Zeitarrangements« belegt, daß der Faktor »Arbeitszeit« Ende des 19. Jahrhunderts an Bedeutung zunahm. Zu dieser Zeit verfolgten die stärker werdenden gewerkschaftlichen Interessenvertretungen das Ziel, eine »normale Arbeitszeit« einzuführen. »Normal« bedeutete zunächst, übermäßig lange und stark differierende Arbeitszeiten abzubauen, um verbindliche Arbeitszeiten zu fixieren. Die gewerkschaftlichen Forderungen bezogen sich auf die:

- *chronometrische Dimension*, d.h. die Verkürzung der täglichen bzw. wöchentlichen Arbeitzeit;
- *chronologische Dimension*, d.h. die Beschränkung der Nachtarbeit und das Verbot der Sonn- und Feiertagsarbeit;
- *strukturelle Dimension*, d.h. die Regelung verbindlicher Pausen. (vgl. Scharf 1988)

Für die Arbeitgeber war die Fixierung der Arbeitszeiten aus betriebsökonomischer Sicht von Interesse, da hierdurch optimale(re) Relationen zwischen Zeit, Lohn und Leistung zu erwarten waren.

Die zwischen 1899 und 1918 entstandene »Normalarbeitszeit« bildet bis heute den normativen Bezugspunkt, der als allgemeingültige Arbeitszeitnorm gleichermaßen von Arbeitgeber- und Arbeitnehmerseite anerkannt ist. Seitdem ist die differenzierte Festlegung der Dauer, Lage und Länge von Arbeitszeiten Verhandlungsgegenstand zwischen Gewerkschaften und Arbeitgebern.

Der heute überwiegend verwendete Begriff »Normalarbeitsverhältnis«[2] ist ein Produkt der 1980er Jahre, in denen er innerhalb der Deregulierungs- und Flexibilisierungsdiskussion zunehmend an Bedeutung gewann. Für alle hiervon abweichenden Arbeitszeitformen ist das Normalarbeitsverhältnis normativer Bezugspunkt. Auch dadurch, daß traditionelle Abweichungen wie bspw. Überstunden nur als solche bezeichnet und vergütet werden können, wenn eine bestimmte Norm als »Obergrenze« existiert, ist das Normalarbeitsverhältnis deutlich als handlungsleitender Bezugspunkt gekennzeichnet. (vgl. Hinrichs 1988; Wiesenthal/Offe/Hinrichs/Engfer 1983)

2 Zuvor wurden die Begriffe »Normalarbeitszeit«, »Regelarbeitszeit« bzw. »Normalleistung« verwendet; Kurz-Scherf 1988c; Bielenski 1985.

Auf dieser Basis können abweichende Arbeitszeitstrukturen möglicherweise Aussagen darüber treffen,

- ob das Normalarbeitsverhältnis als normativer Bezugspunkt Bestand hat oder
- das Normalarbeitsverhältnis zu erodieren droht bzw. erodiert ist und
- ein neues industrielles Zeitarrangement oder ggf. eine Vielzahl unterschiedlicher Zeitarrangements zu erwarten sind und wie diese gestaltet sein könnten.
  (Schudlich 1987:113ff)

Der Begriff »Normalarbeitsverhältnis« wird unterschiedlich, je nach Interessenlage, definiert. Während bspw. das Ministerium für Arbeit, Gesundheit und Soziales Nordrhein-Westfalen (MAGS 1991) davon ausgeht, daß das Normalarbeitsverhältnis lediglich noch für 24 Prozent der in der Bundesrepublik beschäftigten ArbeitnehmerInnen im Jahre 1989 Gültigkeit besaß, erklärte Mükkenberger es schon sehr viel früher zur »«herrschende(n) Fiktion«: als den Bezugspunkt für juristische Ge- und Verbote sowie Rechtsinterpretationen, der, obgleich ganz und gar nicht mit vorfindlichen Regelmäßigkeiten deckungsgleich, den wirklichen Arbeitsverhältnissen als normative Anforderung entgegentritt und insofern durchaus praktisch wird.« (Mückenberger 1985:422)

Eine weitere Definition von Bosch bezeichnet das Normalarbeitsverhältnis als »... eine stabile, sozial abgesicherte, abhängige Vollzeitbeschäftigung ... deren Rahmenbedingungen (Arbeitszeit, Löhne, Transferleistungen) kollektivvertraglich oder arbeits- bzw. sozialrechtlich auf einem Minimum geregelt sind, mit einer tendenziell diese Bedingungen vereinheitlichenden Vertretungsmacht (Einheitsgewerkschaft).« (Bosch 1986:165) Teriet definiert das Normalarbeitsverhältnis – sehr umfassend – folgendermaßen:

- Arbeit wird im Rahmen abhängiger Beschäftigung geleistet;
- diese Erwerbsarbeit ist eingebunden in das System arbeits- und sozialrechtlicher (Schutz-)Bestimmungen;
- sie ist angelegt auf Dauer und Kontinuität in der Weise, daß die Erwerbsbiographie als konsistente »Karriere« betrieben und erlebt werden kann;
- vorausgesetzt wird dabei das Vollzeitarbeitsverhältnis;
- vorausgesetzt wird weiter die überkommene Geschlechterrollentrennung mit den gewöhnlichen Zuweisungen von Erwerbsarbeit und Hausarbeit;
- das Arbeitsverhältnis konzentriert sich auf einen Arbeitgeber;
- das Arbeitsverhältnis konzentriert sich auf einen Arbeitsplatz;
- alle Arbeit beruht auf der unabdingbaren Notwendigkeit, als Existenzgrundlage Erwerbsarbeit zu haben.
  (Teriet 1976)

Diese Bestimmung des Normalarbeitsverhältnisses macht deutlich, welche konkrete Problematik abweichende, flexible Arbeitszeitformen enthalten.

Bei der Betrachtung der Arbeits- und Sozialordnung bezüglich ihrer Schutzkriterien kann festgestellt werden, daß sich diese um das sog. »Senioritätsprinzip« gruppieren. Demzufolge müssen bestimmte Voraussetzungen quantitativ erfüllt werden, um qualitativ wirksam zu werden. Je umfangreicher bzw. länger der Zeitraum ist, für den die folgenden Kriterien – die direkt oder indirekt miteinander verbunden sind – zutreffen, desto höher fallen die hieraus abzuleitenden Ansprüche aus:

- Dauer der Betriebszugehörigkeit,
- Dauer der Beschäftigungszeiten,
- Lebensalter,
- Vollzeitarbeit,
- betriebliche Arbeit,
- Betriebsgröße und
- die Einstufung der Arbeit.
  (Mückenberger 1985)

Da nicht alle genannten Kriterien auf Teilzeitarbeitsverhältnisse zutreffen, ergibt sich für die ArbeitnehmerInnen ein arbeits- und sozialrechtliches Defizit. Insbesondere die Kriterien »Dauer« und »Kontinuität« des Beschäftigungsverhältnisses können von Frauen nicht erfüllt werden, da ihre Erwerbsbiographie in der Regel durch Geburts- und Erziehungszeiten unterbrochen wird. Da dies gleichzeitig der Grund für die Aufnahme einer Teilzeitarbeit ist, bildet sich hieraus ein Kreislauf, der kaum zu durchbrechen ist.

Diese geschlechtsspezifische Segmentierung des Arbeitsmarktes wird gleichzeitig durch die überwiegend von Männern wahrgenommenen Vollzeitarbeitsverhältnisse gefestigt. Weil Teilzeitarbeit i.d.R. nicht existenzsichernd ist, schließen Arbeitnehmerinnen häufig mehrere Teilzeitarbeitsverträge mit unterschiedlichen Arbeitgebern ab.[3] Die Definitionen des Normalarbeitsverhältnisses geben somit spiegelbildlich die Problematik abweichender Arbeitszeitformen – insbesondere der Teilzeitarbeit – wider. Eine stärker funktional geprägte Betrachtung von Offe definiert Normalarbeitsverhältnisse folgendermaßen:

- es besteht Abhängigkeit von Erwerbsarbeit,
- diese geht mit der Unterwerfung unter eine betriebliche Autorität einher,
- sie findet unter dem Dauerrisiko statt, die Erwerbschance zu verlieren,
- für Erwerbsarbeit gilt das Vertretungsangebot gesellschaftlicher Großverbände,
- mit Erwerbsarbeit verbindet sich bei den Arbeitenden eine spezifische »innere« Orientierung, der »Produzentenstolz«.
  (Offe 1982a)

3 Häufig werden keine schriftlichen Verträge abgeschlossen, sondern mündliche Vereinbarungen getroffen, vgl. Fallstudien, Kapitel V.

Aufgrund seiner historischen Bedeutung gewann das Normalarbeitsverhältnis im Zusammenhang mit der Diskussion um Arbeitszeitflexibilisierungsmaßnahmen der 80er Jahre wieder an Bedeutung, die insbesondere auf die folgenden Funktionen des Normalarbeitszeitstandards Bezug nimmt:

1. Die »Konkurrenzbeschränkungsfunktion«

Das Interesse des/der einzelnen ArbeitnehmerIn, für den gleichen Lohn kürzer zu arbeiten, kann nur dann realisiert werden, wenn andere ArbeitnehmerInnen nicht gegen den Normalarbeitszeitstandard verstoßen (können), d.h. ihre Arbeitskraft oberhalb dieses Standards anbieten (können). Der/die einzelne ArbeitnehmerIn ist also durch die Gültigkeit und Akzeptanz dieses Standards gleichzeitig geschützt und gebunden.

2. Die »Sperrklinkenfunktion«

Wenn die Arbeitszeit Allgemeinverbindlichkeit erreicht hat, dann sichern Normalarbeitszeitstandards das Niveau der Lohn- und Arbeitsbedingungen. Gleichzeitig werden Fortschritte in der Ausgestaltung der Tauschbeziehungen ermöglicht.

3. Die »Garantiefunktion«

Diese nimmt insbesondere Bezug auf das Recht auf Lohnzahlung – in Verbindung zur kollektiv vereinbarten Arbeitszeit – auch im Fall der Nichtinanspruchnahme der Arbeitskraft. Der Normalarbeitszeitstandard begründet diesen Anspruch. Zur Fixierung einer Untergrenze ist es besonders wichtig, daß die Ausnahmen vom Normalarbeitszeitstandard nur unter gesetzlichen oder tarifvertraglichen Bedingungen möglich sind.

4. Die »Freizeitschutzfunktion«

Nicht nur die Länge der Arbeitszeit, sondern auch die Festlegung der gleichmäßigen Verteilung auf bestimmte Arbeitstage und Wochen und die Regelung der Abweichungen sind wesentliches Moment der Generierung von Normalarbeitszeitstandards. Die Regulierung »interner« Konkurrenz zum kollektiven Vorteil ist gemeinsames, jedoch unterschiedlich motiviertes Interesse von Kapital und Arbeit am Normalarbeitszeitstandard. (Mückenberger 1985)

Während die Gewerkschaften darum bemüht waren, das Normalarbeitsverhältnis als normative Größe zu sichern, versuchten die Arbeitgeber, Arbeitszeiten weitmöglichst zu flexibilisieren. Diese Arbeitszeitpolitik wurde durch staatliche Deregulierungsmaßnahmen und -vorschläge unterstützt.[4]

2.2 *Stellenwert von Gesetzen, Tarifverträgen und Richterlicher Rechtsfortbildung*

Der bislang dargestellte Entwicklungsprozeß der Arbeitszeit macht deutlich, daß »Spurenelemente« (Zachert 1989:25) der aktuellen Diskussion um das Normalarbeitsverhältnis weit in die Geschichte des Arbeitsrechts zurückreichen.

Historisch bildete sich das Arbeitszeitrecht – als Kern des Arbeitsschutzes – in Form staatlicher Sozialpolitik heraus. Nachdem der gesellschaftliche Konsens darüber jedoch zerbrach, trat es in seiner praktischen Bedeutung hinter die tarifvertragliche Arbeitszeitgestaltung zurück. Damit wurde die Struktur des öffentlich-rechtlichen Arbeitsschutzes, wie sie bis heute besteht, herausgebildet. Die Entwicklung des Arbeitszeitschutzes verlief parallel zur industriellen Entwicklung. Geregelt wurden zunächst das Kinderarbeitsverbot, sowie der Jugend- und Frauenarbeitsschutz mittels zeitlicher Begrenzungen und des Nachtarbeitsverbotes. Die Einführung des sog. Maximalarbeitstages für gefährliche Betriebe, bspw. im Bergbau, als auch die Einführung der Sonntagsruhe können als Vorläufer des allgemeinen Arbeitszeitschutzes bezeichnet werden.

Dieser Arbeitsschutz besitzt bis heute einen Doppelcharakter, der in der gleichzeitigen Schutz- und Ausgrenzungsfunktion des Arbeitsrechtes für Arbeitnehmerinnen besteht. »Frauen unterliegen nicht einfach dem Konkurrenzkampf auf dem Arbeitsmarkt, sondern ihre Konkurrenzbedingungen werden zugunsten der Männer durch die »öffentliche« oder politische Meinung, durch Gesetze (z.B. Frauenarbeitsschutzbestimmungen) und Erlasse, durch staatliche Verwaltungsvorschriften und grundsätzliche betriebliche Personalstrategien gezielt verschlechtert, bis hin zum direkten Verbot bestimmter Tätigkeiten für Frauen.« (Weyrather 1990:133) Historisch deutlich wurde dieser Doppelcharakter insbesondere unmittelbar nach dem Ersten und dem Zweiten Weltkrieg. Frauen hatten immer dann bessere Arbeitsmarktchancen, wenn Arbeitskräfte knapp waren.

Die ersten konkreten Erfolge im Bereich der Arbeitszeitverkürzung[5] wurden jedoch nicht auf gesetzlicher, sondern auf tariflicher Ebene erzielt (8-Stunden-Schicht im Ruhrkohlenbergbau 1890). (vgl. Scharf 1987) Die Festlegung des 8-Stunden-Tages war kein Erfolg ausschließlich staatlicher Sozialpolitik mehr, da hier Regelungen durch die Zentralarbeitsgemeinschaftsvereinbarung getroffen wurden. Die Notverordnung von 1923[6] markiert schließlich nicht nur den Übergang zur tariflichen Regelung der Arbeitszeit, sondern gleichzeitig

4 Siehe hierzu Kapitel IV/5.

5 Auf dem Pariser Kongreß der Sozialistischen Internationale 1889, wurde der 1. Mai zum Arbeiterfeiertag – zur Einführung des 8-Stunden-Tages – erklärt; Scharf 1987.

6 Infolge der Verordnung von 1923 weiten sich die Arbeitszeiten aus und münden in einer 10-Stunden-Tag Regelung; Scharf 1987.

auch die Struktur des Arbeitszeitrechts, durch die die Arbeitszeitordnung von 1938 bestimmt wird. Hier wird wieder die enge Verbindung zwischen gesetzlicher und tariflicher Ebene deutlich.

Während der Inflationsperiode versuchte die Regierung, den Konflikt zwischen wirtschaftlicher Notwendigkeit und politischer Anforderung durch Verantwortungsverlagerung zu lösen. Der 8-Stunden-Tag wurde tarifdispositiv. Die staatlichen Möglichkeiten der Einflußnahme auf die Arbeitszeitgestaltung wurden auf die Schlichtung und die Möglichkeit der Allgemeinverbindlichkeitserklärung beschränkt.

Für die Entwicklung des Tarifrechts waren die Vorstellungen Otto Sinzheimers (vgl. Sinzheimer 1915, in Kahn-Freund/Ramm 1976) von prägender Bedeutung. Die Konzeption Sinzheimers fand Eingang in die »Tarifvertragsverordnung«[7] vom 23.12.1918. Das gewerkschaftliche Ziel während dieser Zeit war die allgemeine tarifliche Absicherung des 8-Stunden-Tages. Von Bedeutung im Hinblick auf die aktuelle Diskussion flexibler Arbeitszeiten ist hier die gesetzliche Anerkennung des »Günstigkeitsprinzips«, das die Verschlechterungen des Tarifniveaus durch individualvertragliche Vereinbarungen ausschließt. (Zachert 1989:23) Ein Aspekt, der bereits vor 1933 Bedeutung hatte, war die Verdrängung bestimmter Personengruppen aus gesicherten Arbeitsverhältnissen. Es wurden sog. »Agentenverträge« abgeschlossen, die das wirtschaftliche Risiko auf den/die abhängig Beschäftigte/n verlagerten.

Während der Weimarer Republik lösten gesetzliche und tarifvertragliche Regelungen einander ab, bzw. gingen ineinander über. Dabei lagen die tariflichen Vereinbarungen qualitativ über den gesetzlichen Regelungen. Zur Zeit der nationalsozialistischen Herrschaft wurde das Arbeitsrecht außer Kraft gesetzt, gewerkschaftliche Strukturen zerschlagen und durch das »Gesetz zur Ordnung der nationalen Arbeit« vom 20.1.1934 »ersetzt«. (vgl. Scharf 1987)

Ausgangspunkt und wesentlicher Aspekt der Arbeitszeitregulierungen ist die Asymmetrie der Arbeitsverhältnisse. Diese Asymetrie besteht im Direktionsrecht des Arbeitgebers, im Aneignungsrecht an den Produktionsergebnissen, als auch in der Verfügung des Arbeitgebers über die kooperativen und kreativen Potenzen der ArbeitnehmerInnen. (vgl. Mückenberger 1985) Diese Asymmetrie drückt sich in diversen juristischen Ausformungen von Lohn und Arbeitsleistung aus. Die beiden Größen »Lohn« und »Leistung« sind jedoch nicht in gleicher Weise fixierbar. Auf der einen Seite steht eine quantifizierbare monetäre Größe und auf der anderen Seite stehen Dienste, die i.d.R. eine qualitative Größe darstellen und ausschließlich in ihrer zeitlichen und räumlichen Ausdehnung quantifizierbar sind.

Der Rückzug der Arbeitszeitpolitik aus der öffentlich-rechtlichen Form der Sozialpolitik hat mehrere Ursachen. Die Entwicklung ist verbunden mit der Herausbildung geschlossener Klassenformationen, die den Arbeitszeitkonflikt institutionalisierten und autonom organisierten. Mit dieser Tendenz des orga-

7 Die Tarifvertragsverordnung stellt die staatliche Rahmenregelung für Tarifverträge dar.

nisierten Kapitalismus erfolgte ein Machtverlust des Staates und der Gesetzgebung zugunsten der Ökonomie. Diese Entwicklung implizierte auch das Risiko, daß über die Arbeitszeit hinaus der Arbeitszeitschutz stärker von ökonomischen Konjunkturen abhängig wurde.

Feststellbar ist eine allgemeine – ohne Verbindung zu spezifischen subjektiven oder objektiven Gefährdungslagen – Weiterentwicklung des Arbeitsschutzes auf tariflicher Ebene. Begründet wurde diese Entwicklung vor allem mit konsensfähigen Gemeinwohlüberlegungen, wie bspw. dem Schutz der volkswirtschaftlichen Arbeitskraft, der Wehrfähigkeit, dem Anreiz zu Produktivitätssteigerungen und technologischem Fortschritt.

Die Verrechtlichung der Arbeitsbeziehungen diente im wesentlichen dazu, den Austauschbeziehungen zwischen Kapital und Arbeit eine »normativ abgesicherte Planbarkeit über standardisierte, kollektive Regelungen zu verleihen (Friedensfunktion des Arbeitsrechts)«. (Buschmann/Ulber 1989:26) Das arbeitsrechtliche Normensystem kann letztlich jedoch keine dauerhaft friedensstiftende Funktion erfüllen, da es im Spannungszustand zwischen Deregulierungsinteressen des Kapitals auf der einen Seite und dem Ausbau des Arbeitnehmerschutzes auf der anderen Seite steht. Dieses Spannungsverhältnis war während der 70er Jahre durch den Ausbau des individuellen und kollektiven Arbeitsschutzes geprägt. Die 80er Jahre waren im wesentlichen durch den Abbau von Arbeitnehmerschutzgesetzen und den Ausbau arbeitgeberfreundlicher Dispositionsmöglichkeiten geprägt. Damit wurde konkret die Ausweitung prekärer Beschäftigungsverhältnisse, insbesondere der sozialversicherungsfreien Teilzeitarbeit, gefördert.

2.3 Das Normalarbeitsverhältnis in ständiger Krise

Abhängig von der jeweiligen Interessenlage wurde das Normalarbeitsverhältnis während seiner Entstehung, Etablierung und weiteren Entwicklung stets kontrovers diskutiert. Nachdem es von den Gewerkschaften als Erfolg bewertet und von Arbeitgebern akzeptiert wurde, ist es in seiner weiteren Entwicklung immer interessengeleitet funktionalisiert worden. Spätestens seit den 80er Jahren ist davon auszugehen, daß »in der Konsequenz ... die Reichweite und die Gestaltungskraft des durch Tarifverträge, Betriebsvereinbarungen und Sozialgesetze gesicherten Normalarbeitsverhältnisses einem permanenten Schrumpfungsprozeß ausgesetzt« ist. (Kurz-Scherf 1988c:127)

Die Interessenlage der Arbeitsmarktakteure am Fortbestand des Normalarbeitsverhältnisses hat sich zunehmend ausdifferenziert und ist in ihrer Komplexität nicht mehr auf die einfache Formel »Kapital versus Arbeit« reduzierbar. Infolge der weitgehenden Vernachlässigung des Normalarbeitsverhältnisses als statisches normatives Regelungswerk von gesellschaftspolitischen Entwicklungsprozessen sind Regelungslücken in Tarifverträgen und Betriebsvereinbarungen entstanden, die den Arbeitgeberinteressen entgegenkommen.

Die Kritik am Normalarbeitstag geht heute von zwei Seiten aus: Zum einen ist es der unverminderte und sich verstärkende Druck der Betriebszeit, der zu Versuchen führt, den Normalarbeitstag aufzuweichen, die Arbeitszeit zu »flexibilisieren« und eine größere Verfügbarkeit der Arbeitskraft herzustellen. Kritik am Normalarbeitstag rührt aber zum anderen gerade aus seinem Erfolg selbst. Je mehr sich der Normalarbeitstag und mit ihm die sozialpolitische Institution des »Normalarbeitsverhältnisses« überhaupt etablierte, desto deutlicher wurden die Grenzen ihrer Verallgemeinerbarkeit und ihre soziale und geschlechtsspezifische Selektivität.« (Deutschmann 1990:92) Diese soziale und geschlechtsspezifische Selektivität des Normalarbeitsverhältnisses spiegelt sich insbesondere in der Teilzeitarbeit wider. Die unterschiedlichen Definitionen des Normalarbeitsverhältnisses grenzen »weibliche Normalarbeitsverhältnisse« aus. Frauen haben in der Regel zwei Arbeitsverhältnisse: Ein unbezahltes und ein ungeschütztes. Das Normalarbeitsverhältnis orientiert sich jedoch immer noch an einem Facharbeiter, der als Familienvater in einem existenzsichernden Vollzeitarbeitsverhältnis beschäftigt ist. Weibliche Berufs- und Lebensbiographien leisten die entsprechenden Voraussetzungen zur Aufnahme und zum Erhalt eines Vollzeitarbeitsverhältnisses überwiegend nicht.

Die Existenzsicherung wird damit über den Status einer Forderung hinaus zur Norm erhoben. Die unbezahlten Arbeitsverhältnisse von Frauen, die Familienarbeit leisten, sind einerseits für die Gesellschaft von großem Nutzen, bringen jedoch andererseits für die betroffenen Frauen ökonomische, soziale und gesellschaftliche Nachteile mit sich. (Möller 1988b) In einer Gesellschaft, in der im wesentlichen Zuwachs, Aufstieg und Fortschritt zählen, wird die im Reproduktionsbereich geleistete Frauenarbeit marginalisiert und erscheint »unbezahlbar«.

Grundsätzlich ist darüber hinaus die Frage – die männliche und weibliche Arbeitnehmer gleichermaßen betrifft – zu stellen, ob das Normalarbeitsverhältnis noch die materielle Grundlage einer autonomen Lebensplanung ist oder ob nicht gerade umgekehrt, sich die Lebensplanung am Normalarbeitsverhältnis orientieren muß. Die Kleinfamilie bzw. die Ehe sind als Institutionen nahezu unverzichtbar für die Aufnahme und den Erhalt eines Normalarbeitsverhältnisses für Männer geworden.

Die gesellschaftspolitischen Rahmenbedingungen unterstützen Privilegierungs-, Hierarchisierungs- und geschlechtsspezifische Selektionsmechanismen, die die Binnenstruktur der Arbeitnehmerschaft determinieren. Über diese Mechanismen, die das Risiko der Ausgrenzung von Frauen aus dem Arbeitsmarkt beinhalten, werden auch die Wahlmöglichkeiten der Beschäftigten bezüglich ihrer Arbeitszeit eingeschränkt. Daraus entwickelt sich als einzige Partizipationsmöglichkeit am Arbeitsmarkt für Frauen die Aufnahme eines Teilzeitarbeitsverhältnisses. Hierdurch wird wiederum gleichzeitig tendenziell der Austausch normaler durch flexible Beschäftigungsverhältnisse auf bestimmten

Teilarbeitsmärkten verstärkt. (vgl. Mückenberger 1991) Wesentlich dazu beigetragen haben auch politische Entscheidungen, die seit 1982 auf arbeitsmarkt- und sozialstaatlicher Ebene getroffen wurden.

Die Definition des Normalarbeitsverhältnisses als stabile, sozial abgesicherte, abhängige Vollzeitbeschäftigung ignoriert die fortgeschrittene Erosion dieser Arbeitsverhältnisse, die aufgrund sich verändernder Rahmen- und Arbeitsmarktbedingungen auch für zunehmend weniger männliche Arbeitnehmer Bestand haben.[8] Die durch das Normalarbeitsverhältnis gesetzten Standards enthalten Schutzfunktionen und gleichzeitig auch Zwangs- und Selektionsmechanismen. Das bedeutet, daß scheinbar gleiche Rechte für alle Frauen mittelbar diskriminieren, da sie auf geschlechtsspezifisch strukturell determinierte Lebenssituationen und -verhältnisse treffen. Frauen werden so nicht nur zu Grenzgängerinnen zwischen Berufs- und Privatleben, sondern tragen in der Konsequenz noch zur Erosion des Normalarbeitsverhältnisses bei. (vgl. Eckart 1990) Hier schließt sich zunächst der Kreislauf von Ursache und Wirkung.

Eine zentrale Frage lautet, inwieweit Stabilität, soziale Sicherheit und Vollzeitstatus als konstitutive Merkmale des Normalarbeitsverhältnisses überhaupt noch Arbeitsrealität und -alltag beschreiben und ob nicht vielmehr das Normalarbeitsverhältnis zur Ausnahme für eine Minderheit privilegierter ArbeitnehmerInnen geworden ist? Die zitierte »Norm« ist jedoch nicht nur auf ihr Verhältnis zur Arbeitsrealität zu prüfen, sondern auch in Bezug zu setzen zu einer veränderten Lebenswelt. (Klein 1993) Das Normalarbeitsverhältnis könnte so auch als eine der Ursachen der Krise des Beschäftigungssystems bezeichnet werden (Kurz-Scherf 1988c:126ff) und als Krise der Sozialverfassung abhängiger Arbeit schlechthin. (vgl. Mückenberger 1985:421)

Dadurch, daß das Normalarbeitsverhältnis den Bereich der Familienarbeit vollständig ausklammert, sowie aufgrund der Tatsache, daß es atypische Beschäftigungsformen zu allen Zeiten in unterschiedlicher Ausprägung und unterschiedlichem Ausmaß gegeben hat, beschreibt das Normalarbeitsverhältnis weder historisch noch aktuell empirische Realität. Damit wird die primär normative Funktion des Normalarbeitsverhältnisses bestätigt.

Das Bürgerliche Recht bestimmt, daß ohne Arbeit kein Lohn zu zahlen ist (vgl. § 323 BGB) und erkennt andere Formen als die der Erwerbsarbeit – wie bspw. Erziehungsarbeit, politische, kulturelle oder karitative – nicht als gleichwertige Arbeit an. Das Sozialrecht setzt für die soziale Sicherung primär Erwerbsarbeit voraus und bestimmt darüber hinaus, daß die Art des Arbeitsverhältnisses für Lebensphasen, in denen Erwerbsarbeit zeitweise unterbrochen wird, entscheidend ist. Für die im Familienrecht geltende Unterhaltssi-

8 Atypische Beschäftigung von Männern ist im wesentlichen auf Nacht-, Schicht-, Sonn- und Feiertagsarbeit, Überstunden etc. beschränkt. Teilzeitarbeit ist (bislang) eine zu 95 Prozent weibliche Beschäftigungsform.

cherung wird ebenfalls – die am Normalarbeitsverhältnis orientierte – Erwerbsarbeit vorausgesetzt. (vgl. Veil/Prinz/Gerhard 1992)

Für Arbeitnehmerinnen befindet sich das Normalarbeitsverhältnis in ständiger Krise. Historisch sowie aktuell wird über die Definition des Normalarbeitszeitverhältnisses Frauen der Zugang zum Arbeitsmarkt erschwert und eine kontinuierliche Teilhabe behindert. Gesellschaftspolitisch wird Frauen auch heute noch die Verantwortung für den Bereich der Reproduktionsarbeit zugeordnet. Hierdurch werden Teilzeitarbeitsangebote (zwangsläufig) insbesondere für Frauen interessant.

2.3.1 Regulierung versus Deregulierung

In der Fachliteratur werden die Begriffe »Flexibilisierung« und »Deregulierung« oft synonym verwendet. In der vorliegenden Arbeit wird davon ausgegangen, daß die Nutzung bestimmter Flexibilisierungspotentiale – hier der Arbeitszeit –, die von den Akteuren je nach Interessenlage formuliert und ausgeschöpft werden, mittels aktiver Deregulierung festgeschrieben werden. Neben der aktiven sind bei passiver Deregulierung flexibilisierte Arbeitsverhältnisse zu finden, die durch das Arbeitsrecht nicht erfaßt werden. Daneben existieren »Mischformen«, d.h. partiell regulierte Arbeitsverhältnisse. Im Bereich Teilzeitarbeit sind aktive, passive und Mischformen deregulierter Arbeitsverhältnisse vorzufinden.

Die Erosion des Normalarbeitsverhältnisses ist mitgeprägt durch staatliche Eingriffe bzw. durch den staatlichen Rückzug, i.S. des Abbaus sozialstaatlicher Maßnahmen seit Anfang der 80er Jahre. (vgl. Heinze/Hohn/Olk 1980; Offe/Hinrichs/ Wiesenthal 1982; Mückenberger 1985; Bosch 1986; Kurz-Scherf 1988c; Linne/Voswinkel 1989) Diese Prozesse werden unter den Begriffen »Regulierung« bzw. »Deregulierung« zusammengefaßt. Hierbei sollte »die Schubkraft nicht unterschätzt werden, welche die gesellschaftlichen Veränderungen im technologisch-ökonomischen Bereich auf die Politik und damit auch auf die Arbeitsrechtspolitik ausüben«. (Zachert 1988:462) Die staatliche Deregulierungspolitik wurde über die Novellierung des Jugendarbeitschutzgesetzes 1984, das Beschäftigungsförderungsgesetz 1985 und das Hochschulbefristungsgesetz 1986, das Schwerbehindertengesetz und die Novellierung des §116 AFG vollzogen. Auf der Grundlage des Beschäftigungsförderungsgesetzes wurde eine Zunahme arbeitsvertraglicher Sonderformen verzeichnet. Der Arbeitszeitaspekt wirkt sich dabei auf Prozesse des Lohnabbaus bzw. auf die Gestaltung der Sozialpolitik aus. So wird bspw. davon ausgegangen, daß die unterhalb der Sozialversicherungsgrenze arbeitenden Teilzeitbeschäftigten potentielle Sozialhilfeempfänger im Alter sind, da ihre Rente nicht existenzsichernd sein wird. (Zachert 1988:463)

Die in der historischen Auseinandersetzung zwischen Kapital und Arbeit entstandenen sozialstaatlichen Regulierungen schränkten die Verfügbarkeit von ArbeitnehmerInnen zunächst ein. Dieser ursprünglichen Flexibilität wurde konkret durch arbeitsrechtliche Regulierung, d.h. durch rechtliche Akte (Bauernbefreiung, Gewerbefreiheit etc.) begegnet. »Sie drückt sich juristisch in Gestalt der (Arbeits-) Vertragsfreiheit (§ 105 der noch heute (Stand Ende 1993) geltenden Gewerbeordnung, die annähernd wörtlich auf die preußische Gewerbeordnung von 1845 zurückgeht) und des unternehmerischen Direktionsrechts (§ 121 Gewerbeordnung mit demselben historischen Ursprung)« aus. (Mückenberger 1990:172f)

Durch die Einführung der arbeitsrechtlichen Regulierung wurde die Kritik an der bis dahin geübten Flexibilität deutlich formuliert. Von der historischen Entwicklung abstrahiert, besteht rechtssystematisch die arbeitsrechtliche Regulierung in a) der substantiellen und b) der prozeduralen Regulierung. Unter der substantiellen Regulierung ist die Setzung bestimmter Standards zu verstehen, die arbeitsvertraglich nicht unter- bzw. überschritten werden dürfen (bspw. die Arbeitszeit). Die prozedurale Regulierung bezieht sich primär darauf, wer die genannten Standards setzen darf. Die Einrichtung kollektiver Verfahren zur Konfliktlösung ist in Deutschland durch die Entwicklung des Tarifwesens, des Betriebsverfassungs- und Unternehmensmitbestimmungsrechtes geprägt. Historisch entwickelte sich die substantielle Regulierung in Form des Arbeitsschutzrechtes, um anschließend mit der Ausbildung kollektiver Strukturen auf Seiten der Beschäftigten zur Ausbildung der prozeduralen Regulierung zu gelangen. Durch die Ausweitung dieser prozeduralen Regulierung wurden zunehmend Kollektivvereinbarungen anstelle von Einzelarbeitsverträgen ausgehandelt. Damit ist das Ergebnis dieser substantiellen und prozeduralen Regulierung historisch die Herausbildung des Normalarbeitsverhältnisses, dessen normative Funktion neben seinem fiktiven Charakter steht. Wesentlicher Aspekt des Regulierungsprozesses war und ist der Schutzcharakter des Arbeitsrechtes, der aus

- konkreten zwingenden Normen,
- der rechtlichen Absicherung kollektivvertraglicher Vereinbarungen und der Interessenvertretungen sowie
- der gesellschaftlichen Formulierung von Wertvorstellungen und deren Allgemeinverbindlichkeit besteht. (vgl. Rosenbaum 1982; Voswinkel 1989)

Der Definition der »Deregulierungskommission«[9], die von der Bundesregierung als »Unabhängige Expertenkommission« eingesetzt wurde, folgend, wird unter Deregulierung verstanden:

9 Die Deregulierungskommission wurde lt. Beschluß vom 16.12.1987 von der Bundesregierung zum Abbau marktwidriger Regulierungen eingesetzt. Die Kommission ist am 10.3.1988 zu ihrer konstituierenden Sitzung zusammengetreten und arbeitete vom März 1988 bis März 1991 (erster Teilbericht bis zum März 1990, zweiter Teilbericht bis März 1991).

»Deregulierung der Wirtschaft zielt auf mehr wirtschaftliche Freiheit, mehr Markt, mehr Wettbewerb, mehr Wohlstand. Der Wert dieser Ziele liegt in ihnen selbst und in besseren wirtschaftlichen Ergebnissen für die Handelnden, für andere, für alle ... Die gegenwärtige Wirtschaftslage verdeckt fortdauernde Erstarrungen. Deregulierung und Umregulierung in der Wirtschaft sollen ihren Beitrag dazu leisten, sie zu überwinden. Einem verbreitetem Mißverständnis ist vorzubeugen. Deregulierung meint nicht einfach den Abbau von Rechtsnormen. Sie meint jede wohlbegründete Veränderung der Spielregeln, die der wirtschaftlichen Freiheit dient.« (Deregulierungskommission 1991:1)

Im Mittelpunkt dieser seit Mitte der 80er Jahre verstärkt geführten Diskussion[10] steht die o.g. Schutzfunktion des Arbeitsrechtes, die hiermit eingeschränkt wird. Konkret bedeutet dies die Abschaffung bestimmter Rechtsnormen bzw. die Einengung ihres Geltungsbereiches. Darüber hinaus bedeutet dies die Relativierung kollektivrechtlicher Normen sowie die Verschlechterung der gewerkschaftlichen Position gegenüber den Arbeitgebern. (vgl. Linne/Voswinkel 1989)

Davon ausgehend, daß auf dem Arbeitsmarkt ein Ungleichgewicht zwischen Arbeitgebern und Arbeitnehmern herrscht, bei dem letztere allein das Risiko des Verlustes ihres Arbeitsplatzes und somit ihrer Existenzgrundlage tragen, verschiebt sich im Rahmen der Deregulierung des Arbeitsmarktes dieses Ungleichgewicht weiter zu Lasten der Arbeitnehmer. Der Sinn kollektivvertraglicher und gesetzlicher Regulierung liegt gerade in ihrer Funktion, ArbeitnehmerInnen Schutz innerhalb ihrer Abhängigkeit vom unternehmerischen Arbeitsplatzangebot zu bieten. (vgl. Hickel 1988) »Die Individualisierung des Arbeitsvertrages wäre ein Rückfall in Zeiten, wo es noch keine Kollektivverträge gab ... Nur auf solider kollektivvertraglicher Basis läßt sich das Arbeitsverhältnis weiter flexibilisieren.« (Markmann 1991:4)

Neben dem Abbau kollektivvertraglicher Schutzrechte wird durch aktive Deregulierung gleichzeitig eine Dezentralisierung der Verhandlungsebene erreicht. Zunehmend wichtiger wurden einzelvertragliche Regelungen bzw. Betriebsvereinbarungen, die häufig unterhalb der kollektivvertraglichen Qualität liegen. Hierdurch werden bei zunehmender Differenzierung der Arbeitsbedingungen gleichzeitig – infolge der Friedenspflicht der Betriebsräte und des nicht zulässigen Mittels des Arbeitskampfes – kollektive Normen auf betrieblicher Ebene abgebaut. Dies gilt in besonderem Maße für individualvertragliche Vereinbarungen außerhalb tariflicher und betrieblicher Normen – respektive für Teilzeitarbeitsverhältnisse. Die staatliche Deregulierung bewirkt – neben der Aushöhlung des kollektiven Tarifrechts sowie dem Abbau

10 Die Deregulierungsdiskussion bezieht sich u.a. auf die sozialstaatliche Regulierung der Altersversorgung, das Gesundheitssystem, die Neuordnung der Deutschen Bundespost u.v.m. Im Zusammenhang der hier vorliegenden Arbeit interessieren jedoch ausschließlich die Deregulierungen bzw. Deregulierungstendenzen, die den Arbeitsmarkt und im engeren Sinne das Verhältnis zwischen Kapital und Arbeit betreffen.

sozialer Sicherungen und arbeitsrechtlicher Schutzvorschriften – eine zunehmende Flexibilisierung von Beschäftigungsverhältnissen und damit die Ausweitung von Teilzeitarbeit.

Vereinzelt wird auch von GewerkschaftssekretärInnen Kritik an dem starren Festhalten an einem Normalarbeitsverhältnis geübt. (EC 05/09/20) Gleichzeitig muß jedoch von gewerkschaftlicher Seite der Aushöhlung von Arbeitnehmerschutzrechten und der Destabilisierung der Arbeitsbeziehungen begegnet werden. Die Aufspaltung der Arbeitnehmerschaft mittels unterschiedlicher Arbeitsverträge mit unterschiedlichen Schutzfunktionen ist eine der Folgen dieser Entwicklung. Verbunden damit ist die Senkung materieller Mindeststandards.[11]

Von gewerkschaftlicher Seite wird überwiegend die Sicherung und der Ausbau des »Normalarbeitsverhältnisses« zur »Durchsetzung einer geschützten und dauerhaften Existenzgrundlage für alle Arbeitnehmer und ihre Familien« (vgl. IG Metall/ HBS/WSI 1988:5) gefordert. In der Tradition der industriellen Beziehungen in Deutschland und der Bundesrepublik Deutschland kommt dem Tarifvertrag prägende Bedeutung zu, da hierüber Arbeitsverhältnisse im umfassenden Sinne und insbesondere die Arbeitszeit geregelt werden. Interessant erscheint daher die Überprüfung der Leistungsfähigkeit von Tarifverträgen bezogen auf Arbeitszeitflexibilisierungmaßnahmen. (vgl. Zachert 1989)

2.4 *Traditionelle und neue Formen der Arbeitszeitflexibilisierung*

Formal betrachtet existieren verschiedene Formen der Arbeitszeitflexibilisierung seit der gesetzlichen bzw. tariflichen Festlegung des Normalarbeitsverhältnisses. Von dieser Norm abweichende Regelungen, sog. atypische, prekäre Beschäftigungsverhältnisse, sind verbunden mit Arbeitszeitflexibilisierungen. Die unterschiedlichen, sich auf betrieblicher Ebene überlappenden Flexibilisierungsformen beziehen sich entweder auf die Lage oder die Dauer der Arbeitszeit oder verbinden beide Größen miteinander.

Eine Abweichung der Arbeitszeitlage liegt konkret bei

- regelmäßiger Schichtarbeit,
- regelmäßiger Nachtarbeit,
- regelmäßiger Samstags- oder/und Sonntagsarbeit,
- Arbeit, die an mehr oder weniger als 5 Wochentagen geleistet wird,
- Arbeit, die auf unregelmäßig viele Wochentage verteilt ist,

vor. (vgl. MAGS 1987)

11 Vgl. Beschäftigungsförderungsgesetz vom 1.5.1985.

Dem »Arbeitszeitreport 87« des Landes Nordrhein-Westfalen zufolge, waren (zu dem genannten Zeitpunkt) 45 Prozent aller in der Bundesrepublik Beschäftigten in zumindest einer dieser Arbeitsformen tätig.

Eine bezogen auf die Arbeitszeitdauer abweichende Erwerbsarbeit leisten ArbeitnehmerInnen,

- deren tarifliche Arbeitszeit außerhalb des Bereichs von 35-40 Stunden liegt (überwiegend Teilzeitbeschäftigte),
- deren tatsächliche Arbeitszeit – ohne Überstunden – von der Regelarbeitszeit abweicht,
- die regelmäßig Überstunden leisten,
- Gleitzeitarbeitende,
- die im Laufe des Jahres Kurzarbeit leisten und
- die in sonstigen – der Arbeitsdauer nach – flexiblen Arbeitsverhältnissen beschäftigt

sind. (vgl. MAGS 1987)

Zu den wichtigsten traditionellen Formen werden Überstunden, Schicht- und Nachtarbeit und Wochenendarbeit gezählt. (vgl. MAGS 1989)

Die durchschnittliche arbeits-, dienst- oder tarifvertragliche Arbeitszeit betrug 1993 36,0 Wochenstunden. (vgl. MAGS 1994:14) Gegenüber 1989 ist sie damit um 0,6 Wochenstunden gesunken. (vgl. MAGS 1989:33) Im Vergleich zu 1989 ist die vertragliche Wochenarbeitszeit der Vollzeitbeschäftigten um 1,3 Stunden gesunken und die der Teilzeitbeschäftigten um 2,2 Stunden gestiegen. Differenziert man die Arbeitszeiten geschlechtsspezifisch, liegt die vertragliche Wochenarbeitszeit von Frauen bei 32,7 Stunden, die von Männer bei 38,2 Stunden. (vgl. MAGS 1994) Dieses Ergebnis ist auf den hohen Anteil der Frauen bei Teilzeitbeschäftigungsverhältnissen zurückzuführen.

Die am weitesten verbreitete und wohl älteste Form der chronometrischen Flexibilisierung der Arbeitszeit sind Überstunden. Überstunden bezeichnen die Arbeitszeit, die befristet über die vertraglich vereinbarte hinausgeht. Dabei ist zunächst unwichtig, ob diese bezahlt, in Freizeit ausgeglichen oder durch keine der beiden Formen abgegolten wird. Die verschiedenen Einsatzmöglichkeiten von Überstunden – bspw. bei saisonalen Auftragsschwankungen, zum Ausgleich personeller Engpässe bei Urlaubs- oder Krankheitszeiten – verfolgen im wesentlichen das Ziel, den betrieblichen Personalstand auf unterem Niveau zu halten bzw. darauf zu reduzieren. Von arbeitsmarktpolitischer Bedeutung sind Überstunden insbesondere dann, wenn ihnen ein hoher Arbeitslosenstand gegenübersteht.

Neben den »konventionellen« Überstunden, die durch die tägliche oder wöchentliche Überschreitung der im Arbeits- oder Tarifvertrag festgelegten Arbeitszeit definiert sind, existieren sog. »verdeckte« Überstunden. Diese werden pauschal abgegolten oder auch überhaupt nicht »verrechnet«, da sie entweder von Teilzeitbeschäftigten geleistet werden oder von den Beschäftigten selbst nicht als Überstunden wahrgenommen werden oder Bestandteil der Tätigkeit (z.B. im Management) sind.

Schicht- und Nachtarbeit sind meist miteinander verbunden und stehen in engem Zusammenhang mit der Entkoppelung von Betriebs- und Arbeitszeiten. Diese Formen sind besonders häufig in Großbetrieben des produzierenden Gewerbes anzutreffen, da hier Anlagen eingesetzt sind, deren Anschaffung mit hohen Investitionen verbunden war und die länger als täglich 8 Stunden betrieben werden sollen. Daneben sind Beschäftigungsbereiche (Pflegebereich, zentrale Versorgungseinrichtungen, Feuerwehr etc.) zu nennen, die traditionell Schicht- und Nachtarbeit erforderlich machen.

Wochenendarbeit wird häufig in Form von Überstunden geleistet und mit Teilzeitarbeit gekoppelt. Auch hier sind verschiedene Berufe vertreten, in denen traditionell samstags und/oder sonntags gearbeitet wird (neben den oben bereits genannten bspw. auch im Kulturbereich).

Der »Arbeitszeitreport 87« weist darauf hin, daß die Hälfte aller Beschäftigten zumindest gelegentlich an Samstagen arbeitet. Der Gesamtanstieg der Samstagsarbeit ist insbesondere im industriellen Bereich zu verzeichnen. Doch auch im gewerblichen Bereich nimmt Sonntagsarbeit eine nicht unwesentliche Rolle ein. Die Sonntagsarbeit unterliegt zwar wesentlich stärkeren Restriktionen als andere Formen der Arbeitszeitflexibilisierung, doch ist auch hier ein steigender Trend zu verzeichnen. (MAGS 1987)

Alle bislang genannten traditionellen Formen der Abweichung vom Normalarbeitsverhältnis werden subjektiv kaum als Flexibilisierungsformen wahrgenommen und auch nicht als solche diskutiert. Überstunden, Schicht- und Nachtarbeit, Samstags- und Sonntagsarbeit waren bzw. sind gewissermaßen »Bestandteil« des Normalarbeitsverhältnisses und werden daher kaum in Frage gestellt oder abgelehnt. (Bundesminister für Arbeit und Sozialordnung 1981) Die Vielzahl traditioneller Abweichungen vom Normalarbeitsverhältnis unterstreicht nochmals dessen primär normative Funktion.

Neue und traditionelle Arbeitszeitmuster unterscheiden sich vor allem durch den Grad ihrer kollektiven Regelung und Normierung sowie durch das Ausmaß der Elastizität ihres betrieblichen Einsatzes und der individuellen Wahlmöglichkeit. Während zur traditionellen Arbeitszeitpolitik Arbeitszeitsysteme zählen, die durch Standardisierung gekennzeichnet sind (Mehr-, Kurz- und Schichtarbeit), ist die neue Arbeitszeitpolitik – aus Sicht ihrer Befürworter – gekennzeichnet durch Individualisierung, Liberalisierung, größere Selbstbestimmung, Eigenverantwortung und durch Zeitsouveränität. (Bundesvereinigung der Deutschen Arbeitgeberverbände 1984; Bundesvereinigung der Deutschen Arbeitgeberverbände 1987)

Die wichtigste »neue« Arbeitszeitflexibilisierungsform ist neben der Gleitzeit die Teilzeitarbeit. Teilzeitarbeit wiederum ist die Grundform für andere Flexibilisierungsformen, zu denen insbesondere verschiedene Systeme der kapazitätsorientierten variablen Arbeitszeit (Kapovaz) gehören. Dabei stabilisiert Teilzeitarbeit gleichzeitig in hohem Maße die geschlechtsspezifische Segmentierung des Arbeitsmarktes; Leistungsverdichtung, Altersarmut, Aushöhlung der Tarifverträge durch Einzelarbeitsverträge, Benachteiligungen bei betrieblichen Sonderzuwendungen, Überstundenvergütung ohne Zuschläge sind weitere Folgen. Teilzeitarbeit war und ist bis heute eine Arbeitsform, die (fast) ausschließlich von Ehefrauen und Müttern ausgeübt wird. (Büchtemann/Schupp 1987; Eckart 1990; Stolz-Willig 1993)

Gleitzeit verbreitete sich bereits Ende der sechziger Jahre in der Bundesrepublik. Sie umfaßt eine Vielzahl unterschiedlicher Arbeitszeitsysteme, denen eine bestimmte Kernarbeitszeit – also eine feste Mindestarbeitszeit – gemein ist. Es können sog. »Gleitzeitguthaben« angesammelt werden, die innerhalb eines festen Zeitraumes in Freizeit ausgeglichen werden. Gleitzeit ermöglicht so eine Flexibilisierung der Arbeitszeit, bezogen sowohl auf die Dauer als auch auf ihre Lage. Einer Untersuchung des Ministeriums für Arbeit, Gesundheit und Soziales Nordrhein-Westfalen (MAGS 1987) zufolge, orientieren sich 78 Prozent der Gleitzeitarbeitenden bei der Wahl von Lage und Dauer bei der Inanspruchnahme ihrer Gleitzeitguthaben an den Bedürfnissen des Betriebes. Daher wird in der genannten Untersuchung die Schlußfolgerung gezogen, »daß Gleitzeitarbeit in beträchtlichem Maße dazu beiträgt, betrieblichen Flexibilitätserfordernissen gerecht zu werden«. (MAGS 1987:56)

Die kapazitätsorientierte variable Arbeitszeit (Kapovaz) wird als »Arbeitszeitsystem, bei dem die Dauer der Arbeitszeit in einer Woche zwischen Betriebsleitung und Beschäftigten vereinbart wird, die in der Regel niedriger als die Normalarbeitszeit ist, wobei die Lage der Arbeitszeit vertraglich offengehalten und je nach Bedarf von der Betriebsleitung im Rahmen ihrer Produktions- und Personalplanung festgelegt wird« (Schudlich 1987:82) definiert. Nachweislich werden die Beschäftigten jedoch selten bis zu vier Tage im voraus informiert, häufig werden sie erst am entsprechenden Arbeitstag benachrichtigt. (vgl. Peter 1988) Kapovaz wird als typische Flexibilisierungsstrategie des Einzelhandels betrachtet und gehört zu den weniger verbreiteten flexiblen Arbeitszeitsystemen. (vgl. Gerlach 1987)

Die wichtigste und zugleich am weitesten verbreitete flexible Arbeitszeitform ist Teilzeitarbeit. Sie ist gleichzeitig eine unter beschäftigungs-, einkommens- und sozialpolitischen Gesichtspunkten äußerst umstrittene Erwerbsbeteiligungsform.

2.4.1 Arbeitszeitflexibilisierung aus Sicht der Arbeitgeber und der Gewerkschaften

Die Diskussion zur Arbeitszeitflexibilisierung wurde bereits Ende der 60er Jahre mit der Einführung der Gleitzeit ausgelöst. Diese Diskussion führte unter Berücksichtigung veränderter Interessen – insbesondere auf Arbeitgeberseite –

zu einer Vielzahl unterschiedlicher variabler Teilzeitkonzepte. Deren erste tarifvertragliche Festschreibung wurde mit der Einführung der flexiblen Wochenarbeitszeit 1984 fixiert.

Insbesondere seit Mitte der 70er Jahre sind Unternehmen auf Formen systematischer flexibler Personalbedarfs- und -einsatzplanung übergegangen. Die Problematik, die sich aus dem Abbau innerbetrieblicher Personalreserven ergab, wurde durch flexible außerbetriebliche Randbelegschaften gelöst.

In der ersten Phase der Flexibilisierung ging es vor allem um den Ausbau beschäftigungspolitischer Flexibilisierungsspielräume und -instrumente. In den 80er Jahren wurden dann beschäftigungspolitische Flexibilisierungskonzepte zunehmend um eine arbeitszeitpolitische Flexibilisierungsstrategie ergänzt. Das über Randbelegschaften aufgebaute Flexibilisierungspotential wurde nun durch den Aufbau einer innerbetrieblichen Flexibilisierungsreserve ergänzt. Im Vordergrund stand hierbei die Aufhebung kollektiver Normen zur Arbeitszeit und damit der Abbau der entsprechenden Schutzfunktionen. (vgl. Bäcker/Seifert 1982; Seifert 1985; Seifert 1987; Hinrichs/Wiesenthal 1984)

Die Diskussion in der Arbeits- und Sozialpolitik konzentrierte sich mit unterschiedlichen Konzepten und Maßnahmen zur »Flexibilisierung der Arbeitsverhältnisse« auf den Abbau beschäftigungshemmender Arbeitsschutzvorschriften, m.a.W. auf Deregulierungsmaßnahmen. Diese Deregulierungsmaßnahmen trugen somit zur Erosion des Normalarbeitsverhältnisses bei. (vgl. Mückenberger 1990)

Der Begriff »Arbeitszeitflexibilisierung« war für die Mehrzahl der gewerkschaftlichen Vertreter negativ und für die Arbeitgeber eindeutig positiv besetzt. Die Gewerkschaften versuchten zunächst, Flexibilisierungsmaßnahmen zu verhindern, bemühten sich daher nicht um die Regulierung dieses Bereiches, sondern konzentrierten sich ausschließlich auf die Verkürzung der Wochenarbeitszeit. Arbeitszeitflexibilisierung wurde als arbeitsplatzvernichtende Rationalisierungsmaßnahme, Arbeitszeitverkürzung hingegen als arbeitsplatzschaffende Maßnahme diskutiert. (vgl. Schmid, Thomas 1985; Heinze 1984)

Die Arbeitszeit wird über Dauer und Lage innerhalb eines festgesetzten Zeitraumes definiert. Die tägliche, wöchentliche bzw. jährliche Arbeitszeitdauer bildet die chronometrische Bezugsgröße; die Zeitlage – z.B. die Inanspruchnahme der Arbeitstage innerhalb einer Woche oder eines Jahres bzw. Tag- oder Nachtschichten – wird als chronologische Bezugsgröße festgelegt. Arbeitszeitflexibilisierung bedeutet zunächst, daß die Arbeitszeiten abwandelbar und anpassungsfähig sind.

Dieses quasi offene Arbeitszeitsystem beinhaltet Flexibilisierungsoptionen, d.h. Wahlmöglichkeiten, die theoretisch für Arbeitgeber sowie Arbeitnehmer offen sind. Die in der Flexibilisierung enthaltenen positiven Möglichkeiten, die unter dem Begriff »Zeitsouveränität« subsumiert werden, liegen in den genannten (theoretischen) Wahlmöglichkeiten. D.h. Zeitsouveränität kann als individuelles Recht zu mehr Dispositionen über die quantitative und/oder qualitative Seite von Zeitallokationen betrachtet werden. (Teriet 1976) Durch die

Zeitsouveränität werden insbesondere die individuell rationalen Argumente für eine Arbeitszeitflexibilisierung angesprochen. In den 70er Jahren wurde jedoch auch auf der Ebene kollektiver Rationalität für flexible Zeitordnungen argumentiert. Im Hinblick auf eine gleichmäßige Auslastung unterschiedlicher Bereiche wie bspw. des Dienstleistungs-, Verkehrs-, oder Bildungsbereiches wurde für »Organisation statt Investition« (Wiesenthal 1985:11) zu Stoßzeiten plädiert.

Aus betriebswirtschaftlicher Sicht wurde gegen standardisierte Normalarbeitszeiten und für flexible Arbeitszeiten geworben. Rentabilitäts- und Arbeitsplatzsicherungsargumente sollten die Forderungen nach einer besseren Abstimmung von Betriebs- und Arbeitszeiten unterstützen. Insbesondere Teilzeitarbeit wurde als Mittel zur Verringerung der Arbeitslosigkeit als wesentliches Argument für den gesamtgesellschaftlichen Nutzen flexibler Arbeitszeiten angeführt. Damit sollte Arbeitszeitflexibilisierung im Interesse von Arbeitgebern und ArbeitnehmerInnen positiv nutzbar gemacht werden.

Die Einschätzung der Möglichkeiten der Arbeitszeitflexibilisierung änderte sich jedoch in den 80er Jahren. Die Diskussion polarisierte sich: einerseits wurde von seiten der Gewerkschaft auf die bereits praktizierten Formen unsicherer und schlecht bezahlter prekärer Teilzeitarbeitsverhältnisse verwiesen; als weiteres Argument wurde angeführt, daß Arbeitszeitflexibilisierung einer allgemeinen Arbeitszeitverkürzung im Wege stehe. Darüber hinaus wurde sie als Mittel des Personalabbaus, als umfassendes Rationalisierungsinstrument betrachtet. Dennoch wurde sowohl von Seiten der (Sozial-)Wissenschaften als auch der Medien für Arbeitszeitflexibilisierung geworben.

Aus Arbeitgebersicht sowie aus Sicht der Frauen selbst wurde Teilzeitarbeit als optimale bzw. optimierte Arbeitsform für Frauen – insbesondere Mütter –, für ältere und leistungsgeminderte ArbeitnehmerInnen betrachtet. Im Vorfeld der Auseinandersetzungen um die 35-Stunden-Woche setzten schließlich die Arbeitgeberverbände das Konzept der Arbeitszeitflexibilisierung gegen die Arbeitszeitverkürzung und besetzten den Begriff in ihrem Sinne.[12]

Arbeitszeitflexibilisierung aus Arbeitgebersicht

Unter dem Begriff der Arbeitszeitflexibilisierung wurde bzw. wird von Arbeitgebern zunächst grundsätzlich die Anpassungsfähigkeit – respektive deren Wiederherstellung – der Tarifpolitik und des Arbeitsrechtes an die wirtschafts- und arbeitsmarktpolitische Situation verstanden bzw. gefordert. Dabei wird Arbeitszeitflexibilisierung auch als ein mögliches Instrument gegen Arbeitslosigkeit betrachtet, da es im Umkehrschluß heißt: »Ursache dafür ist nicht zuletzt ein Arbeitsrecht, das inzwischen eine derartig hohe Regelungsdichte in

12 Dem Arbeitszeitreport '87 des Landes NRW zufolge waren 45 Prozent aller in der Bundesrepublik Beschäftigten in zumindest einer (oftmals überschneiden sich mehrere Merkmale) zeitflexibilisierten Arbeitsform tätig; MAGS 1987.

Gesetzen, Tarifverträgen, Betriebsvereinbarungen, betrieblichen Regelungen und Einzelverträgen erreicht hat, daß die Gefahren einer Erstarrung und daraus folgende weitere negative – wirtschaftliche wie arbeitsmarktpolitische – Auswirkungen unübersehbar sind.« (Göbel 1986:48) Auch wurde die höchstrichterliche Rechtsprechung des Arbeitsrechts als seit Jahren tendenziös bezeichnet, die »unter der Flagge des vermeintlichen sozialen Fortschritts (der) im Ergebnis durchaus unsoziale Folgen verursacht hat: Eine folgenschwere Konsequenz solcher Rechtsprechung war der weitere Ausbau des sozialen Schutzes der Arbeitsplatzbesitzer auf Kosten derer, die Arbeit suchen.« (Göbel 1986:43)

Durch den Ausbau von Arbeitszeitflexibilisierungsmaßnahmen wurde eine bessere Chance des Interessenausgleichs zwischen Arbeitnehmern, Arbeitgebern und Arbeitssuchenden gesehen. Diese Argumentation beinhaltet nicht nur eine einseitige Verantwortungszuweisung zu Lasten der richterlichen Rechtsfortbildung bzw. der Gewerkschaften, sondern darüber hinaus eine moralische Kategorie, die die Erwerbstätigen als privilegiert gegenüber ihren nicht-erwerbstätigen KollegInnen ausweist und damit ersteren die moralische Verantwortung für die Arbeitslosigkeit ihrer KollegInnen zuweist. Damit sollte der Forderung nach mehr Flexibilisierung, nach stärkerer Deregulierung der Arbeitszeit Nachdruck verliehen werden.

Von gesetzlicher Seite ist eine Anzahl von Deregulierungsmaßnahmen im Arbeitsrecht durchgesetzt worden, so daß keinesfalls von einem Ausbau der Schutzmaßnahmen, sondern vielmehr von einem Abbau ausgegangen werden kann.[13]

Die Kritik der Arbeitgeberseite richtete sich auch nicht gegen die vorhandene Gesetzgebung, sondern primär gegen die richterliche Rechtsprechung und Rechtfortbildung: »Die wirtschaftlichen Belastungen, die die Folge einer solchen Rechtsprechungsentwicklung sind, haben naturgemäß wesentlichen Anteil daran, die Unternehmensleitungen bei Personaldispositionen zur Zurückhaltung zu veranlassen. Deshalb ist an die Rechtsprechung zu appellieren, bei der Anwendung des Rechts den Schutzgedanken nicht weiter einseitig zu überziehen und dadurch die Chancen der Arbeitssuchenden zu beeinträchtigen«. (Göbel 1986:57)

Zusammenfassend sind für die Arbeitszeitflexibilisierung aus Arbeitgebersicht folgende Punkte von Bedeutung:

1. In den Arbeitszeitflexibilisierungsmöglichkeiten wurde eine Chance zu einem neuen, gerechteren Interessenausgleich zwischen Arbeitnehmern, Arbeitgebern und Arbeitslosen gesehen.

13 Z.B. das Beschäftigungsförderungsgesetz.

2. Den entscheidenden Durchbruch für den weiteren Ausbau verschiedener Arbeitszeitflexibilisierungsmaßnahmen bildet der 1984 abgeschlossene Tarifvertrag in der Metall-, Holz- und Druckindustrie, der erstmals die Entkoppelung der persönlichen Arbeitszeit und der betrieblichen Produktionszeit tariflich festschreibt.

3. Die Möglichkeit der flexiblen Ausgestaltung der Wochenarbeitszeit wurde häufig durch andere flexible Arbeitszeitmaßnahmen (insbesondere Teilzeit) ergänzt. Durch die betriebsangepaßte Kombination wurde eine verstärkte Anpassungsfähigkeit der Unternehmen an betriebswirtschaftliche Erfordernisse sowie mehr Zeitsouveränität für die Arbeitnehmer bewirkt.

4. Mit verschiedenen gesetzlichen Maßnahmen (Jugendarbeitsschutzgesetz, Beschäftigungsförderungsgesetz und dem Entwurf eines neuen Arbeitzeitgesetzes) sind für die Arbeitgeber Voraussetzungen geschaffen worden, die deren Flexibilisierungsvorstellungen und Durchsetzungsmöglichkeiten weitgehend entsprechen bzw. entgegenkommen.

5. Die richterliche Arbeitsrechtfortsprechung wird von Arbeitgeberseite aus stark kritisiert, da insbesondere hierin die Benachteiligung der Arbeitsuchenden zugunsten ihrer erwerbstätigen Kolleginnen und Kollegen gesehen wird.

6. Es wird eine Fortentwicklung bei der Ausgestaltung der flexiblen Arbeitszeiten erwartet. Dies wird von Arbeitgeberseite aus begrüßt, da die Arbeitszeit dadurch zu einem regulativen Instrument wird, das differenziert zur Anpassung an die jeweilige Beschäftigungs-, Wettbewerbs- und Absatzlage eingesetzt werden kann.

Arbeitszeitflexibilisierung aus Gewerkschaftssicht

Die gewerkschaftliche Auseinandersetzung mit den Arbeitgebervertretern um unterschiedliche Flexibilisierungsformen und -vorstellungen hat sich lange Zeit darauf beschränkt, diesbezügliche Forderungen zurückzuweisen, ohne eigene Konzepte für eine Neugestaltung der Arbeitszeit zu formulieren.

Die Flexibilisierungsmaßnahmen zeigen eine stärkere Anpassung der Arbeitszeit, der Arbeitsbedingungen und der Arbeitsvertragsdauer an die Produktionsbedingungen der jeweiligen Unternehmen als an die Wünsche und Notwendigkeiten der ArbeitnehmerInnen. Die von Arbeitgeberseite in Aussicht gestellten positiven Arbeitsmarkteffekte konnten nicht erzielt werden, da im wesentlichen betriebliche Rationalisierungsmaßnahmen über Arbeitszeitflexibilisierungsmaßnahmen durchgeführt wurden und somit negative Arbeitsmarkteffekte damit verbunden waren.

Aus gewerkschaftlicher Perspektive sind folgende Aspekte wesentlich:

1. Überwiegend führen die von Arbeitgeberseite und von der Bundesregierung eingebrachten Flexibilisierungsregelungen nicht zu größeren Freiräumen für die Arbeitnehmer.

2. Die genannten positiven Arbeitsmarkteffekte konnten nicht erzielt werden und sind auch zukünftig nicht zu erwarten; vielmehr hat eine verstärkte (in der Praxis irreversible) Umwandlung von Vollzeit- in Teilzeitarbeitsplätze stattgefunden.

3. Es besteht kein ausreichender Schutz vor arbeitsvertraglich nachteiligen Vereinbarungen. Insgesamt wird durch den Abbau von Rahmen- und Mindestbedingungen zwangsläufig die Position der Gewerkschaften und somit der ArbeitnehmerInnen geschwächt.

Innerhalb der Fallstudien werden die verschiedenen gewerkschaftlichen Positionen sowie der Umgang mit der Ausweitung von Teilzeitarbeit innerhalb der untersuchten Branchen differenziert dargestellt und analysiert.[14]

14 Vgl. Kapitel V.

III. Theoretischer Rahmen

1. Theoretische Ansätze und aktueller Forschungsstand

Teilzeitarbeit stellt einen komplexen und durch Ambivalenzen gekennzeichneten Untersuchungsbereich dar. Vorliegende theoretische Ansätze bieten bislang lediglich einen Erklärungsrahmen zu jeweils einzelnen Aspekten des Untersuchungsgegenstandes. Im folgenden wird der Versuch unternommen, einen theoretischen Rahmen anhand sozialhistorischer Erklärungsansätze, ökonomischer und soziologischer Arbeitsmarkttheorien sowie Ansätzen aus der soziologischen Frauenforschung zu bilden.

Die bislang entwickelten Ansätze scheinen mit der theoretischen Verortung der geschlechtsspezifischen Struktur von Teilzeitarbeit und ihrer Funktion auf der Angebots- bzw. Nachfrageseite des Arbeitsmarktes überfordert. Einen besonderen Stellenwert nehmen als kennzeichnende Merkmale die quantitative Konzentration auf wenige Branchen und die defizitäre Regelungsdichte dieser Beschäftigungsverhältnisse ein. Es wird davon ausgegangen, daß Teilzeitarbeit unter Bezugnahme auf weibliche Lebenslagen Arbeits(markt)chancen geschlechtsspezifisch diskriminiert. Damit überschreitet Teilzeitarbeit die Grenzen eines reinen Arbeitszeitmodells und eröffnet der Arbeitsmarktsegmentierung und -segregierung eine qualitativ neue Ebene. Auch die Segmentierung durch Stamm- und Randbelegschaften wird durch die Einrichtung flexibler Teilzeit-Stammbelegschaften ersetzt bzw. ergänzt. Dabei werden die Konditionen, zu denen traditionell Randbelegschaften arbeiten, mit den Vorteilen, die Stammbelegschaften bieten, verknüpft. Diese Teilzeit-Stammbelegschaften konzentrieren sich überwiegend auf niedrigem Qualifikationsniveau. Perspektivisch ist davon auszugehen, daß, bedingt durch eine sich verschlechternde Beschäftigungssituation, auch diese Teilzeit-Stammbelegschaften zunehmend stärker geschlechtsspezifisch segregiert werden. Männer werden – auf der Basis eines insgesamt niedrigen Qualifikationsniveaus – die innerhalb dieses Segments vorhandenen höher qualifizierten und Frauen die niedriger qualifizierten Teilzeitarbeitsplätze besetzen.

Die sozialhistorische Forschung bietet grundlegende Erkenntnisse zum Entwicklungsprozeß geschlechtsspezifischer Arbeitsteilung. Teilzeitarbeit kann hier als weiterentwickelte differenzierte geschlechtsspezifische Erwerbsarbeitsform betrachtet werden. In Verbindung mit ökonomischen und soziologischen Arbeitsmarkttheorien sowie Ansätzen aus der soziologischen Frauenforschung soll aus unterschiedlicher Perspektive Aufschluß über die Angebots- und Nachfrageseite eines segmentierten und segregierten Erwerbsarbeitsmarktes gegeben werden. Jeder einzelne der genannten Ansätze erklärt jeweils einen Teilzeitarbeit kennzeichnenden Teilaspekt: Das primäre Erkenntnisinteresse ökonomischer Ansätze richtet sich auf geschlechtsspezifische Einkommensdifferenzen; soziologische Ansätze versuchen bspw. geschlechtsspezifische Diskriminierung über unterschiedliche Zugänge zu jeweiligen Teilarbeitsmärkten oder durch geschlechtsspezifisch zugeordnete »Arbeitsvermögen« zu erklären. Die Handlungsmotivation kollektiver Interessenvertretungen wird schließlich unter dem Blickwinkel des Rational Choice-Ansatzes betrachtet.

Die Verbindung der genannten theoretischen Konzepte und Theorien bietet so die Möglichkeit, die eingeschränkten und nur partiellen Erklärungen zu geschlechtsspezifisch determinierten Erwerbsarbeitsmöglichkeiten zu überwinden. Es wird davon ausgegangen, daß über diese Verbindung auch eine Erklärung für das Verhalten unterschiedlicher Akteure, die, obwohl sie heterogene Interessen und Möglichkeiten haben, eine (scheinbare) Interessenübereinstimmung in der Teilzeitarbeit finden.

Die Theorien finden dort ihre praktische Anwendung, wo sie als Analyseinstrument insbesondere innerhalb der Fallstudien verwendet werden und die möglichen arbeitsmarktpolitischen, gesellschaftspolitischen, (betriebs)wirtschaftlichen und sozialen Funktionen, die Teilzeitarbeit übernimmt, zeigt. Abschließend wird der Versuch unternommen, den Ertrag der unterschiedlichen Theorien und Konzepte auf die theoretische Verortung von Teilzeitarbeit in den untersuchten Branchen herauszuarbeiten.

1.1 Sozialhistorische Erklärungsansätze

In der sozialhistorischen Forschung zu Frauen(erwerbs)arbeit wird davon ausgegangen, daß Frauen Nachzügler marktvermittelter Arbeitsformen sind. Willms-Herget führt hierzu aus: »Die *Schaffung einer weiblichen Randbelegschaft* sehe ich als *Teilaspekt eines umfassenden historischen Segmentierungsprozesses*, in dessen Verlauf Frauen als die Nachzügler in marktvermittelten Arbeitsformen zwar in den Arbeitsmarkt integriert wurden, aber beschränkt blieben auf »frauenspezifische« Arbeitsbereiche.« (Willms-Herget 1985:60) (Hervorhebungen im Original)

Alter und Geschlecht bilden zwei übergreifende Kategorien sozialer Arbeitsteilung in modernen Gesellschaften. Die geschlechtsspezifische Arbeitsteilung und die Typisierung von Frauen- und Männerberufen haben sich parallel zu der Entwicklung von einer agrarisch geprägten zu einer Dienstleistungsgesellschaft verändert. Betrachtet man diese Entwicklung bezogen auf familiäre Veränderungs- und Auflösungsprozesse, erweist sich geschlechtsspezifische Arbeitsteilung als weitgehend resistent gegenüber diesen Veränderungsprozessen. Obwohl die Anzahl der Beschäftigungsverhältnisse von Frauen, insbesondere durch die Ausweitung der Dienstleistungsbranchen, angestiegen[1]

1 Vgl. hierzu die Entwicklung der Arbeitszeitvolumina der Frauenerwerbsarbeit.

ist, hat sich an der geschlechtsspezifisch diskriminierenden Struktur wenig geändert.

In der historischen Forschung werden die Anfänge (moderner) geschlechtsspezifischer Arbeitsteilung zeitlich noch vor den Beginn der Industrialisierung gesetzt. Verheiratete Frauen arbeiteten überwiegend innerhalb der Familienwirtschaft, als »mithelfende Familienangehörige« in der Landwirtschaft und im Handwerk. Unverheiratete Frauen waren hingegen überwiegend außerhalb der eigenen Hauswirtschaft tätig. Durch die Verbreitung betrieblich organisierter Industriearbeit bildeten sich neue Formen der Existenzsicherung. Während Männer als Lohnarbeiter tätig waren, beschränkten Frauen sich auf den – produktiver Tätigkeiten weitgehend entleerten – Haushaltsbereich: »Die Reste subsistenzwirtschaftlicher Produktionsweise, wie eine an Bedarfsdeckung ausgerichtete Einstellung zur Arbeit und die eigene Herstellung eines Teils der Nahrungsmittel, wurden aufgegeben. Die Wohnungen wurden zum Ort des Konsums und der Reproduktion, jedoch keine Arbeitsstätten mehr. Damit ging auch die Basis der traditionellen Form der Zusammenarbeit und Arbeitsteilung zwischen den Ehepartnern verloren.« (Willms-Herget 1985:44) Zu diesem Zeitpunkt entwickelte sich Kindererziehung zu einer Vollzeitbeschäftigung erwachsener Frauen.

Sozialpolitische Bestrebungen konzentrierten sich darauf, die Einkommen erwerbstätiger Männer auch im Falle von Krankheit oder Arbeitslosigkeit auf einem Niveau zu halten, das den »Dazuverdienst« der Ehefrauen erübrigte.[2] Infolge der räumlichen Trennung entwickelte sich eine ideologische Überhöhung geschlechtsspezifischer Arbeitsteilung, die in der »Polarisierung der Geschlechtscharaktere«[3] mündete. Frauen waren demnach häuslich, emotional und geduldig, Männer besaßen Mut, Durchsetzungsvermögen und intellektuelle Fähigkeiten.

Hieraus wurden geschlechtsspezifische Arbeitsfähigkeiten abgeleitet, auf deren Grundlage Männer und Frauen noch heute in verschiedenen Branchen und Berufen (horizontale Segregation) und auf verschiedenen Hierarchiestufen (vertikale Segregation) erwerbstätig sind.[4] Ihre inhaltliche Entsprechung findet die »Polarisierung der Geschlechtscharaktere« heute in Form »statistischer Diskriminierung« (vgl. Kleber 1992), die (u. a.) das Verhalten von Arbeitgebern bei Personaleinstellungen mitbestimmt. Demnach werden Frauen Verhaltensweisen und Eigenschaften zugeordnet, die sie für bestimmte Teilarbeitsmärkte – aus Sicht des Arbeitgebers – (dis-)qualifizieren. So ist für das Reinigungsgewerbe bspw. festzustellen, daß der Bereich der Gebäudein-

2 Der Arbeitslohn des Mannes war und ist als Familieneinkommen häufig nicht existenzsichernd, so daß die grundsätzliche geschlechtsspezifische Teilung zwischen Lohn- und Familienarbeit überwiegend eine normative Leitbildfunktion hat(te).

3 Der Begriff wurde im 18. Jahrhundert gebildet und im 19. Jahrhundert dazu verwandt, die mit den physiologischen korrespondierend gedachten psychologischen Geschlechtsmerkmale zu bezeichnen. Hausen 1976:363.

4 Vgl. hierzu die Fallstudien Kapitel V.

nenreinigung von Frauen in Teilzeitarbeit, der Bereich der Außenreinigung (bspw. Glasreinigung) von Männern in Vollzeitarbeit dominiert ist. Im Bereich des Einzelhandels wird Teilzeitarbeit von Frauen, insbesondere in niedrig qualifizierten Tätigkeitsbereichen ausgeübt. Selbst im Fall gleicher beruflicher Qualifikation bleiben Frauen bestimmte Tätigkeitsbereiche im Einzelhandel verschlossen. Dies ist bspw. im Verkaufsbereich für Elektro- oder Computerartikel feststellbar. Hier werden bevorzugt männliche Arbeitnehmer beschäftigt, da diesen ein besseres Technikverständnis zugeordnet wird. Diese berufliche Zuordnung entspricht und bedient gleichzeitig traditionelle gesellschaftliche Stereotypen. Demnach bringen KundInnen bevorzugt männlichem Personal in der Elektroabteilung und bevorzugt weiblichem Personal in der Textil- oder Lebensmittelabteilung größeres Vertrauen entgegen. Aus dieser geschlechtsspezifischen Zuordnung von Fähigkeiten werden letztlich Entlohnung, Aufstiegschancen und berufliche Stellung abgeleitet.

Die sozialhistorische Forschung weist explizit auf das – auch in der vorliegenden Studie äußert relevante – Phänomen hin, daß die Strukturen des Geschlechterverhältnisses und der Frauenerwerbsarbeit relativ restistent gegenüber Veränderungsprozessen in der Arbeitswelt sind. Weder veränderte Arbeitsbedingungen, Arbeitsmärkte, Arbeitsplätze und -beziehungen, noch gestiegene berufliche Qualifikationen und auch nicht die steigende Anzahl weiblicher Beschäftigungsverhältnisse haben an den Strukturen und Charakteristika von Frauenerwerbsarbeit, wie sie bereits zu Beginn der Industrialisierung vorhanden waren, gravierend etwas geändert. Eine der Konsequenzen dieser geschlechtsspezifischen Arbeitsteilung ist, daß die Erwerbschancen von Männern primär über die Arbeitsmarktlage und die der Frauen primär über die familiäre Situation bestimmt werden. Die »Normal«-Erwerbsarbeit ist auch heute noch so organisiert, als ob neben der beruflichen Arbeit keine Reproduktionsaufgaben zu erfüllen wären.

1.2 Die »Human-Kapital«-Theorie und der »Crowding«-Ansatz

Das primäre Erkenntnisinteresse ökonomischer Ansätze richtet sich auf Einkommensdifferenzen zwischen Frauen und Männern. Frauen erhalten bei gleicher Tätigkeit eine geringere Entlohnung und/oder arbeiten überwiegend in Berufen, sog. Frauenberufen, die niedrig entlohnt werden. Dabei werden geschlechtsspezifische Berufsstrukturen vorausgesetzt.

Der Human-Kapital-Ansatz konzentriert sich als neoklassische Arbeitmarkttheorie – unter Ausklammerung von Traditionen und Normen – insbesondere auf Qualifikationsunterschiede der ArbeitnehmerInnen. Einkommensunterschiede werden mit unterschiedlich getätigten Bildungs- bzw. Ausbildungsinvestitionen, über eine niedrigere Produktivität der Frauenberufe sowie über die diskontinuierliche Erwerbsbeteilung von Frauen erklärt. Hieraus werden zusammenfassend zwei Berufstypen abgeleitet, von denen angenommen wird, daß sie für Frauen von geringem Interesse sind:

- Berufe, die berufliche Erfahrung und kontinuierliche Berufstätigkeit voraussetzen und
- Berufe, die eine längerdauernde Ausbildung als Zugangsvoraussetzung erfordern.

Beide Annahmen treffen auf die von Frauen ausgeübten Tätigkeiten innerhalb der in der vorliegenden Arbeit untersuchten Branchen zu. Damit spiegelt der Human-Kapital-Ansatz einen Teil der beruflichen Realität von Frauen wider, versäumt es jedoch, die Rahmenbedingungen, die zu der o.g. beruflichen Orientierung von Frauen führen, in die Betrachtung einzubeziehen. Dadurch wird der wissenschaftliche Ertrag dieses Ansatzes erheblich eingeschränkt. Ebenfalls ungeklärt bleiben geschlechtsspezifische Einkommensdifferenzen bei gleichem Qualifikationsniveau, etwa bei Hilfsarbeiten in Frauen- und in Männerbranchen, die durch Teilzeitarbeit überproportional verstärkt werden. Damit bleibt ungeklärt, warum Frauen überhaupt in die für sie ungünstigen Frauenberufe gehen, in denen ihr Verdienst niedriger ist, wenn die investierten Ausbildungskosten für sie dort gleich niedrig sind wie in den Männerberufen. Die konsequente Schlußfolgerung müßte demnach genau gegenteilig davon ausgehen, daß Frauen aufgrund von (vorenthaltenen) ökonomischen Anreizen ein ausgeprägtes Interesse an Männerberufen entwickeln.

Der Human-Kapital-Ansatz geht weiter von der Annahme aus, daß der Verlauf weiblicher Erwerbsbiographien das Ergebnis eines rationalen Entscheidungsverhaltens ist und weist damit Frauen die alleinige Verantwortung für einen segmentierten und geschlechtsspezifisch diskriminierenden Arbeitsmarkt zu. Diese Annahme setzt jedoch ein in dieser Form nicht vorhandenes, durchlässiges Ausbildungs- und Beschäftigungssystem sowie die gesellschaftliche Unterstützung der Reproduktionsarbeit voraus.

Darüber hinaus wird den Arbeitnehmerinnen die Kontrolle über die Entwicklung ihres Human-Kapitals zugeschrieben, wobei betriebliche Kontrolle und betrieblicher Einsatz unberücksichtigt bleiben. Empirischen Schätzungen zufolge wird dem Qualifikationsniveau jedoch kaum mehr als eine 50prozentige Erklärungsrelevanz für die ermittelten Einkommensdifferenzen zugeschrieben. Darüber hinaus belegen Studien, daß selbst bei identischer Human-Kapital-Ausstattung und identischem Angebotsverhalten von Männern und Frauen weibliche Beschäftigte überproportional in niedrig qualifizierten Tätigkeitsbereichen eingesetzt werden. (vgl. Clement/Tessaring/Weißhuhn 1983) Von Frauen werden über die berufliche Qualifikation hinaus sog. »soziale Kompetenzen« gefordert: »Bei den hier erwarteten sozialen und kommunikativen Fähigkeiten handelt es sich im wesentlichen darum, persönliche Handlungsmuster des Zuhörens und miteinander Sprechens, des Versorgens und

Umsorgens, des Informierens und Beratens so umzuformen, daß sie geschäftlich werden und sich letztendlich umsatzsteigernd auswirken.« (Rabe-Kleberg 1987:96)

Um die Berufs- und Ausbildungswahl von Frauen zu erklären, wird u.a. auch von einer bestimmten »Vorliebe« von Frauen für bestimmte Tätigkeitsbereiche ausgegangen. Hierauf nimmt Becker Bezug, der davon ausgeht, daß Frauen aufgrund der ihnen zugewiesenen Verantwortung für Haushaltstätigkeiten, weniger Energie für die Erwerbsarbeit zur Verfügung steht: »These household responsibilities also induce some sexual occupation segregation because married women seek occupations and jobs that are less effort-intensive to reduce the demands on their more constrained stocks of energy«. (1983:26) Daher erscheint es (soziologisch) naheliegend, daß Frauen insbesondere solche Berufe ergreifen, in denen sie möglichst viel von ihrer Haushaltstätigkeit einbringen bzw. für diese lernen können.

Becker weist ferner darauf hin, daß die traditionelle geschlechtsspezifische Arbeitsteilung sich als Nachteil für Frauen auf dem Erwerbsarbeitsmarkt auswirkt: »Of course, their continued responsibility for these activities may be due to cultural discriminiation against women, but this explanation does not rely on market discrimination.« (Becker 1983:4) Für die Human-Kapital-Theorie bedeutet dies den Verweis auf außerhalb dieses Ansatzes liegende Erklärungsmöglichkeiten für die geschlechtsspezifische Arbeitsmarktsegmentation.

Der Crowding-Ansatz[5] versucht zu klären, warum Frauen schlechtbezahlte, sog. Frauenberufe, ergreifen. Vorausgesetzt wird, daß die Anzahl der Berufe und Arbeitsplätze, die Frauen zugänglich sind, künstlich begrenzt wird. Infolge dieser geschlechtsspezifisch verengten Konkurrenzsituation, die sich entsprechend positiv für Männerberufe auswirkt, sinkt das Lohnniveau der Frauen. Hierdurch werden die Lohndifferenzen zwischen Frauen- und Männerberufen erklärt.

Der Crowding-Ansatz berücksichtigt jedoch nicht, daß sich durch diese künstlich erzeugte, nicht auf Produktivitätsunterschieden beruhende Konkurrenz zwischen Männern und Frauen für die Betriebe Lohneinsparungen bei den weiblichen Beschäftigten ergeben, die auf der Seite der männlichen Arbeitnehmer wieder verloren gehen. Somit ergibt sich aus dem relativ niedrigen Lohnniveau der Frauen kein ökonomischer Gesamtvorteil für die Betriebe. »Arbeitsmarktsegmentation nach dem Geschlecht muß ihren Ursprung also mindestens teilweise auch in den freien Entscheidungen der Arbeitskräfte selbst und/oder in betrieblichen Arbeitsmarktstrategien haben.« (Kleber 1992:87)

5 Die Crowding-Theorie, auch Überfüllungstheorie oder Theorie der Nichtwettbewerbsgruppen genannt, war innerhalb der Volkswirtschaftslehre Mitte des 19. bis zur Mitte des 20. Jahrhunderts die gängigste Theorie zur Erklärung von Frauenarbeit und -löhnen.

Während die Human-Kapital-Theorie im wesentlichen von sozial geformten Präferenzen der Frauen ausgeht, setzt die Crowding-Theorie eine bestimmte Präferenz von Arbeitgebern voraus. Beide Ansätze weisen auf Faktoren außerhalb des ökonomischen Bereichs und stellen die Verbindung zu soziologischen Ansätzen her. Beide Ansätze sind insofern zu kritisieren, weil sie sich ausschließlich auf Symptome einer Entwicklung konzentrieren und diese zu erklären versuchen. Unberücksichtigt bleiben dabei jedoch die Ursachen, die zu einem bestimmten Entscheidungs- und Handlungsverhalten der Akteure führen. Auf die untersuchten Branchen angewandt, werden die ökonomischen Ansätze insofern bestätigt, als beide Branchen sog. »Frauenbranchen« sind. Ausgehend von bestimmten sozialen Präferenzen der Frauen werden damit gleichzeitig faktisch nicht vorhandene Wahlmöglichkeiten unterstellt.

Daher werden im folgenden die »Theorie des segmentierten Arbeitsmarktes« und die »Theorie des weiblichen Arbeitsvermögens«, sowie das »Konzept der doppelten Vergesellschaftung« diskutiert, die aus sozialwissenschaftlicher Perspektive die o.g. Lücke schließen sollen.

1.3 Arbeitsmarktsegmentations- und Arbeitsmarktsegregationsansatz

Der Arbeitsmarktsegmentationansatz wurde Ende der 60er Jahre in der US-amerikanischen Arbeitsökonomik entwickelt. Grundlage des Ansatzes ist, daß bestimmte Gruppen – zu denen Frauen, Jugendliche, ethnische Minderheiten, ältere Menschen u.a. gezählt werden – in besonderem Maße von Arbeitslosigkeit und Unterbeschäftigung betroffen sind. (Sengenberger 1978:19) Der Arbeitsmarktsegmentationsansatz geht weiter davon aus, daß der Gesamtarbeitsmarkt in (nahezu) undurchlässige Teilarbeitsmärkte zerfällt, zu denen nur jeweils bestimmte Gruppen Zugang finden.

Das bekannteste, in den USA entwickelte Modell einer vertikal geschichteten Arbeitsmarktstruktur ist der »duale Arbeitsmarkt«. Piore (1969) und Gordon (1972) gliederten den Gesamtarbeitsmarkt in zwei Segmente: Den Primärsektor, den internen Teilarbeitsmarkt, der stabile und gut bezahlte Arbeitsplätze umfaßt, und den Sekundärsektor, der instabile, schlecht bezahlte Arbeitsplätze mit geringen Aufstiegschancen bereitstellt.[6] Der Sekundärsektor stellt ein Aggregat gering entwickelter interner Märkte dar. Im primären Segment wird die Fluktuation durch Beförderungen nach dem Senioritätsprinzip gering gehalten. Die Beschäftigten durchlaufen Stationen einer institutionell verfestigten sog. »Mobilitätskette«, über die Löhne nicht mehr individuell an die Arbeitskraft, sondern an den Arbeitsplatz gebunden sind. Dies erklärt unterschiedliche Löhne bei gleicher Qualifikation und Bildung. »Teilarbeitsmärkte sind durch bestimmte Merkmale von Arbeitsplätzen oder Arbeits-

6 Die beiden Teilarbeitsmärkte werden mit den Begriffen »primär/sekundär«, »Stamm- und/Randbelegschaft« oder auch »intern/extern« beschrieben.

kräften abgegrenzte Struktureinheiten des Arbeitsmarktes, innerhalb derer die Allokation, Gratifizierung und Qualifizierung der Arbeitskräfte einer besonderen, mehr oder weniger stark institutionalisierten Regelung unterliegt.« (Sengenberger 1979:15)

Die Kriterien, die zur Herausbildung der einzelnen Segmente führen, sind vielfältig: »Sie können sich auf Merkmale der Angebotsseite, wie Qualifikation, Geschlecht, Nationalität, Rasse, Alter usf. der Arbeitskräfte, aber auch auf Merkmale der Nachfrageseite des Arbeitsmarkts beziehen, so etwa auf die Branche, die Region, das Unternehmen usf.« (Sengenberger 1979:8)

Nach Lutz/Sengenberger sind für den deutschen Arbeitsmarkt drei Teilarbeitsmärkte feststellbar. (1) der betriebsinterne Arbeitsmarkt – Primärsektor – bindet Arbeitskräfte durch eine betriebsspezifische Qualifikation und ist i. d. R. gegenüber überbetrieblichen Arbeitsmärkten verschlossen. Diese Arbeitsplätze sind weitgehend stabil, bieten interne Aufstiegsmöglichkeiten und sind gut bezahlt. Der unspezifische betriebliche Teilmarkt (2) – der Sekundärsektor – umfaßt schlecht qualifizierte Arbeitsplätze mit geringer Betriebsbindung. Diese im sog. »Jedermannsarbeitsmarkt« angesiedelten Arbeitsplätze sind instabil und werden bei einer sich verschlechternden Wirtschaftslage des Unternehmens als erste abgebaut. Das dritte Segment bilden die berufsfachlichen Arbeitsmärkte, für die ein berufsqualifizierter Abschluß notwendig ist. »Sind Teilmengen von Arbeitskräften oder Arbeitsplätzen von gleicher oder vergleichbarer Qualität, gemessen etwa an den Qualifikationsanforderungen, der Stabilität der Arbeitsplätze oder den Einkommensmöglichkeiten, wird dies als »*horizontale Segmentation*« bezeichnet. »*Vertikale Segmentation*« bezeichnet dagegen die Ungleichheit von Arbeitsverhältnissen in den Segmenten.« (Sengenberger 1979:8) (Hervorhebungen im Original)

Lappe erweiterte diesen Ansatz zur Erklärung geschlechtsspezifischer Arbeitsmarktsegmentation. Frauen werden demnach dem sekundären geschlechtsspezifisch gespalteten Teilarbeitsmarkt zugeordnet. (Lappe 1981) Dieser abgegrenzte frauenspezifische Arbeitsmarkt ist durch geringe Löhne und Aufstiegsmöglichkeiten sowie durch hohe Arbeitsbelastung gekennzeichnet.

Ausschlaggebend für die Herausbildung von Teilarbeitsmärkten sind betriebliche Personaleinsatzstrategien. Die betrieblichen Investitionen in die berufliche Ausbildung sollen möglichst gering und die Bindung an den Ausbildungsbetrieb möglichst hoch sein. Damit erhalten bevorzugt Männer mit einer i. d. R. kontinuierlichen Erwerbsbiographie Zugang zu qualifizierten Arbeitsplätzen. Frauen gelten hingegen aufgrund familiär bedingter Unterbrechungsphasen als a) instabile, b) einfach zu beschaffende Arbeitskräfte und verfügen c) über eine geringe Durchsetzungskraft in Ermangelung einer gewerkschaftlichen Interessenvertretung, die sich für ihre Belange einsetzt. »Dieser Prozeß resultiert in »Marginalisierung« (Freiburghaus 1978:59), wenn

Personen dann die angewandten Stereotype in ihrem tatsächlichen Verhalten – und nicht zuletzt aufgrund der Arbeitsbedingungen – bestätigen.« (Willms-Herget 1985:57) (Hervorhebung im Original)

Über diesen selektiven soziodemographisch-geschlechtsspezifischen Zugang zu Teilarbeitsmärkten werden die beruflichen Entwicklungsmöglichkeiten maßgeblich bestimmt und innerbetriebliche Stamm- und Randbelegschaften gebildet. Die Stammbelegschaft ist im wesentlichen durch betriebliche Ausbildungsinvestition und die Einbeziehung in betriebliche Sozialleistungen gekennzeichnet; die Randbelegschaft gilt als flexible Arbeitskräftereserve, die bei Absatzschwankungen entlassen bzw. eingestellt wird.

Die Analyse geschlechtsspezifischer Arbeitsmarktstrukturen vernachlässigt, daß schlechte Arbeitsplätze in unterschiedlichen Beschäftigungsbereichen und Segmenten existieren. Daher können Frauen nicht grundsätzlich dem sekundären Segment zugeordnet werden, sondern sind faktisch in allen Teilarbeitsmärkten vertreten. »Die Trennungslinie zwischen Frauen- und Männerarbeitsplätzen verläuft offensichtlich quer zu den Segmentationslinien, welche die Teilarbeitsmärkte voneinander abgrenzen. Sie ist offenbar vielfältig gebrochen und in den verschiedenen Berufs- und Tätigkeitsbereichen und Statusgruppen unterschiedlich ausgeprägt und verfestigt.« (Pfau-Effinger/Ostner/Gottschall/Maier/Möller 1990:9) Arbeitsmarktsegmentation wird bereits durch die geschlechtsspezifisch orientierte Zuweisung von Ausbildungsplätzen festgelegt. Arbeiten Frauen und Männer auf der Grundlage des gleichen Ausbildungsberufes, setzen sich informelle Formen der Segmentation durch.

Pfau-Effinger et al. (1990) gehen von einer geschlechtsspezifischen Segregation des Arbeitsmarktes aus. Demnach sind Frauen überwiegend auf den jeweils schlechtesten Arbeitsplätzen aller drei Teilmärkte beschäftigt. Damit wird die Segmentationstheorie um die These, daß erst die Verknüpfung von Erwerbs- und Reproduktionsarbeit die differentielle Arbeitsmarktlage bestimmt, erweitert.

Die nachfrageorientierte »Segmentationstheorie« erklärt geschlechtsspezifische Arbeitsteilung als eine betriebliche Strategie des Arbeitskräfteeinsatzes. In Abhängigkeit von den jeweils technischen und arbeitsorganisatorischen Möglichkeiten einzelner Betriebe bzw. Branchen werden entweder ledige oder verheiratete, ältere oder jüngere Frauen bevorzugt eingestellt.

Der Arbeitsmarktsegregationsansatz verdeutlicht, daß Frauenarbeit an die schlechtesten Arbeitsplätze innerhalb eines Segmentes gebunden ist und in allen Segmenten vertreten ist. Schließlich wird auf die Interdependenz zwischen Produktions- und Reproduktionsbereich, die sich für Frauen insbesondere beruflich negativ auswirkt, verwiesen.

Beide Ansätze bieten Erklärungen dazu, weshalb Frauenarbeit in bestimmten Branchen konzentriert auftritt und Frauen das Arbeitsangebot bestimmter Branchen »präferieren«. Über die Zusammenfassung beider Arbeitsbereiche, der Erwerbs- und der Familienarbeit, ergeben sich für Frauen eingeschränkte berufliche Möglichkeiten und diese erklären gleichzeitig geschlechtsspezifisch differierende Orientierungen.

Die im folgenden diskutierten angebotsorientierten Ansätze »Weibliches Arbeitsvermögen«, und »Doppelte Vergesellschaftung« sollen die hier begonnene Diskussion vertiefen und näher klären, warum Frauen ihre Arbeitskraft zu schlechten Konditionen anbieten bzw. entsprechende Arbeitsangebote annehmen (müssen).

1.4 Ansätze »Weibliches Arbeitsvermögen« und »Doppelte Vergesellschaftung«

Den Ansätzen zur Arbeitsmarktsegmentation bzw. -segregation folgend, bleibt die Frage offen, warum Frauen ihre Arbeitskraft insbesondere dem sekundären Teilarbeitsmarkt bzw. Bereichen mit überwiegend schlechten Arbeitsbedingungen zur Verfügung stellen. Mit dieser Fragestellung setzt sich die soziologische Frauenforschung und insbesondere der Ansatz des »weiblichen Arbeitsvermögens«, der Ende der 70er Jahre von Ostner und Beck-Gernsheim entwikkelt wurde, auseinander.[7]

Geschlechtsspezifische Arbeitsteilung, die sich als geschlechtsspezifische Segregation im Beschäftigungssystem zeigt, soll hier mit Hilfe des Konstruktes »weibliches Arbeitsvermögen« erklärt werden. Es entsteht im Spannungsfeld zwischen Berufs- und Hausarbeit und den damit verbundenen – über geschlechtsspezifische Sozialisationsprozesse vermittelten – Orientierungen, Dispositionen und Fähigkeiten. Diese so erworbene (nicht berufsförmige) Qualifikation bildet den Ansatzpunkt für betrieblich-ökonomische Einsatzinteressen, so daß »weibliches Arbeitsvermögen« sowohl Voraussetzung als auch Folge geschlechtsspezifischer Segregation auf externen und internen Arbeitsmärkten ist.

Den Ausgangspunkt bildet die Frage, wodurch sich weibliche Arbeitskräfte, über ihre formale Qualifikation hinaus, aus betrieblicher Sicht von ihren männlichen Kollegen unterscheiden, »... an welche Besonderheiten des gesellschaftlichen Frauenbildes Unternehmungen bei der Konstruktion von Frauenarbeitsplätzen anknüpfen und inwiefern diese Zuschneidung von Arbeitsplätzen aus betrieblicher Sicht rational sein kann.« (Kleber 1992:97)

7 Das Konzept des »weiblichen Arbeitsvermögens« wurde von Beck-Gernsheim und Ostner im Zusammenhang mit dem Forschungsprojekt A3 »Zur Inkompatibilität von weiblicher Statusrolle und Berufsposition«, innerhalb des Sonderforschungsbereiches 101 der Universität München »Theoretische Grundlagen sozialwissenschaftlicher Berufs- und Arbeitskräfteforschung« entwickelt.

Beck-Gernsheim und Ostner erklären die Benachteiligung von Frauen im Erwerbsleben unter Einbeziehung der gesamten, in entwickelten Industrieländern geleisteten Arbeit. Damit gehen sie über den Erkenntnisrahmen Arbeitsmarkt, Lohnarbeit und Berufsarbeit hinaus. Haus- und Berufsarbeit werden als aufeinanderbezogene, differente Formen gesellschaftlicher Arbeit definiert, die durch unterschiedliche Arbeitsgegenstände und spezifische Arbeitsvermögen gekennzeichnet sind. Dem Ansatz zufolge entwickeln Frauen aufgrund der ihnen zugewiesenen Familienarbeit ein stärker reproduktionsbezogenes »weibliches Arbeitsvermögen«. Aufgrund der Anforderungsdisparitäten zwischen Erwerbs- und Familienarbeit, die sich auf der einen Seite durch Konkurrenzfähigkeit und Leistungsorientierung, auf der anderen durch Geduld und Sicherung der unmittelbaren Reproduktion ausdrückt, werden Kompromisse gebildet.[8] Diese Kompromisse werden von Frauen – so die Argumentation – durch bestimmte Berufsinteressen, die eine inhaltliche Nähe zur Hausarbeit zeigen (Sozial- und Pflegeberufe, Dienstleistungsberufe etc.), in Berufswahlprozessen und durch die berufliche Praxis (geringer gewerkschaftlicher Organisationsgrad, geringe Aufstiegsorientierung etc.) konkretisiert.[9] Kennzeichnend für sog. Frauenberufe ist eine besonders enge Beziehung zwischen den inhaltlichen Interessen und Fähigkeiten der Frauen und den betrieblichen Interessen an der Nutzung dieser Potentiale für Arbeitsbereiche mit spezifischem Anforderungsprofil. (Ostner/Willms 1982)

Die Benachteiligung von Frauen auf dem Erwerbsarbeitsmarkt beruht demnach auf gesellschaftlichen Strukturen, die Erwerbs- und Hausarbeit geschlechtsspezifisch determinieren. »... das Konstrukt vom »besonderen weiblichen Arbeitsvermögen« eröffnet prinzipiell den Zugang zu einer Analyse weiblicher Erwerbsarbeitspraxis *und* betrieblicher Nutzungsstrategien von weiblicher Arbeitskraft, die nicht lohnarbeits- bzw. arbeitsmarktimmanent ist und die männliche Normalarbeitskraft zum Maßstab erhebt, sondern die gesamtgesellschaftliche Arbeitsteilungsstrukturen und deren Hierarchien mit in den Blick nimmt.« (Gottschall 1990:43f)

Der Verdienst des Ansatzes ist es, daß damit erstmals die begrenzte betriebsbezogene Orientierung der Arbeitsmarktforschung erweitert und der Einfluß von Sozialisation und geschlechtsspezifischer Arbeitsteilung zwischen Haus und Betrieb als subjektiv von Frauen zu bewältigender Zusammenhang formuliert wird. Die Grenzen dieses Ansatzes wurden bereits durch die historische Betrachtung der Entwicklung von Frauenindustriearbeit, die sich nicht am »weiblichen Arbeitsvermögen« orientiert, deutlich. (vgl. Willms-Herget 1985; Wegehaupt-Schneider 1985) In Industrie- und Dienstleistungsbereichen waren insbesondere Rationalisierungsprozesse[10] für die Ausformung von Frauenarbeit von großer Bedeutung.

8 Vgl. hierzu Kapitel III/1.1.
9 Vgl. hierzu Kapitel III/1.5.
10 Vgl. Strukturwandel im Einzelhandel und Privatisierung im Reinigungsgewerbe.

Ein wesentliches Defizit dieses Ansatzes liegt darin, daß strukturelle Dimensionen unzureichend berücksichtigt werden. Da der Ansatz von »typischen« Frauen und deren reproduktionsorientierten und -geleiteten Interessen ausgeht, werden die strukturellen Bedingungen vernachlässigt, die allen betroffenen Akteuren, Männern und Frauen, ein Verhalten »nahelegen«, das im Ergebnis zur Produktion und Reproduktion geschlechtsspezifischer Arbeitsmarktungleichheiten führt. Strukturtheoretisch werden unterschiedliche Verhaltensausformungen von Männern und Frauen durch die unterschiedlich angetroffenen und verarbeiteten strukturellen Bedingungen produziert. (vgl. Knapp 1990) Der Einfluß dieser Strukturbedingungen auf Sozialisationsprozesse etc. wird damit nicht negiert, sondern lediglich auf einen weniger exponierten Platz verwiesen.

Das von Becker-Schmidt (1987) und Knapp (1987) entwickelte Konzept der »doppelten Vergesellschaftung« stellt eine Weiterentwicklung und gleichzeitige Kritik am Konzept des »weiblichen Arbeitsvermögens« dar. Ausgangsbasis ist eine grundlegend ambivalente Situation von Frauen in kapitalistischen Gesellschaften: »Diese Doppelsozialisation bzw. Doppelorientierung konfrontiert Frauen mit einer Vielzahl von Zerreißproben, denen Männer nicht in vergleichbarer Weise ausgesetzt sind. Frauen haben ein komplexes Arbeitsvermögen erworben, das sie für zwei »Arbeitsplätze« qualifiziert: den häuslichen und den außerhäuslichen. Wollen sie Erfahrungen in beiden Praxisfeldern machen, drohen ihnen die qualitativen und quantitativen Probleme der Doppelbelastung (...) Beide Formen der Herrschaft verschärfen die Problemlagen: das Fortleben patriarchalischer Strukturen in der Familie ... erschwert die Partizipation von Frauen an der außerhäuslichen Arbeitswelt und an anderen Formen der Öffentlichkeit. Und die Wertehierarchie des Berufssystems, das Menschen nach ökonomischen Kostengesichtspunkten und nicht nach Lebensbedürfnissen kalkuliert, nimmt von der Existenz eines familialen Arbeitsplatzes ... keine Notiz.« (Becker-Schmidt 1987:23f) Männer, können ihre Arbeitskraft (nahezu) ausschließlich im Erwerbsarbeitssystem investieren und erlangen dadurch einen erheblichen Wettbewerbsvorteil.

Teilzeitarbeit bietet verheirateten bzw. in Partnerschaft lebenden Frauen einen möglichen Kompromiß, die genannten Anforderungen miteinander zu verbinden. Die spezielle, über Teilzeitarbeit vorgenommene Segmentierung und Segregation im Einzelhandel und Reinigungsgewerbe bedient somit (kurzfristig) die von Becker-Schmidt als »Zerreißprobe« bezeichneten häuslichen und außerhäuslichen Ansprüche von Frauen. Die Leistung des eingeschränkten Arbeitsangebotes liegt für Frauen insbesondere darin, a) kurzfristig eine Arbeit aufnehmen zu können, b) bedingt durch Dauer und Lage der Arbeitszeit überhaupt die Möglichkeit zu haben, einer Erwerbsarbeit nachgehen zu können, c) nach einer familiär bedingten Berufsunterbrechungsphase einen »Wiedereinstieg« zu finden und d) konfrontiert mit einer Vollzeit-Arbeitslosigkeit auf eine Teilzeitarbeit ausweichen zu können. Diese Merkmale treffen insbesondere auf Arbeitnehmerinnen in den untersuchten Branchen zu und bieten

Erklärungsmöglichkeiten bspw. auch für die Aufnahme mehrer sozialversicherungsfreier Teilzeitarbeitsstellen insbesondere im Bereich der Gebäudeinnenreinigung.

Die Kombination von Arbeitsmarktsegmentierung, -segregation, doppelter Vergesellschaftung und Teilzeitarbeit bildet einen schwer zu durchbrechenden interdependenten Kreislauf. Warum dieser Kreislauf aufrechterhalten bleibt, d.h. welche Akteure welche Interessen damit verbinden und entsprechenden Gewinn daraus ziehen, soll anhand der im folgenden diskutierten »rational-choice-Theorie« geklärt werden.

1.5 »Rational-Choice«-Theorie

»Rational Choice« wird als Sammelbegriff für unterschiedliche Erklärungskonzepte verwendet: »Unter diesem Etikett versammeln sich verschiedene Axiome der Mikroökonomie, der Spieltheorie und der Theorie öffentlicher Güter, mit deren Hilfe Ereignisse auf intentionale Handlungen individueller und kollektiver Akteure zurückgeführt werden.« (Wiesenthal 1987a:434)

Mit Hilfe einzelner Ansätze soll versucht werden, die Frage zu beantworten, warum bei Teilzeitarbeit eine defizitäre Regelungsdichte vorliegt und warum die unterschiedlich motivierten Arbeitsmarktakteure diese Teilzeitarbeitsverhältnisse wahrnehmen bzw. akzeptieren. D.h., es wird versucht, die Rückwirkungen der Akteursentscheidungen (rational choices) auf Entscheidungsgrenzen (constraints) zu analysieren.

Da der weitere Ausbau von Flexibilisierungs- und Deregulierungsmaßnahmen dem Interesse von Arbeitgebern entspricht und die defizitäre Regelungsdichte von Teilzeitarbeit diesem Interesse entgegenkommt, ist für Arbeitgeber kein konkreter Handlungsbedarf zur Tarifierung von Teilzeitarbeit gegeben. Daher stehen die Gewerkschaften als Arbeitsmarktakteur und die Frage, warum sie die Interessen teilzeitbeschäftigter ArbeitnehmerInnen nur zögerlich und fragmentarisch wahrgenommen haben, zusammen mit der Frage nach dem relativ geringen Organisationsgrad der ArbeitnehmerInnen im Mittelpunkt der folgenden Ausführungen.

Organisationen allgemein stehen in einem permanenten Spannungsfeld zwischen den Verfahren und Resultaten der Konsensfindung und der Sicherung des Organisationsbestandes.

Ihre Organisationsproblematik kann folgendermaßen zusammengefaßt werden:

- Verbände sind als eigenständige Akteure nicht auf die Ausführung des Mitgliederwillens zu reduzieren;
- Verbände agieren interaktiv mit anderen Akteuren (Verbänden, Parteien etc.). Handlungsmöglichkeiten und -probleme entwickeln sich nur, wenn ihre strategische Interdependenz erkannt wird.

Verbände müssen von individuellen Mitgliederinteressen, die politisch und biographisch motiviert sind, abstrahieren und allgemeine Interessen formulieren. (vgl. Hirschmann 1984) Erst durch diese Interessensexklusion bildet sich ein kollektives Handlungspotential. Gewerkschaften stellen ihre kollektive Handlungsfähigkeit durch die Ausbalancierung von Mitgliederbeteiligung und Bestandsicherheit her. Dabei ergibt sich ein Spannungsfeld zwischen repräsentativer und administrativer Rationalität: »*Repräsentation* betrifft die Funktionen und Prozesse der Interessenselektion und -aggregation, d.h. eine <logic of membership> (Schmitter/Streeck 1980:17). *Administration* umfaßt die Aufgaben der Bestandssicherung, Ressourcenökonomie und Interessenverwirklichung, d.h. eine <logic of influence>. Zusammen mit der Sicherung von Teilnahmebereitschaft (Partizipation) ergeben sich *drei Funktionskomplexe*, die eine je besondere Problematik enthalten.« (Wiesenthal 1987a:35) Daher können Gewerkschaften weder darauf reduziert werden, bloße Übermittler der Interessen ihrer Mitglieder zu sein, noch können sie autonom entscheiden und handeln. Faktum ist, daß ihr Eigeninteresse, das auf die Bestandssicherung und Kontinuität der Organisation gerichtet ist, mit dem Anspruch der Mitglieder, die Organisation als Mittel zu kontingenten Zwecken zu nutzen, konkurriert.

Im folgenden werden drei zentrale gewerkschaftliche Problemfelder diskutiert, die besonderen Stellenwert für die vorliegende Arbeit haben: »Partizipation«, »Repräsentation« und »Effektivität«. (vgl. Wiesenthal 1987a)

Ausgehend von der »Logik des kollektiven Handelns« (Olson 1968), sind rational kalkulierende Individuen nur unter besonderen Umständen dazu bereit, sich zwecks Durchsetzung gemeinsamer Interessen zusammenzuschließen. Kooperationsenthaltung kann unter zwei Bedingungen eine individuell rationale Lösung sein: a) wenn die Möglichkeit besteht, als Trittbrettfahrer (free rider) an dem Kollektivgut zu partizipieren und/oder b) wenn der eigene Beitrag nur geringen Einfluß auf die Zielrealisierung hat, die Kosten also in einem disproportionalen Verhältnis zum »Grenznutzen« stehen. (vgl. Traxler 1991)

In der vorliegenden Arbeit wird davon ausgegangen, daß ein derart disproportionales Verhältnis für teilzeitbeschäftigte Arbeitnehmerinnen gegeben ist. Das Ziel ist es, die kollektive Handlungsfähigkeit gegenüber der desintegrierenden Wirkung heterogener Mitgliederinteressen und sozialstruktureller Differenzierungen zu sichern. (vgl. Bayer 1979:355ff) Gewerkschaften betrachten i.d.R. unterschiedliche Aspekte von Teilzeitarbeit nicht als »Kollektivgut«.[11] Die Motivation teilzeitbeschäftigter ArbeitnehmerInnen, die in weitgehend nicht-regulierten Bereichen arbeiten, einer Gewerkschaft beizutreten, ist gering. Die Gewerkschaften nehmen die Interessen teilzeitarbeitender Frauen nur zögerlich und fragmentarisch wahr. Infolgedessen existieren

11 Diese Feststellung konnte auch für die untersuchten Gewerkschaften getroffen werden, vgl. Kapitel V.

für diese Gruppe von ArbeitnehmerInnen wenig Gründe (ggf. Tradition oder ein eingeschränkter Gruppendruck) für einen Beitritt. Umgekehrt argumentieren Gewerkschaften mit dem geringen Organisationsgrad Teilzeitarbeitender und geben diesen als Grund für die »Vernachlässigung« ihrer Interessen in Relation zu stärker vertretenen Gruppen von ArbeitnehmerInnen an. Gewerkschaften verhalten sich rational, wenn sie die Interessen von Gruppen von ArbeitnehmerInnen wahrnehmen, die ggf. nicht nur mit »voice« (Widerspruch), sondern auch mit »exit« (Abwanderung) auf die Nicht-Wahrnehmung ihrer Interessen reagieren.

Gewerkschaften sind durch die heterogenen Interessen ihrer Mitglieder gekennzeichnet. Zum Aufbau von Konfliktfähigkeit ist für Gewerkschaften nicht nur pauschal die Androhung von Sanktionen notwendig, sondern auch die Aggregation der zu verfolgenden (Konflikt-)Ziele. Dies impliziert bindende Entscheidungen über deren Prioritäten. Somit steht i. d. R. der Organisationsbedarf und die Organisationsfähigkeit im umgekehrten Verhältnis zueinander. Ob und inwieweit einzelne Interessen aufgenommen werden, ist an die soziale und sachliche Spannbreite der unterschiedlichen, gleichzeitig artikulierten Ansprüche gebunden. Gewerkschaftsmitglieder verfügen über unterschiedliche Möglichkeiten der Einflußnahme zur Durchsetzung ihrer Interessen. Neben »voice« und »exit« (s. o.) existiert die Möglichkeit, Zustimmung (loyalty) oder Ablehnung zu artikulieren. (vgl. Hirschmann 1974; Scharpf 1978 :47) Mit diesem Instrumentarium können Gewerkschaftsmitglieder wesentlich über den Organisationserfolg mitbestimmen; durchsetzungsfähige Gruppen verfügen über ein eigenes Drohpotential, um Einfluß auf die Gewerkschaften auszuüben. Für die Gewerkschaften ist der Mitgliederbestand entscheidender Sicherheitsindikator.

TeilzeitarbeitnehmerInnen verfügen i. d. R. nicht über diese Einflußmöglichkeiten, da sie entweder nicht organisiert sind und/oder aufgrund ihres relativ geringen Organisationsgrades innerhalb der Gewerkschaft über wenig Einfluß verfügen. Die quantitative Zunahme (insbesondere ungeschützter) Teilzeitarbeit könnte sich jedoch, bei zunehmend prekärer Arbeitsmarktlage, zu einem gewerkschaftlichen Bestandssicherungsproblem entwickeln. Damit verbunden ist ein sukzessiver Machtverlust derjenigen Gewerkschaften, deren Organisationspotential zu einem großen Teil im Bereich teilzeitbeschäftigter Frauen liegt.

Repräsentativität und Effektivität sind nicht in gleichem Maße optimierbar: »Der Ausbau demokratischer Willensbildung oder die Erhöhung von Berechenbarkeit, Effektivität und Effizienz bedingen Zielverluste in der jeweils anderen Richtung. Diese trade-offs sind aufgrund der Begrenztheit der Ressourcen (Zeit, Geld, Motive) unvermeidlich und wachsen mit der Komplexität des zu organisierenden Interessentyps.« (Wiesenthal 1987a:42)

Durch die Entwicklung kontinuierlicher Austauschbeziehungen zu staatlichen Instanzen und zu rivalisierenden Kollektivakteuren wurde die im Verlauf des sozialen Wandels stattfindende Abkoppelung der Mitgliedschaftsmotive von den »Resten« eines traditionellen Kollektivbewußtseins forciert; das Nutzenkalkül der Mitgliedschaftsentscheidung wurde akzeptiert. (vgl. Streeck 1981)

Bei Teilzeitarbeit wird der gegenseitige Ausschluß von Repräsentation und Effektivität deutlich. Teilzeitarbeitende sind entweder nicht organisiert oder verfügen als zahlenmäßig kleine ArbeitnehmerInnengruppe innerhalb der Gewerkschaft über wenig Einfluß (s.o). Darüber hinaus ist die Wahrnehmung der Interessen von Teilzeitbeschäftigten äußerst ambivalent. Teilweise wollen Frauen nicht aus ungeschützten Arbeitsverhältnissen in geschützte übernommen werden, da die Rahmenbedingungen, an die sozialversicherungsfreie Teilzeitarbeit in der Praxis gebunden ist, ihnen erst die Ausübung einer Erwerbsarbeit ermöglicht.

Das gewerkschaftliche Grundproblem äußert sich in einem Dilemma zwischen Organisationsbedarf und der Organisierbarkeit von Interessen: Der gewerkschaftlichen Organisationsfähigkeit. Je größer die Gewerkschaft ist, desto größer ist ihr struktureller Einigungsbedarf. Gleichzeitig sind jedoch die diskursiven demokratischen Einigungsverfahren überlastet, zeitaufwendig und störungsanfällig. Organisationsdemokratie als Voraussetzung und Hindernis einer effektiven Interessenvertretung ist das Grundproblem gewerkschaftlicher Integration.

Konsens- und Organisationskosten werden weitgehend widerspruchsfrei verringert durch die Zurückstellung der Vertretungsansprüche von Außenseitern des Arbeitsmarktes – hier: Der Teilzeitbeschäftigten. Repräsentanzeinbußen entstehen somit einerseits über die Arbeitsmarkt-Ausgliederung von Teilzeitbeschäftigten, andererseits jedoch auch über die »Duldung« des staatlichen Deregulationsprogramms (der 80er Jahre), das auf eine kostengünstigere, flexible Nutzung nicht-qualifizierter Arbeitskräfte zielt. Eine Gefahr für die Gewerkschaften besteht über den möglichen Verlust von Rationalität und Glaubwürdigkeit. Insbesondere bei den Arbeitsmarktgruppen, deren geringer Organisationsgrad Legitimitätsprobleme verursacht, könnten weitere Vertrauensverluste entstehen, da die Tendenz besteht, »Dilemmata und einen Dissens in Strategiefragen durch inkonsistente Umweltdeutungen und langfristig a-rationale Handlungsprogramme zu verdecken. Um gegenwärtigen Handlungsproblemen zu entkommen, werden u.U. künftige Möglichkeiten verschenkt.« (Wiesenthal 1987a:83)

Aus der theoretischen Debatte könnte man die Schlußfolgerung ziehen, daß der weitgehende Ausschluß der Interessen Teilzeitbeschäftigter für Gewerkschaften aufgrund der genannten vielfältigen Gründe Resultat rationaler Entscheidungen ist. Ebenso zeigt die Entscheidung Teilzeitbeschäftigter, sich nicht zu organisieren, rationale Elemente. Erklärbar wird auch, warum Gewerkschaften sich erst spät (Mitte/Ende der 80er Jahre) differenzierter mit der Problematik von Teilzeitarbeit auseinandergesetzt haben. Ein drohender Machtverlust, sinkende Mitgliederzahlen, quantitativ zunehmende (ungeschützte) Teilzeitarbeit und ein sozialer Erosionsprozeß sind hierbei zentrale

Aspekte. Bei der differenzierten Betrachtung der Teilzeitproblematik deutet sich dagegen aber ein – zumindest längerfristig gesehen wenig rationaler – Kreislauf in Form eines gesellschaftspolitischen Konsens' an, dessen Inhalt – die Perpetuierung geschlechtsspezifischer Arbeitsmarktdiskriminierung – von Arbeitgeberseite aktiv betrieben, von Gewerkschaften mitgetragen und von teilzeitarbeitenden Frauen, durch zum größten Teil widerspruchslose Annahme dieser Beschäftigungsverhältnisse bestätigt wird.

Bei dieser kurzen Vermittlung zwischen »rational choice«-Theorien und der inhaltlichen Aufgabenstellung dieser Arbeit wird deutlich, daß die völlig abstrakte, von Raum, Zeit und konkreten Inhalten gelöste, »rationale« Erklärung allenfalls sehr eingeschränkt hilfreich ist. Zwar lassen sich mit den »rationalen« Erklärungen einige der eben genannten Zusammenhänge analytisch ausgezeichnet herausarbeiten, allerdings tragen sie zur Lösung der angesprochenen Probleme nur wenig bei. Hierzu sind im engeren Sinne politische, konkrete verbandspolitische Entscheidungen und Prioritätensetzungen notwendig. Diese müssen die analytischen Zusammenhänge zwar zur Kenntnis nehmen, aber durch konkrete Zielsetzungen, Strategien und Maßnahmen gestaltend in gesellschaftspolitische Prozesse eingreifen.

2. *Theoretische Verortung von Teilzeitarbeit im Einzelhandel und Reinigungsgewerbe*

Bislang wurden aus unterschiedlichen Fachdisziplinen stammende Theorien und Konzepte diskutiert, die Erklärungshilfen zu Frauenerwerbsarbeit und einzelnen Aspekten von Teilzeitarbeit bieten. Damit wurde versucht, Stellenwert und Funktion weiblicher Erwerbsarbeit in ihrem gesellschafts-, arbeitsmarkt- und sozialpolitischen Kontext zu bestimmen.

Durch die Verbindung von Teilaspekten unterschiedlicher Ansätze soll im folgenden ein Bezugsrahmen zur theoretischen Verortung von Teilzeitarbeit im Einzelhandel und Reinigungsgewerbe gefunden werden. Stellt man bspw. eine inhaltliche Verbindung zwischen den Ansätzen zur Arbeitsmarktsegmentation und -segregation auf der einen Seite und der »doppelten Vergesellschaftung« auf der anderen Seite her, wird deutlich, warum Frauenarbeitsplätze insbesondere im Einzelhandel und Reinigungsgewerbe anzutreffen sind. Darüber hinaus wird auch deutlich, warum innerhalb dieser Branchen nochmals geschlechtsspezifisch segregiert wird und Teilzeitarbeit zur Strukturierung des Arbeitsmarktes dient.

Einzelhandel und Reinigungsgewerbe gelten als »Frauendomänen«. Betrachtet man die Branchen jedoch näher, so zeigt sich eine geschlechsspezifische Segregation innerhalb der Branchen. Im Einzelhandel werden i.d.R. die Arbeitsplätze von Frauen besetzt, die die schlechtesten Arbeitsbedingungen, Verdienst- und Aufstiegsmöglichkeiten aufweisen. Im Einzelhandel wurde das Berufsbild der Verkäuferin entwickelt, das den Interessen der Frauen »entgegenkommen« soll (vgl. auch »Human-Kapital-Theorie«).[12] Primär wird jedoch damit den Interessen der Arbeitgeber entgegengekommen, die Arbeitnehmerinnen, die nach kurzer Ausbildungszeit flexibel einsetzbar sind, bevorzugen. Eine überwiegende Zahl der im Einzelhandel über Teilzeitarbeit zur Verfügung gestellten Arbeitsplätze setzt jedoch keine spezifische Qualifikation voraus bzw. wird ohne spezifische Qualifikationsanforderungen angeboten. Das bedeutet für einen Teil der Frauen auch, daß sie unterhalb ihrer erworbenen Qualifikation eingesetzt und dementsprechend gering entlohnt werden. Unmittelbar gekoppelt an diese Arbeitsplätze ist die Arbeitszeitform Teilzeit.

Im Einzelhandel beschäftigte Männer arbeiten i.d.R. nicht als Teilzeit- sondern als Vollzeitkräfte. Verbunden damit ist ihre Beschäftigung in anderen, in qualifizierteren[13] Teilbereichen des Einzelhandels. Diese Segregation wird als Hierarchisierung innerhalb der Branche deutlich. Teilzeitarbeit erweist sich so als Instrument, mittels dessen Macht und Prestige zugeschrieben oder entzogen werden können.

Teilzeitarbeit kann über die Anzahl der Arbeitsstunden, insbesondere im Einzelhandel, segregierend und diskriminierend wirken. Die Position innerhalb der Hierarchie des Betriebes und das daran gekoppelte Prestige orientieren sich deutlich an der Anzahl der Arbeitsstunden, die wiederum eng verbunden ist mit dem Tätigkeitsbereich. Davon ausgehend, daß im weiteren Bereich des Verkaufs (Kassen-, Lager-, Auffülltätigkeit etc.) die Arbeitsplätze (überwiegend) von Frauen eingenommen werden, besteht innerhalb dieser Gruppe ein deutliches Machtgefälle. Frauen die im unteren Stundenbereich arbeiten, sind oft sozial depriviert und somit innerhalb des Betriebes mehrfach diskriminiert.

Im Reinigungsgewerbe sind für die Gebäudeinnenreinigung Frauen in Teilzeit und für die Gebäudeaußenreinigung Männer in Vollzeit beschäftigt. Die geschlechtsspezifische Segregation wird dadurch verstärkt, daß für den Gebäudeinnenbereich eine Berufsausbildung die Ausnahme ist. Die Branche ist – ähnlich wie der Einzelhandel – durch klare Segmentations- und Segregationslinien gekennzeichnet. Die Anzahl und Lage der Arbeitsstunden unterscheidet sich jedoch wesentlich von der des Einzelhandels: In der Gebäudeinnenreinigung sind insbesondere Teilzeitarbeitsverhältnisse im unteren, sozialversicherungsfreien Stundenbereich verbreitet; die Arbeitszeit liegt i.d.R. in den frühen Morgen- bzw. späten Abendstunden.

Diese spezielle – über Teilzeitarbeit vorgenommene – Segmentierung und Segregation des Einzelhandels und Reinigungsgewerbes kommt, aus unterschiedlichen Gründen, den Vorstellungen vieler Frauen entgegen. Die Leistung des eingeschränkten Angebotes liegt für Frauen insbesondere darin, kurzfristig

12 EG 19.

13 Es scheint erklärungsbedürftig, warum eine Verkäuferin, die zwischen 50 Käsesorten zu unterscheiden weiß, weniger qualifiziert ist, als ihr männlicher Kollege, der Elektrokabel abmißt und verkauft.

eine Arbeit aufnehmen und überhaupt erwerbstätig sein zu können. Der oftmals erhoffte Übergang von der Teilzeit- zur Vollzeitarbeit ist weniger realistisch als der umgekehrte Weg.

Die »doppelte Vergesellschaftung« (Becker-Schmidt 1987) wird von Frauen über die Aufnahme einer Teilzeitarbeit zu bewältigen versucht. So entsteht über die Kombination von Arbeitsmarktsegmentierung, -segregation und doppelter Vergesellschaftung eine endlose Berufs- und Lebensspirale, die auch dann nicht unterbrochen wird, wenn Frauen keine Kinder und/oder Ehemänner/Lebenspartner mehr zu betreuen haben, da sie dann i.d.R. aus Arbeitgebersicht zu alt für einen Vollzeitarbeitsplatz sind.

Da auch die Gewerkschaften diese diskriminierenden Strukturen durch ihr Verhalten weitgehend akzeptieren, liegen ggf. Gründe vor, die über sich kurzfristig bietende Vorteile hinausgehen. Wie bereits festgestellt wurde, sind Teilzeitbeschäftigte unterdurchschnittlich organisiert. Sie setzen dem gewerkschaftlichen Desinteresse wenig Widerspruch entgegen. Für Gewerkschaften ist es daher rationaler, sich um die Interessen von Arbeitnehmergruppen zu bemühen, die nicht nur mit »voice« sondern ggf. mit »exit« reagieren. Innerhalb der Organisation sind Gewerkschaftssekretärinnen und Abteilungsleiterinnen – wie in den untersuchten Branchen – ebenfalls eine Minderheit. Anzunehmen ist, daß ein gesellschaftlicher Konsens darüber herrscht, die defizitäre Regelungsdichte von Teilzeitarbeit zu verbessern, jedoch unter Beibehaltung der grundsätzlichen – diskriminierenden – Strukturen. Damit könnte Gewerkschaften unterstellt werden, auf der Grundlage einer organisationsbedingt-rationalen Entscheidung »Kapital« aus der Diskriminierung einer ArbeitnehmerInnengruppe zu ziehen. Gewerkschaften nehmen – analog zu Arbeitgebern – Bezug auf weibliche Lebenslagen und nutzen Teilzeitarbeit letztendlich funktional und nicht im Sinne einer emanzipatorischen Gewerkschaftspolitik. Wesentlich scheint es hier, den Bezug zwischen den formulierten gewerkschaftlichen Forderungen und der konkreten Gewerkschaftspolitik herzustellen.

Teilzeitarbeit bietet für die untersuchten Branchen ein Modell, das auf Produktions- und Absatzschwankungen des Arbeitsmarktes sensibel reagieren kann: »Kapazitätsorientierte Variable Arbeitszeit« (Kapovaz), als typische Arbeitszeitform des Einzelhandels, bietet die Möglichkeit, Arbeitskräfte nur dann anzufordern, wenn es der betriebliche Ablauf erfordert. Teilzeitbeschäftigungsverhältnisse in der Gebäudeinnenreinigung werden i.d.R sozialversicherungsfrei im unteren Arbeitsstundenbereich ausgeübt. Die gemischte Zusammensetzung der Belegschaft durch Vollzeit- und TeilzeitarbeitnehmerInnen kann optimal an betriebliche Erfordernisse angepaßt werden. Bei Produktionsschwankungen kann Teilzeitarbeit auf wenige Stunden reduziert werden bzw. aufgestockt werden; Entlassungen werden in betrieblich prekären Situationen nicht unmittelbar und zwingend notwendig, da zunächst eine Umwandlung vorhandener Vollzeit- in Teilzeitarbeitsplätze erfolgt.

Damit kommt dem klassischen Konzept der Stamm- und Randbelegschaften (Segmentationstheorie) eine untergeordnete Bedeutung zu. Aufgrund der enormen Bandbreite an Variationsmöglichkeiten, bezogen auf die Dauer und/oder Lage der Arbeitszeit, als auch durch die Kombination von beiden, kann über Teilzeitarbeit eine flexible bzw. flexibilisierte Stammbelegschaft geschaffen werden. Damit wären aus Arbeitgebersicht die Vorteile der Stammbelegschaft mit den Vorteilen, die Randbelegschaften bieten, optimal verbunden.

Auf der Grundlage insbesondere der nachfrage- und angebotsorientierten soziologischen Theorien kann so ein Modell flexibler Stammbelegschaften entwickelt werden, das Teilzeitarbeit als betriebliches Steuerungselement definiert. Gleichzeitig kann hierdurch den »Wünschen« von Frauen, die traditionell als »weibliches Arbeitsvermögen« bzw. – stärker an der gesellschaftlich sozialen Situation von Frauen orientiert – als »doppelte Vergesellschaftung« analysiert werden, entsprochen werden. Diese flexiblen Stammbelegschaften sind für beide Branchen nicht neu, sondern vielmehr durch den Strukturwandel des Einzelhandels und die Privatisierungen im Reinigungsgewerbe in Verbindung mit betrieblichen Personaleinsatzstrategien verstärkt worden.

Damit könnte Teilzeitarbeit ein übergeordnetes Konstrukt bieten, das Arbeitsmarktsegmentierung in Stamm- und Randbelegschaften »überholt« hat. Durch die Schaffung einer flexiblen Stammbelegschaft bieten sich optimale Möglichkeiten der betrieblichen Nutzung. Inwieweit dieses Konstrukt auf andere Branchen übertragbar ist, müßte analog zu der vorliegenden Untersuchung in anderen Branchen empirisch überprüft werden.

Der Arbeitsmarktstatus von Frauen läßt sich durch eine begrenzte Kontraktfähigkeit über ihr Arbeitsvermögen – gegenläufig bzw. unabhängig von den im Ausbildungssystem erworbenen Qualifikationen – charakterisieren. Frauen unterliegen, im Gegensatz zu Männern, der askriptiven Zuschreibung eines sozial-/familiengebundenen Arbeitsvermögens. Die heraus entwickelte Ganzheitlichkeit des »weiblichen Arbeitsvermögens« resultiert in dieser begrenzten Kontraktfähigkeit. »Das weibliche Arbeitsvermögen ist stets mit der normativ vorgezeichneten Akteursfiktion belegbar, familienzentriert zu sein und deshalb bereit, langfristige Berufschancen nach einer anderen Präferenzstruktur den familienzentrierten Interessen nachzuordnen.« (Faber/Wehrsig/Bochers 1992:12) Aus Sicht der Arbeitgeber ist weibliches Arbeitsvermögen faktisch regelmäßig und normativ regelkonform durch kurzfristig kompensatorisch höhere Verfügbarkeit, langfristig jedoch durch charakteristische Unsicherheiten gekennzeichnet. Betrachtet man nun die betriebliche Nutzung weiblichen Arbeitsvermögens in strategischer Verbindung mit betrieblichem Personaleinsatz – im Einzelhandel zusammen mit einem umfangreichen Strukturwandel, im Reinigungsgewerbe mit der Privatisierung – kann hieraus die Nutzung von Teilzeitarbeitsformen als Weiterentwicklung betrieblicher Interessen abgeleitet werden.

IV. Entwicklung und Merkmale der Ausbildung von Teilzeitarbeit in der Bundesrepublik Deutschland zwischen 1970 und 1989

1. Entwicklung und strukturelle Merkmale der Frauenerwerbsarbeit unter besonderer Berücksichtigung von Arbeitszeitstrukturen und Branchen

Ausgehend von einer historisch relativ hohen Frauenerwerbsquote in der Bundesrepublik Deutschland wurden geschlechtsspezifische Ungleichheiten nach 1960 nur geringfügig vermindert. (vgl. Schmidt 1993) Wesentlichen Einfluß auf den Verlauf dieser Entwicklung haben wirtschaftliche, soziale und gesetzliche Rahmenbedingungen.

Schmidt stellte bei einer vergleichenden Untersuchung der Erwerbsarbeitsquoten westlicher Industrieländer fest, daß keine signifikante Beziehung zwischen Wirtschaftswachstum und Frauenerwerbstätigkeit besteht.[1] Infolge der ökonomischen Modernisierung ist jedoch eine Veränderung in der Berufsstruktur von Frauenerwerbsarbeit feststellbar. Dieser ökonomische Modernisierungsprozeß verlief parallel zur abnehmenden Beschäftigung im Agrarsektor, der charakteristisch für einen hohen Frauenanteil ist, über den Beschäftigungsabbau im Industriesektor, in dem ein hoher Männeranteil vorhanden ist und einem Zuwachs der Beschäftigung im Dienstleistungssektor. Die Bundesrepublik Deutschland verfügt – bezogen auf die Beschäftigungszahl und die wirtschaftliche Bedeutung – über einen ausgeprägt starken Industriesektor und noch relativ gering ausgebauten Dienstleistungssektor. Mitverantwortlich für den hohen Anteil von Männern im Industriesektor sind u.a. die in mittleren und kleinen hochspezialisierten Unternehmen existierenden Jobstrukturen, Qualifikationsprofile und subkulturellen Gepflogenheiten, die in der Tendenz die Beschäftigung von Männern bevorteilen. (vgl. Priore/Sabel 1985) Gleichzeitig ist davon auszugehen, daß die zentrale Rolle des Berufsausbildungswesens im Zusammenwirken mit einem großen Industriesektor bei der Ausbildung junger ArbeitnehmerInnen weibliche Arbeitskräfte benachteiligt. (vgl. Richter 1989b) »Wenn also Mädchen sich bei der Berufsauswahl für typisch weibliche Ausbildungsberufe entscheiden, so auch deshalb, weil sie zu den übrigen Berufen keinen Zugang haben, trotz anderer Berufswünsche und besserer schulischer und beruflicher Ausbildung. Frauen gehen also in diejenigen Berufe, bei denen sie überhaupt eine Chance haben.« (Riedmüller 1988:268)

1 Insbesondere im Vergleich zu den nordischen und englischsprachigen Ländern wuchs die Frauenerwerbsbeteiligung in der Bundesrepublik nur minimal; Schmidt 1993.

Die insgesamt nur leicht angestiegene Frauenerwerbsquote ist auf das Anwachsen des Dienstleistungssektors, dessen Struktur (u.a.) durch weibliche Teilzeitarbeit gekennzeichnet ist, zurückzuführen. Der gesamtwirtschaftliche Tertiärisierungsprozeß wurde zu einem großen Teil mit Hilfe weiblicher Beschäftigter umgesetzt. Ein Grund dafür, daß die Tertiärisierung der deutschen Wirtschaft im internationalen Vergleich hinterherhinkt, wird darin gesehen, daß in der Bundesrepublik viele Dienstleistungen, die in anderen Ländern von öffentlichen Einrichtungen und der Privatwirtschaft zur Verfügung gestellt werden, unentgeltlich von Frauen in Privathaushalten erbracht werden (z.B. Kleinkinderbetreuung, Ganztagsschule, Wäschereien etc.). (vgl. Christopherson 1991) Damit kann ein direkter Rückschluß von der Ausweitung der Teilzeitarbeit auf den Anstieg der Frauenerwerbstätigkeit gezogen werden. Schmidt weist explizit darauf hin: »Die Frauenerwerbsquote wächst in Ländern mit großem (und zunehmendem) Teilzeitsektor besonders kräftig«. (Schmidt 1993:41; Bundesamt für Statistik 1987:86)

Die Entwicklung der Frauenerwerbsbeteiligungsrate in der Bundesrepublik Deutschland ist gemessen an dem Niveau anderer westlicher Industrieländer nur gering gestiegen, gleichzeitig sind jedoch quantitativ Ende der 80er Jahre so viele Frauen wie nie zuvor in der Nachkriegsgeschichte der Bundesrepublik erwerbstätig. Trotz des gestiegenen Qualifikationsniveaus sind Frauen in leitenden bzw. höher qualifizierten Positionen kaum tätig. Bei gleichzeitigem Bedeutungsverlust des Leitbildes der »Nur-Hausfrau« und einem Bedeutungszuwachs der Berufstätigkeit für Frauen, sind Erwerbsunterbrechungen zur Geburt und Erziehung von Kindern weiterhin die Regel, die Diskriminierung von Frauen im Erwerbsleben die Folge.

Die Erwerbsintegration von Frauen verlief diskontinuierlich: Bereits vor der 1967/68 eingetretenen Rezession sank die Anzahl der erwerbstätigen Frauen; ihr Anteil an den Erwerbstätigen insgesamt ging leicht zurück. Ab Beginn der 70er Jahre stieg die Frauenerwerbsquote wieder leicht an. Seit 1976 ist die Entwicklung im wesentlichen durch den Rückgang bzw. die Stagnation aller Erwerbstätigen, die Zunahme (registrierter) Arbeitslosigkeit und den Anstieg der Anzahl erwerbstätiger Frauen und ihres Anteils an allen Erwerbstätigen gekennzeichnet. (Schettkat 1987) Die Erwerbsquoten der Frauen erhöhten sich seit Beginn der 70er Jahre fortlaufend »und erreichen 1989 mit einem Wert von 37 Prozent für alle Frauen bzw. 55,5 Prozent für die Frauen zwischen 15 und 65 Jahren einen Höchststand«. (Maier 1993:259)

Neben der geschlechtsspezifischen Verteilung der Erwerbsarbeit ist gleichzeitig eine geschlechtsspezifische Verteilung von Arbeitslosigkeit vorfindbar. Die höhere Arbeitslosigkeit von Frauen läßt sich zum einen über die höhere Zuwachsquote erklären. Zum anderen ist die Dauer der Arbeitslosigkeit von Frauen im Durchschnitt einen Monat länger und damit verbunden die Rückkehrmöglichkeiten begrenzter als die von Männern. (Friedmann/Pfau 1985) Werden hier auch Zeiten, in denen Leistungen nach dem Arbeitsförderungsgesetz gezahlt werden bzw. Zeiten der beruflichen Fort- und Weiterbildung einbezogen, verstärkt dies die geschlechtsspezifische Selektivität von Arbeitslosigkeit. Einer Untersuchung von Grüning (1985) zufolge, die den Verlauf von Arbeitslosigkeit nach Krisenphasen (1975/1979/1983) analysierte, sind bei Ausbruch der Krise Männer, im weiteren Verlauf jedoch Frauen stärker von der Arbeitslosigkeit betroffen.[2]

Tabelle 1: Frauenerwerbstätigkeit 1950 bis 1992

Jahr	absolut (Tsd.)	Prozent an allen Erwerbstätigen	Erwerbsquoten	
			insgesamt	15-65 Jahre
1950[a]	7.267	35,6	30,2	•
1952	7.610	35,7	31,1	•
1954	8.050	35,9	32,0	•
1958	9.088	37,0	33,7	•
1960	9.747	37,1	33,4	47,2[b]
1964	9.785	36,6	32,2	49,6
1968	9.412	36,2	30,3	49,7
1972	9.760	36,5	30,6	47,6
1976	9.528	37,2	31,1	48,3
1980	9.829	37,3	32,0	50,2
1982	9.723	37,8	32,8	51,0
1984	9.658	38,1	33,3	51,7
1986	10.376	38,5	36,3	53,4
1988	10.607	38,7	37,0	55,0
1989	10.794	38,9	37,1	55,5
1990	11.749	41,0	39,2	58,5
1991	11.965	41,3	38,8	58,4
1992	12.249	41,7	39,4	59,5

Quellen: Statistisches Bundesamt; Statistische Jahrbücher, verschiedene Jahrgänge; Lange Reihen zur Wirtschaftsentwicklung, 1988; Bevölkerung und Erwerbstätigkeit, Fachserie 1 – 4.1.1. 1989; Amtliche Nachrichten der Bundesanstalt für Arbeit – Jahreszahlen. (Tabelle wurde formal geändert, M.K.)

a. Berlin (West)
b. 1961

2 Dieser geschlechtsspezifische Umverteilungsprozeß betrifft insbesondere Frauen mit höheren Qualifikationen, Grüning 1985:41.

Die grundlegende Veränderung im Erwerbsverhalten von Frauen äußert sich in der zunehmenden Integration verheirateter Frauen in den Erwerbsarbeitsmarkt. Die Ursache hierfür ist vor allem, daß früher die Heirat der ausschlaggebende Grund zum Abbruch bzw. zur Unterbrechung der Erwerbstätigkeit war; im Laufe der Zeit rückte an diese Stelle jedoch die Geburt von Kindern. Das bedeutet, daß Frauen zeitlich später ihr Berufsleben unterbrechen und nach kürzerer Zeit wieder zurückkehren, wobei die Verweildauer außerhalb des Erwerbslebens bei Frauen mit hohem Ausbildungsabschluß sowie bei Frauen mit niedrigem Haushaltseinkommen am geringsten ist. (vgl. Riedmüller 1988:266)

Auch die Regelungen des Bürgerlichen Gesetzbuches wurden dahingehend geändert, daß die Aufnahme einer Erwerbstätigkeit nicht mehr an die Zustimmung des Ehemannes gebunden ist. Gleichzeitig wurden jedoch sozialstaatliche Regulierungen zur Frauenerwerbsarbeit durch familienpolitische Maßnahmen eingeführt. Die Versuche, den beruflichen Ausstieg von Frauen durch finanzielle Anreize zu unterstützen, wurden bzw. werden auch durch wissenschaftliche Argumentationen, die Kinder von berufstätigen Frauen als sozialisationsgefährdet einstufen, sowie die Befürchtung, daß die Geburtenquote zu stark sinken könnte, untermauert. Zumindest letzteres ist empirisch nicht haltbar. (vgl. Hoffmann/Nowottny 1987)

Eine kontinuierliche Erwerbstätigkeit ist überwiegend bei kinderlosen Frauen üblich. Von der Gesamtzahl aller Mütter sind nur ca. 20 Prozent kontinuierlich erwerbstätig; dauerhaft Hausfrau sind nur noch wenige. (vgl. DIW 1992) Die berufliche Orientierung von Frauen entwickelte sich von einem zeitlichen Nacheinander (3-Phasen-Modell) zu einem zeitlichen Nebeneinander von Beruf und Familie. Frauen wechseln zwischen Erwerbs- und Nicht-Erwerbstätigkeit, zwischen Vollzeit-, Teilzeit- und geringfügiger Teilzeitbeschäftigung: »Es ist typisch für weibliche Erwerbsverläufe, daß sie instabil und diskontinuierlich sind, daß sie gekennzeichnet sind durch einen Wechsel zwischen den Sphären Familie und außerhäusliche Tätigkeit, daß Frauen nur partiell in den Arbeitsmarkt integriert sind«. (Maier 1993:260)

Auffällig ist, daß die Entwicklung der geschlechtsspezifischen Zusammensetzung der Erwerbstätigen in bestimmten Wirtschaftszweigen kontinuierlich von Frauen dominiert ist. Dies trifft insbesondere für den Bereich Handel zu.[3] Auch in modernen Berufen wurde die Geschlechtertypisierung beibehalten. Reine Männerberufe sind auch heute noch kaum zugänglich für Frauen.

3 »Warenkaufleute«, zu denen Verkäuferinnen zählen, war 1989 der zweithäufigste Frauenberuf; vgl. Kapitel V.

Tabelle 2: Frauenbeschäftigung nach Wirtschaftsabteilungen

Jahr	Frauen insgesamt (in Tsd.)[a]	Land-/Forstwirtschaft, Fischerei[b]	Energie, Bergbau	Verarbeitendes Gewerbe Baugewerbe	Handel	Verkehr und Nachrichtenübermittlung	Kreditinstitute und Versicherungsgewerbe	Sonstige Dienstleistungen[c]	Gebietskörperschaften und Sozialversicherungen
				Anteil der Erwerbstätigen					
1966	9.779	53,6	5,9	25,8	53,7	16,4	45,4	61,4	29,6
1970	9.510	52,6	7,3	25,7	53,7	16,7	44,3	60,4	30,5
1974	9.893	52,7	8,5	25,8	55,0	19,0	49,6	62,1	26,2
1976	9.580	51,9	8,6	25,5	55,3	18,7	48,3	62,0	27,5
1979	9.860	50,2	9,5	25,0	56,0	20,3	47,9	62,2	27,9
1982	10.182	48,7	8,9	24,7	56,6	21,4	49,0	62,3	29,9
1985	10.225	46,8	9,0	24,6	55,3	22,9	48,1	60,8	30,0
1988	10.607	43,8	10,9	24,6	56,2	23,6	47,8	60,3	31,4
1989	10.794	44,0	10,6	24,4	56,2	24,5	47,3	60,3	32,0
1990	9.173	29,4	11,5	25,1	54,7	28,3	51,7	65,3	49,2
1991	9.570	30,0	11,9	25,1	54,6	28,3	52,4	65,1	50,2
1992	9.816	29,9	12,3	24,9	54,6	27,8	53,0	65,2	51,3
				Erwerbstätige 1992 insgesamt (in 1000)					
	23.530	222	427	10.200	3.320	1.199	947	5.734	1.481

in Prozent

Quelle: Bundesamt für Statistik, Fachserie 1, Reihe 4.1.1; ab 1990 Bundesamt für Statistik, Statistische Jahrbücher 1991-1993

a. ab 1990 geänderte Datengrundlage

b. und c. inklusive Organisationen ohne Erwerbszweck und private Haushalte

1989 waren über 70 Prozent (45 Prozent Männer) aller erwerbstätigen Frauen in den Zweigen Handel, Verkehr/Nachrichten, Kreditinstitute/Versicherungen, Sonstige Dienstleistungen u.a. beschäftigt. Obgleich im Dienstleistungssektor überwiegend Frauen beschäftigt sind, ist auch dort eine ausgeprägte horizontale und vertikale Segregation zu verzeichnen. Der Ausbau des Dienstleistungssektors hat die Integration von Frauen in den Erwerbsarbeitsmarkt bei gleichzeitiger Ausprägung der Segregationslinien beschleunigt. Neue geschlechtsspezifische Berufsausprägungen haben sich entwickelt, wobei die betriebliche Position von Frauen i.d.R. immer noch schlechter ist als die von Männern. Auch die Tätigkeitsbereiche innerhalb eines Berufsfeldes werden geschlechtsspezifisch verengt. (vgl. Rabe-Kleberg 1987) Dies wird insbesondere bei der Analyse der Untersuchungsbranchen deutlich. In den Beschäftigungsfeldern, in denen Frauen tätig sind, werden zum Teil berufliche Spezialisierungen ausgeschlossen und im Verhältnis zum Herkunftsberuf abgewertet. (vgl. Gottschall 1989) Wenn Frauen hochqualifizierte Tätigkeiten im Dienstleistungssektor ausüben, dann in Funktionen, die niedrig entlohnt werden und über wenig Prestige verfügen. (vgl. Maindoch 1989) Auch hier sind Segmentationslinien feststellbar, nur verlaufen sie auf höherem Niveau. (vgl. Lappe 1986)

Die Struktur der Frauenerwerbsarbeit ist insbesondere auch über Veränderungen der Arbeitszeitmuster, d.h. die Zunahme von Teilzeitarbeit[4], beeinflußt worden. Die eigentliche Boomphase der Teilzeitarbeit war in den 60er Jahren. »Von 1960 bis 1973 verdreifachte sich die Anzahl der Teilzeitbeschäftigten und stieg mit jährlichen Zuwachsraten von rund 10 Prozent von knapp 800000 auf 2,6 Millionen«. (Kurz-Scherf 1989:46) Die abnehmende Zuwachsrate seit Mitte der 70er Jahre deutet auf einen Funktionswandel von Teilzeitarbeit hin. Danach sollen die Unternehmen bis Mitte der 70er Jahre weitgehend der Präferenzverschiebung – überhaupt die Möglichkeit zu haben, einer Erwerbstätigkeit nachgehen zu können – von Frauen entgegengekommen sein, später haben sich dann die Interessen der Unternehmen, Teilzeitarbeit als Rationalisierungs- und Effektivierungsinstrument, einzusetzen, durchgesetzt. (Eckart 1988:72)

Diese Interpretation ist insofern problematisch, als sie den Arbeitgebern ein (zu) hohes Maß fremdgeleiteter und ein (zu) geringes Maß eigengeleiteter Interessen unterstellt. Trotz rückläufiger Zuwachsraten steigt die Anzahl der Teilzeitarbeitsverhältnisse auch weiterhin. Feststellbar ist auch eine deutliche Zunahme sozialversicherungsfreier Teilzeitarbeit. (vgl. Landenberger 1985; Büchtemann/Schupp 1986) Darüber hinaus übersteigt die Anzahl der Teilzeitarbeitsverhältnisse die Anzahl der TeilzeitarbeitnehmerInnen, da Frauen – inbesondere in der Gebäudeinnenreinigung – mehrere sozialversicherungsfreie Teilzeitarbeitsstellen haben. Der Anstieg von Teilzeitarbeit kann auch darauf zurückgeführt werden, daß insbesondere die Variationsbreite in bezug auf Dauer und Lage der Arbeitszeit neue Möglichkeiten zur Anpassung an die immer autonomer und flexibler gestalteten Betriebszeiten eröffnet.

Die Struktur weiblicher Erwerbstätigkeit unterscheidet sich demnach bis heute grundlegend von männlicher Erwerbsarbeit durch die sektorale, qualifikatorische und hierarchische Gliederung sowie durch die Form der Beteiligung. Dem System der sozialen Sicherung und dem der Lohnarbeit liegt eine kontinuierliche Erwerbsbiographie zugrunde, die von der Mehrheit der Frauen nicht erbracht werden kann. Das Erwerbssystem stellt hierfür Formen der Benachteiligung zur Verfügung, die es Frauen ermöglichen, neben der Familienarbeit erwerbstätig zu sein. Die Formen veränderten sich entsprechend

4 Bei Teilzeitarbeit stellen Männer eine Minderheit – trotz ausgeprägter »Wertewandeldiskussion« in den 80er Jahren.

der jeweiligen Strukturen der Erwerbsarbeit und dem historisch-spezifischen Bedarf an weiblichen Arbeitskräften. Ihrem Resultat nach festigten sie jedoch immer die geschlechtsspezifische familiäre Arbeitsteilung sowie die geschlechtsspezifische Segmentierung des Arbeitsmarktes. Teilzeitarbeit ist hierfür ein exponiertes Beispiel.

2. *Definition und Formen der Teilzeitarbeit*

Ausgehend von einer zunehmenden Differenzierung und Diversifizierung der Arbeitszeitmuster, tritt Teilzeitarbeit als »Grundform« flexibler Arbeitszeitgestaltung auf. (vgl. Hoff 1983a) Grundsätzlich ist zwischen sozialversicherungspflichtiger und sozialversicherungsfreier Teilzeitarbeit, die über Dauer und Lage der Arbeitszeit determiniert wird, zu differenzieren. Eine einheitliche Bestimmung und Abgrenzung des Phänomens »Teilzeitarbeit« konnte bislang aufgrund der vorhandenen Vielfalt unterschiedlicher Teilzeitformen nicht fixiert werden. (vgl. Brinkmann/Kohler 1981; Büchtemann/Schupp 1986; MAGS 1989)

Das Spektrum unterschiedlicher Arbeitszeitarrangements beinhaltet: »Verkürzte Tages-, Wochen-, Monats- oder Jahresarbeitszeit; gleichmäßig oder ungleichmäßig, regelmäßig oder unregelmäßig verteilte Arbeitszeit; starre oder flexible Arbeitszeitregelung mit oder ohne Abstimmung mit anderen Arbeitnehmern. Hinzu kommt, daß viele dieser Möglichkeiten auch untereinander kombinierbar sind und daß Teilzeitarbeit in allen Formen im Rahmen der gesetzlichen Bestimmungen auch für befristete Zeit vereinbart werden kann.« (Bundesminister für Arbeit und Sozialordnung 1989:30)

Zu den Grundformen der Teilzeitarbeit gehören:

- Täglich gleichmäßig verkürzte Arbeitszeit,
- täglich ungleichmäßig verkürzte Arbeitszeit,
- täglich ungleichmäßig und unregelmäßig verkürzte Arbeitszeit,
- tageweise Arbeit,
- unregelmäßige Teilzeitarbeit (Kombination verschiedener Formen von Teilzeitarbeit).
  (Bundesminister für Arbeit und Sozialordnung 1989)

Darüber hinaus werden verschiedene Teilzeitarbeitsformen mit wöchentlich unterschiedlicher, regelmäßig wiederkehrender Arbeitszeit praktiziert (vgl. zu den folgenden Zusammenfassungen Bäcker 1981; Zmuda-Schamper 1984; Löwisch/Schüren 1984; Bertelsmann/Rust 1985):

- Wechselschichtsysteme mit gleichmäßiger Wochenarbeitszeit,
- Wechselschichtsysteme mit ungleichmäßiger Wochenarbeitszeit.

Hinzu kommen Formen längerzyklischer Teilzeitarbeit:

- Mehrwöchige unregelmäßige Teilzeitarbeit,
- wochenweise Teilzeitarbeit,
- monatsweise Teilzeitarbeit.

Diese Formen der Teilzeitarbeit werden in unterschiedlichen Beschäftigungsformen zusammengefaßt:

a) Starre Teilzeitarbeitsverhältnisse bezeichnen Arbeitsverhältnisse, bei denen Dauer und Lage fest vereinbart sind:
- Klassische Teilzeitarbeit wird in sog. Halbtagsarbeit ausgeübt. Sie ist mit einer festen sozialversicherungspflichtigen wöchentlichen Arbeitszeit festgelegt;
- Verkürzte Jahresarbeitszeit legt eine bestimmte Zeit innerhalb eines Jahres fest, in der gearbeitet wird. Die Wochenarbeitszeit wird analog zu einer regelmäßigen Vollzeitarbeit ausgeübt; die arbeitsfreie Zeit innerhalb dieses Jahres ist jedoch länger als der übliche Erholungsurlaub;

b) Flexible Teilzeitarbeitsverhältnisse vereinbaren nicht verbindlich Lage und/oder Dauer der Arbeitszeit. Insbesondere Branchen mit unterschiedlichem Arbeitsanfall (bspw. der Einzelhandel) bieten diese Arbeitsverhältnisse an:
- Kapazitätsorientierte Variable Arbeitszeit (Kapovaz) ist eine Form der Teilzeitarbeit, bei der die ArbeitnehmerInnen kurzfristig – durch einen Telefonanruf – an ihren Arbeitsplatz bestellt werden. Die Lage und tägliche bzw. wöchentliche Dauer ist unbestimmt; der Verdienst umfaßt nicht die Zeiten der Rufbereitschaft, sondern orientiert sich an der tatsächlich geleisteten Arbeitszeit;
- Freie Abrufverträge überlassen es den Arbeitgebern, eine Arbeitsleistung abzurufen; sie sind hierzu nicht verpflichtet. Ebenso ist der/die ArbeitnehmerIn nicht verpflichtet, eine bestimmte Arbeitszeit zu erbringen. Der Verdienst orientiert sich auch hier an der tatsächlich erbrachten Arbeitsleistung und ignoriert Rufbereitschaften;
- Freie Einsatzverträge verpflichten die ArbeitnehmerInnen zu einer fest vereinbarten monatlichen Arbeitsdauer. Die Lage wird von der/dem ArbeitnehmerIn selbst bestimmt; die Entlohnung wird i.d.R. in Form eines festen Grundgehaltes und einer Provision gezahlt;
- Mehrarbeitsverträge vereinbaren eine feste wöchentliche Arbeitszeit. Der/die ArbeitnehmerIn übernimmt eine generelle Verpflichtung, Mehrarbeit zu leisten und diese ggf. »abzubummeln«;
- Job-sharing bietet auf einem oder mehreren Arbeitsplätzen einer/m oder mehreren ArbeitnehmerInnen die Möglichkeit zur Arbeitsteilung. Es besteht eine gegenseitige Vertretungspflicht.

Über diese unterschiedlichen Teilzeitarbeitarbeitsformen werden »Arbeitszeitflexibilisierungskombinationen« ermöglicht, die aus verschiedenen Gründen problematisch für ArbeitnehmerInnen sind.[5] Damit wird Teilzeitarbeit zu einem ausgewiesenen »Experimentier- und Exerzierfeld für die Deregulierung des tarifvertraglichen Arbeitszeitstandards und für die umfassende chronometrische und chronologische Flexibilisierung der Arbeitszeit.« (Bäcker/Stolz-Willig 1990:9) (Hervorhebungen im Original)

Obwohl oder vielleicht gerade weil es sich bei der Teilzeitarbeit um ein breites Spektrum von Arbeitsformen handelt, werden diese fast ausschließlich von verheirateten weiblichen Beschäftigten mit Kindern, konzentriert in wenigen Branchen wahrgenommen. (vgl. Engelbrech 1987a; Engelbrech/Warnhagen 1987; Büchtemann/Schupp 1986)

Allgemein wird unter einem Teilzeitarbeitsverhältnis »ein Arbeitsverhältnis verstanden, das sich nur durch ein kleineres Arbeitszeitvolumen – gegenüber der regelmäßigen betrieblichen, branchenüblichen oder allgemein üblichen Arbeitszeit – von einem anderen Arbeitsverhältnis unterscheidet, wobei die Verkürzung der Arbeitszeit aber auf einer ausdrücklichen und freiwilligen Vereinbarung beruhen muß«. (Conradi 1982:4; vgl. Becker 1971; Weitzel/Hoff 1981; Schupp 1993) Der hier verwendete Begriff der »Freiwilligkeit« ist kritisch zu hinterfragen. (vgl. Peter 1988; Kutzner/Pantel 1992) Obwohl Teilzeitarbeit eine Arbeitsform ist, die grundsätzlich in allen Arbeitsmarktsegmenten auftreten kann, ist sie quantitativ stärker in Segmenten mit schlechten Arbeitskonditionen vertreten. Über diese Segmente und die entsprechende Arbeitszeitform wird ein schnellerer Einstieg bzw. die Rückkehr in/auf den Arbeitsmarkt ermöglicht bzw. grundsätzlich eine Partizipationsmöglichkeit geboten. Diese Teilzeitarbeitsangebote werden insbesondere – wie weiter oben gezeigt – bevorzugt von Frauen angenommen. (vgl. Raehlmann/Meiners/ Glanz/ Funder 1993) Darüber hinaus bietet gerade sozialversicherungsfreie Teilzeitarbeit die Möglichkeit, das Familieneinkommen mit einem »Dazuverdienst« direkt, ohne Abzug von Steuern und Sozialversicherung zu substituieren. Damit bedient Teilzeitarbeit die Vorstellungen und eingeschränkten Möglichkeiten vieler Frauen und wird dementsprechend »freiwillig« ausgeübt. D.h., daß der formulierte »Wunsch« und die damit assoziierte »Freiwilligkeit« eine rationale Entscheidung aufgrund der gegebenen Rahmenbedingungen bereits vorwegnehmen. Der seit den 80er Jahren über den Mikrozensus und durch die amtliche Statistik sowie diverse Befragungen ermittelte Wunsch nach Teilzeitarbeit ist daher kritisch zu bewerten. Die so ermittelten Daten, auf deren Grundlage Statistiken letztlich zu Argumenten für ungesicherte Teilzeitarbeit werden, weisen allenfalls einen pragmatischen Umgang von Frauen mit den angebotenen Kompatibilitätsmöglichkeiten von Erwerbs- und Familienarbeit

5 Vgl. Kapitel IV/4.

aus. Die »Freiwilligkeit« könnte evtl. ermittelt werden, wenn unterschiedliche Szenarien konstruiert und den zu Befragenden als Möglichkeiten, zwischen unterschiedlichen Rahmenbedingungen zu wählen, angeboten würden.

Die Definition der Bundesanstalt für Arbeit geht folgerichtig gar nicht auf eine mögliche »Freiwilligkeit« ein und definiert Teilzeitarbeit als »eine Beschäftigung, die einen Arbeitnehmer vereinbarungsgemäß nicht voll, aber regelmäßig zu einem Teil der normalerweise üblichen bzw. tariflich festgesetzten täglichen oder wöchentlichen Arbeitszeit in Anspruch nimmt; zur Teilzeitarbeit zählt auch die Heimarbeit.« (ANBA 1978:40) Conradi (1982) weist auf zwei gravierende Mängel dieser Definition hin. Durch die Ausklammerung von monatlichen oder jährlichen Arbeitszeitverkürzungen wird der Teilzeitbegriff von der Arbeitszeitlage abhängig gemacht, was zwangsläufig zu einer Einengung führt. Darüber hinaus erscheint es problematisch, Heimarbeit direkt als eine Form der Teilzeitarbeit aufzuführen, da bei dieser die Norm einer Vollzeitarbeit nicht vorkommt.

Eine weitere Definition zu Teilzeitarbeit stammt vom Internationalen Arbeitsamt: »regular, voluntary work carried out during working hours distinctly shorter than normal«.[6] Bei dieser Definition bleibt der Begriff »distinctly shorter« inhaltlich unklar.

Alle weiteren Definitionen gehen davon aus, daß ein Teilzeitarbeitsverhältnis bereits besteht, wenn es nur eine Arbeitsstunde kürzer als ein Vollzeitarbeitsverhältnis ist.

Aufgrund der Vielzahl und Vielfältigkeit der Definitionen zu Teilzeitarbeit variiert deren statistische Erfassung und läßt damit keine direkte Vergleichbarkeit der Daten zu.[7] Aussagen über die quantitative Entwicklung von Teilzeitarbeit sind darüber hinaus i.d.R. interessengeleitet und entsprechend zu bewerten. Aufgrund der sich hieraus ergebenen »Ungenauigkeiten« sollten diese Statistiken als quantitative Tendenzen gewertet werden, deren Aussagekraft sich erst über die qualitative Diskussion ermitteln läßt.

Teilzeitbeschäftigte ArbeitnehmerInnen, die in sog. »geringfügigen«, also sozialversicherungsfreien Beschäftigungsverhältnissen tätig sind, wurden bis Ende 1989 nur lückenhaft statistisch erfaßt. Erst seit dem 1.1.1990 besteht eine Meldepflicht für geringfügig Beschäftigte. Inwieweit diese Statistik tatsächlich zur quantitativen Erfassung geringfügig Beschäftigter beiträgt, ist strittig.[8] Festgestellt wurde bereits, daß Arbeitgeber diesen Personenkreis zwar melden,

6 Hallaire 1968:15.

7 Darüber hinaus wird auch in anderen westeuropäischen Ländern Teilzeitarbeit jeweils unterschiedlich definiert.

8 Verschiedentlich wurde die Meinung geäußert, daß der Verwaltungsaufwand in einem disproportionalen Verhältnis zum erwarteten Ergebnis stehe; EG 05/11.

jedoch bei Auflösung des Beschäftigungsverhältnisses die entsprechende Abmeldung unterbleibt.[9] Damit liegt bislang keine verläßliche Quelle zur Ermittlung sozialversicherungsfreier Beschäftigung vor.

Ein weiteres Problem ergibt sich durch eine relativ hohe »Dunkelziffer«. Hierunter fallen bspw. Arbeitsverhältnisse, bei denen eine ArbeitnehmerIn mehrere Arbeitsverhältnisse unter fiktiven Namen ausübt. Nach einem Urteil des Bundessozialgerichtes besteht bei mehreren Arbeitsverhältnissen bei einem oder unterschiedlichen Arbeitgebern ein Anspruch auf Versicherungsschutz. Dieses Schutzrecht wird in der Praxis i.d.R. unterlaufen durch, wie bereits erwähnt, die Verwendung fiktiver Namen oder die Kombination einer geringen Stundenzahl mit Überstunden, da sich hierüber kurzfristige Vorteile für Arbeitgeber und ArbeitnehmerIn ergeben. (vgl. Kutzner/Pantel 1992) Diese Beschäftigungsverhältnisse sind typischerweise bei der Gebäudeinnenreinigung anzutreffen.[10] Daraus kann geschlossen werden, daß nicht nur die Anzahl der Teilzeitbeschäftigten in den Statistiken zu niedrig ausgewiesen sein dürfte, sondern auch bestätigt, daß es mehr Teilzeitbeschäftigungsverhältnisse als Teilzeitbeschäftigte gibt.

Das Beschäftigungsförderungsgesetz (1985), das wesentlichen Einfluß auf die Entwicklung von Teilzeitarbeit genommen hat[11], formuliert in § 2 Abs. 2:

> »Teilzeitbeschäftigt sind die Arbeitnehmer, deren regelmäßige Wochenarbeitszeit kürzer ist, als die regelmäßige Wochenarbeitszeit vergleichbarer vollzeitbeschäftigter Arbeitnehmer des Betriebs. Ist eine regelmäßige Wochenarbeitszeit nicht vereinbart so ist die regelmäßige Arbeitszeit maßgeblich, die im Jahresdurchschnitt auf eine Woche fällt«.

Die regelmäßige wöchentliche Arbeitszeit ist im Sinne einer normativen, tarifvertraglichen Regelung, nicht als empirische Größe gedacht. Demnach wird Teilzeitarbeit als Unterschreitung der tariflich geregelten, auf eine Woche bezogenen Arbeitszeit definiert. Zur Ermittlung der Anzahl teilzeitbeschäftigter ArbeitnehmerInnen werden i.d.R. nur die »abhängig Beschäftigten« (Arbeiter, Angestellte, Beamte und Auszubildende) zusammengefaßt. Selbständige und mithelfende Familienangehörige werden aufgrund der unsicheren Datenlage zur wöchentlich geleisteten Arbeitszeit von vornherein ausgeschlossen.

Als Referenzzeitraum zur Definition von Teilzeitarbeit gilt immer eine Woche. In der vom Statistischen Bundesamt durchgeführten Mikrozensuserhebung wurden seit 1957 alle ArbeitnehmerInnen erfaßt, die bis 1963 weniger als 45, bis 1969 weniger als 42 und ab 1970 weniger als 40 Wochenstunden gearbeitet haben. Ab 1972 wurde diese Statistik durch die Zeitreihen »normalerweise geleistete Arbeitszeit nach einzelnen Wochenstunden« abgelöst. Das Statistische Bundesamt legte nicht fest, bei welcher Stundengröße Teilzeit- in

9 Referat von Dr. Friedrich, ISG, Köln, auf dem WSI-workshop »Atypische Beschäftigungsverhältnisse«, Düsseldorf 1993.

10 Vgl. Kapitel V.

11 Vgl. Kapitel IV/5; Keller 1989.

Vollzeitarbeit übergeht. In den Erhebungen ist Teilzeitarbeit im Bereich von 1 bis 35 Stunden in der Woche festgelegt; die Bundesanstalt für Arbeit hingegen stuft Teilzeitkräfte in den Bereich von 1 bis 36 Wochenstunden ein.

Durch die instabiler und flexibler werdenden Arbeitszeitstrukturen wird der Referenzzeitraum von einer Woche jedoch zunehmend problematisch. Im Zusammenhang hiermit wird auch die Definitionsgröße der Regelmäßigkeit obsolet. Eine größer werdende Bedeutung nimmt das Jahr und die hieraus errechnete durchschnittliche Monats- oder Wochenarbeitszeit als Referenzzeitraum ein. Damit wird gleichzeitig jedoch die Abgrenzung zwischen Voll- und Teilzeitbeschäftigung erschwert. Bei jeder Änderung des Arbeitszeitrahmens müßte demzufolge eine neue Höchststundenzahl für Teilzeitarbeit festgelegt werden.

Die Beschäftigtenstatistik, die seit 1977 geführt wird, erfaßt Arbeiter, Angestellte und Auszubildende. Nicht erfaßt werden Beamte[12], Selbständige, mithelfende Familienangehörige und geringfügig Beschäftigte, die eine »Nebenbeschäftigung« ausüben. Die Beschäftigungsstatistik orientiert sich – im Gegensatz zur Mikrozensuserhebung, die die normalerweise geleisteten Wochenarbeitsstunden zugrunde legt – an den Sozialversicherungspflichtgrenzen. Diese Grenzen sind an die Höhe des Verdienstes und den Umfang der Arbeitszeit gebunden.[13]

Durch die unterschiedliche Definition von Teilzeitarbeit und die Erfassung jeweils anderer Personengruppen in den unterschiedlichen Statistiken ergeben sich erhebliche Differenzen bei der Angabe teilzeitbeschäftigter ArbeitnehmerInnen. Darüber hinaus wird bei der Erhebung der Beschäftigtenstatistik die Definition von Teilzeitarbeit den meldenden Betrieben überlassen. Es kann davon ausgegangen werden – zumal, wenn man die zunehmende Differenzierung der Arbeitszeitvereinbarungen betrachtet –, daß die einzelnen Betriebe dabei unterschiedliche Stundenzahlen zugrunde legen.

Im Gegensatz zur Beschäftigtenstatistik orientiert sich die Mikrozensuserhebung ausschließlich an den »normalerweise geleisteten Wochenarbeitsstunden«. Dabei werden neben den Arbeitern und Angestellten auch Beamte und geringfügig Beschäftigte erfaßt. Letztere bilden innerhalb der Statistik eine eigene Gruppe.

Zusammenfassend ist zu konstatieren, daß beide Erhebungsmethoden wesentliche Lücken bei der statistischen Erfassung von teilzeitbeschäftigten ArbeitnehmerInnen aufweisen. Die Beschäftigungsstatistik, in der eine Trennung zwischen Teilzeitarbeit und geringfügiger Beschäftigung vorgenommen wird, schließt dabei die Beamten aus. Bei der Mikrozensuserhebung werden die Beamten zwar berücksichtigt, es wird jedoch nicht zwischen sozialversicherungspflichtiger und sozialversicherungsfreier Teilzeitarbeit unterschieden. Da in der Beschäftigtenstatistik keine genaue Stundendifferenzierung bei Teil-

12 Beamte werden in der Personalstatistik des öffentlichen Dienstes geführt.

13 Vgl. Kapitel IV/4.

zeitarbeitnehmerInnen vorgenommen wird, ist bei den im Mikrozensus ausgewiesenen ArbeitnehmerInnen, die zwischen 1 und 14 Wochenstunden arbeiten, nicht deutlich, ob es sich hierbei um ausschließlich geringfügige Beschäftigungsverhältnisse handelt.

Als Fazit bleibt, daß die statistischen Angaben keine genauen quantitativen Informationen zu Teilzeitarbeitsverhältnissen bieten können und daher ihr wesentlicher Aussagewert in der zum Ausdruck kommenden Tendenz liegt.

2.1 Quantitative und qualitative Entwicklung

Ausgangspunkt der seit Ende der 50er Jahre zunehmenden Relevanz von Teilzeitarbeit, und damit der Frauenerwerbsarbeit, war zunächst die einsetzende Arbeitskräfteknappheit. Trotz gestiegener Nachfrage nach weiblichen Arbeitskräften sollte jedoch aus gesellschaftspolitischen Gründen die »außerhäusliche Erwerbstätigkeit von Frauen begrenzt« bleiben (Kurz-Scherf 1985 663). Durch die Ausweitung von Teilzeitarbeit konnte dem Arbeitskräftemangel unter Wahrung der traditionellen gesellschaftlichen Rollenverteilung entsprochen werden. Damit erfüllte Teilzeitarbeit mehrere Funktionen sie entsprach dem volkswirtschaftlichen Interesse und war gleichzeitig ein Beitrag zum Erhalt und zur Förderung der Familie als Institution. (Eckart 1982) Prognosen zur künftigen Entwicklung von Teilzeitarbeit gehen von einer quantitativen Zunahme dieser Beschäftigungsverhältnisse aus. (vgl. Bäcker/Stolz-Willig 1990)

Zwischen 1960 und 1975 stieg der Anteil der Teilzeitbeschäftigten, gemessen an der Gesamtzahl der abhängig Beschäftigten, von 2,9 Prozent auf 8,3 Prozent (in absoluten Zahlen 1,7 Millionen). (Conradi 1982:7; Becker/Danne/Lipke/Mikosch/Steinwedel 1987:86, Rdn 10) Gleichzeitig nahm die Anzahl vollzeitbeschäftiger Frauen um 0,8 Millionen ab. (Koller/Reyher/Teriet 1981:98) Ein Teil dieser Arbeitsplätze wurde durch die »Abwanderung« oder auch »Abdrängung« vollzeitbeschäftigter Frauen in Teilzeitstellen besetzt, ein anderer Teil durch Neueinstellungen. Das von Frauen erbrachte Arbeitszeitvolumen sank im gleichen Zeitraum von 33 Prozent auf 32 Prozent. (vgl. Trautwein-Kalm 1987)

Unabhängig von der (geänderten) »Bedürfnisstruktur«, den Ansprüchen von Frauen an Erwerbsarbeit, ist seit ca. Mitte der 70er Jahre eine kontinuierliche Zunahme von Teilzeitarbeitsplätzen zu verzeichnen. Für Mitte der 80er Jahre wird der Frauenanteil der sozialversicherungspflichtigen Teilzeitbeschäftigten mit ca. 93 Prozent und für die geringfügige Teilzeitarbeit in Handel, Dienstleistung, Reinigungsgewerbe, Hauswirtschaft und Öffentlichem Dienst auf ca. 99 Prozent beziffert. (Buschmann/Ulber 1989:138)

Während in den siebziger Jahren zusätzliche Teilzeitstellen neben den gleichzeitig zunehmenden Vollzeitstellen angeboten wurden, wurden in der Folge – insbesondere in den 80er Jahren – Vollzeit- durch Teilzeitstellen ersetzt. (vgl. Kutzner/Pantel 1992) Die eigentliche Trendwende setzte jedoch bereits ca. Mitte der 70er Jahre ein: bei insgesamt steigender Frauenerwerbsquote (1975: 7,9 Millionen; 1985: 8,5 Millionen erwerbstätige Frauen) blieb das dementsprechende Arbeitsvolumen[14] während dieses Zeitraumes auf fast gleichem Niveau; seit Anfang der 80er Jahre ist es rückläufig.

Diese Entwicklung ist – neben der Arbeitszeitverkürzung – vor allem Ausdruck der Ausweitung von Teilzeitarbeit. (Trautwein-Kalms 1987) Die Zunahme weiblicher Beschäftigungsverhältnisse verhält sich dementsprechend disproportional zum Umfang des Arbeitszeitvolumens und bewirkte keine qualitative Verbesserung der beruflichen Situation von Frauen.

Zur quantitativen Entwicklung von Teilzeitarbeit liegen mehrere Untersuchungen vor. Die teilweise deutlich voneinander abweichenden Ergebnisse dieser Studien, bezogen auf den geschlechtsspezifisch determinierten quantitativen Umfang von – insbesondere versicherungsfreier – Teilzeitarbeit, verdeutlichen die unsichere Datenlage. Neben unterschiedlichen Erhebungsmethoden besteht auch bei den zugrundegelegten unterschiedlichen Quellen kein Konsens darüber, welche Beschäftigtengruppen wie erfaßt werden. Einigkeit besteht jedoch über die grundlegende Aussage, daß Teilzeitarbeit ein durch Frauenerwerbsarbeit gekennzeichneter, (auch weiterhin) wachsender Arbeitsmarkt ist. Insofern bieten diese Daten die Grundlage für eine qualitative Untersuchung der unterschiedlichen und teilweise auch ähnlichen Interessenlagen der Arbeitsmarktakteure.

Das Kölner Institut für Sozialforschung und Gesellschaftspolitik (ISG) legte 1988 die Studie »Sozialversicherungsfreie Beschäftigung« vor, die im Auftrag des Bundesministers für Arbeit und Sozialordnung 1987 durchgeführt wurde.[15] In dieser empirischen Untersuchung wurden mittels einer Bevölkerungsstichprobe im geringfügigen Beschäftigungsbereich ohne sonstige Erwerbstätigkeit für das zweite Quartal 1987 2,3 Millionen beschäftigte ArbeitnehmerInnen errechnet. 1,4 Millionen (60 Prozent) hiervon waren Frauen. Bezogen auf ihre soziale Stellung gaben 33 Prozent der ArbeitnehmerInnen an, BezieherInnen von Renten oder Pensionen, SchülerInnen bzw. Studierende zu sein. Zu diesem Zeitpunkt übten ca. 540000 ArbeitnehmerInnen ihr geringfügiges Beschäftigungsverhältnis als Nebentätigkeit aus. Ihre Haupterwerbstätigkeit lag somit im sozialversicherungspflichtigen Stunden- und Entgeltbereich bzw. sie arbeiteten als BeamtInnen und Selbständige.

Das Sozio-ökonomische Panel (SOEP) wird als Längsschnittuntersuchung durch den Sonderforschungsbereich 3 der Universitäten Frankfurt und Mannheim in Zusammenarbeit mit dem Deutschen Institut für Wirtschaftsforschung (DIW), Berlin, durchgeführt. 1989 wurden die Ergebnisse für die Jahre 1987 und 1988 vorgelegt. Demnach gingen 1987 ca. 2,05 Millionen und 1988 ca. 2,1 Millionen ArbeitnehmerInnen einer geringfügigen Beschäftigung nach. Die

14 Das Arbeitsvolumen ist die Summe der pro Jahr geleisteten Arbeitsstunden.

15 Diese Studie wurde durch eine 1992 – ebenfalls im Auftrag des BMA – durchgeführte empirische Untersuchung zu Umfang und Strukturen sozialversicherungsfreier Beschäftigung in den alten und neuen Bundesländern fortgeschrieben.

Untersuchung ermittelte gleichzeitig eine Zunahme der sozialversicherungspflichtigen Teilzeitarbeitsverhältnisse um 0,4 Prozent und der geringfügigen Teilzeitarbeitsverhältnisse um 4,2 Prozent. Der Frauenanteil an den geringfügig Beschäftigten betrug 1,5 Millionen (74 Prozent). Ungefähr 550 000 ArbeitnehmerInnen dieser Beschäftigtengruppe waren SchülerInnen, Studierende bzw. RentnerInnen. Der wesentliche Unterschied zwischen diesen beiden Untersuchungen ist das deutlich voneinander abweichende Ergebnis bezüglich des Frauenanteils. Das ISG geht von 60 Prozent, das SOEP von ca. 74 Prozent Arbeitnehmerinnen aus. Das ISG setzt gleichzeitig einen sehr viel höheren Männeranteil (900 000/40 Prozent) als das SOEP (600 000/25 Prozent) voraus. Dadurch ergibt sich für die ISG-Studie eine signifikant höhere Beteiligung von SchülerInnen/Studierenden, von Arbeitslosen und einer Personengruppe, die sich nicht eindeutig den geringfügig Beschäftigten zuordnen läßt.

Eine weitere Untersuchung wurde vom Institut zur Erforschung Sozialer Chancen (ISO), Köln, durchgeführt. Auftraggeber ist der Minister für Arbeit, Gesundheit und Soziales des Landes Nordrhein-Westfalen. Ergebnisse dieser Untersuchung liegen für die Jahre 1987, 1989 und 1990[16] vor. Diese Studie ermittelt die Anzahl der ArbeitnehmerInnen auf der Grundlage einer Betriebsbefragung zu Arbeits- und Betriebszeiten. Verbunden mit dieser methodischen Unterscheidung zu den o.g. Studien ist eine entsprechende Verzerrung bei der Vergleichbarkeit der Ergebnisse.

Dadurch, daß die ISO/DIW-Untersuchung alle Betriebe mit mindestens einer/m sozialversicherungspflichtigten Beschäftigten aufgenommen haben, blieben die Privathaushalte unberücksichtigt. Die ISG-Untersuchung geht jedoch für diesen Bereich von ca. 25 Prozent (1992 = 28 Prozent) aus. Da darüber hinaus für diesen Bereich eine hohe Dunkelziffer geringfügig Beschäftigter vermutet wird, bedingt dies eine erhebliche Untererfassung sozialversicherungsfreier Beschäftigung. Die Studie ermittelte, daß ca. 37 Prozent aller Teilzeitbeschäftigten weniger als 18 Stunden pro Woche arbeiten. Da die Grenzwertsetzung bei 18 Wochenstunden liegt, wird nicht mehr zwischen den unterschiedlichen Stufen sozialversicherungspflichtiger Beschäftigung unterschieden. Nach der Beschäftigtenstatistik (1990) gab es (in der alten Bundesrepublik) ca. 2 Millionen sozialversicherungspflichtige Teilzeitbeschäftigte mit einer Arbeitszeit von mindestens 18 Stunden pro Woche und 400 000 ArbeitnehmerInnen mit weniger als 18 Wochenstunden, jedoch noch oberhalb der Geringfügigkeitsgrenze. Auf der Grundlage der ISO/DIW Daten entsprächen den 1,2 Millionen Teilzeitbeschäftigten mit einer mindestens 18-Stunden-Woche nochmals 1,2 Millionen ArbeitnehmerInnen, die unterhalb der 18-Stunden-Grenze arbeiten. Subtrahiert man nun von den 1,2 Millionen die 400 000 unterhalb der 18-Stunden-Grenze arbeitenden Teilzeitbeschäftigten, bleibt die

16 Diese Untersuchung wurde in Zusammenarbeit mit dem Deutschen Institut für Wirtschaftsforschung (DIW), Berlin, erstellt. Die aktuelle Studie erschien im Mai 1994; da sie zum Zeitpunkt der Abfassung der vorliegenden Arbeit nicht vorlag, konnte sie nicht berücksichtigt werden.

Summe von 800000 TeilzeitarbeitnehmerInnen. (Kronenwett-Löhrlein 1992) Damit wäre eine relative Annäherung an die realen ArbeitnehmerInnenzahlen im geringfügigen Beschäftigungsbereich erzielt.

Der Mikrozensus (MZ) ermittelte erstmals für 1990 durch eine »3. Leitfrage zur Erwerbstätigkeit« die Anzahl der geringfügig Beschäftigten. In der Befragungswoche der Untersuchung wurden (für die alte Bundesrepublik) ca. 1,55 Millionen ArbeitnehmerInnen mit einer geringfügigen Beschäftigung erfaßt. Hierin enthalten waren 400000 Personen, die diese Tätigkeit als Nebenerwerb ausübten. Ungefähr 850000 (75 Prozent) aller geringfügig Beschäftigten waren Frauen. Das Statistische Bundesamt räumt ein, daß keinesfalls der Gesamtumfang ermittelt werden konnte. Gründe hierfür sind, daß nicht alle geringfügig Beschäftigten innerhalb dieser einen Berichtswoche zu ermitteln seien und nicht alle ArbeitnehmerInnen Auskunft über ihr(e) Beschäftigungsverhältnis(se) geben.

Tabelle 3: Synopse empirischer Untersuchungen zur geringfügigen Beschäftigung

	ISG 1987		SOEP 1988		MZ 1990		ISO/DIW 1990	
	in 1000	%	in 1000	%	in 1000	%	in 1000	%
insgesamt	2.284	100,0	2.141	100,00	1.131	100,0	800[a]	100
Frauen	1.365	59,8	1.578	73,7	847	74,9	keine Angaben	
SchülerInnen und Studierende	528	23,1	339	15,8	188	16,6	keine Angaben	
BezieherInnen von Renten/ Pensionen	224	9,8	213	9,9	146	12,9	keine Angaben	
arbeitslos/ arbeitssuchend	351	15,4	150	7,0	125	11,1	keine Angaben	
außerdem: geringfügige Beschäftigung als Nebentätigkeit	539	100,0	keine Angaben		393	100,0	keine Angaben	

Quelle: Kronenwett-Löhrlein 1992 (Tabelle wurde formal geändert, M. K.)

a. geschätzt aufgrund ISO/DIW-Angaben

3. *Die Interessenlage der Akteure*

Die Entwicklung der Teilzeitarbeit und damit verbunden der Frauenerwerbstätigkeit ist wesentlich durch die Interessen der Wirtschaft, sozialstaatlicher Familien- und Arbeitsmarktpolitik, der Gewerkschaften, der ArbeitnehmerInnen und nicht zuletzt der einzelnen Betriebe determiniert. Der wirtschaftliche Strukturwandel und die betriebswirtschaftlichen Vorteile für Arbeitgeber waren und sind maßgebliche Schubkräfte der Entwicklung von Teilzeitarbeit. Die Interessen von Frauen, die sich primär an der Familienarbeit orientierten, waren gleichzeitig durch einen gestiegenen Konsumbedarf beeinflußt.

Während der 70er und 80er Jahre änderte sich diese Motivlage. Diskriminierende Arbeitsbedingungen und das Interesse an einer Teilzeitarbeit bestimmten die ambivalente und teilweise – vermeintlich – homogene Interessenlage von Arbeitnehmerinnen und Arbeitgebern. (vgl. Schupp 1993; Bollinger 1989; EG 02/09/12) Diese homogene Interessenlage resultiert aus sich unterschiedlich auswirkenden Rahmenbedingungen, die in ihrer Konsequenz auf der einen Seite zum Angebot von und auf der anderen Seite zur Nachfrage nach Teilzeitarbeitsplätzen führte. Dieser »Interessenausgleich«, der auf einem asymetrischen Machtverhältnis aufgebaut ist, wird in seiner konkreten Ausgestaltung primär über die Interessen der Arbeitgeber bestimmt.

Die Position der gewerkschaftlichen Intressenvertretungen schwankte bis in die 80er Jahre hinein zwischen genereller Ablehnung von Teilzeitarbeit und steigendem Regulierungsdruck. Inwieweit sich hier die Einzelgewerkschaften voneinander unterschieden und wie sie mit der spezifischen Problematik von Teilzeitarbeit umgingen, wird exemplarisch anhand der Fallstudien in Kapitel V untersucht. An dieser Stelle soll zunächst der Diskussionsstand der Gewerkschaften als Tarifvertragspartner analysiert werden.

3.1 Das besondere Interesse von Frauen an Teilzeitarbeit

Generell nimmt Teilzeitarbeit für Frauen eine Komplementärfunktion zum Bereich der Familienarbeit, die das weibliche Zeitbudget primär determiniert, ein. Die Gründe, die zur Aufnahme einer Teilzeitarbeit führ(t)en, änderten sich zwar im Laufe der Jahre, die Strukturen haben jedoch in ihrem Kern weiterhin Bestand. (vgl. Klein 1993)

Als ein wirtschaftlicher Bedarf an zusätzlichen Arbeitskräften in den 60er Jahren bestand, konnten Frauen gezielt über Teilzeitarbeitsangebote angeworben werden. Teilzeitarbeit war als »Dazu-Verdienst«, der die gesellschaftlich-geschlechtsspezifische Rolle von Frauen nicht in Frage stellte, gekennzeichnet. Gesellschaftspolitisch wurde der Status von Frauen über ihren Familienstand und die ökonomische Situation des Ehemannes definiert. Über ein entsprechendes Familieneinkommen des Ehemannes bestand für Frauen auch die Möglichkeit, ausschließlich Familienarbeit zu leisten; der »Dazu-Verdienst« der Ehefrauen war gesellschaftlich stigmatisiert.

Gesellschaftliche Wertvorstellungen und geschlechtsspezifische Rollenbilder haben sich insofern geändert, als viele Frauen ein stärker werdendes Interesse an ihrer eigenen Berufstätigkeit zeigen. Hier bietet sich Teilzeitarbeit als Kompromiß an: Frauen können Erwerbs- und Familienarbeit miteinander kombinieren. Die Ausübung einer Teilzeitarbeit bedeutet, daß sich Frauen auch heute noch überwiegend an ihrer häuslichen Arbeit und vor allem an dem Zeitplan ihrer Ehemänner und Kinder orientieren. (vgl. Schimany 1991) Eine längerfristige und kontinuierliche Erwerbstätigkeit wird durch die dieser Orientierung entgegenstehenden Rahmenbedingungen konterkariert. Darüber hinaus sollte nicht unterschätzt werden, daß Frauen auch auf der Grundlage ihrer Sozialisation ein ausgeprägtes Interesse an traditionellen Strukturen zeigen. In der Diskussion um die Interessen der Akteure sollten Frauen nicht als homogene Gruppe vereinnahmt werden, der man eine kollektive Interessengleichheit unterstellt; es sollten vielmehr unterschiedliche Interessenlagen unterschiedlicher Frauen Berücksichtigung finden.

Frauenerwerbsarbeit ist demnach nicht allein mit den Erklärungsmustern ökonomischer Theorien faßbar, wenngleich die Nachfrage nach weiblichen Arbeitskräften mit konjunkturellen Zyklen korrespondiert. Frauenerwerbsarbeit und insbesondere Teilzeitarbeit ist immer an spezifische politische und rechtliche Bedingungen gebunden und auch durch die jeweilige Situation der organisierten Frauenbewegung beeinflußt.

Eckart wertet die Aufnahme von Teilzeitarbeitsverhältnissen insbesondere während der Boomphase der 60er Jahre als »ein Beispiel für die soziale Wirkung massenhaft praktizierter Durchsetzungsstrategien von Frauen«. (Eckart 1988b:72) Entspräche diese These der realen Entwicklung, hätten Frauen ebenso in der Lage sein müssen, sich gegen die diskriminierenden Konditionen bei Teilzeitarbeit durchsetzen zu können. Warum sollten Frauen, wenn es ihnen – lt. Eckart – möglich war, eine Arbeitsform nach Wunsch durchzusetzen, sich damit selbst diskriminieren wollen?

»Als Grenzgängerinnen zwischen Produktions- und Reproduktionsbereich stehen Frauen unter einem Innovationsdruck: Sie müssen ein individuelles Arrangement finden, um die widersprüchlichen Erwartungen an sie und ihre eigenen Interessen in beiden Bereichen in eine erträgliche Balance zu bringen.« (Eckart 1990:11) Frauen sind demnach »Opfer« der diskriminierenden Konditionen von Teilzeitarbeit sowie der Belastungen durch die Familienarbeit. Gleichzeitig sind sie jedoch auch »Täterinnen«, da sie eine gesellschaftlich-strukturelle Problemlage, die allgemein als »Frauenproblem« deklariert wird, über die Wahrnehmung von Teilzeitarbeit tradieren. »Die erweiterten Dispositionschancen hinsichtlich Dauer und zeitlicher Lage des eigenen Arbeitskraftangebotes, wie sie mit Hilfe flexibler Arbeitszeitregelungen eingeräumt werden, erlauben es der berufstätigen Hausfrau und Mutter, diese der Logik der familialen Lebensphäre widersprechende Unterbrechung so zu organisieren, daß die negativen Folgewirkungen für die Familienmitglieder reduziert werden.« (Olk/Hohn/Hinrichs/Heinze 1979:390)

Die in der differenzierten Interessenlage von Frauen enthaltene Ambivalenz wurde auch durch eine Untersuchung des Berliner Einzelhandels bestätigt (Rudolph/Duran/Klähn/Nassauer/Naumann 1981): Obwohl das Selbstbewußtsein der in der Untersuchung einbezogenen Frauen auf Erwerbsarbeit basierte, gaben diese an, im Konfliktfall zuerst die Lohnarbeit aufgeben zu wollen.

Soziodemographische Daten zu Teilzeitarbeit belegen, daß der überwiegende Teil der Frauen verheiratet, über 30 Jahre alt ist und doppelt so häufig wie vollzeiterwerbstätige Frauen Kinder unter 16 Jahren versorgt. (Büchtemann/Schupp 1986)

Teilzeitarbeit blieb während des gesamten Untersuchungszeitraumes eine Arbeitsform, die überwiegend von verheirateten Frauen ausgeübt wurde: 1971 waren 84 Prozent und 1989 waren 82 Prozent aller teilzeitarbeitenden Frauen verheiratet. (Quack 1993:99) Teilzeitarbeit wird von Frauen nicht nur aus Gründen der Vereinbarkeit von Kindererziehung und Erwerbsarbeit ausgeübt, sondern auch um die Betreuung des Ehemannes, der erwachsenen Kinder und des Haushaltes gewährleisten zu können. Sozioökonomische Merkmale wie Alter, Familienstand, Anzahl und Alter der Kinder, Bildungs- und Ausbildungsabschluß, Haushaltsnettoeinkommen u.v.m. bilden weitere Kriterien.

Tabelle 4: Altersstruktur teilzeiterwerbstätiger bzw. teilzeitbeschäftigter Frauen 1971, 1989 und 1992

Alter von ... bis unter ... Jahren	Teilzeiterwerbstätige Frauen 1971	Teilzeitbeschäftigte Frauen 1989	Teilzeitbeschäftigte Frauen 1992
16-25	5,5	4,4	4,4[a]
25-35	26,0	24,1	55,9
35-45	26,8	30,0	
45-55	23,0	31,8	37,6
55-65	13,3	9,2	
65 und älter	5,3	0,5	2,1
insgesamt	100,0	100,0	100,0

Quelle: Bundesamt für Statistik 1989 und 1992, Fachserie 1, Reihe 4.1.1.; eigene Berechnungen

a. 15-25 Jahre

Insgesamt hat sich die Altersstruktur der Teilzeitarbeitnehmerinnen von 1989 im Vergleich zu 1971 verjüngt. U.a. kann dies darauf zurückgeführt werden, daß die Berufsrückkehr von Frauen nach einer familienbedingten Unterbrechungsphase früher erfolgt. Von Bedeutung ist auch die aktuelle berufliche Situation: Frauen, die arbeitslos geworden sind, sehen über die Aufnahme einer Teilzeitarbeit die einzige Möglichkeit zur Berufstätigkeit und hoffen, über

Teilzeitarbeit schließlich eine Vollzeitbeschäftigung zu erreichen.[17] Ein im Laufe der Zeit stärker gewordenes Motiv ist die veränderte Identifikationsorientierung von Frauen. An die Stelle der ehemaligen Leitbildfunktion der »Nur-Hausfrau« ist das der teilberufstätigen Ehefrau getreten. Bewertet man diese Motivlage, so wird deutlich, daß sie vor allem die Persistenz geschlechtsspezifischer Rollenzuweisungen widerspiegelt. »Der Wunsch nach einer Teilzeitstelle korrespondierte somit stark mit dem Bemühen, zum einen private Belange und Einkommenserfordernisse auszubalancieren, und zum anderen kräftemäßig den Berufsalltag zu bewältigen«. (Schimany 1991:283)

Die Untersuchung von Epping und Meuter[18] Mitte der siebziger Jahre belegte, daß das Interesse verheirateter teilzeitarbeitender Frauen an ihrem Beruf mit steigendem Haushaltseinkommen bzw. Qualifikationsniveau an Bedeutung gewinnt und das finanzielle Interesse an einer Teilzeitarbeit abnimmt.

Der Grund für die Aufnahme einer Teilzeitarbeit der wenigen in dieser Arbeitszeitform beschäftigten Männer ist zum größten Teil auf Krankheit bzw. Unfallfolgen zurückzuführen. Teilzeitarbeitende Männer investieren ihre erwerbsarbeitsfreie Zeit i.d.R. in Bildung und Weiterbildung.

Um Aussagen zur weiteren Entwicklung von Teilzeitarbeit treffen zu können, sind insbesondere die Motive, die von vollzeitarbeitenden ArbeitnehmerInnen angeführt werden von Bedeutung. Mittels einer Repräsentativbefragung (Bielenski/Strümpel 1988) wurden Daten ermittelt, die verdeutlichen, daß Teilzeitarbeit bzw. das Interesse daran, eindeutig geschlechtsspezifisch differenziert und dominiert ist. Wie die nachfolgende Tabelle zeigt, ist der Wunsch vollzeitbeschäftigter Frauen, eine Teilzeitarbeit aufzunehmen dadurch bestimmt, Familienarbeit mit der Berufstätigkeit zu verknüpfen. Der von Frauen zweithäufigst genannte Wunsch, mehr Zeit für sich selbst und Hobbies zu haben, weist auf veränderte Wertemuster und veränderte Leitbildfunktionen hin; selbstbestimmte Lebensperspektiven gewinnen an Bedeutung. Hier wäre eine Differenzierung nach beruflicher Tätigkeit und weiteren soziodemographischen Merkmalen interessant gewesen. Zu vermuten ist, daß Frauen in niedrig qualifizierten Tätigkeitsbereichen sicherlich auch den Wunsch nach größeren persönlichen Freiräumen haben, jedoch die Möglichkeiten insoweit eingeschränkt sind, als die Berufstätigkeit an der ökonomischen[19] und familiären Situation orientiert ist.[20] Bei Männern überwiegt eindeutig der Wunsch nach mehr selbstbestimmter Zeit, gefolgt von dem Wunsch, mehr Zeit für die (Ehe-)Partnerin zu haben.

17 Die spezifische Ausformung des Teilzeitinteresses ist orientiert an Kindergartenöffnungszeiten, an Schulzeiten und Betreuungsaufgaben.Hieraus erklärt sich bspw. die Präferenz vieler Frauen für eine Vormittagsbeschäftigung; vgl. Gaugler/Gille/Paul 1981, Koller/Reyher/Teriet 1981, Engelbrech 1987.

18 Herausgegeben vom Bundesministerium für Jugend, Familie und Gesundheit 1977.

19 Auch die Untersuchung von Bierig 1980 weist neben dem Wunsch nach Rückkehr ins Berufsleben finanzielle Motive als ausschlaggebend aus, Bierig 1980:1257.

20 Vgl. hierzu die Fallstudien.

Tabelle 5: Motive Vollzeitbeschäftigter für die Aufnahme einer Teilzeitbeschäftigung nach Geschlecht

	Motive	Frauen	Männer
1.	Neben der Hausarbeit bzw. der Kinderbetreuung wird mir eine vollzeitige Berufstätigkeit zu viel	63	5
2.	Ich möchte mehr Zeit für meinen (Ehe-)Partner haben	48	56
3.	Ich möchte mehr Zeit für meine Kinder haben	38	46
4.	Ich möchte mehr Zeit für mich selbst und meine Hobbies haben	59	75
5.	Ich will mich in meiner Freizeit weiterbilden	20	38
6.	Ich möchte mehr Zeit für (ehrenamtliche) Tätigkeiten (im politischen, gewerkschaftlichen, sozialen oder kulturellen Bereich) haben	15	26
7.	Solange ich vollzeitig arbeite, muß mein (Ehe-)Partner seine Berufstätigkeit einschränken	2	13
8.	Ich kann aus gesundheitlichen Gründen nicht mehr vollzeitig arbeiten	6	5
9.	Ich bin finanziell nicht auf eine Vollzeitarbeit angewiesen	19	12
10.	Mein Beruf macht mir keine Freude	4	4
11.	Wenn ich meine Arbeitszeit nicht verkürzen würde, gäbe es im Betrieb Entlassungen	2	1

Angaben in Prozent, Mehrfachnennungen möglich

Quelle: Bielenski/Strümpel 1988: 68, Tabelle 21

Werden die einzelnen Motive zu Motivgruppen zusammengefaßt, zeigt sich, daß die durch die familiäre Situation bedingten Motive für Frauen Priorität haben. Für Männer hat hingegen der Bereich der persönlichen Selbstentfaltung den höchsten Stellenwert. Die sich hieraus ergebende Interdependenz der Motivlagen ist mitbestimmend für den hohen Frauenanteil im Teilzeitbeschäftigungsbereich.

Tabelle 6: Motivbereiche zur Aufnahme einer Teilzeitbeschäftigung

	Motivbereich	
Erwerbstätige	Familie, Haushalt, Kinder, Partner	Freizeit Weiterbildung, spezifische Aktivitäten, Hobbies
vollzeitbeschäftigte Frauen	77	68
vollzeitbeschäftigte Männer	66	83
Vollzeitbeschäftigte mit Kind(ern), Jüngstes < 5 Jahre	98	60
Vollzeitbeschäftigte ohne Kind(er) < 5 Jahre	67	78
Frauen mit Teilzeiterfahrung	88	21

Angaben in Prozent

Quelle: Bielenski/Strümpel 1988: 69, Tabelle 22

Die bislang erörterte Motivlage zur Aufnahme einer Teilzeitbeschäftigung kann nicht losgelöst von der wirtschaftlichen, sozial- und gesellschaftspolitischen und der Lage des Arbeitsmarktes betrachtet werden. D.h., eine Zunahme der Teilzeitbeschäftigung von Männern, die absehbar ist, dürfte stärker abhängig von der ökonomischen Entwicklung und durch die damit zusammenhängende Massenarbeitslosigkeit bedingt sein, als auf veränderte Rollenstereotypen hinweisen. Die Untersuchung von Bielenski/Strümpel (1988) weist darüber hinaus auf Hindernisse, die dem Wunsch bzw. der Realisierung von Teilzeitarbeit aus Sicht der ArbeitnehmerInnen entgegenstehen. Vollzeitbeschäftigte Männer wie Frauen ohne Teilzeitwunsch sehen in dem geringeren Einkommen und dem entsprechend niedrigen Rentenanspruch das größte Hindernis. Teilzeitinteressierte Männer und Frauen bewerten dieses Hindernis bedeutend niedriger: Hier spielen materielle Werte eine deutlich geringere Rolle, da über den Partner ein ausreichend hohes Familieneinkommen bezogen wird, so daß ein »Dazuverdienst« zur Existenzsicherung nicht notwendig ist. Über diese ökonomische Absicherung ist schließlich die Ausbildung individueller spezifischer Interessen möglich. (vgl. Schimany 1991)

Tabelle 7: Hindernisse gegenüber Teilzeitarbeit aus der Perspektive vollzeitbeschäftigter Frauen und Männer

	Vollzeitbeschäftigte					
	insgesamt		ohne Teilzeitwunsch		mit Teilzeitwunsch	
Hindernisse	Frauen	Männer	Frauen	Männer	Frauen	Männer
Geringes Einkommen	52	73	63	76	36	56
Arbeit nicht zu bewältigen	42	59	46	63	37	38
Niedrige Rente	28	35	34	37	21	26
Aufstieg unmöglich	22	33	21	33	26	37
Wechsel auf uninteressanten Arbeitsplatz	23	22	21	23	28	26
Vorgesetzte dagegen	20	21	20	21	21	24

Angaben in Prozent, Mehrfachnennungen möglich

Quelle: Bielenski/Strümpel 1988: 82, Tabelle 26 (Tabelle wurde formal geändert, M.K.)

Vollzeitbeschäftigte Männer und Frauen mit Teilzeitwunsch befürchten, daß ein Wechsel zu Teilzeitarbeit mit einem weniger attraktiven Arbeitsplatz verbunden ist und die weitere berufliche Karriere unterbindet. Hieraus kann geschlossen werden, daß ArbeitnehmerInnen mit Teilzeitwunsch häufiger als ArbeitnehmerInnen ohne Teilzeitwunsch eine höher qualifizierte Tätigkeit ausüben. Ebenso weist die Einschätzung vollzeitbeschäftigter Männer, daß Vorgesetzte sich gegen ihren Teilzeitwunsch aussprechen würden, darauf hin, daß es sich hierbei um höher qualifizierte Stellen handelt. Bei der Befragung teilzeitbeschäftigter ArbeitnehmerInnen[21] nach Hindernissen bzw. erfahrenen Nachteilen bei Teilzeitarbeit wurden fehlende Aufstiegsmöglichkeiten an erster Stelle genannt. An zweiter Stelle wurden die fehlenden Rückkehrmöglichkeiten in ein Vollzeitarbeitsverhältnis und an dritter Stelle ein höheres Kündigungsrisiko genannt.

Tabelle 8: Erwartete Hindernisse und erfahrene Nachteile vollzeit- bzw. teilzeitarbeitender Frauen

		Befürchtungen vollzeitarbeitender Frauen		Beurteilungen von Frauen
		mit Teilzeitwunsch	ohne Teilzeitwunsch	mit Teilzeiterfahrungen
1.	Finanzielle Probleme	63	3[illegible]	15
2.	Arbeit nicht zu bewältigen	46	3[illegible]	11
3.	Aufstieg unmöglich	21	26	33
4.	Wechsel auf uninteressanten Arbeitsplatz	21	28	13
5.	Schwierigkeit, wieder eine geeignete Vollzeitstelle zu bekommen	17	3	19
6.	Erhöhtes Kündigungsrisiko	8	13	16
7.	(Ehe-)Partner überläßt mir die Hausarbeit	5	5	13

Angaben in Prozent, Mehrfachnennungen möglich

Quelle: Bielenski/Strümpel 1988: 84, Tabelle 27

Zusammenfassend ist festzustellen, daß die Entscheidung für oder gegen Teilzeitarbeit Resultat einer Vielzahl von Faktoren ist, die sich aus der jeweils individuellen Lebens- und Arbeitsperspektive aufgrund der individuellen Lebenssituationen ergibt. (vgl. Schimany 1991:302) Diese »individuelle« Lebenssituation zeigt sich in ihrem Kern als gesellschaftlich-strukturelles Problem, das sich, geschlechtsspezifisch determiniert, an der Schnittstelle verschiedener Politikfelder (Sozial-, Arbeitsmarkt-, Familienpolitik u.a.) bewegt. Da die individuelle Entscheidungsfreiheit abhängig ist von der ökonomischen Situation, d.h. dem Arbeitseinkommen, ist weiter davon auszugehen, daß diese Entscheidungsfreiheit erst bei einer mittleren oder höheren beruflichen Position gewährleistet ist. Da die Tätigkeitsbereiche bzw. die Berufsstruktur

21 Da der quantitative Männeranteil an Teilzeitarbeit so gering ist (von 10 Teilzeitbeschäftigten sind 9 Frauen), nimmt die Repräsentativbefragung hier nur bezug auf Frauen.

teilzeitarbeitender Frauen in den beiden Untersuchungsbranchen geringe Qualifikationsansprüche stellen, ist zunächst nicht davon auszugehen, daß die Motivlage auf einer individuell freiwilligen Basis beruht. Näheres ist den Fallstudien zu entnehmen.

In frühen Untersuchungen zu Teilzeitarbeit, wie bspw. in der von Hijmans/De Jong (1972), gaben von 500 Teilzeitbeschäftigten 90 Prozent an, durch Teilzeitarbeit eine ideale individuelle Lösung gefunden zu haben. Zu ähnlichen Ergebnissen gelangte die Untersuchung von Bierig (1980). Gemeinsames Merkmal der zwischen 1972 und 1980 durchgeführten Untersuchungen ist die darin festgestellte Zufriedenheit der Teilzeitbeschäftigten mit ihren Arbeitszeiten. Zum Teil läßt sich dieses Ergebnis damit erklären, daß der entsprechende Personenkreis unter Berücksichtigung aller Vor- und Nachteile sowie unter Einbeziehung der gesamten Arbeits- und Lebenssituation hierin nicht unbedingt das bestmögliche, aber ein machbares Arrangement sieht.

3.2 Gewerkschaften zwischen Ablehnung und Regulierung

Gewerkschaftliche Interessenpolitik konzentriert sich bislang immer noch auf das sog. »Normalarbeitsverhältnis«. Das impliziert, daß vornehmlich eine Schutzpolitik für männliche Arbeitnehmer, die verheiratet sind und eine Familie »ernähren« müssen, betrieben wird. Verheiratete, in Partnerschaft oder allein lebende Arbeitnehmerinnen, deren Berufstätigkeit auch heute noch überwiegend als »Zuverdienst« gekennzeichnet ist, fallen durch das Netz gewerkschaftlicher Interessenvertretung: »Innerhalb der Gewerkschaften selbst werden Ansprüche von Frauen auch heute noch als solche einer Randgruppe, einer Minderheit wahrgenommen und von daher gar nicht oder nicht angemessen behandelt.« (Naumann 1992:243)

Die Interessen teilzeitbeschäftigter Frauen unterliegen damit einer doppelten Diskriminierung: Unabhängig davon, in welchem Beruf oder Tätigkeitsbereich Frauen arbeiten[22], unterliegen sie einer grundsätzlichen, geschlechtsspezifischen Diskriminierung; darüber hinaus erfolgt über die Ausübung von Teilzeitarbeit eine zusätzliche Ungleichbehandlung im Verhältnis zu vollzeitarbeitenden Frauen und Männern.

Da Teilzeitarbeit in der beruflichen Praxis eine weibliche Beschäftigungsform ist, könnten eigentlich alle in diesen Beschäftigungsverhältnissen auftretenden Diskriminierungen als »mittelbare« Diskriminierung von Frauen behandelt werden. (vgl. Buschmann/Ulber 1989; Degen 1993) Hierzu müßte jedoch eine Arbeitnehmerin – von den Gewerkschaften unterstützt – als Klägerin gegen ihren Arbeitgeber aussagen. Der hieraus resultierende Zeitaufwand und

22 Qualifikation und Beruf entscheiden über graduelle Unterschiede, die strukturelle Diskriminierung wird dadurch jedoch nicht aufgehoben.

die am Arbeitsplatz entstehenden Probleme lassen eine Individualklage als nicht lohnenswert erscheinen, da kurzfristig betrachtet für viele Frauen hier das Kosten-Nutzen-Verhältnis zu ihren Ungunsten ausfällt.

Von Gewerkschaftssekretären wird oftmals als Gegenargument zum geringen gewerkschaftlichen Interesse an der Integration von Frauen angeführt, daß diese selbst ein geringes Interesse an einer Gewerkschaftsmitgliedschaft hätten und darüber hinaus wenig solidarisches Engagement zur Verbesserung ihrer Arbeitsbedingungen einbrächten. Hier wird zweierlei deutlich: Zum einen soll traditionelle männliche Gewerkschaftspolitik über diese Argumentation legitimiert werden, zum anderen sind Gewerkschaften nicht oder nur sehr schwerfällig bereit, sich um die Organisation weiblicher Beschäftigter zu bemühen. Oder wie eine Gewerkschaftssekretärin es formulierte: »Sie (die männlichen Gewerkschaftssekretäre, M.K.) sprechen nicht ihre (die der Arbeitnehmerinnen, M.K.) Sprache.« (EG 11)

Anhand der ExpertInnengespräche, die im Rahmen dieser Untersuchung geführt wurden, wird darüber hinaus vermutet, daß die Gewerkschaftssekretäre diese »Sprache« auch erst gar nicht lernen wollen, da sie sich hierüber innerhalb ihrer Organisation nicht profilieren könnten und dazu noch »ausgetretene gewerkschaftliche Pfade« verlassen müßten. Zu differenzieren ist dabei jedoch zwischen den einzelnen Gewerkschaften: Während die HBV behauptet, sich sehr engagiert für die Interessen von Frauen einzusetzen, formulieren Gewerkschaftssekretäre der IG BSE ebenso offen wie freimütig ihre Ablehnung gegenüber potentiellen weiblichen Mitgliedern innerhalb ihres Organisationsbereiches der Gebäudeinnenreinigung.[23]

Der Unterschied zwischen diesen Positionen besteht darin, daß die ablehnende Haltung gegenüber Frauen in der Gebäudeinnenreinigung durch einzelne IG BSE-Sekretäre offen vertreten wird; dementsprechend kann auch eine klare Auseinandersetzung geführt werden. Mit den Vertretern der HBV besteht jedoch zunächst eine verbale Übereinstimmung, durch die eine konstruktive, auf Veränderung zielende Diskussion sich sehr zäh gestalten kann. Diese Feststellung unterstellt den untersuchten Gewerkschaften implizit eine faktisch ähnlich schlechte Schutzpolitik: »Diejenigen, die eine insgesamt geringe Mitgliederzahl und geringe Beiträge aufweisen, dürfen von der Gewerkschaft keine besondere Berücksichtigung ihrer Sonderinteressen erwarten.« (EG 06) Inwieweit diese Sonderinteressen Eingang in den gewerkschaftlichen Forderungskatalog finden, hängt wesentlich davon ab, inwieweit der Beschäftigtengruppe – hier teilzeitarbeitenden Frauen – Vertretungschancen eingeräumt werden.[24]

Organisationsintern ist die Tendenz feststellbar, die Interessen teilzeitarbeitender Frauen institutionell durch Frauenabteilungen, Frauenausschüsse etc. teilweise zu vertreten, tarifpolitisch bleiben sie jedoch weitgehend ausge-

23 EG 05/13/15/16/18/20.

24 Vgl. »Rational-Choice-Theorie«, Kapitel III.

klammert. Die historische Analyse von Deutschmann (1985) belegt, daß die Gewerkschaften zugunsten der Stammbelegschaften und auf Kosten der Randbelegschaften (teilzeitarbeitende Frauen) fraktioniert sind. Dabei wird die Ausgrenzung minderqualifizierter Beschäftigtengruppen in Kauf genommen. Deutschmann geht weiter davon aus, daß auch durch eine Änderung des Repräsentationsmodus' zugunsten teilzeitarbeitender Frauen keine Verbesserungen auftreten würden, da in den Gewerkschaften berufs- und betriebsgewerkschaftliche Elemente komplementär zu den Segmentationslinien der Arbeitsmärkte – trotz des Industrieverbandsprinzips – dominieren.[25]

Die untersuchten Gewerkschaften haben erst Ende der 80er Jahre damit begonnen – und dies auch nicht systematisch – die Anzahl ihrer teilzeitbeschäftigten Mitglieder zu erheben. Für die gesamten 70er Jahre und den größten Teil der 80er Jahre können lediglich anhand von Schätzungen Tendenzen ermittelt werden. Dies belegt die o.a. eingeschränkte Interessenlage der Gewerkschaften.[26]

Aufgrund verschiedener Strukturmerkmale, die Frauen von »typischen« Gewerkschaftsmitgliedern unterscheiden, weisen Frauen einen geringeren Organisationsgrad als Männer auf. Von insgesamt 10290152 Mio. Gewerkschaftsmitgliedern aller DGB-Gewerkschaften waren zum Stichtag 31.12.1993 7054556 Mio. Männer (68,6 Prozent) und 3235596 Frauen (31,4 Prozent) organisiert. Zum Stichtag 31.12.1987 betrug das Verhältnis zwischen männlichen und weiblichen Mitgliedern noch 77 Prozent zu 23 Prozent. Der Organisationsgrad ist u.a. abhängig von der Betriebsgröße, der formalen beruflichen und schulischen Qualifikation, der Region und dem beruflichen Status. (vgl. Müller-Jentsch 1987) Teilzeitarbeitende Frauen verfügen durchschnittlich über ein niedrigeres Schul- und Ausbildungsniveau, übernehmen öfter den beruflichen Status einer Arbeiterin und arbeiten häufiger in Klein- und Mittelbetrieben. (Schimany 1991:211) Auch die familiären Verpflichtungen teilzeitarbeitender Frauen in Verbindung mit flexiblen Arbeitszeiten stehen oft einem gewerkschaftlichen Engagement entgegen. Parallel hierzu ist jedoch feststellbar, daß der Organisationsgrad von Frauen bei insgesamt stagnierenden bzw. rückläufigen Mitgliederzahlen wächst. Frauen werden als »das am schnellsten wachsende Potential des gesamten Arbeitsmarktes und insofern auch das umfassendste Mitgliederpotential (beschrieben). Frauen und Gewerkschaften brauchen einander.« (Hewlett 1986:344) Deutlich wurde dies bspw. beim Streik für Schichtfreizeit bei der Deutschen Bundespost im November 1980, der im wesentlichen durch teilzeitbeschäftigte Frauen getragen wurde. Das

25 Hierauf wird näher in den Fallstudien eingegangen.

26 Schimany stellt in seiner Untersuchung fest, daß keine offiziellen Zahlen zur Mitgliedschaft von Teilzeitkräften in den Gewerkschaften verfügbar sind. Diese Aussage ist nur eingeschränkt gültig, da ab Ende der 80er Jahre die Gewerkschaften über eigene Erhebungen verfügen; vgl. Schimany 1991:209; vgl. auch die Fallstudien.

gleiche gilt für die Auseinandersetzungen um die Arbeitszeitverkürzung 1984/85, die im Bereich des Einzelhandels und der Metallindustrie im wesentlichen von Arbeitnehmerinnen vorangetrieben wurde.

Die Gewerkschaften versuchen Regelungsdefizite im Bereich Teilzeitarbeit auch mit dem Hinweis auf die Ambivalenz dieser Beschäftigungsform zu erklären. Die GewerkschaftsvertreterInnen argumentieren, daß Teilzeitarbeit durch ihre Tarifierung an Attraktivität gewinnen und damit die Benachteiligung von Frauen etabliert würde. Die Vordergründigkeit dieser Argumentation wird deutlich, wenn man das gewerkschaftliche Desinteresse an der Aufhebung von diskriminierenden Regelungen, die mittelbar und unmittelbar ausschließlich Frauen betreffen, betrachtet. Weiler stellt fest, daß »eine Analyse der gewerkschaftlichen Programmatik, der Forderungspolitik und der innergewerkschaftlichen Diskussionen ... darauf hin (deutet), daß die Problematik unterschiedlicher Interessenlagen der Mitglieder entweder nicht erkannt, als unbedeutend eingeschätzt oder tabuisiert wird.« (Weiler 1992:186) Diese Einschätzung unterstellt Gewerkschaften entweder Unbedarftheit oder Ignoranz. Beide Möglichkeiten werden in der vorliegenden Untersuchung ausgeschlossen. Warum wird Gewerkschaften als Organisation und ihren Vertretern nicht eingeräumt, daß sie sich gesellschaftspolitisch systemkonform verhalten? Gewerkschaftsvertreter verhalten sich innerhalb dieses Regelwerkes als Teil einer patriarchalischen Ordnungsstruktur und stabilisieren diese und damit letztlich ihre eigene Position. Darüber hinaus hätten Gewerkschaften, würden sie sich anders verhalten, zu befürchten, daß sie priviligierte Arbeitnehmergruppen, ein weites Spektrum gesellschaftspolitischer Gruppen und Institutionen, provozieren würden, die Unterpriviligierten jedoch nicht unbedingt aktiv für ihre Seite gewinnen könnten. D.h., genausowenig wie es Gewerkschaften unterstellt werden kann, Interessen teilzeitarbeitender Frauen generell zu ignorieren, ist nicht unbedingt davon auszugehen, daß eine breite Basis Teilzeitbeschäftigter sich als Mitglieder hinter ihre gewerkschaftlichen InteressenvertreterInnen stellen würde.[27]

Eine strukturelle Änderung gewerkschaftlicher Interessenwahrnehmung ist über traditionelle Gewerkschaftspolitik kaum mehr zu erzielen. Gewerkschaften haben sich zunehmend mit der Problematik der Auflösung (der Fiktion) des Normalarbeitsverhältnisses (vgl. Mückenberger 1985) und der sukzessiven Individualisierung von ArbeitnehmerInnen auseinanderzusetzen. (vgl. Kurz-Scherf 1986) Es kann davon ausgegangen werden, daß die Marginalisierungsprozesse, die sich aufgrund diskontinuierlicher und geringqualifizierter frauentypischer Beschäftigungsverhältnisse bislang gegen Arbeitnehmerinnen wandten, sich zunehmend auch gegen männliche Beschäftigte wenden werden. Die Gewerkschaften müßten daher ihre Strukturen entsprechend revidieren und modifizieren. Auf lange Sicht wird Teilzeitarbeit nicht mehr die typische Frauenerwerbsarbeit sein; es werden aufgrund von Arbeitslosigkeit und welt-

27 Vgl. hierzu die Fallstudien.

wirtschaftlichen Entwicklungen zunehmend Männer in ehemalige Frauendomänen vordringen. Ob Teilzeitarbeit dann »4-Tage-Woche« heißt oder anders betitelt wird, ändert nichts an dem beschriebenen Sachverhalt, sondern deutet auf eine sich verschärfende Auseinandersetzung und einen sich verschärfenden Wettbewerb zwischen Männern und Frauen hin.

3.3 Das Arbeitgeberinteresse an Teilzeitarbeit

Tarifverträge und Gesetze überlassen bislang die Regelung der Arbeitszeiten unterhalb der Höchstarbeitszeitgrenze der einzelvertraglichen Gestaltung zwischen Arbeitgeber und Arbeitnehmer. Die Arbeitszeitinteressen der Arbeitgeber orientieren sich im wesentlichen an der gewünschten Kapazitätsauslastung, an Produktionsschwankungen etc. Arbeitnehmerinnen wünschen primär aufgrund ihrer familiären und partnerschaftlichen Verpflichtungen reduzierte Arbeitszeiten, die angepaßt sind an die Öffnungszeiten von Kindergärten, Schulen bzw. der Arbeitszeit des Ehemannes/Partners. Daher wird es in den seltensten Fällen eine Interessengleichheit zwischen Arbeitgeber und Arbeitnehmerin bezüglich Dauer und Lage der Arbeitszeit geben.[28] Die chonometrische und chronologische Art der Nutzung der Arbeitskraft und der durch die Resultate traditioneller Arbeitszeitpolitik bewirkte Wandel der Arbeits- und Lebensbedingungen führte dazu, daß sich die Diskussion um den Arbeitszeitkonflikt auf die Form und vor allem die Qualität der Arbeitszeitregelungen konzentriert.

Bezogen auf die technisch-organisatorischen Möglichkeiten der Betriebe ist davon auszugehen, daß ausnahmslos alle Arbeitsplätze in allen Qualifikationsbereichen teilbar sind.[29] Von betrieblicher Seite wird jedoch immer wieder argumentiert, daß eine Teilbarkeit der Arbeitsplätze in höher qualifizierten Bereichen unmöglich sei. Dies erscheint aufgrund der vorliegenden Ergebnisse als Schutzbehauptung. Betriebliche Überlegungen orientieren sich häufig an einem kurzfristigen Kosten-Nutzen-Kalkül, dem betriebswirtschaftliche Überlegungen, die an die Rentabilität der Arbeitsplätze geknüpft sind, zugrunde liegen. Eine Gegenüberstellung der Vor- und Nachteile weist deutlich darauf hin, weshalb das Interesse von Arbeitgebern an Teilzeitarbeit bei gering qualifizierten Tätigkeitsbereichen liegt. Vorteile sind:

- Größere Flexibilität im Vergleich zur Vollzeitarbeit
- Anpassung von Arbeitszeiten an den Arbeitsanfall

28 Ausgehend von der These (Kapitel I/1), daß sich die kurzfristigen Interessen Teilzeitbeschäftigter mit den Flexibilisierungs- und Kosteninteressen der Arbeitgeber auf der betrieblichen Ebene treffen, wird hier die Machtasymmetrie deutlich, auf deren Grundlage die Arbeitgeber die konkreten Arbeitszeiten diktieren können.

29 Zu dieser Feststellung gelangen unterschiedliche Untersuchungen; vgl. Bundesminister für Arbeit und Sozialordnung 1992; Gaugler/Gille/Paul 1981.

- Bedarfsgerechte Gestaltung der Betriebszeiten
- Größere Personalflexibilität
- Leichtere Bewältigung von Vertretungs- und Aushilfsbedarf
- Höhere Produktivität
- Geringere Fehlzeiten
- Geringere Fluktuation
- Vermeidung von Entlassungen
- Ausgleich des aufgrund von Arbeitszeitverkürzung ausgefallenen Arbeitsvolumens
- Kein Vollzeitbedarf
- Verbesserung der Serviceleistungen.

Nachteile für Arbeitgeber ergeben sich konkret durch

- Größeren organisatorischen und verwaltungsmäßigen Aufwand
- Höhere Personalkosten je Kopf
- Veränderte Führungsanforderungen.
  (Göbel/Neifer-Dichmann 1989:24; vgl. Bäcker/Stolz-Willig 1993:550)

Die Nachteile für Arbeitgeber liegen überwiegend im Bereich höherer, die Vorteile jedoch im Bereich niedriger Qualifikationen. In letzterem Bereiche, zu dem auch der Einzelhandel und das Reinigungsgewerbe zählen, werden von Seiten der Arbeitgeber Teilzeitarbeitsplätze offensiv angeboten. Dabei gehört es durchaus zur betrieblichen Praxis, daß vollzeitbeschäftigten Arbeitnehmerinnen im Einzelhandel Teilzeitarbeitsplätzte mit der »Alternative«, arbeitslos zu werden, »angeboten« werden. (EG 01)

In direktem Zusammenhang mit der Beschränkung von Teilzeitarbeit auf niedrige Qualifikationsbereiche steht – neben dem rentabilitätsorientierten Interesse des Betriebes – die Beibehaltung traditioneller innerbetrieblicher Hierarchiemuster bzw. Karrieremuster. Die Positionierung der Arbeitnehmerin wird, ebenso wie die soziale (Des-)Integration, wesentlich durch den Umfang der Abweichung von der betrieblichen Regelarbeitszeit mitbestimmt.[30] Auffällig ist das Vorherrschen von kürzesten Arbeitszeiten auf dem betrieblich niedrigsten und überdurchschnittlich langen Arbeitszeiten auf höherem Qualifikationsniveau. So beziehen sich die Barrieren, auf die Frauen stoßen, wenn sie sich um Führungspositionen bewerben, auch auf ihre eingeschränkte zeitliche Verfügbarkeit. (vgl. Gottschall/Jacobsen/Schütte 1987; Metz-Göckel/Müller 1987; Braszeit/Müller/Richter-Witzgall/Stackelbeck 1989)

Die auf Teilzeitarbeit begründeten überproportionalen Einkommensdifferenzen festigen hierarchische Strukturen; ihre Aufhebung würde nicht nur die innerbetriebliche Rangordnung, sondern darüber hinaus das gesamte Lohn- und Gehaltsgefüge in Frage stellen. Hätte die Verkäuferin längere Arbeitszeiten als ihr Filialleiter/Geschäftsführer/Abteilungsleiter, würde dies zu einem

30 Vgl. Kapitel V/5.

Status- und Kompetenzverlust des Vorgesetzten beitragen und mit herkömmlichen Vorstellungen betrieblicher Herrschafts- und Loyalitätsbildung brechen. (vgl. Kurz-Scherf 1989) Darüber hinaus würden durch eine stärkere Auffächerung der Tätigkeitsbereiche im Teilzeitsektor außerbetriebliche, sog. private Lebenswelten, insofern tangiert, als diese nicht mehr überwiegend Frauen zugeordnet werden könnten, sondern hier ebenfalls eine starke Veränderung traditioneller Strukturen die Folge wäre.

3.4 Die betriebliche Ebene: Der nicht kalkulierbare Faktor

Bislang liegen nur wenige Untersuchungsergebnisse zum Verhältnis von Teilzeitarbeitnehmerinnen und Betriebsräten vor. Inwieweit Teilzeitarbeitnehmerinnen mit der spezifischen Problematik ihrer Beschäftigungsverhältnisse die Arbeit des Betriebsrates »zusätzlich« beanspruchen und dies zu einem Spannungsverhältnis führt, ist nicht belegt.

Die Untersuchung von Held-Gemeinhardt und Kroker (1985) weist darauf hin, daß Teilzeitarbeitnehmerinnen i.d.R. zufrieden mit ihrer betrieblichen Interessenvertretung sind.[31] In Betrieben, in denen Teilzeitarbeit weit verbreitet ist, in denen ganze Abteilungen bzw. Schichten mit Teilzeitbeschäftigten besetzt sind, sind Teilzeitbeschäftigte auch im Betriebsrat vertreten. (Held-Gemeinhardt/Kroker 1985:120) Bei einem insgesamt sehr eingeschränkten Interesse von Arbeitnehmerinnen an gewerkschaftlicher Arbeit konnte jedoch kein signifikanter Unterschied zwischen der Beteiligung von vollzeit- und teilzeitbeschäftigten Arbeitnehmerinnen festgestellt werden.[32] (vgl. Gaugler/Gille/Paul 1981)

Teilzeitarbeit ist typisch für Kleinst- und Kleinbetriebe: »Drei Viertel (72,4 Prozent) aller Teilzeitbeschäftigten arbeiten in Kleinst- und Kleinbetrieben.« (MAGS 1991:33) Die Arbeit des Betriebsrates unterscheidet sich hier grundlegend von den Möglichkeiten, die gewerkschaftliche Interessenvertretungen in größeren Betrieben haben.

Zum einen kann der Betriebsrat auf die Arbeitszeitwünsche der Beschäftigten in einem überschaubaren Rahmen eingehen. Andererseits ist der Druck des Arbeitgebers und die Identifikation mit dem Betrieb i.d.R. höher und entsprechend die Bereitschaft, Arbeitszeiten an betrieblichen Erfordernissen auszurichten.[33] Im einzelnen Betrieb stellt sich die Arbeitssituation oft so dar, daß Arbeitszeiten in Form bilateraler Verhandlungen zwischen Arbeitgeber und

31 Die vorliegende Untersuchung kommt hier zu einem anderen Ergebnis; vgl. Kapitel V.

32 Gaugler/Gille/Paul stellten in ihrer Untersuchung fest, daß jeweils über zwei Drittel der vollzeit- (69 Prozent) und teilzeitbeschäftigten (72 Prozent) Frauen ihr Desinteresse an der jeweiligen Interessenvertretung äußerten; auch hier kommt die vorliegende Untersuchung zu einem anderen Ergebnis; vgl. Kapitel V.

33 Dies wird für den Bereich des Einzelhandels in der vorliegenden Untersuchung bestätigt; vgl. Kapitel V.

Arbeitnehmerin ausgehandelt werden. Dies trifft insbesondere auf zu leistende Überstunden zu, so daß Teilzeitarbeitnehmerinnen in einen zeitlichen Druck zwischen betrieblichen und familiären Ansprüchen geraten.

Wie in den Fallstudien ausführlich dargelegt, kann die Beschäftigungssituation vor Ort – auch im Falle einer tarifvertraglich abgesicherten Situation – häufig als »entreguliert« und von Seiten des Arbeitgebers als absolut dominiert bezeichnet werden. Damit stellt sich die Frage, inwieweit die tarifliche Absicherung von Teilzeitarbeit »Überlebenschancen« auf betrieblicher Ebene hat. Gleichzeitig bestätigt sich hier die Evidenz einer umfassenden Tarifierung und besseren gesetzlichen Regulierung von Teilzeitarbeit, da hierüber eine bessere Grundlage und Verhandlungsstärke der Betriebsräte ermöglicht würde. Parallel hierzu besteht die Notwendigkeit einer stärker ausgebauten Unterstützung der Betriebsräte vor Ort. Dies würde jedoch ein größeres gewerkschaftliches Interesse an Teilzeitarbeit voraussetzen.

4. *Besondere Problemfelder der Teilzeitarbeit*

Teilzeitbeschäftigte ArbeitnehmerInnen werden durch gesetzliche und arbeitsrechtliche Regelungen, durch Tarifverträge und im Bereich der sozialen Sicherung gegenüber ihren vollzeitbeschäftigten KollegInnen benachteiligt. (vgl. Teriet 1977; Bielenski 1979; Bäcker/Stolz-Willig 1990; Lipke 1991) Teilzeitarbeitsverhältnisse gehören zu den »bad jobs«, da es sich hierbei überwiegend um

- gering qualifizierte,
- mit physisch und psychisch überproportional hohen Belastungen ausgestattete Arbeitsplätze,
- die oft mit Sonn- und Feiertagsarbeit oder Spätschichten (»Hausfrauenschichten«) gekoppelt sind und
- häufig weder sozialversicherungspflichtig, noch
- kollektivvertraglich abgesichert sind,

handelt.

Teilzeitarbeitsverhältnisse werden in der Bundesrepublik fast ausschließlich von Frauen ausgeübt. Damit sind Fragen der geschlechtsspezifischen Arbeitsmarktsegmentierung ebenso verbunden, wie Fragen nach der gesellschaftspolitischen Persistenz traditioneller geschlechtsspezifischer Rollenmuster.

Das System der sozialen Sicherung sowie der überwiegende Teil kollektivvertraglicher Regelungen orientieren sich ausschließlich am »Normalarbeitsverhältnis«. Durch den faktischen Ausschluß von Teilzeitarbeitnehmerinnen ergeben sich für diese entsprechend höhere Risiken. Unterschreitungen der tarifvertraglichen Mindeststandards sind nicht die Ausnahme, sondern vielmehr die Regel: »Für die meisten Frauen heißt Erwerbsarbeit auch heute noch, sich abzufinden mit restriktiven Arbeitsbedingungen, relativen Einkommensrückständen, eingeschränkten Mobilitäts- und Aufstiegschancen und überproportionaler Arbeitslosigkeit.« (Faber 1992:105)

Benachteiligungen auf dem Arbeitsmarkt sind formal nicht an das Geschlecht des/der Erwerbstätigen gebunden; Regelungen sind und werden geschlechtsneutral formuliert. Schaut man jedoch in die Praxis, so bündeln sich unterschiedliche Benachteiligungen insbesondere bei Arbeitsverhältnissen, die überwiegend von Frauen ausgeübt werden. Teilzeitarbeit ist hierfür ein exponiertes Beispiel. Die diskriminierende Situation teilzeitarbeitender Frauen umfaßt eine ganze Bandbreite von Benachteiligungen. Zu den Problemfeldern, die im folgenden behandelt werden, gehört u.a. die Frage geringfügiger Beschäftigungsverhältnisse, die eine eigenständige Krankenversicherung ausschließen, durch die TeilzeitarbeitnehmerInnen aus der Arbeitslosen- und Rentenversicherung ausgeschlossen bzw. benachteiligt werden.

Aus diesen – hier nur exemplarisch genannten – Problemen resultieren Folgeprobleme, wie bspw. Altersarmut, Angewiesenheit auf Sozialhilfe, zusätzliche gesundheitliche Risiken u. v. m. Kurz- und langfristige Folgewirkungen ergeben sich u.a. aus der Arbeitszeitlage, der Qualifikation der Beschäftigten und der Qualität der Arbeit. Sie sind verbunden mit Fragen betrieblicher übertariflicher Leistungen und nicht zuletzt mit der Problematik des Sozialgefüges einer flexibilisierten Stammbelegschaft.

In den folgenden Abschnitten werden die allgemeinen Problemfelder von Teilzeitarbeit im einzelnen analysiert. Dieses Analyseraster findet sich in den Fallstudien, in Kapitel V, wieder.

4.1 Arbeitsrechtliche Regelungen

Im Arbeitsrecht können drei Bereiche benannt werden, in denen Teilzeitarbeitende gesetzlich benachteiligt werden:[34]

1. ArbeiterInnen, deren regelmäßige wöchentliche Arbeitszeit 10 Stunden nicht übersteigt, ist der Arbeitgeber nicht verpflichtet, Lohnfortzahlung im Krankheitsfall zu leisten (§ 1 III Ziff. 1 Lohnfortzahlungsgesetz);

34 Die folgenden Angaben beziehen sich auf den Untersuchungszeitraum zwischen 1970 und 1989.

2. ArbeitnehmerInnen, die in einem Familienhaushalt beschäftigt sind, ohne dort ihre Arbeitskraft voll einzusetzen, haben keine Garantie auf Zahlung ihres letzten Durchschnitteinkommens durch den Arbeitgeber im Falle einer Beschäftigungseinschränkung bzw. eines -verbotes (§ 11 III Mutterschutzgesetz);
3. In verschiedenen Personalvertretungsgesetzen einzelner Bundesländer sowie im Bundespersonalvertretungsgesetz ist festgelegt, daß ArbeitnehmerInnen, die weniger als 18 Stunden in der Woche arbeiten, nicht in den Personalrat gewählt werden können.
(Vgl. Bäcker/Stolz-Willig 1990)

Das gesamte Arbeitsrecht bezieht sich im wesentlichen auf männliche Lebens- und Arbeitsmuster: Ernährerrolle für die Familie bei gleichzeitiger Entlastung von familiären Aufgaben, lebenslange Berufstätigkeit, keine Unterbrechungen der Arbeitsbiographie u. v. m. (vgl. Degen 1993) Dies dient als Vorlage und Maßstab für weibliche Lebens- und Arbeitsmuster, womit diese als defizitär ausgewiesen werden. Damit wird das Normalarbeitsverhältnis zum Instrument der mittelbaren Diskriminierung von Frauen im Arbeitsrecht und in tarifvertraglichen Vereinbarungen. Däubler (1986:225) vertritt hierzu die Ansicht, daß im Arbeitsrecht kein Stein auf dem anderen bliebe, wenn bei der mittelbaren Diskriminierung nach denselben Grundsätzen verfahren würde, wie bei der unmittelbaren.

Die Durchsetzung des Rechtsinstrumentes der mittelbaren Diskriminierung[35] weist gleichzeitig auf die Instabilität der arbeitsrechtlichen Fundamente hin und stößt dadurch auf große Widerstände. Den Versuchen, über die Frage der Benachteiligung von Teilzeitbeschäftigten hinaus, mittelbare Diskriminierungen gerichtlich feststellen zu lassen, wurden starke Widerstände entgegengesetzt. Dabei bleibt jedoch unberücksichtigt, daß Teilzeitbeschäftigung an sich bereits ein Instrument der mittelbaren Diskriminierung von Frauen ist bzw. sein kann. In dem Moment, in dem Frauen nicht »unabhängig« über ihre berufliche Situation – hier über Voll- oder Teilzeitarbeit – aufgrund der arbeitsrechtlich und gesellschaftlich geprägten Lebens- und Arbeitssituation entscheiden können, ist Teilzeitarbeit selbst Instrument der Diskriminierung und nicht nur die hiermit verbundenen diskriminierenden Auswirkungen.

35 Seit BAG Urteil vom 14.10.1986, 3 AZR 66/83, AP Nr. 11 zu § 119 EWG-Vertrag; vgl. Degen 1993.

Ein zentraler Bereich der Benachteiligung von Teilzeitarbeitnehmerinnen sind die Tarifverträge. Die hierin (zum Teil) festgelegten Regelungen, die anteilig, im Umfang der geleisteten Stundenzahl, für Teilzeitbeschäftigte gelten sollen, werden in vielfacher Weise durch die Fixierung der Tarifverträge auf das Normalarbeitsverhältnis negativ festgeschrieben. Andere Bereiche werden für Teilzeitarbeitnehmerinnen überhaupt nicht geregelt.[36] Dies ist der Fall, wenn tarifliche Leistungen für Teilzeit- unter anderen Voraussetzungen als für VollzeitarbeitnehmerInnen gewährt werden, bspw. bei der Anrechnung von Beschäftigungsjahren für die Entgeltfindung. Hierzu zählt auch der Schutz vor Abgruppierung oder der Ausschluß jeglicher Kündigung bei längerer Betriebszugehörigkeit. Hiervon sind Teilzeitbeschäftigte explizit ausgenommen.

Teilzeit- und VollzeitarbeitnehmerInnen sind von tariflichen Bestimmungen auch dann unterschiedlich betroffen, wenn bspw. die Definition von Mehrarbeit in fast allen Tarifverträgen nur die Stunden anerkennt, die über die tarifliche Arbeitszeit hinausgehen. Damit arbeiten TeilzeitarbeitnehmerInnen über ihre vertragliche Arbeitszeit hinaus, ohne Zuschläge zu ihrem üblichen Stundenlohn zu erhalten. Benachteiligungen ergeben sich auch, wenn für alle Beschäftigten tarifliche Leistungen und die hierfür notwendigen Voraussetzungen gleichermaßen gelten, aufgrund struktureller Merkmale diese für TeilzeitarbeitnehmerInnen jedoch wesentlich schwieriger zu erfüllen sind: Die Aufstiegsmöglichkeiten in die nächsthöhere Vergütungsgruppe sind für Teilzeitbeschäftigte entweder überhaupt nicht oder erst nach Ableistung der doppelten Zeitdauer, die für VollzeitarbeitnehmerInnen gilt, möglich.

TeilzeitarbeitnehmerInnen werden auch dann ausgeschlossen, wenn Tarifverträge nur für Beschäftigte ab einer bestimmten Mindestwochenstundenzahl Gültigkeit besitzen. Auch gelten häufig unterschiedliche Kündigungsschutz- und Verdienstsicherungsbestimmungen. Der Ausschluß Teilzeitbeschäftigter von vermögenswirksamen Leistungen, bei Zuschüssen zum Krankengeld u.v.m. ist üblich. (vgl. Kurz-Scherf 1986; Bäcker/Stolz-Willig 1990; Stolz-Willig 1991)[37] Die tarifvertraglichen Regelungslücken zur Teilzeitarbeit wurden von den Gewerkschaften konkret erst mit der »tarifpolitischen Wende« (vgl. Nassauer 1989), unter dem wachsenden Druck staatlicher Deregulierungsmaßnahmen und der Zunahme flexibler Arbeitszeitformen, diskutiert.

36 Das Beschäftigungsförderungsgesetz von 1985 ließ verschlechternde Tarifverträge für Teilzeitarbeit zu; siehe hierzu Punkt 5.2.1.

37 Vgl. Kurz-Scherf 1986; Bäcker/Stolz-Willig 1990; Stolz-Willig 1991.

Neben Verbesserungen in (Mantel)Tarifverträgen sind Ende der 80er Jahre die ersten Teilzeittarifverträge abgeschlossen worden.[38] In diesen Verträgen dominieren Mindestsicherungsaspekte:

- Vereinbarungen zur täglichen/wöchentlichen Mindestarbeitszeit;
- die arbeitsvertragliche Festlegung der Dauer und Lage der Arbeitszeit;
- die bevorzugte Berücksichtigung Teilzeitbeschäftigter bei der Besetzung von Vollzeitstellen und
- der Ausschluß von Regelungen zur Rufbereitschaft.

Damit ist in verschiedenen Branchen die Situation Teilzeitbeschäftigter graduell verbessert worden. Die wesentlichen strukturell diskriminierenden Nachteile, die nahezu spiegelbildlich die Vorteile für Arbeitgeber zeigen, sind jedoch erhalten geblieben. Ein Indikator hierfür ist das wachsende Interesse von Arbeitgebern an dieser Beschäftigungsform.

4.2.1 Lage und Dauer der Arbeitszeit

Über Dauer und Lage der Arbeitszeit wird der Grad der Benachteiligung teilzeitbeschäftigter gegenüber vollzeitbeschäftigen ArbeitnehmerInnen festgelegt. Beide Dimensionen bestimmen – insbesondere für Frauen – die Möglichkeit zur Arbeitsaufnahme generell, den Grad physischer und psychischer Belastung, die Höhe des Entgeltes u. v. m.

Die Dauer der Arbeitszeit in Verbindung mit der Höhe des Entgeltes bilden die Orientierungsgrößen für Anspruch bzw. Umfang des Anspruches auf Leistungen der Kranken-, Renten- und Arbeitslosenversicherung. Die in Verbindung mit Teilzeitarbeit häufig zu leistenden Überstunden, werden i. d. R. ohne Zuschläge vergütet und als zusätzliches zeitliches Flexibilisierungsinstrument genutzt. Auch bei regelmäßig zu leistenden Überstunden wird der Arbeitsvertrag (sofern vorhanden) kaum um die entsprechende Stundenzahl erhöht. Dies würde ggf. für Arbeitsverhältnisse, die unterhalb der Sozialversicherungsgrenze liegen, bedeuten, daß sie diese Grenze überschreiten und damit von geringem Interesse für Arbeitgeber sind. Teilweise werden diese sozialversicherungsfreien Arbeitsverhältnisse von vornherein in gegenseitigem Einverständnis unter der Voraussetzung abgeschlossen, daß der Verdienst durch Überstunden verbessert wird. Dies impliziert für den Arbeitgeber die Vorteile eines sozialversicherungsfreien Arbeitsverhältnisses und i. d. R. den Fortfall von Mehrarbeitszuschlägen und für den/die ArbeitnehmerIn die kurzfristigen Vorteile eines unversteuerten Einkommens.

38 Der erste Teilzeittarifvertrag wurde von der IG Chemie, Papier, Keramik mit dem Bundesarbeitgeberverband Chemie für die Chemische Industrie, gültig ab Juli 1987, abgeschlossen.

Für ArbeitnehmerInnen können Überstunden zu einer zusätzlichen Belastung werden, da sich hierdurch ein zeitlicher Engpaß für die sich anschließende Familienarbeit ergibt. »Private« Termine, d.h. Öffnungs- und Schließzeiten von Kindergärten, Schulen etc., können nicht eingehalten werden; womit für viele Arbeitnehmerinnen der oder einer der Gründe für die Aufnahme einer Teilzeitarbeit obsolet wird.

Verbunden mit der eingeschränkten Dauer der Arbeitszeit ist eine Leistungsverdichtung der Arbeit, die insbesondere dann auftritt, wenn ein Vollzeit- in einen Teilzeitarbeitsplatz umgewandelt wird.[39] Leistungsverdichtung – kombiniert mit schlechten Arbeitsbedingungen und -plätzen – verursacht und verstärkt psychische und physische Belastungen. Diese Belastungen reichen über die konkrete Arbeitsplatzsituation hinaus und finden ihre »Einfügung in die betriebliche Gesamtorganisation, das betriebliche Herrschaftssystem und die sich in ihm materialisierenden Einflüsse der gesellschaftlichen Organisation abhängiger Arbeit«. (Naschold 1982:17) Physische und psychische Belastungen im Kontext von Lage und Dauer der Arbeitszeit treten erst in Verbindung mit der außerbetrieblichen Lebenswelt voll in Erscheinung.[40]

Entlastungen, wie sie bspw. durch Arbeitspausen entstehen, aber auch Erschöpfungszustände fallen bei TeilzeitarbeitnehmerInnen i.d.R. in die freie Zeit im Anschluß an die Arbeitszeit. Leistungsverdichtete Teilzeitarbeitsplätze lassen häufig keine Pausen zu, da ansonsten das vorgegebene Arbeitspensum nicht zu erbringen wäre. Pausen werden auch deshalb nicht eingehalten, weil TeilzeitarbeitnehmerInnen ihren Anspruch, als vollwertige Arbeitskräfte akzeptiert zu werden, dadurch zu verwirklichen suchen, daß sie »mehr Arbeit in kürzerer Zeit« – in Relation zu VollzeitarbeitnehmerInnen – leisten wollen. Auch krankheitsbedingte Fehlzeiten fallen bei TeilzeitarbeitnehmerInnen geringer aus, da Krankheiten in der erwerbsarbeitsfreien Zeit kuriert werden, Arzttermine etc. außerhalb der Arbeitszeit wahrgenommen werden. Auch Arbeitsunfälle ereignen sich seltener bei Teilzeit- als bei Vollzeitarbeitskräften.

Bestimmte Teilzeitarbeitsformen wie bspw. Kapovaz verlangen von der ArbeitnehmerIn ein hohes Maß an organisatorischen Fähigkeiten, bezogen auf die Kompatibilität der zu leistenden Familienarbeit. Die in der Praxis durchaus üblichen kurzfristigen telefonischen Benachrichtigungen verursachen zudem gesundheitsschädlichen Streß. Ausschließlich oder überwiegend in den Abendstunden zu arbeiten – bspw. in der Gebäudeinnenreinigung – kann im privaten Bereich soziale Deprivation zur Folge haben. Ein weiteres Problem entsteht häufig dadurch, daß Eheleute/Partner unterschiedliche Arbeitszeiten haben. Wird Teilzeitarbeit dann noch mit anderen traditionellen Flexibili-

39 Teilweise sind die Teilzeitarbeitsbedingungen bereits von Beginn an so ausgerichtet, daß das zu leistende Arbeitspensum nicht innerhalb der (Teil)Arbeitszeit zu bewältigen ist; vgl. EG 03.

40 Siehe hierzu die Fallstudien in Kap. V.

sierungsformen wie etwa Schichtarbeit kombiniert, werden die Freizeitmöglichkeiten und das gesamte Privat- bzw. Familienleben erheblich eingeschränkt und belastet. (vgl. Klein 1993)

Das Verhältnis der Dauer der Arbeitszeit zur Dauer der Wegezeit ist für TeilzeitarbeitnehmerInnen ungünstiger als für Vollzeitbeschäftigte. Die überwiegende Anzahl der Vollzeitbeschäftigten ist 10 bzw. mehr Stunden von zuhause abwesend; bei den meisten Teilzeitarbeitnehmerinnen sind es 6 bzw. mehr Stunden.[41]

4.2.2 Qualifikation der Beschäftigten und Qualität der Arbeit

Die Verbesserung der schulischen und beruflichen Ausbildung von Frauen hat diesen einen erweiterten, jedoch gegenüber Männern weiterhin stark eingeschränkten Zugang zum Arbeitsmarkt verschafft. Die formal tendenziell angeglichenen Qualifikationsstrukturen weisen jedoch geschlechtsspezifische Ausbildungsschwerpunkte auf. Die von Frauen ausgeübten Berufe und Tätigkeiten verfügen über eine geringere Arbeitsmarktwertigkeit. (vgl. Engelbrech 1987b:69) Die formale Angleichung der Qualifikationsstrukturen läßt jedoch keine Aussage über den betrieblichen Einsatz, die Plazierung innerhalb des Arbeitsplatzgefüges oder über Aufstiegsmöglichkeiten zu. Über diese Fragen entscheidet die (betriebliche) Personalpolitik vor dem Hintergrund geschlechtsspezifisch (dis)kontinuierlicher Verfügbarkeit, der Zuschreibung extrafunktionaler Kompetenzen und insbesondere der kurzfristig flexiblen Verfügbarkeit der Arbeitskraft.

Der Einsatz unterhalb der erworbenen beruflichen Qualifikation ist verbunden mit weiteren Risiken für TeilzeitarbeitnehmerInnen:

- Leistungsverdichtung,
- geringere Weiterqualifizierungschancen,
- teilweiser oder völliger Ausschluß von übertariflichen sozialen Leistungen,
- geringere Aufstiegsmöglichkeiten,
- erhöhtes Risiko des Arbeitsplatzverlustes und
- schwächere gewerkschaftliche Interessenvertretung.

Während in den sechziger und siebziger Jahren Frauen zeitlich befristet und als konjunkturelle Manövriermasse eingesetzt wurden, wich man in den achtziger Jahren von dieser Praxis ab. Hieraus zu schließen, daß die geschlechtsspezifische Komponente durch die Kriterien »Qualifikation, Alter und Dauer der Betriebszugehörigkeit überlagert« (Schimany 1991:27) wird, scheint eine

41 Nach einer Befragung der Gewerkschaft HBV im Einzelhandel, zitiert nach Stahn-Willig/Bäcker 1984:18.

zu optimistische Einschätzung des Stellen- und Gebrauchswertes des geschlechtsspezifischen Kriteriums und widerspricht der gängigen Personalpolitik.

Daß teilzeitarbeitende Frauen überproportional unterhalb ihrer erworbenen Qualifikation eingesetzt werden, zeigt, daß zwar die Qualifikation als solche genutzt wird, der entsprechende Arbeitsplatz und die angemessene Entlohnung jedoch vorenthalten bleiben. Konkret bedingen die mit Teilzeitarbeit verbundenen Arbeitsbedingungen einen Dequalifizierungsprozeß für Frauen. TeilzeitarbeitnehmerInnen erfahren über die aktuelle Diskriminierung hinaus den Nachteil, sich bei einem weiteren Arbeitgeber entsprechend der zuletzt (formal) ausgeübten Tätigkeit, unterhalb ihrer originär erworbenen Qualifikation bewerben zu müssen.

Das Alter von Frauen liegt – bedingt durch familiäre Unterbrechungsphasen – beim Wiedereinstieg in die Berufstätigkeit höher als bei entsprechenden männlichen Arbeitskräften. Diese »Altershürde« tritt bei Männern i.d.R. erst zu einem sehr viel späteren Zeitpunkt auf (Vorruhestand etc.). Auch die Dauer der Betriebszugehörigkeit ist nicht geschlechtsneutral verteilt. Bedingt durch Familienarbeit und die geburts- und erziehungsbedingten Unterbrechungsphasen von Frauen, verfügen diese i.d.R. über eine geringe Anzahl von Jahren der Betriebszugehörigkeit.

Damit sind alle aufgeführten Kriterien an das Geschlecht der beschäftigten Person gebunden. Die Kriterien sind demnach – in modifizierter Form – »die alten«. Die Trennungslinien sind nicht »geschlechtsneutral(er)« geworden, sondern haben sich, wie auch Sprachregelungen, veränderten Bedarfen der Industrie an Arbeitskräften, angepaßt. Es wird nicht mehr offiziell geäußert, daß Frauen nur »einfache« Arbeiten verrichten können; gleichwohl verrichten sie diese überproportional häufig, bedingt durch gesellschafts- und arbeitsmarktpolitische geschlechtsdiskriminierende Verhältnisse und Regelungen. Der Begriff »einfache« Arbeit ist zudem zweifelhaft, da sich diese Tätigkeiten aufgrund der physischen und psychischen Belastungen als ebenso schwierig bzw. schwieriger erweisen als höher bezahlte, von Männern verrichtete Arbeit. So kommt eine Untersuchung von Köhler und Grüner (1988) zu dem Schluß, daß in der Industrie tätige Frauen auch weiterhin ein durchschnittlich größeres Beschäftigungsrisiko als Männer mit vergleichbarem Qualifikationsniveau tragen.

Teilzeitarbeit übt demnach wesentlichen Einfluß auf Positionszuweisung in der betrieblichen Hierarchie, auf die Qualität des Arbeitsplatzes und den Status innerhalb des betrieblichen Sozialgefüges aus. Zeitstrukturen bestimmen dabei maßgeblich die innerbetriebliche Hierarchisierung: Arbeitsplätze mit kürzeren Arbeitszeiten liegen am unteren Ende, höher qualifizierte Tätigkeiten sind entsprechend an überdurchschnittlich lange Arbeitszeiten gekoppelt und an der Spitze der Hierarchie angeordnet. Diese innerbetriebliche geschlechtsspezifische Hierarchisierung ist unmittelbar an die herrschende Rollenzuweisung im Privatbereich gebunden. (vgl. Kurz-Scherf 1989; Klein 1993)

»Für Teilzeitbeschäftigte gelten die gleichen tariflichen Eingruppierungsbestimmungen wie für Vollzeitbeschäftigte. Sie nehmen an den Tariferhöhungen teil und müssen in das zutreffende Berufsjahr aufrücken.« (Gewerkschaft HBV 1987a:24)

Fakt ist jedoch, daß Teilzeitbeschäftigte häufig falsch eingruppiert sind und infolgedessen ein zu geringes Entgelt erhalten. Häufig differiert die Behandlung teilzeitbeschäftigter von der vollzeitbeschäftigter ArbeitnehmerInnen in Tarifverträgen erheblich. Einige Tarifverträge schließen Teilzeitbeschäftigte aus dem persönlichen Geltungsbereich aus[42]; andere schließen sie erst bei mindestens 50 Prozent der regelmäßigen Arbeitszeit ein.

Zur Abgrenzung des persönlichen Geltungsbereiches wird in vielen Tarifverträgen Bezug genommen auf arbeiter-/angestelltenrentenversicherungspflichtige ArbeitnehmerInnen. Dies kann zur definitorischen Abgrenzung zwischen ArbeiterInnen und Angestellten dienen. Darüber hinaus ist jedoch zu konstatieren, daß in verschiedenen Tarifbereichen die Versicherungspflicht Voraussetzung für den tarifvertraglichen Schutz ist.[43] ArbeitnehmerInnen, die im Reinigungs- und Küchenhilfsdienst tätig sind, müssen eine Wochenarbeitszeit von 20 Stunden und ein Jahr Berufszugehörigkeit nachweisen, bevor sie unter die tarifvertraglichen Regelungen fallen. (WSI 1989:75f) Die tarifvertraglichen Regelungen zur Festlegung der Entgelte teilzeitbeschäftigter ArbeitnehmerInnen sind teilweise sehr nachteilig, wenn die tarifierten Teilungsfaktoren nicht der Anzahl der durchschnittlich von vollzeitbeschäftigten geleisteten monatlichen Arbeitsstunden entspricht. Die entsprechenden Teilungsfaktoren werden entweder in den Tarifverträgen benannt oder eine anteilige Entlohnung bestimmt. (vgl. WSI 1989)

Eine weitere Regelungsmöglichkeit besteht darin, Teilzeitbeschäftigte grundsätzlich einzubeziehen, jedoch von bestimmten Leistungen auszuschließen bzw. diese zu kürzen. Hierzu zählen Zulagen, Kranken- und Urlaubsgeld, vermögenswirksame Leistungen, Zusatzurlaub, betriebliche Altersversorgung, Bewährungsaufstieg etc. (vgl. Bertelsmann/Rust 1985) Die lohnstrukturpolitisch relevanten Aspekte von Teilzeitarbeit hängen eng mit der Zuordnung teilzeitbeschäftigter ArbeitnehmerInnen zu Tätigkeitsbereichen, die unterhalb der erworbenen Qualifikation liegen, zusammen. Teilzeitarbeitende Frauen werden bereits aufgrund der Arbeitszeitform, in der sie tätig sind, i.d.R. am Ende der Entgelthierarchie zu niedrig eingeordnet. Bei adäquater Eingruppierung wiederum werden parallel hierzu männliche Vollzeitbeschäftigte höher gruppiert.

42 Teilzeitbeschäftigte mit einer Wochenarbeitszeit unterhalb von 20 Stunden wurden im Banken- und Versicherungsbereich von manteltariflichen Leistungen ausgeschlossen; Gewerkschaft HBV 1982:23.

43 So bspw. in der Textilindustrie und der Bekleidungsindustrie, WSI 1989.

Bei geringfügiger Beschäftigung spitzt sich diese Situation weiter zu. Nachteilige tarifvertragliche Regelungen zur Entlohnung ergeben sich ebenfalls aufgrund der Dauer der Betriebszugehörigkeit.[44] Davon ausgehend, daß ca. ein Drittel aller abhängig beschäftigten Frauen weniger als die tarifübliche Arbeitszeit, hiervon wiederum ein Viertel unterhalb der Versicherungspflichtgrenze, arbeiten, nimmt Teilzeitarbeit an lohnstruktureller und tarifpolitischer Bedeutung zu. (Bäcker 1981:196) Hierdurch ist ein verstärktes Auseinanderklaffen zwischen dem Anstieg des Qualifikationsniveaus von Frauen und ihrer trotzdem nur unwesentlich veränderten Positionierung und dem Verbleib auf unteren Hierarchiestufen feststellbar.

Das hierin liegende, von Weiler als »erheblich« (Weiler 1992 :160) bezeichnete soziale Konfliktpotential ist offensichtlich, jedoch in seiner Auswirkung von untergeordneter Relevanz. Die Problematik und Interessenlage der Arbeitsmarktgruppe teilzeitbeschäftigter Frauen trifft auf eine schwache gewerkschaftliche Interessenvertretung. Auch darüber hinaus verfügt sie über keine interessenpolitischen Lobbies. Die Möglichkeiten des sozialen Konfliktpotentials bewegen sich im Rahmen einzelner gerichtlicher Entscheidungen. Die Konzentration von Teilzeitarbeitsplätzen in schlechtbezahlten Branchen[45], Berufen und Tätigkeitsbereichen korrespondiert mit den niedrigen Qualifikationsanforderungen und steht in einem interdependenten Verhältnis zueinander. Diese Konstellation wirkt sich nachteilig auf die Durchschnittsverdienste der Frauen aus. Bereits zwischen vollzeitbeschäftigten Arbeitnehmerinnen, die ebenfalls zu den unterprivilegierten Arbeitsmarktgruppen zählen, und teilzeitarbeitenden Frauen bestehen Diskrepanzen bezogen auf die Eingruppierungsstruktur und den Durchschnittsverdienst. (Kloß 1981:582)

Die Tarifierung von Teilzeitarbeit impliziert hauptsächlich folgende lohnstrukturpolitischen Aspekte:

- Ein großer Teil der teilzeitbeschäftigten Arbeiterinnen und Angestellten fällt nicht unter den Geltungsbereich – und damit nicht unter den Schutz der Tarifverträge,
- in den Tarifverträgen sind benachteiligende Lohnbestimmungen für Teilzeitbeschäftigte enthalten und
- spezifische Bestimmungen zur Entlohnung der Teilzeitarbeit bzw. eine spezielle Absicherung von Ansprüchen dieser Beschäftigtengruppe fehlen in den Tarifverträgen.
  (Vgl. WSI 1989)

Auch bei den freiwilligen Sozialleistungen wird zwischen Teilzeit- und VollzeitarbeitnehmerInnen differenziert. Im Falle der Einbeziehung in den jeweiligen Tarifvertrag werden i.d.R. Sonderzahlungen und Urlaubsgeld gezahlt. (vgl. WSI 1989) Bei vermögenswirksamen Leistungen ist in den meisten

44 Vgl. Fallstudien in Kapitel V.
45 Vgl. Fallstudien in Kapitel V.

Tarifverträgen eine anteilige Leistung vorgesehen bzw. über die Festlegung einer Mindeststundenzahl die Anspruchsvoraussetzung gegeben. (vgl. Wank 1985) Bei der Gewährung von Zuschlägen und Zulagen wird im Vergleich zu Vollzeitbeschäftigten, ebenfalls zu Lasten Teilzeitbeschäftigter unterschieden. Bspw. werden den Teilzeitbeschäftigen in der Kautschukindustrie Niedersachsen, Hessen, Rheinland-Pfalz und Saarland keine Nacht- und Spätschichtzulagen gewährt; in der papiererzeugenden Industrie werden keine Spätschichtzulagen für Wechselschichten gezahlt und in der Metallindustrie Nordrhein-Westfalen und Hessen werden nur dann Spätarbeitszuschläge gezahlt, wenn in Wechselschichten gearbeitet wird. (vgl. WSI 1989)

Die Regelung von Lohnansprüchen Teilzeitbeschäftigter wurde bislang in keinem Tarifvertrag festgelegt. Der Tarifvertrag für Teilzeitbeschäftigte in der chemischen Industrie stellt im wesentlichen durch die explizite Einbeziehung teilzeitbeschäftiger ArbeitnehmerInnen eine Ergänzung des Manteltarifvertrages dar.

Die defizitäre tarifvertragliche Situation Teilzeitbeschäftigter wirkt sich direkt oder indirekt »über die Gestaltung der Arbeitsplätze lohnstrukturell aus. Die Gleichsetzung von Teilzeitarbeit mit Frauenarbeit führt zu einer Beibehaltung der Arbeitsplatzgestaltung und des spezifischen Angebots an Teilzeitarbeit und den damit verbundenen Lohnansprüchen.« (Weiler 1992:165) Es können jedoch auch andersartige Leistungen für Teilzeitbeschäftigte vorgesehen werden oder anteilige Kürzungen in Relation zur individuellen Arbeitszeitdauer erfolgen. (vgl. Weiler 1992)

In der Praxis hat sich herausgestellt, daß insbesondere bei Teilzeitbeschäftigten die Kontrolle über die tatsächlich geleistete Arbeitszeit von Bedeutung ist. Bedingt durch die häufige Verschiebung vereinbarter Arbeitszeiten und die Leistung von Überstunden werden Arbeitszeiten nicht vollständig erfaßt und infolgedessen nicht entlohnt. Daß dies kein seltenes Problem darstellt, ist auch daraus ersichtlich, daß bspw. die Gewerkschaft HBV in einer Empfehlung an ArbeitnehmerInnen dazu rät, den »HBV-Teilzeit-Arbeitszeit-Kalender«[46] einzusetzen. (Gewerkschaft HBV 1987a:25)

Auch wenn diese grundlegenden Voraussetzungen erfüllt sind, ergeben sich Nachteile für Teilzeitbeschäftigte entweder durch die Definition oder durch die Anspruchsvoraussetzungen für Mehrarbeitszuschläge. Durch die tarifvertragliche Fixierung von Mehrarbeit als Arbeitszeit, die über die Dauer von Vollzeitarbeit hinausgeht, wird folglich die Mehrarbeit, die über die Dauer der Teilzeitarbeit hinausgeht i. d. R. ohne Überstundenzuschläge vergütet. Im Zeitraum der vorliegenden Untersuchung existierten in der Bundesrepublik ca. fünf Tarifverträge, die Mehrarbeit von TeilzeitarbeitnehmerInnen regeln. Als Grundlage dient hierbei die einzelvertragliche Arbeitszeit (vgl. WSI 1989)

46 Hierin sollen die Beschäftigten ihre genauen Arbeitszeiten eintragen, um so eine bessere Kontrolle über geleistete Mehrarbeit zu haben.

Die Differenzierung der Entgelte nach Lebensalter und Berufszugehörigkeit verstärkt die Lohndifferenzen nach Geschlecht und steht im direkten Zusammenhang zur Arbeitszeitform. Männliche Angestellte erzielen mit 40 bis 45 Jahren, weibliche Angestellte mit 35 bis 40 Jahren ihr höchstes durchschnittliches Gehalt. (Welzmüller 1982:265f) Dies verweist zunächst auf die eingeschränkten Aufstiegsmöglichkeiten von Frauen. Darüber hinaus bieten Staffelungen nach Alter und Berufsjahren ein frauenlohndiskriminierendes Instrumentarium, das in Verbindung mit Teilzeitarbeit voll wirksam wird. Insbesondere im Handel[47], der Nahrungs- und Genußmittelindustrie werden weibliche Arbeitskräfte bis 25 Jahre eingestellt und überwiegend in den unteren Gehaltsgruppen eingestuft. (Welzmüller 1982:262/266) Es besteht weiterhin eine Entgeltdifferenzierung zwischen Klein-, Mittel- und Großbetrieben. Diese steht wiederum im Zusammenhang mit der jeweiligen Branche und der geschlechtsspezifischen Arbeitsmarktsegmentierung. Da Frauen häufiger in Klein- und Mittelbetrieben arbeiten, erzielen sie auch über die Variable »Betriebsgröße« geringere Einkommen.

Eine weitere Variable zur Lohndifferenzierung ist die geschlechtsspezifische Verteilung der ArbeitnehmerInnen auf unterschiedliche Branchen. Die Branchenlohndiffenzierung ergibt sich aus der Beschäftigungsstruktur, der Qualifikationsstruktur, der Betriebsgrößenstruktur und dem quantitativen Anteil von Teilzeitbeschäftigten.

4.3 Soziale Sicherung

Im System der sozialen Sicherung wird grundsätzlich zunächst zwischen sozialpolitischen Sach- und Dienstleistungen (soziale Dienste) und den Geldleistungen (monetäre Sozialtransfers) unterschieden. Die Sach- und Dienstleistungen stehen allen BürgerInnen zu; für die Inanspruchnahme gilt das Bedarfsprinzip. Bei der Inanspruchnahme der beitragsfinanzierten Sach- und Dienstleistungen der Sozialversicherung wird hingegen eine aus der beitragspflichtigen Beschäftigung resultierende Mitgliedschaft vorausgesetzt. Durch die Mitversicherung nicht erwerbstätiger Ehepartner und Kinder wird der Kreis der potentiellen Mitglieder in der Krankenversicherung jedoch erheblich erweitert. Bei den sozialpolitischen Geldleistungen dominiert hingegen das Äquivalenzprinzip. Durch das auf Erwerbsarbeit fixierte Sozialversicherungssystem richtet sich die Leistungshöhe nach der Höhe des Einkommens bzw. der entrichteten Beiträge. Unabhängig vom konkreten Bedarf sollen die Lohnersatzleistungen der Renten, des Arbeitslosengeldes, des Unterhaltsgeldes und des Krankengeldes das nicht oder nicht mehr vorhandene Arbeitseinkommen ersetzen.

47 Vgl. Fallstudien in Kapitel V.

Das bedeutet konkret: Je niedriger das Teilzeiteinkommen, desto niedriger fallen die genannten Leistungen aus. Je nach Arbeitszeitvolumen entfallen jedoch auch verschiedene Beitragspflichten; hierbei handelt es sich dann um sozialversicherungsfreie Beschäftigungsverhältnisse.

Der Versicherungsschutz ist ausschließlich auf die Erwerbsarbeit fixiert und bezieht gesellschaftlich notwendige Arbeit – wie Haus-, Kindererziehungs- und Pflegearbeit – nicht mit ein.[48] Frauenerwerbstätigkeit ist – bedingt durch die fast ausschließlich von Frauen erbrachte Reproduktionsarbeit – durch eine unterbrochene und nicht dauerhafte Erwerbsbiographie gekennzeichnet. In der normalen weiblichen Erwerbs- und Rentenbiographie sind niedrige Teilzeiteinkommen und wenige Versicherungsjahre miteinander gekoppelt. Darüber hinaus entfällt für die meisten Frauen die betriebliche Zusatzrente, weil:

- die meisten Klein- und Mittelbetriebe, die in Frauen- und Niedriglohnbranchen vorherrschen, keine betriebliche Altersversorung bereitstellen;
- die Mindestbetriebszugehörigkeitsdauer von Frauen nicht erbracht wird. (Vgl. Bäcker/Stolz-Willig 1988:50ff)

Sozialrechtlich ist Teilzeitarbeit in zweifacher Hinsicht problematisch. Beschäftigungsverhältnisse, die eine diskontinuierliche Arbeitsleistung und Entgeltzahlung aufweisen, sind bezogen auf den Leistungsanspruch schwierig zu berechnen; außerdem ergeben sich bei der Anwendung der Geringfügigkeitsgrenzen Zweifelsfragen. Die Ausnahmeregelungen von der Sozialversicherungspflicht gehen von der Annahme aus, daß der überwiegende Teil dieser Beschäftigtengruppe (Ehefrauen, Schüler, Rentner) den Schutz der Sozialversicherung nicht benötigt. (vgl. GK-TzA SozR Steinwedel Rz2) Wesentlich für den Grad der sozialen Absicherung bzw. deren Wegfall sind die Dauer der Arbeitszeit und die Höhe des Entgeltes.

4.3.1 Kranken- und Rentenversicherung

Im folgenden wird die gesetzliche Entwicklung der Kranken- und Rentenversicherung für den gesamten Untersuchungszeitraum kurz skizziert, um einige in diesem Zeitraum vorgenommene gravierende Veränderungen i.S. von Benachteiligungen für ArbeitnehmerInnen aufzuzeigen.

Die Vorschriften zur Versicherungsfreiheit von Nebenbeschäftigungen und Nebentätigkeiten sind durch das IV. Sozialgesetzbuch[49] (SGB) vom 23.12. 1976[50] mit Wirkung vom 1.7.1977 neu gefaßt worden. Dabei wurden die Be-

48 Hierbei bestehen einige Ausnahmeregelungen, wie bspw. die ab 1986 eingeführte Anrechnung von Kindererziehungszeiten (1-3 Jahre) bzw. die Anerkennung von Wehrdienst- oder Ersatzdienstzeiten bei der Alterssicherung.

49 Gemeinsame Vorschriften zur Sozialversicherung.

50 BGBl. I S. 3845.

griffe »Nebenbeschäftigung« und »Nebentätigkeit« durch »geringfügige Beschäftigung« und »geringfügige selbständige Tätigkeit« ersetzt. Demnach orientiert sich die Versicherungsfreiheit daran, ob die Beschäftigung in geringfügigem Umfang ausgeübt wird. § 8 SGB IV besagt:

Die Regelung in der Zeit vom 1.7.1977 – 31.12.1978 sah vor, daß eine geringfügig entlohnte Beschäftigung bzw. Tätigkeit vorlag, wenn das Arbeitsentgelt regelmäßig im Monat ein Fünftel der Bezugsgröße (§ 18 SGB IV)[51] oder ein Fünftel des Gesamteinkommens (§ 16 SGB IV) nicht überschritt. Vom 1.1.1979 bis zum 31. Dezember 1980 galt folgende Regelung:

> »Eine geringfügige Beschäftigung liegt vor, wenn ... die Beschäftigung regelmäßig weniger als fünfzehn Stunden in der Woche ausgeübt wird und das Arbeitsentgelt regelmäßig im Monat 390 Deutsche Mark, bei höherem Arbeitsentgelt ein Fünftel des Gesamteinkommens nicht übersteigt«[52]

Die Regelung in der Zeit vom 1.1.1981 bis 31.12.1981 sah vor, daß eine geringfügig entlohnte Beschäftigung ausgeübt wurde, wenn diese weniger als 15 Wochenstunden und das Arbeitsentgelt im Monat ein Sechstel der Bezugsgröße bzw. ein Sechstel des Gesamteinkommens nicht überschritt.[53]

Für den Zeitraum vom 1.1.1982 bis 31.12.1982 wurde festgelegt, daß eine geringfügig entlohnte Tätigkeit oder Beschäftigung vorliegt, wenn unter 15 Wochenstunden gearbeitet wurde und das Entgelt 390 DM im Monat nicht überstieg.[54] Ein regelmäßig höheres Einkommen konnte ab dem 1.1.1982 nicht mehr zur Versicherungsfreiheit führen. Das bedeutete konkret, daß Beschäftigungsverhältnisse, die bereits am 31.12.1981 bestanden und versicherungsfrei waren, weil das Arbeitsentgelt zwar mehr als 390 DM monatlich betrug, jedoch nicht mehr als ein Sechstel des Gesamteinkommens, vom 1.1.1982 an versicherungspflichtig wurden.

Vom 1.1.1983 bis 31.12.1984 lag eine geringfügige Beschäftigung bzw. Tätigkeit vor, wenn weniger als 15 Wochenstunden gearbeitet wurde und das Monatsentgelt 390 DM oder ein Sechstel des Gesamteinkommens nicht überstieg.[55] Damit wurde die bis zum 31.12.1981 gültige Regelung, nach der Beschäftigungen oder Tätigkeiten mit einem höheren Arbeitsentgelt bzw. Ar-

51 Unter dem Begriff »Bezugsgröße« wird gemäß § 18 SGB IV das aufgerundete durchschnittliche Arbeitsentgelt aller Versicherten der gesetzlichen Rentenversicherung im vorvergangenen Kalenderjahr gefaßt.

52 IV. Sozialgesetzbuch in der Fassung vom 25. Juli 1978 (BGBl. I S.1089), in Kraft vom 1. Januar 1979 bis 31. Dezember 1980 (Art. 4 §1 Nr. 6 i.V.m. Art. 4 § 3 des 21. RAG).

53 Nach Art. 2 § 9 Nr. 1 Buchstabe a des 21. RAG ist § 8 Abs. 1 Nr. 1 SGB IV mit Wirkung vom 1.1.1981 neu gefaßt.

54 Durch Art. 3 Buchstabe a AFKG ist § 8 Abs. 1 Nr. 1 SGB IV mit Wirkung vom 1.1.1982 neu gefaßt.

55 Durch Art. II § 16 Nr. 2 SGB X (3. Kapitel) ist § 8 Abs. 1 Nr. 1 SGB IV mit Wirkung vom 1.1.1983 geändert.

beitseinkommen versicherungsfrei blieben, wenn ein Sechstel des Gesamteinkommens nicht überschritten wurde, mit Wirkung vom 1.1.1983 wieder eingeführt.

Ab dem 1.1.1985 wurde die Geringfügigkeitsgrenze von 390 DM durch ein Siebtel der monatlichen Bezugsgröße (§ 18 SGB IV) ersetzt. Die Stundenzahl lag weiterhin bei der Höchstgrenze von 15 Stunden pro Woche.

Für das Jahr 1986 lag die Geringfügigkeitsgrenze bei 410 DM bzw. einem Sechstel des Gesamteinkommens bei einer Arbeitszeit unter 15 Stunden monatlich. 1987 lag die Entgeltgrenze bei 430 DM bzw. einem Sechstel des Gesamteinkommens und 15 Stunden Arbeitszeithöchstdauer. 1988 lag die Entgelthöchstgrenze bei 440 DM und 1989 bei 450 DM.

Falls mehrere geringfügige Beschäftigungsverhältnisse parallel ausgeübt werden, so können diese addiert werden, und ergeben – im Falle der Überschreitung der Lohn- und Arbeitszeitgrenzen eine Kranken- und Rentenversicherungspflicht.[56]

Die Geringfügigkeitsgrenzen der gesetzlichen Renten- und Krankenversicherung sind identisch. (GK-TzA SozR Steinwedel Rz72)

4.3.2 Arbeitslosenversicherung

Benachteiligungen für teilzeitbeschäftigte ArbeitnehmerInnen sind auch bei der Inanspruchnahme von Arbeitslosengeld bzw. -hilfe festzustellen. Diese Lohnersatzleistung wird nach dem letzten (Teilzeit)einkommen und nicht nach dem lebensdurchschnittlichen Einkommen berechnet.

Konkret heißt dies, daß im Versicherungsfall das evtl. jahrelang bezogene Vollzeiteinkommen, das entsprechend höhere Versicherungsbeiträge bedeutet, keine Relevanz für die Berechnung der Lohnersatzleistung hat, falls es nicht in dem Bemessungszeitraum von 60 Tagen vor dem Eintritt des Versicherungsfalles liegt. Der Bezug von Arbeitslosengeld bzw. -hilfe setzt die Bereitschaft zur Ausübung einer Vollzeitbeschäftigung voraus.[57] Beim Bezug von Arbeitslosenhilfe werden Einkommen und Vermögen des Ehepartners sowie weiterer unterhaltspflichtiger Personen miteinbezogen. Da die Freibeträge[58] sehr niedrig liegen, ist es in der Praxis kaum der Fall, daß eine zuvor teilzeitbeschäftigte verheiratete Arbeitnehmerin Arbeitslosenhilfe beziehen kann. Neben der Höhe

56 § 8 Abs. 2 SGB IV.

57 Eine Ausnahme besteht beim Bezug von Arbeitslosengeld. Hier wird der Teilzeitwunsch berücksichtigt, wenn Kinder oder Pflegebedürftige betreut werden. Eine weitere Ausnahme besteht, wenn in den letzten 12 Monaten wenigstens 10 Monate eine Teilzeitbeschäftigung ausgeübt wurde. Nach Ablauf von 4 Monaten Arbeitslosigkeit sind jedoch längere Arbeitszeiten zumutbar. Bei ArbeitslosenhilfeempfängerInnen gelten keine Ausnahmeregelungen – dieser Personenkreis ist verpflichtet, eine Vollzeitbeschäftigung zu akzeptieren; Bundesminister für Arbeit und Sozialordnung 1989.

58 1990 bei 600 DM im Monat.

des zuvor bezogenen Einkommens bzw. der Höhe der Einkommen unterhaltspflichtiger Personen, ist die Dauer der Beitragszahlung von Bedeutung. Der Bezug von Lohnersatzleistungen setzt eine bestimmte »Anwartschaftszeit« voraus: Bei Arbeitslosengeld beträgt diese Zeitspanne 360 Tage (1990); bei Arbeitslosenhilfe 150 Tage (1990). Die Dauer des Arbeitslosengeldbezuges ist darüber hinaus direkt von der Dauer der erbrachten Beitragsleistung abhängig.[59]

Bei der Arbeitslosenversicherung ist eine Addition parallel ausgeübter Beschäftigungsverhältnisse nicht möglich. Die Arbeitslosenversicherung orientiert sich an einer maximalen Wochenarbeitsstundenzahl. Vor dem 1.1.1986 galt eine Höchstgrenze von 20 Wochenarbeitsstunden, 1986 bis einschließlich 1987 waren es 19 Stunden und seit 1988 beträgt die Höchstgrenze 18 Wochenarbeitsstunden.[60] Alle Beschäftigungsverhältnisse, deren Stundenzahl unterhalb der genannten Höchstgrenze liegen, fallen nicht unter die Bestimmungen der Arbeitslosenversicherung.

4.3.3 Lohnfortzahlung im Krankheitsfall

Das Gesetz über die Fortzahlung des Arbeitsentgelts im Krankheitsfalle (Lohnfortzahlungsgesetz)[61] legt fest, daß ArbeiterInnen, deren regelmäßige Arbeitszeit wöchentlich zehn Stunden oder monatlich fünfundvierzig Stunden nicht übersteigt, keinen Anspruch auf Lohnfortzahlung im Krankheitsfall haben.[62] Auch wenn die Stundenzahl aufgrund mehrerer Beschäftigungsverhältnisse überschritten wird, entsteht daraus kein Anspruch auf Lohnfortzahlung, da bei der Lohnfortzahlung analog zur Arbeitslosenversicherung parallel ausgeübte Beschäftigungsverhältnisse nicht addiert werden können. Auch wenn die zeitliche Höchstgrenze überschritten wird, ergibt sich bei Teilzeitarbeit in flexiblen Arbeitszeitformen – insbesondere bei Kapovaz – die Schwierigkeit der Ausfallzeitermittlung, für die ein Anspruch auf Lohnfortzahlung bestehen könnte.

Wesentlich für die Berechnung der Ausfallzeit ist die individuelle Arbeitszeit, die durch einzelvertragliche Absprache festgelegt ist. Bei flexibler Teilzeitarbeit steht jedoch die individuelle Arbeitszeit nicht fest bzw. ist über eine Mindestarbeitszeit geregelt. Gibt es keine vorherigen Vereinbarungen zwischen ArbeitnehmerIn und Arbeitgeber, durch die ein Rechenmodus für den Krankheitsfall vereinbart wird, entsteht für die ArbeitnehmerIn ein nur unzureichender finanzieller Schutz. (vgl. Däubler 1986)

59 Bspw. setzt der Anspruch auf 1 Jahr Arbeitslosengeld eine Beschäftigungszeit von 2 Jahren voraus (1990).

60 § 102 Abs. 2 Nr. 1 AFG.

61 Vom 27. Juli 1969 (BGBl. I S. 946). Zuletzt geändert durch das Beschäftigungsförderungsgesetz 1985 (BeschFG 1985) vom 26.4.1985 (BGBl. I S. 710).

62 § 1 Abs. 3 Nr. 2 LohnfortzG.

Problematisch ist ebenfalls die Lohnfortzahlung an Feiertagen. Das Gesetz zur Regelung der Lohnzahlung an Feiertagen (FLG)[63] legt fest, daß, sofern der Feiertag die einzige Ursache für den Arbeitsausfall ist, dieser zu vergüten ist. Diesen Nachweis bei flexiblen Teilzeitformen wie bspw. Kapovaz zu erbringen, ist äußerst schwierig, da sie gerade auf dem Prinzip der relativ kurzen Abrufmöglichkeit bestehen und Feiertage grundsätzlich über lange Zeiträume planbar sind. Es ist daher davon auszugehen, daß die Lohnfortzahlung an Feiertagen und im Krankheitsfall bei flexibler Teilzeitarbeit nicht wirksam wird. (vgl. Däubler 1986:789)

4.3.4 Gesetz zum Schutz der erwerbstätigen Mutter

Das Gesetz zum Schutz der erwerbstätigen Mutter (Mutterschutzgesetz – MuSchG)[64] unterscheidet zwischen zwei Arten von Mutterschaftsgeld: a) für Frauen, die in der gesetzlichen Krankenversicherung versichert sind (§ 13 Abs. 1 MuSchG) und b) für Frauen, die nicht in der gesetzlichen Krankenversicherung versichert sind (§ 13 Abs. 2 MuSchG).

Teilzeitbeschäftigte haben grundsätzlich Anspruch auf Mutterschaftsgeld. Problematisch sind wiederum Teilzeitbeschäftigungsverhältnisse mit diskontinuierlicher Entgeltzahlung. In der Freizeitperiode besteht kein Anspruch auf Mutterschaftsgeld[65], da dieses analog zum Krankengeld Lohnersatzfunktion hat.[66] Es wird davon ausgegangen, daß die Arbeitnehmerin während solcher Zeiten, in denen sie ihre Arbeit nicht erfüllt, auch ohne Mutterschaft kein Arbeitsentgelt beziehen würde.

5. Rahmenbedingungen

Über den direkten Aushandlungsprozeß zwischen den Interessenvertretungsverbänden bzw. zwischen dem/der einzelnen ArbeitnehmerIn und dem Arbeitgeber hinaus nehmen staatliche Maßnahmen und gesellschaftspolitische Entwicklungen Einfluß auf den Zugang zu und die Ausgestaltung von Teilzeitarbeitsverhältnissen. Um den gewerkschaftlichen Umgang mit Teilzeitar-

63 Vom 2.8.1951.
64 In der Fassung vom 18. April 1968 (BGBl. I S. 315); letzte Änderung, die in den Untersuchungszeitraum fällt, durch das Gesetz über Gewährung von Erziehungsgeld und Erziehungsurlaub (Bundeserziehungsgesetz – BErzGG – vom 6. Dezember 1985 (BGBl. I S. 2154).
65 § 200 Abs. 2 RVO.
66 BSG 10.9.1975, BSGE 40, 211 (212).

beit differenziert beurteilen zu können, sollen die genannten Einflüsse, die die Rahmenbedingungen für den Untersuchungsgegenstand setzen, diskutiert werden.

An dieser Stelle soll konkret auf drei zentrale Einflußfaktoren, die als Rahmenbedingungen Teilzeitarbeit direkt fördern bzw. hemmen, eingegangen werden. Dazu gehören (a) die ökonomische Entwicklung; (b) staatliche Förderungsmaßnahmen sowie (c) traditionelle geschlechtsspezifische oder indirekte Rollenmuster.

Die genannten Bereiche stellen nur einen Ausschnitt möglicher Faktoren, die zur Gestaltung der Rahmenbedingungen für Teilzeitarbeit beitragen, dar. Gleichwohl werden sie im Rahmen dieser Untersuchung als die drei wesentlichsten Einflußfaktoren betrachtet, wobei die gewählte Reihenfolge hier keine Bewertung i. S. einer Rangfolge darstellt.

5.1 Der Einfluß der ökonomischen Entwicklung

Die höchsten Zuwachsraten erfuhren Teilzeitarbeitsverhältnisse während der 60er und frühen 70er Jahre.[67] Seit ca. Mitte der 70er Jahre ist eine geringere Zunahme festzustellen. (vgl. Brinkmann 1986) Ab 1974 setzt ein mehrjähriger Anstieg der Arbeitslosigkeit und ab 1982/83, bei erhöhter Arbeitslosigkeit, ein ökonomischer Wachstumsschub ein. Zunächst korreliert der Anstieg der Arbeitslosenzahlen mit der Stagnation und im folgenden mit einer Erhöhung der Teilzeitbeschäftigung.

Bei gleichzeitiger Betrachtung der konjunkturabhängigen Privatwirtschaft[68] und des Konjunkturverlaufs wird deutlich, daß die Entwicklung der Teilzeitbeschäftigung nicht systematisch mit dem Verlauf der Konjunktur und der Gesamtbeschäftigung zusammenhängt. Dies wird u. a. auch durch regionale Untersuchungen bestätigt. »Eine Analyse des Arbeitsmarktes in Hamburg seit 1972 bzw. 1973 hat gezeigt, daß sich die Konjunkturpufferhypothese bei der Teilzeitarbeit – zumindest auf der Grundlage der Arbeitsmarktstatistik – nicht bestätigen läßt.« (Crinius/Schaft 1976:38)

Neben dem konjunkturellen Verlauf und strukturellen Veränderungen, wie bpsw. den branchenspezifischen Verschiebungen im Einzelhandel, nehmen staatliche Maßnahmen Einfluß auf die Entwicklung der Teilzeitbeschäftigungsverhältnisse.

67 Von 1960 bis 1973 verdreifachte sich die Anzahl der Teilzeitbeschäftigten, mit jährlichen Zuwachsraten von ca. 10 Prozent, von 800000 auf 2,6 Millionen; Kurz-Scherf 1989:46.

68 Unter Ausschluß des öffentlichen Dienstes.

Der Einfluß direkter staatlicher Fördermaßnahmen ist für den Bereich der Privatwirtschaft von geringerer Bedeutung als für den Bereich des öffentlichen Dienstes (der jedoch außerhalb dieser Untersuchung steht). An dieser Stelle soll nur kurz darauf hingewiesen werden, daß der öffentliche Dienst eine bis heute andauernde Zunahme an Teilzeitarbeit verzeichnet und insgesamt den Hauptanteil des Zuwachses trägt.

Gegen Ende der 60er Jahre wurden erstmals staatliche Fördermaßnahmen für Teilzeitarbeit ergriffen. Grund hierfür war der hohe Bedarf an (weiblichen) Arbeitskräften, die durch die Unternehmen allein jedoch nicht in der gewünschten Anzahl mobilisiert werden konnten. 1969 richtete die Bundesanstalt für Arbeit in 36 Städten sog. »Job-Vermittlungsstellen« ein, insbesondere, um Frauen aus der »Stillen Reserve« auf den Arbeitsmarkt zu holen. (Seifert 1984) Die Einbeziehung von Frauen sollte auch emanzipatorischen und familienpolitischen Zielen dienen. Eine Broschüre des Bundesministers für Arbeit und Sozialordnung von 1974 wies deutlich darauf hin: »Bei dem auf lange Sicht gegebenen Arbeitskräftemangel in der Bundesrepublik sollte alles versucht werden, das vorhandene Arbeitskräftepotential quantitativ und qualitativ auch durch verstärkte Teilzeitarbeit noch besser zu nutzen.« (Bundesminister für Arbeit und Sozialordnung 1974:5)

Gleichzeitig wurden von der Bundesanstalt für Arbeit zusammen mit dem Bundesministerium für Arbeit und Sozialordnung Darlehen zum Bau von Kindertagesstätten bereitgestellt. Hierbei stellte sich ein Zielkonflikt zwischen den staatlichen Stellen und den Regierungspartein ein. Die arbeitsmarktpolitisch erwünschte Expansion von Teilzeitarbeit stand im Widerspruch zu § 2 AFG, in dem festgelegt war, daß »unterwertige Beschäftigung« zu verhindern sei. In der Privatwirtschaft war bereits zu Anfang deutlich, daß die zur Verfügung gestellten Teilzeitarbeitsplätze im unteren Lohn-, Hierarchie- und Qualifikationssegment angesiedelt sind. »Das Bestreben der sozialliberalen Regierung, gegen diese Dequalifizierungstendenz anzugehen, führte zu einem weiteren Zielkonflikt zwischen dem Ausbau einer Arbeitsschutzgesetzgebung und der Begrenzung der Arbeitskosten.« (Dittrich/Fuchs/Landenberger/Rucht 1989:282) Langfristig und aus gesamtwirtschaftlicher Perspektive betrachtet, stellt der Arbeitsschutz ein Mittel zur Begrenzung der Arbeits- und Sozialkosten dar.

Während bis 1974 das Interesse an der Mobilisierung der »Stillen Reserve«, respektive der Frauen, anhielt, wurde vor dem Hintergrund steigender Arbeitslosigkeit nun die »Umverteilung der Arbeit« wichtig. 1978 wurde dementsprechend die Möglichkeit geschaffen, Teilzeitarbeit im Rahmen von Arbeitsbeschaffungsmaßnahmen anzubieten. (vgl. Dückert 1984: 108) Im wesentlichen beschränkten sich die staatlichen Maßnahmen während der 70er Jahre auf Appelle an die Tarifparteien und folgenlose Versuche zur Einrichtung eines Gesetzes zum Schutz von Teilzeitarbeitskräften.[69] 1979 wurden in mehreren

Bundesländern Förderprogramme zur Einrichtung von Teilzeitarbeitsplätzen in der Privatwirtschaft installiert. Maßgeblich hierbei waren die Empfehlungen der Kommission für wirtschaftlichen und sozialen Wandel. (Kommission für wirtschaftlichen und sozialen Wandel 1977:439) Diese wurden erst ab Mitte der 80er Jahre in abgewandelter Form fortgesetzt, da sie »keine überzeugenden Effekte zeitigten.« (Dittrich/Fuchs/Landenberger/Rucht 1989:283; vgl. Weitzel/Hoff 1981)

Die Ende der 70er Jahre verstärkt einsetzenden Bemühungen um die Förderung der Teilzeitarbeit wurden durch die konservativ-liberale Regierungskoalition forciert. Die vormals eingebrachten Bedenken bezüglich der vertrags- und arbeitsrechtlichen Schutzaspekte traten vor dem Hintergrund eines sprunghaften Anstiegs der Arbeitslosenzahlen nun in den Hintergrund. Die sog. »Flexibilisierungsoffensive« wurde durch ein Papier von Graf Lambsdorff (September 1982) sowie durch zwei Regierungserklärungen vom Oktober 1982 und Mai 1983 begonnen. In den Regierungserklärungen wird ausdrücklich ein Appell an die Arbeitgeber zur verstärkten Einrichtung qualifizierter Teilzeitarbeitsplätze gerichtet. Über diese Appelle hinaus wurden eine Anzahl konkreter Maßnahmen getroffen. Zu den wichtigsten gehören das Vorruhestandsgesetz (1984) und die Novellierung des Jugendarbeitsschutzgesetzes (1984) zur Angleichung der Arbeitszeitbedingungen von Jugendlichen an diejenigen von Erwachsenen. Verschiedene Bundesländer führten eigene Programme durch. Durch das Ministerium für Soziales und Familie des Landes Rheinland-Pfalz werden seit 1987 Klein- und Mittelbetrieben Lohnzuschüsse gewährt, wenn sie zusätzliche unbefristete Teilzeitstellen für Berufsanfänger zur Verfügung stellten. (Ministerium für Soziales und Familie des Landes Rheinland-Pfalz 1987) Seit 1985 wird durch das Land Niedersachsen die berufliche Eingliederung von Berufsanfängern ebenfalls durch Lohnkostenzuschüsse an die Privatwirtschaft gewährt. Voraussetzung ist auch hier, daß zusätzliche Teilzeitarbeitsplätze geschaffen werden.

Neben diesen Programmen bildete jedoch das Beschäftigungsförderungsgesetz neben dem Erziehungsurlaub die wichtigste staatliche – auf die Privatwirtschaft bezogene – Fördermaßnahme.

69 Ca. Mitte der 70er Jahre wurde innerhalb der SPD eine Diskussion um ein Gesetz zur Teilzeitarbeit geführt. Hierdurch sollte eine Verbesserung der arbeitsvertraglichen und -rechtlichen Situation erreicht werden. Konträr hierzu stand die Haltung der FDP (innerhalb der Regierungskoalition), die eine stärkere Liberalisierung der Normen favorisierte.

5.2.1 *Das Beschäftigungsförderungsgesetz*

Das am 1.5.1985 in Kraft getretene Beschäftigungsförderungsgesetz (BeschFG) bildet das Kernstück der neuen Arbeitszeitpolitik. Es bildet den Abschluß der bereits vor der neuen Regierungskoalition begonnenen arbeitszeitpolitischen Neuordnung. Durch die Einschränkung verschiedener arbeitsrechtlicher Schutzvorschriften sollten zusätzliche Beschäftigungsmöglichkeiten geboten werden. (vgl. Kittner 1985) Teilzeitarbeit wird nur unzureichend definiert: Der Status Teilzeitbeschäftigter gegenüber Vollzeitbeschäftigten ergibt darüber, daß erstere sich durch eine kürzere Arbeitszeit gegenüber letzteren unterscheiden (Art. 1 § 2 II). Diese Regelung bezieht sich jedoch ausschließlich auf ArbeitnehmerInnen eines Betriebes. Das bedeutet, daß ein/e ArbeitnehmerIn, die/der in einem Betrieb ein Teilzeitarbeitsverhältnis hat, in einem anderen Betrieb vollzeitbeschäftigt sein könnte. Das Beschäftigungsförderungsgesetz überläßt die Festlegung des Arbeitsverhältnisses somit dem einzelnen Betrieb.

Das BeschFG hat verschiedene Formen der Teilzeitarbeit erstmals gesetzlich geregelt. Eine dieser Formen ist die Kapovaz. Diese Arbeitszeitform ist besonders häufig im Handel vertreten und daher von besonderem Interesse für die Untersuchung.

Zu Kapovaz sieht das Gesetz folgende Regelungen vor:

- Falls keine vertragliche Vereinbarung getroffen wurde, wird eine Mindestarbeitszeit von 10 Stunden pro Woche
- und eine Mindestbeschäftigungsdauer von drei aufeinanderfolgenden Stunden sowie
- Ankündigungsfristen von mindestens vier Tagen vor Abruf der Arbeitsleistung festgelegt.
  (vgl. Hanau 1987)

Die Bewertung dieser Regelung fällt ambivalent aus. Zum einen ist hierdurch ein minimaler arbeitsrechtlicher Schutz geboten; auf der anderen Seite wird diese prekäre Form der Teilzeitarbeit damit aufgewertet und »gesellschaftsfähig« gemacht. (vgl. Keller 1989)

Eine weitere über das BeschFG geregelte Form der Teilzeitarbeit ist das »Job-Sharing«, »bei dem sich zwei oder mehrere Mitarbeiter bzw. Mitarbeiterinnen gemeinsam und solidarisch die Aufgabenerledigung eines Vollzeitarbeitsplatzes teilen und solchermaßen ihrem Beschäftiger gegenüber als Team auftreten und dabei ihr Innenverhältnis weitgehend intern bestimmen und ausgestalten können. Das ermöglicht dann wiederum eine wechselseitig bedingte Arbeits(zeit)-Flexibilität in diesem vorgegebenen Rahmen, wobei jedoch dieser Bezugspunkt »Vollzeitarbeitsplatz« nicht unabdingbar konstitutiv für das Job-Sharing ist.« (Teriet 1982:34)

Diese Form wird überwiegend im Bank- bzw. Versicherungsgewerbe praktiziert und ist insgesamt relativ bedeutungslos geblieben. Nach Einschätzung der Bundesvereinigung der Deutschen Arbeitgeberverbände kann »sowohl von der Zahl der neuen Teilzeitarbeitsverhältnisse wie von ihrer Zweckbestimmung ... auf einen nennenswerten Beschäftigungseffekt dieses Instruments nicht geschlossen werden«. (Bundesvereinigung der Deutschen Arbeitgeberverbände 1988:97) Das Gesetz bezieht sich ausschließlich auf bereits bestehende Teilzeitarbeitsverhältnisse und verzichtet auf Quoten bzw. auf einschränkende Regelungen zum Personenkreis. Das Gesetz greift grundsätzlich nicht in die Tarifautonomie ein und überläßt es den Tarifvertragsparteien, einzelne Regelungen des Gesetzes zu unterschreiten (§ 6 BeschFG). Das bedeutet, daß über dieses Gesetz die Zulassung verschlechternder tarifvertraglicher Regelungen und somit die Möglichkeiten arbeitsrechtlicher Diskriminierungen von Teilzeitbeschäftigten erheblich erweitert worden sind. Im wesentlichen erscheint das Gesetz als Festschreibung einer bis dato gängigen Praxis. Über die Legitimierung dieser gängigen Praxis werden prekäre Beschäftigungsverhältnisse nun festgeschrieben und gleichzeitig »aufgewertet«. Diese Aufwertung vollzieht sich über die Schwächung der Verhandlungsposition von ArbeitnehmerInnen, respektive Gewerkschaften, bezogen auf arbeitsrechtliche Schutzbestimmungen.

Mit dem Verweis auf das BeschFG wird die formale Legitimität prekärer Beschäftigungsverhältnisse – insbesondere der Teilzeitarbeit, bestätigt. Beim Job-Sharing wird bspw. der Ausfall eines/einer ArbeitskollegIn zum Problem des/der anderen ArbeitskollegIn, da – lt. BeschFG – vertraglich vereinbart werden kann, daß das Personal-Ausfallrisiko in diesem Fall von dem/der KollegIn getragen wird. Im Gegensatz hierzu regelt das Bundesurlaubsgesetz oder das Mutterschutzgesetz das Personal-Ausfallrisiko zu Lasten des Arbeitgebers. Damit findet über das BeschFG eine Verschiebung des Riskos zu Lasten des Arbeitnehmers statt. (vgl. Mayer 1986)

Nach Einschätzung der Bundesvereinigung der Arbeitgeberverbände entfielen durch das BeschFG komplizierte und kostenintensive Regelungen über die Rufbereitschaft und eine vormals diskutierte Regelung zur Bezahlung von Überstundenzuschlägen. (Bundesvereinigung der Deutschen Arbeitgeberverbände 1986) Eine weitere wesentliche Regelung des Gesetzes ist, daß »im Prinzip« eine Ungleichbehandlung von Teilzeitarbeitskräften gegenüber Vollzeitarbeitskräften untersagt ist. Gleichzeitig erlaubt eine Ausnahmeklausel, daß »sachliche Gründe eine unterschiedliche Behandlung rechtfertigen« (§ 2 Abs. 1). Mit dieser Formulierung wird ein weiter interpretatorischer Spielraum geboten, der insbesondere bei – in der Privatwirtschaft überwiegend vorhandenen – minderwertigen Teilzeitarbeitsverhältnissen den weiteren Abbau von sozialen Schutzrechten bzw. die Legitimierung des status quo ermöglicht. Bezogen auf die erhofften Beschäftigungseffekte hat das BeschFG versagt. Die Förderung von sozial verträglichen Formen der Teilzeitarbeit sowie eine Verbesserung der Arbeitsmarktchancen von Frauen konnte nicht erreicht werden. Ein

Abbau der geschlechtsspezifischen Segmentierung des Arbeitsmarktes wurde durch das BeschFG eher verhindert als eingeleitet. Die Stellen für Teilzeitarbeit konzentrieren sich weiterhin

- im Dienstleistungssektor (hier ist die Vorreiterrolle des öffentlichen Dienstes zu beachten);
- in gering qualifizierten Tätigkeitsbereichen und
- auf traditionell von Frauen ausgeübte Jobs.
  (Vgl. Keller 1989:280)

5.2.2 Der Erziehungsurlaub

Der 1979 eingeführte Mutterschaftsurlaub wurde 1986 mit der Einführung des Erziehungsurlaubs und des Erziehungsgeldes (Bundeserziehungsgeldgesetz 1986) abgelöst. Demnach besteht für Männer sowie Frauen der Anspruch auf Erziehungsgeld, wenn sich ein Elternteil der Pflege und Betreuung des Kindes vorrangig widmet. Gleichzeitig kann eine Teilzeitarbeit von unter 19 Wochenstunden ausgeübt werden. (BAT-Drucksache 10/ 3792)

Mit der seit 1986 bestehenden Möglichkeit für Väter, den Erziehungsurlaub in Anspruch zu nehmen, hat sich jedoch keine Verhaltensveränderung ergeben: Der 1991 in Anspruch genommene Erziehungsurlaub wurde zu 98,3 Prozent von Frauen gewählt. (Sauerborn 1992) In der »Einverdiener-Ehe« steht nur der Mutter das Erziehungsgeld zu. (vgl. Mennel 1988) Sind beide Elternteile erwerbstätig, so scheidet i.d.R. die-/derjenige aus der Erwerbsarbeit aus, der/die den geringeren Verdienst hat – also i.d.R. die Frauen. (vgl. Klein 1993) Das Erziehungsgeld stellt faktisch eine pauschale Honorierung der Erziehungsarbeit dar und ist nicht an eine vorherige Erwerbstätigkeit gebunden. Die Erziehungsarbeit – und damit die Reproduktionsarbeit – soll durch die Zahlung dieser Pauschale aufgewertet und der Erwerbsarbeit gleichgestellt werden. Doch bereits die Höhe des Erziehungsgeldes verdeutlicht, daß diese Arbeit keinesfalls den gleichen Stellenwert wie Erwerbsarbeit genießt.

Mitte der 80er Jahre wurde der Erziehungsurlaub sowohl von Gewerkschaften, PolitikerInnen als auch von Familienverbänden unter dem Stichwort der Vereinbarkeit von Beruf und Familie gefordert. Erziehungsurlaub sollte – ursprünglich – die Chancen von Frauen auf dem Arbeitsmarkt verbessern. Tatsächlich kommt der Erziehungsurlaub – wie andere staatliche Maßnahmen – den Interessen von Frauen einerseits entgegen, trägt jedoch gleichzeitig »zu Diskontinuität weiblicher Erwerbsbiographien bei, zur Entlastung des Arbeitsmarktes und zur Stabilisierung eines frauendiskriminierenden Verständnisses von Erwerbs- und Reproduktionsarbeit.« (Klein 1993: 22) Prinz vertritt hierzu die Auffassung, daß »Erziehungsgeld und -urlaub … offensichtlich dem empirisch vorgefundenen Trend einer Zunahme kontinuierlicher Erwerbstätigkeit von Frauen entgegenwirken (sollen)«. (Prinz 1992:217)

Feststellbar ist, daß die Nicht- bzw. Teil(zeit)erwerbstätigkeit von Frauen – über verschiedene Anreize – erste Priorität erhält. Gleichzeitig werden jedoch auch Anreize zum Wiedereinstieg in die Erwerbstätigkeit geboten.[70] Diese scheinbare Widersprüchlichkeit bringt einerseits eine konservative Familienpolitik zum Ausdruck und schließt andererseits gleichzeitig einen Kompromiß mit der steigenden Erwerbsquote von Frauen. Damit tragen staatliche Maßnahmen und Unterlassungen dazu bei, »die personalwirtschaftlichen Flexibilitätsspielräume der Unternehmen zu vergrößern und die »Eignung« der Frauen als Hauptträgerinnen von atypischen Beschäftigungsformen zu konservieren«. (Landenberger 1993:30)

5.3. Der Einfluß traditioneller Rollenmuster

»Teilzeitarbeit ist ein Ausdruck der Persistenz geschlechtsspezifischer Abhängigkeiten und Rollenmuster« (Kurz-Scherf 1989:51), »die Frauen seit jeher an einer vollen Teilnahme am Erwerbsleben und an der Erlangung ökonomischer Eigenständigkeit gehindert haben.« (Büchtemann/Schupp 1987:37f)

Teilzeitarbeit wird im wesentlichen von verheirateten Frauen und Müttern ausgeübt und läßt damit die Schlußfolgerung zu, daß die Art der Beteiligung am Arbeitsmarkt in einem engen Zusammenhang mit der Rolle und Funktion von Frauen im Reproduktionsbereich steht. Frauen können ihre Arbeitskraft nur zu einem Teil dem Arbeitsmarkt zur Verfügung stellen. Die Möglichkeit, familiäre Tätigkeiten gesellschaftlichen Institutionen zu übertragen, scheint ebenso wie die fortgeschrittene Mechanisierung und Rationalisierung von Hausarbeit an Grenzen zu stoßen. Der Bereich gesellschaftlich notwendiger Reproduktionsarbeit, der nicht durch Institutionen (bspw. Kindergärten, -horte, Haushaltshilfen etc.) übernommen wird bzw. werden kann, wird fast ausschließlich von (teil)erwerbstätigten (Ehe-)Frauen verrichtet.

Obwohl eine zunehmende Angleichung der Geschlechterrollen auf ideologischer Ebene, die sich u.a. durch eine positivere Einstellung von Männern gegenüber weiblicher Berufstätigkeit ausdrückt, feststellbar ist, sind Männer i.d.R. nicht bereit, einen entsprechenden Anteil an der Reproduktionsarbeit zu leisten: »Das Festhalten an der systematischen Nicht-Verrichtung von Hausarbeit zeigt sich unabhängig davon, ob ein Mann eine berufstätige oder eine nicht-berufstätige, eine voll- oder eine teilzeitbeschäftigte Partnerin hat«. (Metz-Göckel 1987:24) Die Untersuchung von Büchtemann/Schupp(1986) konstatiert, daß vollzeitbeschäftigte Väter im Durchschnitt pro Werktag 1,6 Stunden reproduktionsbezogene Tätigkeiten verrichten; im Verhältnis hierzu leisten vollzeitbeschäftigte Mütter im Durchschnitt pro Werktag 4 Stunden Re-

70 Bspw. über das BMJFFG-Modellprogramm von 1989-1993 durch Angebote kommunaler und verbandlicher Träger; verschiedene AFG-Regelungen(Fortbildung, Umschulung etc.).

produktionsarbeit. Durch die Vereinbarung von Produktions- und Reproduktionsararbeit leisten Frauen im Schnitt täglich 12,5 Stunden (Männer 11 Stunden); teilzeitbeschäftigte Frauen arbeiten ca. 11 Stunden pro Tag im Produktion-/Reproduktionsbereich und zwar unabhängig vom zeitlichen Umfang der Teilzeitarbeit. Damit wird deutlich, daß aufgrund der traditionellen geschlechtsspezifischen Rollenverteilung teilzeitbeschäftigten Frauen nicht mehr frei verfügbare Zeit zur Verfügung steht, sondern diese Zeit für Reproduktionsarbeit investiert wird. Dies ist einer der zahlreichen Aspekte, der die Ambivalenz von Teilzeitarbeit ausmacht: Teilzeitarbeit – in ihrer derzeitigen Form – trägt zur Persistenz traditioneller geschlechtsspezifischer Rollenmuster bei und ist damit ein Instrument zur Fest- bzw. Fortschreibung der Arbeitsmarktsegmentierung.

Gleichzeitig äußert sich die Ambivalenz von Teilzeitarbeit darin, daß sie insbesondere Frauen die Möglichkeit bietet, sich weder dem männlichen Erwerbsverhalten anpassen zu müssen, noch ausschließlich im Reproduktionsbereich tätig zu sein. »Im Prinzip der Teilzeitarbeit liegt eine über das herrschende Berufsbild hinausweisende Erweiterung des Spektrums der Möglichkeiten«. (Kurz-Scherf 1989:52) Der Pluralität von Lebensstilen könnte durch die individuelle Möglichkeit dauerhafter oder phasenweiser »Weniger-Arbeit« (vgl. Wiesenthal 1986) entsprochen werden.

Erwerbsarbeit als zentraler Bezugspunkt mußte sich in die Konkurrenz zu anderen Lebensbereichen, wie Familie und Freizeit, begeben. (vgl. Engfer/Hinrichs/Offe/Wiesenthal 1983a) Damit kann Teilzeitarbeit auch als Reaktion veränderter Lebens- und Arbeitsorientierungen interpretiert werden. Dazu würde gehören, daß Teilzeitarbeit freiwillig gewählt wurde und existenzsichernd ausgeübt werden kann. Dies ist im Bereich des öffentlichen Dienstes (bspw. bei LehrerInnen) durchaus möglich. Im höher qualifizierten Bereich bietet Teilzeitarbeit damit die Chance einer verbesserten Lebensqualität. Dies entspricht jedoch nicht der quantitativ überwiegenden Zahl der Teilzeitbeschäftigungsverhältnisse.

Zusammenfassend bleibt festzustellen, daß Teilzeitarbeit theoretisch Möglichkeiten zur individuellen Verbesserung der Lebensqualität bieten kann. Der Bereich qualitativer Teilzeitarbeit bedarf der politischen und gewerkschaftlichen Unterstützung. Für die bisherige Praxis der Teilzeitarbeit ist dieser Bereich jedoch nur von marginaler Bedeutung. Wesentlicher ist, daß sich für Frauen über die Ausübung eines Teilzeitbeschäftigungsverhältnisses die Möglichkeit eröffnet, am Erwerbsarbeitsmarkt bei paralleler Ausübung traditioneller Reproduktionsarbeit teilzuhaben. Damit entsprechen Frauen den an sie gestellten Forderungen, die auf einem gesamtgesellschaftlich getragenen Konsens beruhen. Teilzeitarbeit ist damit (in der Regel) Ausdruck und Instrument der Persistenz traditioneller geschlechtsspezifischer Rollenmuster. Diese Schlußfolgerung verweist auf eine der zentralen Thesen der vorliegenden Arbeit, daß Teilzeitarbeit auf einem gesamtgesellschaftlichen Konsens beruht, der von allen beteiligten Arbeitsmarktakteuren, zu denen auch die betroffen Frauen selbst zählen, getragen wird.

V. Fallstudien: Teilzeitarbeit im Einzelhandel und in der Gebäudeinnenreinigung

1. Der Einzelhandel und die Gebäudeinnenreinigung als Teilzeitarbeitsmärkte

»Teilzeitarbeit konzentriert sich auf Niedriglohnbranchen und Berufe mit relativ niedrigem Prestigewert.« (Schoer 1986:21 ff) Diese Kennzeichen typischer Frauenberufe treffen auf ca. 1/3 aller weiblichen Teilzeitbeschäftigten, die als Gebäudeinnenreinigerinnen und Verkäuferinnen, also in lediglich zwei Branchen beschäftigt sind, zu. (vgl. Trautwein-Kalms 1987)

Seit Beginn der 70er Jahre ist die Entwicklung der Beschäftigungsstruktur des Einzelhandels gekennzeichnet durch einen Abbau von Vollzeitarbeitsplätzen bei gleichzeitigem Anstieg des Anteils der Teilzeitarbeitsplätze.[1] »Teilzeitarbeit herrscht in Bereichen vor, in denen die Qualifikationsanforderungen niedrig sind« (EG 05), lautet die branchenkennzeichnende Feststellung eines/r GewerkschaftssekretärIn. Damit wird zugleich ein Hinweis auf das brancheninterne Qualifikationsgefälle gegeben: die Position eines Filialleiters ist i. d. R mit einem vollzeitbeschäftigten Mann besetzt; die geringer qualifizierten Arbeitsbereiche – bis hin zur nur wenige Stunden beschäftigten Auffüllerin – werden von Frauen auf Teilzeitarbeitsplätzen eingenommen.

Im Reinigungsgewerbe wird die Glas-, Fassaden- und Denkmalreinigung überwiegend von Arbeitnehmern und die Unterhalts- und Gebäudeinnenreinigung von Arbeitnehmerinnen ausgeübt. Die Gebäudeinnenreinigung, die den Schwerpunkt der Branche bildet, weist ebenfalls ein internes Qualifikationsgefälle innerhalb des Arbeitsbereiches auf.[2] Während Frauen die Putzarbeiten als gewerbliche Arbeitnehmerinnen verrichten, arbeiten als Objektleiter häufig Männer im Angestelltenstatus. (EG 13) Gleichwohl liegen die Arbeitsbereiche bezüglich ihrer Entlohnung, ihres Status u. v. m. unterhalb derer im Einzelhandel. Die Gebäudeinnenreinigung umfaßt die Reinigung und Pflege von sanitären Anlagen, Wänden, Türen, Treppen, Böden etc.[3]

1 Vgl. Tabelle 11: »Abhängig Erwerbstätige im Einzelhandel und normalerweise geleistete Arbeitsstunden«.

2 Bereits Ende 1970 stellte die Gebäudeinnenreinigung mit 57 Prozent den Umsatzschwerpunkt; vgl. Albers 1979:28.

3 Die Gebäudeinnenreinigung wird nochmals differenziert nach laufender Reinigung, Zwischenreinigung, Grundreinigung und außerordentlicher Reinigung; vgl. Hesmert 1980:4.

Dieser typische Frauenarbeitsbereich[4] ist direkt mit der Arbeitszeitform Teilzeitarbeit verbunden, die sich jedoch im Unterschied zum Einzelhandel überwiegend im sozialversicherungsfreien Bereich bewegt. Die tägliche Arbeitszeitdauer liegt teilweise unterhalb von 2 Stunden, ist häufig mit Wochenend- und Feiertagsarbeit verbunden und liegt zeitlich entweder in den frühen Morgen- bzw. späten Abendstunden. Die Gebäudeinnenreinigung wird zu ca. 98 Prozent[5] von Frauen ausgeübt.

2. *Entwicklung und Struktur der untersuchten Branchen*

Der Einzelhandel und die Gebäudeinnenreinigung sind »Klassiker« bzw. »Vorreiter« flexibler Arbeitszeitformen. Typisch für die Branchen sind sowohl chronometrische (bezogen auf die Dauer der Arbeitszeit) als auch chronologische (bezogen auf die Lage der Arbeitszeit) Flexibilisierungen. (vgl. Raehlmann/Meiners/Glanz/Funder 1993)

Im Bereich der Gebäudeinnenreinigung wurden durch die Auslagerung der Reinigungsarbeiten aus dem eigenen Personalbereich und die Vergabe der Dienstleistung an Spezialfirmen insbesondere sozialversicherungsfreie Teilzeitarbeitsverhältnisse gefördert. Die Arbeitszeiten im Einzelhandel orientierten sich in den letzten beiden Jahrzehnten weg von der traditionellen Halbtagsarbeit am Vormittag hin zu variablen Arbeitszeiten (Kapovaz). (vgl. Gerlach 1987) Die Entwicklungsdynamik der Arbeitszeiten beider Branchen ist bestimmt durch organisatorische und technische Rationalisierungsmaßnahmen, in deren Folge Vollzeitarbeits- in Teilzeitarbeitsplätze umgewandelt wurden und Teilzeitarbeit als typische Arbeitszeitform dieser Branchen etabliert wurde.

Im folgenden werden die Strukturen und besonderen Merkmale beider Branchen, deren Entwicklung in einem direkten Zusammenhang mit der Dynamik von Teilzeitarbeitsverhältnissen steht, diskutiert. Hieraus ergeben sich die für Teilzeitarbeit typischen Problemlagen, die anhand des Einzelhandels und der Gebäudeinnenreinigung exemplarisch untersucht werden.

2.1 *Der Einzelhandel: Rationalisierungs- und Konzentrationsprozesse*

Die Aufgabe des Handels besteht darin, zwischen der Produktion von Waren, Dienstleistungen und Konsum zu vermitteln.

4 Im Reinigungsgewerbe wird die Glas-, Fassaden- und Denkmalreinigung überwiegend von Arbeitnehmern und die Unterhalts- und Gebäudeinnenreinigung von Arbeitnehmerinnen ausgeübt.

5 BeitrAB 60, 1982:249.

Die ursprüngliche Zielsetzung des Handels generell und des Einzelhandels im besonderen, dem Verbraucher alle Güter bereitzustellen, die dieser nachfragt, wird durch den Absatz der Waren unter Rentabilitätsgesichtspunkten und dem Interesse der bestmöglichen Kapitalverwertung konterkariert. (vgl. Wald 1985) Beispiele hierfür sind die Reduktion oder Einstellung von Beratungs- und Serviceleistungen oder die Einschränkung des Sortiments, wenn der »Aufwand« (Kosten) hierfür nicht mehr den entsprechenden »Nutzen« (Gewinn) erbringt.

Im Mittelpunkt der Entwicklung der Branche stehen unterschiedliche Rationalisierungsphasen, die wesentlichen Einfluß auf die Arbeitszeit- und Beschäftigungsstrukturen im Einzelhandel nahmen.

Die strukturelle Entwicklung des Einzelhandels wurde im überbetrieblichen Bereich bestimmt durch die Ausweitung der Verkaufsflächen und Konzentrationsbewegungen und im betrieblichen Bereich durch organisatorische und technische Rationalisierungsmaßnahmen, d.h. durch eine detaillierte Personaleinsatzplanung, durch die Ausweitung von Teilzeitarbeit (insbesondere Kapovaz) und den Einsatz neuer Technologien. Großflächige Betriebsformen wie bspw. Verbrauchermärkte und SB-Warenhäuser konnten ihre Marktanteile ausbauen und waren somit (Mit)Initiator als auch Produkt des Strukturwandels. »Neue Probleme in der Klassifizierung von Betrieben des Einzelhandels entstehen mit der Bildung neuartiger Betriebsformen, die sich weniger durch völlig neue, bisher unbekannte Merkmale charakterisieren lassen, als vielmehr durch ihre neuartige Kombination bekannter Merkmale«[6]

Die wirtschaftlichen Krisen (1974/75 und 1980-83) sowie die Strukturkrisen der Stahl-, Werften- und Elektroindustrie führten zu einem Rückgang des privaten Verbrauchs, der insbesondere von der Einkommensentwicklung, der Kürzung staatlicher Sozialleistungen, der Rentenentwicklung sowie der Arbeitslosigkeit abhängig ist bzw. beeinflußt wird. Für den Einzelhandel bedeutete dies sinkende Umsatzzahlen, insbesondere in Regionen mit hoher Arbeitslosenkonzentration.

Durch die umfangreiche und schnelle Entwicklung der Selbstbedienung, durch Fusionen, Gruppen- und Kettenbildung, die Verbreitung von Discountern, durch Shopping-Center, Verbrauchermärkte und Selbstbedienungswarenhäuser (SB-Warenhäuser) wurden im Einzelhandel leistungsstarke und wettbewerbsstabile Unternehmenseinheiten gebildet. »Diese Entwicklung wurde sowohl in Fach- als auch in wissenschaftlichen Kreisen als die Revolution im Handel bezeichnet. Man deklarierte sie als zeitverzögerte Erscheinung der in-

6 Bargmann/Müller/Schickler/Tippelt 1981:71. Zu den wichtigsten Betriebsformen des Einzelhandels zählen Verbrauchermärkte und SB-Warenhäuser; Filialunternehmen; Waren- und Kaufhäuser; Versandunternehmen; in freiwilligen Ketten organisierte Einzelhandelsunternehmen; nichtorganisierter Einzelhandel, Fachhande und Gemischtwarenhandel; vgl. Wiedemuth 1985:35.

dustriellen Revolution im Dienstleistungsbereich.« (Gewerkschaft HBV, Geschäftsbericht 1968-71:135) Die Ende der 60er Jahre begonnene »Revolution« setzte sich in den 70er Jahren fort.

Kennzeichnend für die Situation des Handels war:

- ein verstärkter Wettbewerb,
- weitere Unternehmenskonzentrationen und Diversifikationen,
- ein verstärkter Kampf um Marktanteile,
- drastische Rationalisierungen und
- ein weiterer Ausbau der Verkaufsflächen.
  (Vgl. Gewerkschaft HBV, Geschäftsbericht 1972-75:149)

Die Periodisierung der verschiedenen Rationalisierungsphasen[7] läßt sich in etwa wie folgt vornehmen:

- *1. Rationalisierungsphase*: Seit Beginn der 50er Jahre, mit der Einführung von Selbst-und Teilselbstbedienung;
- *2. Rationalisierungsphase*: Seit Anfang der 60er Jahre, mit der Zentralisierung von Funktionen in Großunternehmen (insbesondere Einkauf und Sortimentsplanung);
- *3. Rationalisierungsphase*: Seit 1968, mit der Einführung der Personaleinsatzplanung;
- *4. Rationalisierungsphase*: Seit ca. 1973, mit der verstärkten Nutzung der bisherigen Rationalisierungsinstrumente auf der Grundlage elektronischer Datenkassensysteme und EDV; verbunden mit der Einführung geschlossener Warenwirtschaftssysteme;
- *5. Rationalisierungsphase*: Seit ca. 1982, mit der Erprobung neuer Informations- und Kommunikationsmittel (IuK-Technologien) wie bspw. BTX; Anfänge systemorientierter Vernetzung unterschiedlicher betrieblicher und außerbetrieblicher Arbeits- und Funktionsbereiche.[8]

Durch eine zunehmend detaillierte Personaleinsatzplanung wurde verstärkt »Druck« auf ArbeitnehmerInnen ausgeübt, sich den betrieblich gewünschten Arbeitszeiten, die sich an den Kundenströmen orientieren, anzupassen.

Ungefähr Mitte bis Ende der 70er Jahre ist ein weiterer Abbau der »Tante-Emma-Läden« bei paralleler Zunahme der SB-Warenhäuser, der Verbrauchermärkte etc. zu beobachten. Dieser Konzentrationsprozeß vollzieht sich durch internes Wachstum, d.h. durch die Vergrößerung der Betriebs- und Verkaufsflächen und die Sortimentserweiterung einzelner Unternehmen sowie über ex-

7 Grundsätzlich wurde zwischen »Technischer Rationalisierung = Ersatz von Arbeitskraft durch Kapital« und »Organisatorischer Rationalisierung = höhere quantitative Ausnützung der Arbeitskraft und/oder qualitative Steigerung der Arbeitsleistung« bereits zu Beginn der 70er Jahre unterschieden; vgl. Scheibe-Lange 1970:38.

8 Vgl. Scheibe-Lange 1976:55ff; Tenbensel 1987.

ternes Wachstum, durch Fusionen, Beteiligungen etc. 1978 erwirtschafteten die 24 größten Einzelhandelsunternehmen 35 Prozent des gesamten Umsatzes. (Gewerkschaft HBV, Geschäftsbericht 1976-79) In den 70er Jahren baute der Lebensmittel-Einzelhandel, der besonders vom Strukturwandel der Branche betroffen ist, ca. 107.500 Beschäftigte ab (ca. 20 Prozent), während gleichzeitig die Verkaufsfläche um 38 Prozent anstieg. (Gewerkschaft HBV, Geschäftsbericht 1980-83)

Auf dem insgesamt stagnierenden Markt führte die Konkurrenz zu einem Verdrängungs- und Vernichtungswettbewerb. In der Rationalisierungsphase während der 70er Jahre kam ein verstärkter Technikeinsatz in Form von Textverarbeitung, elektronischen Datenkassen[9], Buchungszentren und Datensichtgeräten zum Tragen. Diese Rationalisierungspolitik wirkte sich aus durch

- die Vernichtung von Vollzeitarbeitsplätzen[10] im Verkauf,
- die Ausweitung von Teilzeitarbeit bei gleichzeitiger
- Einführung neuer Personaleinsatzplanung in Form »Kapazitätsorientierter variabler Arbeitszeitsysteme«, verbunden mit
- Leistungsintensivierung,
- Entleerung von Arbeitsinhalten, Dequalifizierung und
- gesundheitliche Gefahren, bspw. durch die Arbeit an Terminals. (Vgl. Bargmann/Müller/Schickler/Tippelt 1981; Glaubitz/Zmuda-Schamper 1985; Wald 1985)

Bereits in den 70er Jahren wurde unter dem Begriff »Organisatorische Rationalisierung« der »Einsatz von Teilzeitbeschäftigten oder Aushilfskräften in Zeiten mit hoher Kundenfrequenz« gefaßt. (Scheibe-Lange 1972a:47) Als wesentliches Instrument zur Durchführung dieser Maßnahmen (u.a. auch Mehrstellenarbeit bzw. Einsatz von Arbeitskräften in verschiedenen Abteilungen) wurde eine systematische Personaleinsatzplanung durchgeführt: »Während bei festen Stellenbesetzungen die Zahl der Arbeitskräfte nach den Zeiten mit höchster Kundenfrequenz ausgerichtet werden muß, wobei sich diese Zeiten in den einzelnen Abteilungen im allgemeinen nicht decken und somit alle Abteilungen abwechselnd Überkapazitäten aufweisen, kann bei Personaleinsatzplanung die Zahl der Arbeitskräfte eher nach der jeweils durchschnittlichen Kundenfrequenz bemessen werden.« (Scheibe-Lange 1972a:47)

Damit wurde die Auslastung der Arbeitskapazität der Beschäftigten deutlich erhöht. Der steigende Anteil der Teilzeitbeschäftigten wurde als Indikator einer verstärkten Personaleinsatzplanung bewertet.[11] »Bei manchen Großunter-

9 Unter dem Stichwort »Fakturierung« wurde zu Beginn der 70er Jahre die technische Rationalisierung in Form der technischen Verbesserung der Kassen gefaßt. Es wurde zwischen Kassen mit Rückgeldautomatik, Kassen mit automatischem Münzgeldsortierer und Kassen mit automatischer Rabattmarkenausgabe unterschieden; vgl. Scheibe-Lange 1970:45.

10 Die Anzahl der Vollzeitbeschäftigten im Einzelhandel zwischen 1970-78 sank um 8,7 Prozent.

nehmen ist der Anteil der Teilzeitbeschäftigten noch wesentlich höher: z.B. bei Horten und bei Karstadt im Jahre 1970 etwa je 29 v.H., bei der Kaufhalle ebenfalls über 25 v.H. Es handelt sich hier jeweils um die Anteile an der Gesamtbeschäftigtenzahl, also nicht nur um den Anteil der Teilzeitbeschäftigten an den Verkaufskräften, der noch bedeutend höher sein muß. So gibt z.B. das Lebensmittelfilialunternehmen Cornelius Stüssgen AG für das Geschäftsjahr 1969/70 an, daß von allen Arbeitsstunden, die im Verkaufsbereich anfielen, 36,8 v.H. dieser Stunden von Teilzeitbeschäftigten und Aushilfskräften geleistet wurden«. (Scheibe-Lange 1972a:48) Der Rationalisierungseffekt wurde durch eine Leistungsverdichtung, die keinen Einfluß auf die Höhe des Arbeitsentgeltes hatte, erzielt. Die »Spezialisierung« der Tätigkeiten im Verkauf, d.h. die Zerstückelung von ehemals ganzen Arbeitsgebieten in einzelne Tätigkeitsbereiche, erleichterte zunehmend den Einsatz von Teilzeitarbeitskräften.[12] Arbeitsteilung ist jedoch nicht nur eine für den Verkaufsbereich typische organisatorische Rationalisierungsmaßnahme. Die hier durchgeführten Maßnahmen sind oft Ausgangspunkt für weitere Rationalisierungsmaßnahmen, wie bspw. die Zentralisierung der Einkaufstätigkeiten. Je größer ein Unternehmen ist, desto effektiver sind diese Funktionsausgliederungen. Diese Rationalisierungsmaßnahmen haben Auswirkungen auf die Anzahl und die Art der Arbeitsplätze, die Berufsausbildung, auf die Aufstiegsmöglichkeiten und die Entlohnung der ArbeitnehmerInnen. Die technische und organisatorische Rationalisierung und der damit verbundene gezielte Einsatz von Teilzeitkräften zu Spitzenverkaufszeiten haben die Arbeitsproduktivität im Einzelhandelsbereich erhöht. Verbunden hiermit war ebenfalls eine Umschichtung der Arbeitsplätze. Diese qualitative Umschichtung bewirkte eine Zunahme niedrig qualifizierter Tätigkeiten und damit einhergehend eine geringere Entlohnung. Die Zunahme dispositiver und spezialisierter Tätigkeiten bedingte den Fortfall traditioneller Verkaufstätigkeiten. Rationalisierungsmaßnahmen und -effekte, die durch Arbeitsteilung und zunehmende Teilzeitarbeit erzielt werden konnten, sind unmittelbar mit dem Anstieg der Anzahl weiblicher Beschäftigter im Einzelhandel verbunden.

In den 80er Jahren wurde dieser Rationalisierungsprozeß verstärkt weitergeführt. Das Datenmaterial einer SOFI-Studie (Baethge/Oberbeck 1992) zeigt, daß 1985 0,1 Prozent der Unternehmen 35,5 Prozent des Umsatzes bestritten, während 90 Prozent der Unternehmen 17 Prozent des Gesamtumsatzes untereinander teilen mußten. »Wenn man die Umsatzhöhe betrachtet, wird deutlich, daß im Zeitraum von 1979 bis 1985 bei den kleinen Unternehmen mit einem Umsatz bis 2 Mio. DM die Marktanteile zurückgingen, während umgekehrt

11 Bereits seit 1962 ging die Anzahl der Vollzeitbeschäftigten im Einzelhandel zurück, da zunehmend Teilzeitkräfte eingesetzt wurden. Diese Entwicklung ist Resultat einer gezielten Personalpolitik.

12 Anfang der 70er Jahre wurde prognostiziert, daß langfristig die Teilzeitbeschäftigtenzahlen bis auf 25 Prozent steigen könnten bei einem gleichzeitigen Rückgang der Vollzeitbeschäftigten um etwa 10 Prozent.

Großunternehmen ab 250 Mio DM in lediglich sechs Jahren ihren Marktanteil um 20 Prozent erhöhten.« (Baethge/Grimm/Oberbeck 1989, Tabelle 9 und 10) Gleichzeitig war eine wachsende Anzahl von Billiganbietern, Feinkost- und Designläden feststellbar. Diese Entwicklung wurde durch die veränderte Verwendung der Einkommen der Privathaushalte unterstützt. Während die Anteile der Fixkosten (wie Miete, Energiekosten etc.) stetig anstiegen, sank gleichzeitig der Anteil der Ausgaben für Nahrungs- und Genußmittel. Während der Bereich des »unelastischen Verbrauchs« bei steigendem Lebensstandard sank, erfolgte gleichzeitig eine Steigerung im Bereich des sog. »elastischen Verbrauchs«, wozu Bildung, Unterhaltung, persönliche Ausstattung etc. zählen. (vgl. Wiedemuth 1985)

Während Personengruppen mit geringen Einkommen für den größten Teil ihres Gesamtbedarfs Billiganbieter bevorzugen, tendieren Personengruppen mit höheren Einkommen hingegen zu einem differenzierterem Konsumverhalten: »Die Güter des Grundbedarfs werden unter Preisgesichtspunkten bei preisaggressiven Betriebsformen des Einzelhandels gekauft, ... während die Güter des gehobenen Bedarfs unter Qualitätsgesichtspunkten im Rahmen der Inszenierung von Kauferlebnissen erworben werden...« (Baethge/Grimm/Oberbeck 1989:25)

Die Entwicklung des privaten Verbrauchs wirkte sich unmittelbar auf die Umsatzentwicklung des Einzelhandels aus. Die bereits beschriebene Zusammensetzung der Konsumausgaben, die zur Verfügung stehenden Einkommen und die Sparquote der potentiellen Käufer einerseits sowie die Preisgestaltung durch die Hersteller und die Entwicklung der Löhne andererseits sind wesentliche Determinanten dieser Entwicklung. Umsatzverluste in größerem Umfang waren 1973/74 zu verzeichnen; 1980 bis 1982 ist eine geringe Steigerungsrate ausgewiesen; die darauf folgenden Jahre weisen eine sich stabilisierende Tendenz aus. 1986 erfolgte ein reales Umsatzwachstum von 4,2 Prozent, das in seiner Tendenz bis 1989 anhielt. Diese Umsatzentwicklung verlief sehr differenziert innerhalb der verschiedenen Warenbereiche, was zu Verschiebungen der Marktanteile führte.

Das (Spannungs-)Verhältnis zwischen Produzent, Groß- und Einzelhandel war bis 1973[13] durch die Industrie dominiert. Die Hersteller der großen Markenartikel bestimmten die Endverkaufspreise, auf die der Einzelhandel durch Preisbindung festgelegt war und beherrschten damit weitgehend den Markt. Der Einzelhandel konnte zu dieser Zeit lediglich durch interne Kosteneinsparungen – u.a. durch den Einsatz von TeilzeitarbeitnehmerInnen – seine Gewinnspanne erhöhen. »Heute (1985, M.K.) beeinflussen Aldi, Rewe-Leibbrand, Tengelmann ... Edeka, Massa und andere die Gewinnspanne nicht nur kleiner und mittlerer Hersteller, indem sie versuchen, die Einkaufspreise zu drücken und so die Gewinne der Hersteller anzuknabbern.« (Wiedemuth 1985:19)

13 Bis 1973 existierte die Preisbindung der zweiten Hand.

Das Machtverhältnis zwischen Produzent und Einzelhandel hat sich nach 1973 nicht nur verschoben, sondern umgekehrt. Wenn eine der großen Einzelhandelsketten beschließt, das Produkt eines bestimmten Herstellers oder ggf. die gesamte Angebotspalette dieses Herstellers nicht mehr zu vertreiben, kann dies u. U. dessen Konkurs bedeuten. Diese Entwicklung führte auch dazu, daß Hersteller Aktionspreise bieten, Werbekostenzuschüsse übernehmen bzw. die gelieferte Ware durch den Produzenten selbst in die Regale geräumt wird. Die Konzentrations- und Zentralisierungsprozesse haben überwiegend die Vertriebslinien, die kurzlebige bzw. Massengüter anbieten, geprägt. Hierzu zählt der gesamte Lebensmittel- bzw. Textileinzelhandel. Diese Konzentrations- und Rationalisierungsprozesse führten zu ausdifferenzierten Arbeitszeitstrukturen in Verbindung mit einem Anwachsen von Teilzeitarbeitsverhältnissen.

Strukturelle Veränderungen der Branche und damit der Beschäftigungsverhältnisse zeigen sich durch den Abbau von Vollzeit- zugunsten von Teilzeitbeschäftigungsverhältnissen, verbunden mit dequalifikatorischen Auswirkungen und einer überdurchschnittlich hohen Erwerbsquote von Frauen. Die Branche ist durch strukturelle Defizite in Verbindung mit einem segmentierten und prekären Arbeitsmarkt gekennzeichnet. Für die Beschäftigten äußert sich dies u.a. durch – im Vergleich zu anderen Branchen – schlechte Einkommens- und Arbeitsbedingungen, durch ein schlechtes Image u. v. m. Durch die sinkenden Qualifikationsanforderungen wurde bei ca. 50 Prozent aller Tätigkeiten die dreijährige Ausbildungszeit überflüssig.

Seit Beginn der 80er Jahre erfolgte mit dem verstärkten Einsatz von Informations- und Kommunikationstechniken eine Verknüpfung von Technikeinsatz, Arbeitsorganisation und personalpolitischen Maßnahmen. »Im Ergebnis folgt daraus eine Reorganisation betrieblicher Funktionsbereiche und eine Neuordnung ihres Zusammenspiels, was in erheblichem Maß die Arbeitsbedingungen der Beschäftigten beeinflußt. Vor allem beinhalten diese Konzepte eine Aufwertung qualifizierter Facharbeit im Handel. In diesem Prozeß erweisen sich die vom Einzelhandel favorisierten personalpolitischen Konzepte der Vergangenheit als hinderlich.« (Boß 1992:1) Im Gegensatz zu der oben beschriebenen Entwicklung wurden nun wieder Maßnahmen zur »Reprofessionalisierung des Verkaufs, … , neue Arbeitskonzepte mit Projektarbeit, Team- oder Gruppenarbeit, Intensivierung der Aus- und Weiterbildung der Beschäftigten, Frauenförderpläne …« (Boß 1992:1) entwickelt. Hiermit waren wiederum andere Risiken verbunden. Durch den Einsatz der Techniken wurde ein erhöhtes »Freisetzungspotential« (Kern/Schumann 1984) gebildet, das, in Abhängigkeit von der konjunkturellen Lage, in Arbeitslosigkeit umschlagen kann.

Gleichzeitig setzte sich der Dequalifizierungsprozeß weiter fort; erhöhte Arbeitsbelastungen und die Marginalisierung von Beschäftigtengruppen konnten auch weiterhin feststellt werden. Seit den 80er Jahren erweisen sich die genannten Entwicklungsstränge als bipolare, sich gegenseitig bedingende Entwicklung, die für die Beschäftigten unterschiedliche Auswirkungen hat.

Kern/Schumann (1984) sprechen in diesem Zusammenhang von einer neuen Dichotomie von Risiken und Chancen. Zusammengefaßt sind hierunter zum einen veränderte Formen der Arbeitsorganisation als Chance für eine humanere Gestaltung der Arbeit zu sehen; auf der anderen Seite ergeben sich aus dem Einsatz der IuK-Techniken neue Belastungs- und Gefährdungspotentiale.

Das Beispiel der Discounter[14]

Die Betriebsform des Discounters wird hier als Beispiel gewählt, weil sich in diesem Bereich des Einzelhandels die Rationalisierungsstrategien und der Strukturwandel der Branche am deutlichsten und aggressivsten für die Beschäftigten äußern.

Discounter können nach vier Typen unterschieden werden:

1. *Der Supermarkt* stellt im wesentlichen einen Lebensmittel-Selbstbedienungsladen (ca. 400 qm), der neben dem üblichen Lebensmittel-Sortiment auch Artikel des sonstigen Bedarfs führt[15];
2. *Das SB-Center* bietet als Einzelhandelsgeschäft Güter des kurz- und mittelfristigen Bedarfs an. Hier entfallen ca. 50 Prozent der Verkaufsfläche (insgesamt ca. 1 500 qm) auf den Lebensmittelbereich. SB-Center verfügen i.d.R. über Kunden-Parkplätze und Service-Betriebe[16];
3. *Das SB-Warenhaus* bietet als Einzelhandelsgeschäft Güter des kurz-, mittel- sowie langfristigen Bedarfs an. Es werden Kunden-Parkplätze angeboten, und die Verkaufsfläche umfaßt ca. 4000 qm; (ISB 1979:2, in: Faber/Wehrsig/Bochers 1992);
4. *Der Verbrauchermarkt* ist aufgrund seiner fortwährenden Verkaufsflächenexpansion nur schwer zu SB-Centern und SB-Warenhäusern abzugrenzen. Das Angebotssortiment ist vergleichbar mit dem der Supermärkte; die Bedienungsform ist ebenfalls Selbstbedienung; es werden oftmals Kundenparkplätze angeboten. Die größeren Verbrauchermärkte sind vergleichbar mit SB-Warenhäusern, da das Non-Food-Sortiment zunimmt. Die Verkaufsfläche liegt zwischen 1 000-1 499 qm.

14 Das Konzept der Discounter stammt aus den dreißiger Jahren der USA.In der Bundesrepublik existieren seit 1959 Lebensmittelgeschäfte mit Discounter-Prinzip. Die Aldi-Märkte gehören zu Beginn der 60er Jahre zu den ersten Discountern in der Bundesrepublik; vgl. Faber/Wehrsig/ Bochers 1992:42.

15 Definition der Internationalen Selbstbedienungs-Organisation (ISO) in: Selbstbedienung und Supermarkt, Köln 1962, Heft 10:6, zitiert nach Ruppmann 1974:111, in: Faber/Wehrsig/Bochers 1992:41.

16 Definition des Instituts für Selbstbedienung und Warenwirtschaft e. V. (ISB) 1979:2, in: Faber/Wehrsig/Bochers 1992.

Es ist schwierig, eine klare Trennung zwischen diesen vier Discounter-Typen zu finden. Die Verkaufsfläche, die ein Unterscheidungskriterium bieten könnte, wurde durch die rasche Entwicklung der einzelnen Betriebsformen zunehmend unbrauchbar. Darüber hinaus sind überwiegend gemeinsame Elemente vorzufinden: die Selbstbedienung oder das Niedrigpreis- und überwiegend Lebensmittel-Angebot. Tietz faßte die genannten Betriebsformen unter dem Oberbegriff Discounter in Abgrenzung zu Waren- und Kaufhäusern wie folgt zusammen: »Das Diskont (oder Discount)geschäft ist eine Form des Einzelhandels, bei der ein auf raschen Umschlag ausgerichtetes Sortiment von Waren zu niedrig kalkulierten Preisen angeboten und auf Dienstleistungen weitgehend verzichtet wird«. (Tietz 1985:37)

Die Discounter sind das Ergebnis des Konzentrationsprozesses im Einzelhandel, der bereits in den 50er Jahren begann. Zwischen 1970 und Ende der 80er Jahre ist insbesondere der Zentralisierungsprozeß im Lebensmitteleinzelhandelsbereich weit fortgeschritten. Der Unternehmensbestand hat sich hier zwischen 1970 und 1987 fast halbiert, bei gleichzeitigem Umsatzanstieg des einzelnen Unternehmens um 425 Prozent (im gesamten Einzelhandel um ca. 244 Prozent). (Baethge/Oberbeck 1992:30) Durch die Verbreitung der Warenwirtschaftssysteme, worunter die Steuerung der Warendistribution verstanden wird, wurde flexibler Personaleinsatz nicht nur gefördert, sondern konnte auf dieser Grundlage bedarfsgerecht gesteuert werden.

Die Einführung der Selbstbedienung (vgl. Godel 1978:78) und die Rationalisierungs- und Konzentrationsprozesse haben insbesondere in der Betriebsform der Discounter zu Dequalifizierung der Arbeitskräfte sowie zu hochgradig flexibilisierten Arbeitszeiten geführt. Durch die veränderten technisch-organisatorischen Bedingungen aufgrund der Selbstbedienung veränderte sich die Dienstleistungsfunktion des Einzelhandels im Sinne einer Servicereduktion. (Baethge/Gerstenberger/Oberbeck 1980:88ff) Die Arbeit im Einzelhandel wurde externalisiert, indem die ehemals erbrachten Dienstleistungen im Bereich des Warenverkaufs nun auf die Kunden (Selbstbedienung) bzw. die Hersteller (Werbung) übergingen. Der Wechsel der Dienstleistungsträger »stellt die Strategie der Externalisierung (als) eine Strategie der Bewältigung von Strukturproblemen dar, die für den Dienstleistungssektor spezifisch sein dürfte«. (Berger/Offe 1980:63)

Zusammenfassend ist festzustellen, daß die späten 70er und die 80er Jahre sich durch eine intensive Wachstumsstrategie auszeichnen. »Zur flexiblen Anpassung der Verkaufsorganisation und Angebotspolitik an die Dynamik marktvermittelter Einflußgrößen – v. a. der Konsumentwicklung und des Käuferverhaltens –, bedarf es einer variablen Gestaltung aller Elemente der Absatz- und Verkaufsorganisation. Dies betraf in den 70er Jahren durch einen massiven Ausbau der Teilzeitbeschäftigung und der Nutzung variabler Arbeitszeitformen besonders die Arbeitskräfte.« (Tenbensel 1987:37) Ende der 80er Jahre trat die Umsatzsteigerung durch Vergrößerung der Verkaufsflächen zugunsten einer intensiven Nutzung der vorhandenen Verkaufsfläche in den Vordergrund.

Damit verbunden ist die intensive Ausnutzung der Personalproduktivität mittels datentechnischer Informationsverbreitung aller Betriebsprozesse. Somit steht die intensive Ausweitung von Teilzeitarbeit in einem direkten Zusammenhang mit den (beschriebenen) Umstrukturierungsprozessen im Einzelhandel: Die durch einen verstärkten Wettbewerb innerhalb der Branche bedingten Konzentrations- und Zentralisierungsmaßnahmen führten zu Rationalisierungsmaßnahmen, die unmittelbar durch den Abbau von Vollzeit- und die Zunahme von Teilzeitbeschäftigungsverhältnissen durchgeführt wurden.

2.2 *Die Gebäudeinnenreinigung: Externalisierung und Diversifizierung*

Das Gebäudereiniger-Handwerk in seiner jetzigen Form ist erst in den letzten Jahrzehnten des 19. Jahrhunderts entstanden.[17] 1934 wurde die Gebäudereinigung als Vollhandwerk im gesamten Reichsgebiet anerkannt.[18] »Die Entwicklung des Gebäudereiniger-Handwerks setzte nach 1948 ein mit der architektonischen Verwendung von Glas, Metallen und Kunststoffen und verstärkte sich Ende der 50er Jahre mit der Privatisierung der Reinigungsarbeiten in der öffentlichen Verwaltung.« (vgl. IG BSE 1992:12)

Seit den 50er Jahren hat sich der Schwerpunkt innerhalb des Gewerbes[19] von der Gebäudeaußen-, Fassaden- und Denkmalreinigung auf die Gebäudeinnenreinigung verlagert. Diese umfaßt die Reinigung, Oberflächenbehandlung und Pflege von Böden, Decken, Wänden haustechnischen, sanitären und klimatechnischen Anlagen. (Duda 1988:76) Die zu reinigenden Anlagen und Einrichtungen sind sehr unterschiedlich. Hierzu zählen Bürogebäude, Kaufhäuser, Verkehrsmittel, Theater, Krankenhäuser u. v. m.

17 Die Vorläufer des Gebäudereinigungshandwerkes, die sog. »Wand- und Wagenwäscher« lassen sich bis ins 17. Jahrhundert zurückverfolgen. Die Wand- und Wagenwäscher zogen mit Pferdewagen und Arbeitsgeräten in die Städte und reinigten die Fassaden der Bürgerhäuser. Das Handwerk wurde zunächst nebenberuflich von kleinbäuerlichen und Fuhrbetrieben erledigt. Erst allmählich entwickelte es sich zu einem eigenständigen Handwerk. Noch Mitte des letzten Jahrhunderts fuhren die »Wandwäscher« durch die Städte; vgl. Duda 1988.

18 Vgl. Deutscher Reichsanzeiger und Preußischer Staatsanzeiger, Nr. 287, vom 8.12.1934, S. 1.

19 Das Aufgabengebiet des Gebäudereiniger-Handwerkes umfaßt sehr unterschiedliche Tätigkeitsbereiche: Reinigung von Gebäudeaußenflächen, antimikrobielle, antistatische und geruchsverbessernde Ausrüstung von Raumausstattungsgegenständen, Flächenreinigung mit keimtötenden Mitteln, Glasreinigung. Die Aufgabengebiete sind folgendermaßen gegliedert: Bauschlußreinigung; Unterhaltsreinigung/Gebäudeinnenreinigung; Krankenhaus-, Alten- und Pflegeheimreinigung; Industriereinigung; Fassadenreinigung und Denkmalpflege; Verkehrsmittelreinigung und Glasreinigung; vgl. Blätter zur Berufskunde, Band 1e, Gebäudereiniger 1-XI B 201, Bundesanstalt für Arbeit (Hrsg.), 3. Auflage, Bielefeld 1985:2f.

Der zunehmende Kostendruck im Handel und in der Industrie führte zu einer personellen Einschränkung der Kernbelegschaften und der Ausgliederung von Aufgabenbereichen. (vgl. Kellner 1983) Durch die Vergabe der Reinigungsarbeiten an private Reinigungsfirmen konnten (a) Personalkosten gespart werden und (b) das unternehmerische Risiko auf die Reinigungsfirma verlagert werden, welche ihrerseits dieses Risiko wiederum an die Beschäftigten weitergibt, indem sie sozialversicherungsfreie, ungeschützte Teilzeitarbeit anbietet. Eine Putzleistung von »90 bis 100 Quadratmeter je Kraft und Stunde ... kostet bei Eigenreinigung 14,97 Mark, während das Gebäudereinigerhandwerk für 9,10 Mark 150 bis 160 Quadratmeter je Kraft und Stunde säubert«. (Spiegel 10/1986:29)

Der Druck der Auftraggeber – insbesondere des öffentlichen Dienstes – hat im Rahmen zunehmender Konkurrenz zur Verschlechterung der Arbeitsbedingungen in der Gebäudeinnenreinigung beigetragen. (vgl. Pschunder 1985)

Tabelle 9: Preise und Arbeitsleistungen in der Gebäudeinnenreinigung 1970 bis 1983

Jahr	Preis (m²/Monat)	Arbeitsleistung (m²/Stunde)
1970	5,-- DM	140
1979	2,-- DM	220
1983	1,-- DM	350

Der Preis entspricht der Summe, die ein Kunde an eine private Gebäudereinigungsfirma bezahlt; hiervon sind Lohn- und Materialkosten zu zahlen.

Quelle: IG BSE, o. J.: 31; die Tabelle wurde formal geändert

Der innerhalb der statistischen Gewerbegliederung erfaßte Bereich »Gebäudereinigung« ist seit 1970 durch hohe Zuwachsraten im Beschäftigtenbereich sowie bei der Umsatzentwicklung gekennzeichnet. (vgl. Küpper/Stolz-Willig 1988) Während 1976 noch bspw. 2000 Betriebe mit ca. 182000 Beschäftigten einen Umsatz von ca. 2,2 Milliarden DM erwirtschafteten, betrug der Umsatz Ende der 80er Jahre bereits über 5 Milliarden DM bei ca. 3100 Betrieben und ungefähr 454000 Beschäftigten. (IG BSE 1992:7)

Gleichzeitig weisen die statistisch erfaßten RaumpflegerInnen rückläufige Beschäftigtenzahlen aus. Das bedeutet, daß im expandierenden Gewerbezweig der Gebäudereinigung die sozialversicherungspflichtigen Beschäftigtenzahlen rückläufig sind. Wichtiges Instrument der Umstrukturierung und Expansion dieses Wirtschaftszweiges sind somit ungeschützte Teilzeitarbeitsverhältnisse. Rationalisierungsmöglichkeiten innerhalb der Branche bestehen im Gegensatz zum Einzelhandel kaum im Einsatz neuer technischer Hilfsmittel, als vielmehr durch ablauforganisatorische Veränderungen und durch den Einsatz chemischer Hilfsmittel. Der Landesinnungsverband des Gebäudereiniger-Handwerks Hamburg ging 1985 davon aus, daß die Rationalisierungsmöglichkeiten durch verstärkten Maschineneinsatz weitgehend ausgeschöpft sind.[20] Der Einsatz chemischer Mehrzweckreinigungsmittel[21] hat die Reinigungsleistung erhöht, die Arbeitszeit reduziert und den Kraftaufwand verringert.

Die ablauforganisatorischen Veränderungen beziehen sich konkret auf eine geschlechtsspezifische Arbeitsteilung: »rein psychologisch gesehen setzt eine Frau hier lediglich ihre Hausarbeit fort und der arbeitende Mann findet seine Umwelt genauso gesäubert und gepflegt wie zu Hause.« (Rosenberger 1981:763) Körperlich etwas leichtere Arbeiten, monotone Arbeiten, die in der Gebäudeinnenreinigung dominieren, werden von Frauen ausgeübt, während die komplexeren Tätigkeiten, die körperlich etwas schwerer sind und teilweise technische Kenntnisse erfordern, überwiegend von Männern übernommen werden.

Damit verbunden ist ein entsprechendes Lohn- und Gehaltsgefälle. Die Unternehmen beschäftigen zur Gebäudeinnenreinigung »Putzkolonnen«, da hier Personalausfälle einfacher kompensiert werden können, eine detaillierte Arbeitsablaufplanung durch eine hohe Arbeitsteiligkeit und damit insgesamt eine Erhöhung der Quadratmeterleistung erzielt werden kann. Duda (1988) kam jedoch in ihrer empirischen Untersuchung des Reinigungsgewerbes zu dem Ergebnis, daß die Frauen überwiegend nicht in Kolonnen, sondern einzeln arbeiten. Gründe hierfür sieht sie in der besonderen Funktionalität der Revierreinigung durch geringfügig beschäftigte Frauen. Als »Reviere« werden bspw. innerhalb eines Objektes »Treppenhäuser«, »sanitäre Anlagen«, »Büros« etc. bezeichnet.

Weitere Rationalisierungeffekte werden durch die Verminderung der Reinigungsintensität erreicht, indem die Reinigungsarbeiten nur noch im 2-Tages-Rhythmus durchgeführt werden. Der EDV-Einsatz hat, bezogen auf die Rationalisierungsmöglichkeiten der Branche, einen geringen Stellenwert. EDV wird hauptsächlich für die Auftragsabwicklung, Kostenrechung und -kontrolle eingesetzt und hat darüber einen mittelbaren Einfluß auf die Arbeitssituation der Branche. (vgl. Duda 1988)

Ende der 80er Jahre wurden die Diversifizierungstendenzen der Branche verstärkt, die Gebäudereinigung »avancierte zu einem ausgebauten Dienstleistungshandwerk«. (EG 13) Die Unternehmen gingen dazu über, Instandsetzung und Inspektion von Maschinen, Catering-Service, Gebäudesicherung, Botendienste u. v. m. zu übernehmen. Die größten Betriebe haben zwischen 20000 und 30000 Beschäftigte. (EG 13)

20 Diese Feststellung geht auf eine schriftliche Befragung des Innungsmeisters des Gebäudereiniger-Handwerks in Hamburg vom Februar 1985 zurück; vgl. Duda 1988:96.

21 Diese Mehrzweckreinigungsmittel bestehen aus einer Kombination von Desinfektions-, Reinigungs- und Pflegemittel, d. h. sie kombinieren gleichzeitig drei Arbeitsabläufe; vgl. Hesmert 1980:217ff.

Es ist schwierig, genaue Strukturdaten von den Reinigungsfirmen zu erhalten. In einer von Hähnel 1985 durchgeführten Untersuchung wurden in Bremen 74 Betriebe angeschrieben und um Auskunft über die Anzahl der teilzeitbeschäftigten Frauen und ihren wöchentlichen Stundeneinsatz gebeten. Lediglich 6 Betriebe beteiligten sich an dieser Umfrage.[22]

Viele Unternehmen vermeiden auch öffentliche Diskussionen zu ihrer Branche, da »die Zunft der Gebäudereiniger ... besonders emsig dabei (ist) Steuern und Sozialabgaben zu hinterziehen.« (Der Spiegel 6/1981:28) »Auf der Gehaltsabrechnung standen Greise und Kleinkinder, auch längst Verblichene waren darunter«. (Der Spiegel 6/1981:28) Auch werden Löhne, die die Sozialversicherungsgrenze überschreiten, häufig über eine zweite fiktive Person abgerechnet. So zahlt der Unternehmer keine Steuern und Sozialversicherungsabgaben und die Arbeitnehmerin nimmt ihren Brutto- als Nettolohn entgegen. Die Kölner Innungskrankenkasse rechnete hoch, daß die Gebäudereiniger den Versicherungen jährlich mindestens 175 Millionen DM durch solche Praktiken unterschlagen. (Der Spiegel 6/1981:28)

Gleichzeitig ist innerhalb der Branche eine gegenläufige Bewegung erkennbar: um dem Preisdumping der großen Reinigungsfirmen entgegenzusteuern, plädieren (vereinzelt) Unternehmer für eine grundsätzliche Sozialversicherungspflicht für alle Beschäftigten, um so über fairen Wettbewerb aus der Preisspirale zu gelangen. (EG 13)

Die Gebäudeinnenreinigung stellt sich somit als ein äußerst schwieriger Organisationsbereich dar. Aufgrund der Branchenstrukturen scheint es schwierig, die hier beschäftigten Teilzeitkräfte zu organisieren. Gleichzeitig weisen diese Branchenstrukturen gerade auf einen hohen Bedarf an gewerkschaftlicher Interessenvertretung und Organisation hin. Hierauf wird im nächsten Abschnitt Bezug genommen.

3. *Entwicklung und Struktur der untersuchten Gewerkschaften*

3.1 *Gewerkschaft Handel, Banken und Versicherungen und die Deutsche Angestellten-Gewerkschaft*

Auf der am 20./21. Juli 1948 stattgefundenen Bundesvorstands- und Beiratssitzung des Deutschen Gewerkschaftsbundes/Britische Zone (DGB/BZ) gab die Deutsche Angestellten-Gewerkschaft (DAG) ihren Austritt aus dem DGB bekannt.[23] Unmittelbar nach diesem Austritt wurde beschlossen, einer neu zu gründenden Gewerkschaft Handel, Banken und Versicherungen (HBV) die Aufgabenbereiche zu übertragen, die zuvor erfolglos der DAG angeboten worden waren.[24] Dem Konstituierungsgewerkschaftstag der HBV/BZ, der am 2.

22 Diese Betriebe beschäftigten 2099 Frauen in Teilzeit, wovon 1712 Frauen unterhalb von 10 Wochenstunden tätig waren; Hähnel 1987:1.

September 1949 in Königswinter stattfand, folgte unmittelbar am 3. und 4. September ein Verschmelzungsgewerkschaftstag zwischen der HBV/BZ, der HBV Rheinland-Pfalz und der Gewerkschaft Handel und verwandte Gewerbe, Hessen.

Die Tatsache, daß die HBV quasi die Nachfolgeorganisation der DAG wurde und ohne deren Austritt aus dem DGB vermutlich nicht gegründet worden wäre, deutete damals bereits auf zukünftig geringe Kooperationsbereitschaft zwischen beiden Organisationen hin. Bis in die 70er Jahre tauchten »immer wieder Gerüchte auf, die eine Vereinigung beider Organisationen voraussagten, was die Mitgliederwerbung und die Arbeit für die HBV nicht erleichterte, denn viele Mitglieder der DAG sahen deswegen keinen Grund überzutreten«. (Dengel/Lill 1991:26) Das Entscheidungsverhalten potentieller Mitglieder hängt von vielen und sehr unterschiedlichen Faktoren ab und ist kaum auf »Vereinigungsgerüchte« zweier Gewerkschaften reduzierbar. Damit würde auch der stark voneinander abweichenden Gewerkschaftspolitik von DAG und HBV zu wenig Bedeutung beigemessen.

Für beide Gewerkschaften, für die HBV und für die DAG, liegen ungünstige Rahmenbedingungen für die Werbung von Mitgliedern vor. Die potentielle und konkrete Mitgliederstruktur ist determiniert durch (a) in der Mehrzahl Angestellte, die allgemein geringes Interesse an einer Gewerkschaftsmitgliedschaft als ArbeiterInnen zeigen und (b) durch den strukturellen Wandel, den die Untersuchungsbranche seit Jahren durchläuft, der über Rationalisierungsmaßnahmen den Beschäftigtenzuwachs stagnieren läßt bzw. als rückläufig ausweist;[25] die in diesem Bereich traditionell vertretene und während des Untersuchungszeitraumes (c) stark angestiegene Anzahl der Teilzeitarbeitnehmerinnen, die ein weniger ausgeprägtes Interesse an einer kollektiven Interessenvertretung zeigen.[26] Dazu kommt, daß (d) die Konkurrenzsituation zwischen DAG und HBV die Durchsetzung gewerkschaftlicher Forderungen erschwert, da ein abweichendes Verhalten der jeweils anderen Interessenvertretung die Möglichkeit eines Gewinnes eröffnet. (vgl. Wiesenthal 1987a:212ff)

Der Bundesvorstand der DAG setzt sich aus dem Vorsitzenden und weiteren 8/9 Mitgliedern zusammen. In den 70er Jahren gehörte zum Ressort »Wirtschaftspolitik«, das von der einzigen Frau im Vorstand geleitet wurde, der Bereich »Weibliche Angestellte«, zu deren Aufgaben die Mitwirkung in allen

23 Die DAG nahm seit Juli 1945 bereits Mitglieder auf; im April 1949 vereinigten sich die Angestellten-Gewerkschaften der amerikanischen, britischen und französischen Besatzungszone in Stuttgart-Bad Cannstatt zur »Deutschen Angestelltengewerkschaft«; vgl. Dittmar 1978:7.

24 Hans Böckler beauftragte als vorläufigen Vorsitzenden der noch zu gründender Gewerkschaft den DGB-Sekretär Wilhelm Pawlik mit dem organisatorischen Aufbau; vgl. Dengel/Lill 1991:25ff.

25 Vgl. in diesem Kapitel: 2.1.

26 Vgl. Rational-Choice-Theorie, Kapitel III/1.5. Zu Gründen für dieses gering ausgeprägte Interesse an einer Gewerkschaftsmitgliedschaft vgl. in diesem Kapitel: 6.

Grundsatzfragen, die weibliche Angestellte betreffen, sowie Grundsätze des Schutzes der berufstätigen Frau, der Familienpolitik, des Mutterschutzes zu vertreten.[27] Die wichtigste strukturelle Veränderung bestand darin, daß die »Vorstandsabteilung Weibliche Angestellte« in die »Hauptabteilung Weibliche Angestellte« umgewandelt wurde. Damit verbunden ist eine Kompetenzerweiterung und Autonomie, die erweiterte Möglichkeiten zum Umsetzung frauen(tarif)politischer Ziele bieten sollte. (EG 09)

In der Hauptverwaltung der Gewerkschaft HBV wurde der Bereich »Frauen« zu Beginn der 70er Jahre der Hauptabteilung II: Sozialpolitik, Frauen, Vermögensverwaltung, Hauptkasse, Verlagsgesellschaften, Berufsausbildung zugeordnet. In den 80er Jahren gehörte der Bereich »Frauen« dann zur Hauptabteilung V: Frauen, Sozialpolitik, Bildungspolitik/Berufliche Bildung, Hauptfachabteilung sonstiger privater Dienstleistungsbereich. Bereits seit 1961 war im Geschäftsführenden Hauptvorstand der HBV ein weibliches Mitglied u.a. für den Bereich »Frauen« zuständig.

Während die Frauenabteilung der HBV im Vorstandsbereich zusammen mit anderen, auch für die gewerkschaftliche Frauenpolitik wichtigen Bereichen wie »Sozialpolitik«, »berufliche Bildung« etc. verbunden ist, arbeitet die Abteilung »Weibliche Angestelle« der DAG unabhängig vom Vorstand. Mit dieser Struktur ist einerseits eine größere Autonomie für frauenpolitisch relevante Themen verbunden; gleichzeitig spiegelt dies jedoch explizit den Status von Frauen, deren Forderungen als »Sonderinteressen« definiert und entsprechend marginalisiert werden, wider. Die Ambivalenz dieser »Autonomie« besteht darin, daß sie auch als Legitimation dafür dient, daß Gewerkschaften die Interessen ihrer weiblichen Mitglieder vertreten. Die Einbettung der Frauenabteilung in die gesamte Organisationsstruktur, ihre Kompetenzen und Ausstattung bestimmen wesentlich über die Handlungsmöglichkeiten dieser Abteilung. Die Durchsetzung der Interessen von Frauen und insbesondere teilzeitarbeitender Frauen ist jedoch bestimmt durch weitere Faktoren, die außerhalb der Frauenabteilungen angesiedelt sind.

3.2 Industriegewerkschaft Bau-Steine-Erden

Vorläuferorganisation der Industriegewerkschaft Bau-Steine-Erden (IG BSE) waren die Gewerkschaften der Maurer, Bauarbeiter, Zimmerleute, Dachdecker. Die IG BSE wurde nach 1945 gegründet. Bedingt durch die Struktur des Organisationsbereiches sind traditionell Männer Mitglied in der IG BSE.

Die GebäudeinnenreinigerInnen sind in der »Baugewerkschaft« organisiert, da der frühere Tätigkeitsschwerpunkt in der »Bauschlußreinigung«, die zum Organisationsbereich der IG BSE gehört, lag.

27 Gerda M. Hesse war gleichzeitig stellvertretende Vorsitzende der DAG; vgl. Dittmar 1978:147f.

Seit den 70er Jahren gehörte die »Wahrnehmung der gewerkschaftlichen und gesellschaftlichen Interessen der berufstätigen Frau« zur Abteilung »Angestellte«, die durch ein männliches Vorstandsmitglied vertreten wurde. Erst seit 1991 wird der Bereich »Frauen« durch das zugleich erste weibliche Vorstandsmitglied der IG BSE vertreten.

Die Mitgliederstruktur der IG BSE ist determiniert durch gewerbliche männliche Beschäftigte aus den klassischen Bauarbeiterberufsgruppen. Gebäudeinnenreinigerinnen haben einen geringen Organisationsgrad, der von Seiten der Gewerkschaft dadurch erklärt wird, daß diese Berufsgruppe sich aus überwiegend (a) ungelernten, (b) sozialversicherungsfrei beschäftigten (c) Teilzeitarbeitnehmerinnen, die (d) durch einen hohen Ausländerinnenanteil ausgezeichnet sind, zusammensetzt. Entsprechend fokussiert ist das Organisationsinteresse der Gewerkschaft auf ihre männliche Klientel. (EG 11/13/15/16)

3.3 Tätigkeitsbereiche von Frauen in den Gewerkschaften

Gewerkschaftliche Frauenarbeit ist für die vorliegende Untersuchung von besonderem Interesse, da hier deutlich wird, (a) inwieweit die Interessen von Frauen durch diese selbst repräsentiert und vertreten werden und (b), im Falle der fehlenden Repräsentation, inwiefern »Fraueninteressen« stellvertretend artikuliert werden. Damit soll eine nähere Bestimmung des Stellenwertes von Teilzeitarbeit als eines »Sonderinteresses« von Frauen vorgenommen werden.

In den 70er und 80er Jahren konnten vor allem Frauen als Gewerkschaftsmitglieder gewonnen werden. Dies ist u.a. eine Folge der zunehmenden Berufstätigkeit von Frauen. Ebenfalls steigend ist der Anteil von Frauen als Mitglieder oder auch Vorsitzende von Betriebsräten. (vgl. Gewerkschaftliche Monatshefte 12/1989) Im Bereich der hauptamtlichen Gewerkschaftssekretärinnen und Mitglieder der geschäftsführenden Haupt- bzw. Bundesvorstände ist die Zunahme – in Relation zu den anderen Bereichen – jedoch unterdurchschnittlich. Vertreter der Einzelgewerkschaften weisen immer wieder darauf hin, daß der Anteil der Mitarbeiterinnen in den untersuchten Gewerkschaftszentralen außergewöhnlich hoch sei, doch bezieht sich diese Zahl stets auf die Gesamtzahl der beschäftigten Frauen, die quantitativ konzentriert im Verwaltungsangestelltenbereich tätig sind und auf Anweisung der Sekretäre arbeiten. So war bspw. 1972 in der Hauptverwaltung der HBV unter den 5 Vorstandsmitgliedern nur eine Frau zu finden; dieses Verhältnis änderte sich bis zum Ende des Untersuchungszeitraumes nicht. Erst 1985 wurde erstmals einer Frau eine Abteilungsleitung übertragen.

Bei der IG BSE stellt sich die Personalsituation für Frauen noch sehr viel ungünstiger dar: Während des Untersuchungszeitraumes war keine Frau im Hauptvorstand tätig; die erste Fachreferentin wurde ab 1985 beschäftigt.

Beschäftigtenzahlen zu den hauptamtlich tätigen Gewerkschaftssekretärinnen waren bei der DAG nur sehr schwer ermittelbar. Die DAG konnte lediglich rückwirkend für 1988 Angaben hierzu machen. Von insgesamt 415 SekretärInnen, die außerhalb des Bundesvorstandes arbeitenden eingeschlossen, waren 63 Frauen; hingegen waren von 553 Verwaltungsangestellten 493 Frauen.

In keiner der untersuchten Gewerkschaften lagen die entsprechenden Statistiken vor; sie wurden mittels Durchsicht des Personalaktenbestandes[28] bzw. durch verschiedene Betriebsrätinnen in den Gewerkschaftszentralen aufwendig ermittelt. Dies weist nicht nur auf den relativen Stellenwert, den geschlechtsspezifische Aspekte für die Gewerkschaften haben, hin, sondern zeigt darüber hinaus, daß der Schwerpunkt der Arbeit auf dem sog. »Tagesgeschäft« beruht und wenig Raum für konzeptionelle Arbeit läßt, die das Wissen um bestimmte Entwicklungsprozesse voraussetzen würde.

Gängige Meinungen zu »weiblichen Qualitäten«, die Frauen für verantwortliche, hoch qualifizierte Positionen »ungeeignet« erscheinen lassen, konnten auch in den untersuchten Gewerkschaften festgestellt werden. Gleichzeitig besteht die nicht zu unterschätzende Schwierigkeit, daß Frauen, die vereinzelt in höheren gewerkschaftlichen Positionen arbeiten, nicht unbedingt die Interessen von Frauen wahrnehmen.[29] (EG 01/12/17) Der wesentliche Grund hierfür – so wurde von verschiedenen GesprächspartnerInnen vermutet – ist der, daß Frauen eben nur vereinzelt in verantwortlichen Positionen arbeiten und sich kaum gegenüber »Männerseilschaften« behaupten können bzw. nach einiger Zeit sich »nahezu zwangsläufig an die Situation anpassen und genauso reagieren wie die Männer«. (EG 11)

Wenngleich auch die gewerkschaftlichen Strukturen primär und maßgeblich für die besonderen Schwierigkeiten von Frauen in den Gewerkschaften verantworlich sind, war es doch bemerkenswert, daß die selbstkritische Reflexion der eigenen Arbeit weitgehend ausgeblendet blieb. Die innergewerkschaftlichen Machtstrukten weisen deutlich darauf hin, daß die Gewerkschaften ein Spiegelbild gesellschaftlicher Machtverhältnisse und faktisch nicht mehr oder weniger kritisch-selbstreflektierend sind als andere (beliebige) Unternehmen, die sich nicht wie die Gewerkschaften kritisch mit gesellschaftlichen Themen auseinandersetzen. Warum also sollten Gewerkschaften sich für eine grundsätzliche Änderung geschlechtsspezifischer Arbeitsstrukturen einsetzen, wenn dies zur Folge hätte, männlich-dominierte gewerkschaftliche Machtverhältnisse zu destabilisieren? Da Gewerkschaften kein konkretes Interesse an der Veränderung gesellschaftlich geschlechtsspezifisch diskriminierender Rahmenbedin-

28 Diese wurden selbstverständlich nicht von der Verfasserin eingesehen.

29 Im Gewerkschaftsjargon werden Frauen, die die Interessen von Frauen wahrnehmen als »Frauen-Frauen« bezeichnet.

gungen zeigten, war es auch nicht möglich, mehr als nur graduelle Verbesserungen für TeilzeitarbeitnehmerInnen zu erreichen. Die diskriminierenden Strukturen wurden beibehalten.

Im folgenden werden die gewerkschaftsinternen Machtverhältnisse anhand von Statisiken quantitativ dargestellt. Diese quantitativen Hinweise dienen jedoch primär der Unterstützung der sich anschließenden qualitativen Diskussion.

Während die Gewerkschaften HBV und DAG auf der Ebene des Geschäftsführenden Hauptvorstandes bzw. Bundesvorstandes bereits zu Beginn des Untersuchungszeitraumes jeweils ein weibliches Mitglied hatten – bei der HBV im Verhältnis zu 4 bzw. 5 männlichen Kollegen; hingegen bei der DAG im Verhältnis 8:1 – wurde in der IG BSE erst 1991 eine Frau in den Bundesvorstand gewählt. Argumentativ wird dies von Seiten der Gewerkschaft mit dem Anteil der weiblichen Mitglieder, der in der IG BSE in den 70er und 80er Jahren immer unter 10 Prozent lag, vertreten. Unabhängig von der Qualität dieser Argumentation ist sie für die HBV und DAG nicht mehr haltbar. Der Anteil weiblicher Mitglieder der HBV lag ab 1975 über 50 Prozent und der der DAG 1989 immerhin bei 45,2 Prozent.

Im Bereich der hauptamtlich beschäftigten Mitarbeiterinnen aller drei Gewerkschaften[30] ist grundsätzlich feststellbar, daß deren Anzahl – obwohl insgesamt bereits deutlich unterrepräsentiert – mit der Höhe der Position abnimmt. Am deutlichsten wird dies wiederum bei der IG BSE: Während auf Bezirksverbandsebene ab 1978[31] eine politische Sekretärin tätig war, die in anderen Bezirken ab 1982[32] bzw. 1989[33] durch jeweils eine weitere »verstärkt« wurde, waren bei den Landesverbänden keine politischen Sekretärinnen beschäftigt. Beim Bundesvorstand in Frankfurt wurde am 1.4.1985 erstmals eine Fachreferentin eingestellt. Auf Ortsverwaltungsebene der HBV war bis 1974 eine Sekretärin (unter 1 Prozent) tätig. Zwischen 1976 und 1985 wurde der Frauenanteil auf ca. 10 Prozent bis 1989 auf ca. 20 Prozent gesteigert. Deutlich geringer noch liegt die quantitative Beteiligung der Frauen bei den GeschäftsführerInnenstellen: Von einer Frau bei 47 Männer 1972 zu einer Anzahl von 3 Frauen 1989 (bei 43 Männer). (siehe hierzu Tabelle II, im Anhang) Auf der Ebene der LandesleiterInnen war bis zum Ende des Untersuchungszeitraumes 1989 keine Frau tätig. Der Anteil der Sekretärinnen auf Landesebene lag bis 1981 unter 10 Prozent; bis 1985 bei knapp 1/8 und bis 1989 bei knapp einem 1/4 im Verhältnis zu ihren männlichen Kollegen. (siehe hierzu Tabelle IV, im Anhang) Im Bereich der Hauptverwaltung konnte 1985 die erste Abteilungsleiterin tätig werden, und bis 1989 vergrößerte sich die Anzahl der politischen Sekretärinnen auf 10 (44 Männer). Das bedeutet, daß der Anteil der Sekretärin-

30 Für die DAG haben die folgenden Feststellungen nur bedingt Gültigkeit, da hier quantitative Angaben nicht zugänglich waren.

31 Bezirk Koblenz.

32 Bezirk Berlin-Südwest.

33 Bezirk Kassel.

nen bis 1974 deutlich unter 10 Prozent lag, zwischen 1976 und 1983 nur knapp über 10 Prozent und bis 1989 knapp 1/4 im Verhältnis zu ihren männlichen Kollegen betrug. (siehe hierzu Tabelle IV, im Anhang) Da bei der DAG die entsprechenden Daten nicht zur Verfügung standen, können hier lediglich konkrete Angaben für die Ebene der LandesverbandsleiterInnen getroffen werden: Die erste und einzige Frau (8 Männer) wurde hier 1987 tätig. (siehe hierzu Tabelle V, im Anhang). Insgesamt waren 1988 bei der DAG 63 weibliche und 52 männliche SekretärInnen und 493 weibliche im Verhältnis zu 60 männlichen Verwaltungsangestellten beim Bundesvorstand, in den Landesverbänden, Bezirken und auf Ortsgruppenebene tätig. (siehe hierzu Tabelle VI, im Anhang)

Da die absoluten Zahlen ein wenig erfreuliches Bild – bezogen auf die Beteiligung von Frauen in verantwortlichen Positionen – bieten, verwenden Gewerkschaften gerne in Relation gesetzte Werte oder Prozentzahlen: Demzufolge hat sich dann die Anzahl der Abteilungsleiterinnen in der Hauptverwaltung der HBV von 1987 bis 1989 verdoppelt (von 1 auf 2) und der Anteil der Geschäftsführerinnen der Ortsverwaltungen von 1981 bis 1983 verdreifacht (von 1 auf 3).

Bei den Delegierten der Gewerkschaftstage zwischen 1971 und 1988 liegt die Beteiligung der Frauen höher als bei der Verteilung der beruflichen Positionen. Die IG BSE stellt auch hier den geringsten Anteil an Frauen: Auf dem Gewerkschaftstag 1972 waren 3 weibliche Delegierte vertreten (weniger als 1 Prozent); 1988 wurde die Anzahl weiblicher Delegierter schließlich auf 10 (knappe 3 Prozent) gesteigert. (siehe hierzu Tabelle VIII im Anhang)

Die HBV stellte bereits 1972 mit 31 weiblichen Delegierten eine Beteiligung von 20,4 Prozent sicher und steigerte diese 1988 auf 37,5 Prozent (111 weibliche Delegierte). (siehe hierzu Tabelle IX, im Anhang) Die DAG beteiligte 1971 36 weibliche Delegierte (14,7 Prozent) und 1987 51 weibliche Delegierte (26,8 Prozent) an den Abstimmungen auf ihren Bundeskongressen. (siehe hierzu Tabelle X, im Anhang) Setzt man die Anzahl der weiblichen Delegierten in Relation zu den weiblichen Mitgliedern der einzelnen Gewerkschaften, kommt man zu folgenden Ergebnissen: Bei der Gewerkschaft HBV, mit dem größten Anteil weiblicher Mitglieder, ist zugleich mit ca. 23 Prozent die größte quantitative Differenz feststellbar. Für die DAG konnten 15 Prozent und die IG BSE, die den geringsten Anteil weiblicher Mitglieder hält, lediglich 4 Prozent Differenz ermittelt werden.

Aufgrund der unterproportionalen Repräsentanz von Frauen in allen drei Gewerkschaften besteht die einzige Möglichkeit zur Durchsetzung von Fraueninteressen in der inhaltlichen Kompetenzzuweisung, die Gewerkschaftsfrauen innerhalb der Organisation erfahren. Hierüber bestünde die Möglichkeit der advokatorischen Interessenvertretung, worauf detailliert im sechsten Abschnitt dieses Kapitels eingegangen wird.

4. *Quantitative Entwicklung der Teilzeitarbeit im Einzelhandel und der Gebäudeinnenreinigung*

Teilzeitarbeit hat im Einzelhandel und der Gebäudeinnenreinigung in den letzten beiden Jahrzehnten stark an Bedeutung gewonnen. Wie bereits in den vorangegangenen Kapiteln diskutiert, ist dies u.a. auf den Einsatz dieser Beschäftigungsform als Rationalisierungsinstrument zurückzuführen.

Die Anpassung des Personaleinsatzes an kundenintensive Verkaufszeiten führte zu einer stetigen Zunahme flexibler Arbeitszeiten im Handel. Eine 1984 durchgeführte Untersuchung ergab, daß nur noch 26 Prozent der männlichen und 11 Prozent der weiblichen Vollzeitbeschäftigten im Einzelhandel ein Arbeitsverhältnis mit regelmäßiger Arbeitszeit hatten. (Mehrtens 1986) Die Arbeitstätigkeiten im Verkaufsbereich wurden stärker arbeitsteilig organisiert, so daß der Einsatz von TeilzeitarbeitnehmerInnen den Rationalisierungseffekt erhöhte. Insbesondere hochspezialisierte Anlern- und Hilfstätigkeiten haben an Bedeutung gewonnen und führten zu einer umfassenden Qualifikationsumschichtung und einem Qualifikationsabbau im Warenverkauf. Einfache Arbeiten wurden aus dem Bereich qualifizierter Verkäuferinnentätigkeit ausgegliedert und durch (z.T. ungelernte) Teilzeitbeschäftigte verrichtet; ein zunehmender Einsatz von Kapovaz wurde verzeichnet. Die Arbeitszeitregelungen im Einzelhandel differieren je nach Vertriebstyp. Innerhalb des HAZEG-Projektes[34] der Gewerkschaft HBV wurden betriebliche Einzelfallstudien durchgeführt, die im Ergebnis deutlich höhere Teilzeitquoten als die amtlichen Statistiken ausweisen.

Insgesamt stieg die Anzahl der »Abhängig Erwerbstätigen« zwischen 1972[35] und 1989 in beiden Branchen: Im Einzelhandel von 1691 Millionen (davon 1152 Mio Frauen) auf 2066 Millionen (davon 1401 Mio Frauen) Beschäftigte. Wie Tabelle I (siehe Anhang) zeigt, sinkt die Anzahl der Vollzeiterwerbstätigen bei gleichzeitig steigendem Anteil der Teilzeitquoten im Einzelhandel.

34 »Humane Arbeitszeitgestaltung im Einzel- und Grosshandel« – HAZEG – Forschungsprojekt, das von der Gewerkschaft HBV vom 1.1.1985 bis 31.12.1990 durchgeführt wurde. Parallel hierzu wurde das Forschungsprojekt »Betriebs- und mitarbeitergerechte Arbeitszeitregelungen im Einzel- und Großhandel«- ARIEL – von der Rationalisierungsgemeinschaft des Handels (RGH) durchgeführt. Beide Projekte wurden mit Mitteln des Bundesministeriums für Forschung und Technologie finanziert.

35 Die in Auftrag gegebene Sonderauswertung »Abhängig Erwerbstätige nach ausgewählten Wirtschaftszweigen und normalerweise geleisteten Arbeitsstunden 1972 bis 1991« konnte vom Statistischen Bundesamt erst ab 1972 vorgenommen werden; schriftliche Benachrichtigung des Statistischen Bundesamtes Wiesbaden vom 29.10.1992.

Tabelle 10: Teilzeitquoten im Einzelhandel nach Vertriebstyp 1987

Fallstudien	Verkaufsfläche	Teilzeitanteil[a]
1. Lebensmittelfilialbetrieb / Discounter		60,0 %
2. Lebensmittelfilialbetrieb / Supermarkt	400 m²	76,9 %
3. Lebensmittelfilialbetrieb / Supermarkt	600 m²	27,3 %
4. Lebensmittelfilialbetrieb / Supermarkt	1000 m²	44,8 %
5. SB-Warenhaus	8500 m²	49,7 %
6. SB-Warenhaus	20000 m²	52,9 %
7. Textilwarenhaus		70,8 %
8. Warenhaus		25,1 %

Quelle: Gewerkschaft HBV im DGB – HAZEG-Projekt »Humane Arbeitszeitgestaltung im Einzel- und Großhandel«, Rundbrief Nr. 30, Düsseldorf, 03.04.1987 (Verfasser: Karlheinz Marth, Jörg Wiedemuth)

a. Anteil der Teilzeitbeschäftigten an der Gesamtbeschäftigungszahl

Die Arbeiten in der Gebäudeinnenreinigung wurden ebenfalls zunehmend arbeitsteiliger organisiert. Während eine Putzfrau bspw. die gesamten sanitären Einrichtungen reinigt, ist eine andere für die Treppenaufgänge verantwortlich. Die »Abhängig Erwerbstätigen« des Reinigungsgewerbes[36] (siehe Tabelle VII im Anhang) sind von 83000 (54000 Frauen) auf 132000 (92000) gestiegen.

Während die Anzahl der abhängig Erwerbstätigen im Einzelhandel mit der Anzahl der Erwerbstätigen nach der Berufsordnung übereinstimmt[37], weicht die der RaumreinigerInnen erheblich von der Erwerbstätigenzahl der Branche ab: 1970 wurden 434000 RaumreinigerInnen (davon 417000 Frauen) und 1989 435000 (414000 Frauen) erfaßt. Der Beschäftigungshöchststand lag 1982 bei insgesamt 539000 RaumreinigerInnen (davon 523000 Frauen). Die Differenz ist darauf zurückzuführen, daß bei der Erfassung der »Abhängig Erwerbstätigen im Reinigungsgewerbe« ausschließlich die ArbeitnehmerInnen aufgenommen werden, die bei einer privaten Reinigungsfirma tätig sind. Hingegen werden mittels der Zuordnung nach Beruf die RaumpflegerInnen aller Wirtschaftszweige erfaßt. Oftmals geben die RaumreinigerInnen auch – obwohl sie einen Arbeitsvertrag mit einer Reinigungsfirma abgeschlossen haben, als Wirtschaftszweig/Arbeitgeber bspw. »Hochschule« oder »Stadtverwaltung« und damit das Objekt, in dem sie eingesetzt sind, an. (EG 11/13) Die rückläufige Anzahl der RaumreinigerInnen dürfte auch auf eine gestiegene Anzahl nicht gemeldeter Beschäftigungsverhältnisse in den 80er Jahren zurückzuführen sein. (EG 13)

36 Lt. Definition des Statistischen Bundesamtes umfaßt dies die »Reinigung von Gebäuden, Inventar, Räumen ohne Fassadenreinigung«.

37 Lt. fernmündlicher Auskunft des Statistischen Bundesamtes.

Tabelle 11: Erwerbstätige RaumreinigerInnen 1970 bis 1991

Jahr	RaumreinigerInnen insgesamt absolut	weiblich absolut	%
1970	434.000	417.000	96,1
1973	517.000	511.000	98,8
1976	534.000	526.000	98,5
1978	507.000	497.000	98,0
1980	493.000	479.000	97,2
1982	539.000	523.000	97,0
1985	472.000	456.000	96,6
1987	440.000	422.000	95,9
1989	435.000	414.000	95,2
1991	543.000	520.000	95,8

Quelle: Statistisches Bundesamt, Reihe 4.1.2, Fachserie 1, Beruf, Ausbildung und Arbeitsbedingungen der Erwerbstätigen; eigene Berechnungen

Der Verlauf der quantitativen Entwicklung weist auf die gestiegene Bedeutung von Teilzeitarbeitsverhältnissen für beide Branchen hin. Da sowohl der Einzelhandel als auch die Gebäudeinnenreinigung Arbeitsverhältnisse in niedrig qualifizierten Segmenten bietet, wird davon ausgegangen, daß mit steigender Quantität die Qualität der Teilzeitarbeit noch mehr sinkt.

Es soll an dieser Stelle nochmals darauf hingewiesen werden, daß die Datenlage zu Teilzeitarbeit defizitär und darüber hinaus je nach Interessenlage der zugrundegelegten Quelle ausfällt. Die vorliegende Arbeit bewertet jedoch die quantitative Entwicklung nur in ihrer Tendenz; die Statistiken dienen primär der Analyse der qualitativen Dynamik von Teilzeitarbeit.[38]

4.1 Sozialversicherungsfreie Teilzeitarbeit

»Die geringfügige, d.h. nicht sozialversicherungspflichtige Beschäftigung gehört zu den Bereichen der gesellschaftlichen Realität, die statistisch bislang unbefriedigend ausgeleuchtet sind. Über ihren Umfang und ihre Entwicklungsdynamik gibt es deshalb sehr unterschiedliche Aussagen und Vermutungen.« (Kronenwett-Löhrlein 1992:408)

38 Die Arbeiten von Schupp (1993) oder Quack (1992), als exponierte Beispiele herausgegriffen, legen den Schwerpunkt auf die quantitative Entwicklung von Teilzeitarbeit.

Im Einzelhandel besteht ein direkter Zusammenhang zwischen Einsatzbereich und Funktion der Beschäftigten und der Ausübung einer sozialversicherungsfreien Teilzeitarbeit.[39] In Kauf- und Warenhäusern und im Textileinzelhandel nahm die Beschäftigung von sog. Aushilfen und befristet angestellten Verkäuferinnen nach Inkrafttreten des Beschäftigungförderungsgesetzes (1985) zu. Geringfügige Teilzeitarbeit wird darüber hinaus insbesondere im Lebensmittelfilial- und SB-Warenhausbereich ausgeübt. Bei verschiedenen Drogeriediscountern erreicht die Anzahl der geringfügig beschäftigten TeilzeitarbeitnehmerInnen mittlerweile fast 50 Prozent. (vgl. Der Ausblick 3/1987)

Die zunehmende Externalisierung von Reinigungsarbeiten bewirkte die starke Expansion des Reinigungsgewerbes. Unmittelbar damit verbunden ist die Zunahme sozialversicherungsfreier Teilzeitarbeit. Erst durch diese geringfügigen Teilzeitarbeitsverhältnisse entstand für die privaten Reinigungsfirmen die Möglichkeit, derart kostengünstige Angebote zu unterbreiten, die dem öffentlichen Dienst und privaten Unternehmen die Entscheidung »nahelegten«, ihre Reinigungsarbeiten zu externalisieren.[40]

Die zur Verfügung stehenden Daten reichen nicht aus, um die Wanderungsbewegung der Berufsgruppe »RaumpflegerInnen« von berufsuntypischen Wirtschaftszweigen zum »Reinigungsgewerbe«, von den sozialversicherungspflichtigen zu den sozialversicherungsfreien Beschäftigungsverhältnissen zu ermitteln. Dem Trend nach werden in den berufsuntypischen Wirtschaftszweigen sozialversicherungspflichtige Beschäftigungsverhältnisse abgebaut und in das Gebäudereinigerhandwerk verlagert, dessen Expansion auf der Zunahme von sozialversicherungsfrei beschäftigten RaumpflegerInnen beruht. (vgl. Küpper/Stolz-Willig 1988)

Die genaue Erfassung des tatsächlichen Ausmaßes sozialversicherungsfreier Teilzeitarbeit wurde weder von den Gewerkschaften noch von staatlicher Seite und insbesondere nicht von Seiten der Arbeitgeber veranlaßt. Diese »Nichterfassung« ist zwar kein ausschließlich branchenspezifisches Defizit; doch erscheint es aufgrund der Abhängigkeit beider Branchen von diesen Arbeitszeitmustern besonders irritierend, daß weder ausreichende noch vergleichbare Daten vorliegen. Dieser Tatbestand stützt die These, daß von keinem der beteiligten Akteure ein ausgeprägtes Interesse an der (strukturellen) Verbesserung der Situation teilzeitbeschäftigter ArbeitnehmerInnen besteht.[41]

39 Vgl. in diesem Kapitel: 5. Qualitative Entwicklung von Teilzeitarbeit im Einzelhandel und in der Gebäudeinnenreinigung

40 Küpper/Stolz-Willig (1988) bezeichnen die Tatsache, daß die sozialversicherungspflichtig Beschäftigten bei expandierendem Reinigungsgewerbe abnehmen als Paradox; in der vorliegenden Untersuchung wird dies als Konsequenz der Branchenentwicklung gewertet.

41 Vgl. Kapitel I: 1. Problemstellung und Erkenntnisinteresse

Auch für die Gewerkschaften HBV, DAG und IG BSE war die Erfassung teilzeitbeschäftigter Gewerkschaftsmitglieder von untergeordneter Relevanz.[42] Bei der HBV liegen Daten zur Teilzeitarbeit (nicht differenziert nach der Stundenzahl) seit Beginn der 80er Jahre vor. In den 70er Jahren wurden TeilzeitarbeitnehmerInnen nicht erfaßt. Auch die Daten, aus denen sich zumindest weibliche Beschäftigte hätten herausfiltern lassen, sind zwischenzeitlich vernichtet worden. Bei der IG BSE wird allgemein davon ausgegangen, daß die GebäudeinnenreinigerInnen zu fast 100 Prozent teilzeitbeschäftigt und hiervon zu ca. 70 Prozent sozialversicherungsfrei beschäftigt sind. Genaue Daten liegen nicht vor. (EG 11/13)

Die Datenlage der DAG befindet sich in einem ähnlich schlechten Zustand. Hier konnte im wesentlichen nur mit DAG-internen Schätzungen gearbeitet werden. Denen zufolge wird davon ausgegangen, daß Anfang der 70er Jahre der Anteil der teilzeitbeschäftigten DAG-Mitglieder des Handels bei ca. 5 Prozent lag. Ihr Anteil hat sich bis 1989 auf ca. 15 Prozent erhöht.[43] Diese Schätzung erscheint sehr niedrig und ist daher bei der sich anschließenden qualitativen Analyse der Interessen der beteiligten AkteurInnen zu diskutieren.[44]

Diese sehr undifferenzierten Angaben zur Anzahl teilzeitbeschäftigter Mitglieder der Gewerkschaften werden ergänzt durch verschiedene amtliche Statistiken und wissenschaftliche Untersuchungen. »Den Umfang geringfügiger Beschäftigung exakt zu beziffern, ist aufgrund der desolaten Datenlage nahezu unmöglich.« (HBV-internes Papier, ohne Angabe des Ortes/des/r VerfasserIn, 1990) Damit wird nicht nur der »desolate« Zustand der gewerkschaftlichen Datenlage, sondern auch das gewerkschaftliche Desinteresse an Teilzeitarbeit dokumentiert.

Unterschiedliche Erhebungs- und Abgrenzungsverfahren der verschiedenen Statistiken führen zu einer unübersichtlichen und stark voneinander differierenden Datenlage. Für die ersten Jahre (1970/71) des Untersuchungszeitraumes (1970-89) liegt kein amtliches Datenmaterial vor. Insbesondere im Bereich sozialversicherungsfreier Teilzeitarbeit wird von einer erheblichen Dunkelziffer ausgegangen. Ein quantitativer Annäherungswert könnte ggf. durch die Auswertung verschiedener Statistiken erreicht werden, doch auch damit ist die genaue Anzahl sozialversicherungsfreier Teilzeitarbeitsverhältnisse nicht ermittelbar, da die einzelnen Statistiken selbst zu große Ungenauigkeiten enthalten. Für die vorliegende Arbeit ist die tendenziell eindeutige quantitative Aussage zum Bereich sozialversicherungsfreier ArbeitnehmerInnen als Indikator für die Relevanz der Problemlage absolut ausreichend.

42 Vgl. in diesem Kapitel: 6. Die Gewerkschaften als Kollektivakteure: Ablehnung, pragmatischer Umgang und »rationales Desinteresse«.

43 Diese Angaben wurden der Verfasserin durch das Vorstandsmitglied Hubert Gartz, mit Schreiben vom 22.2.1993 mitgeteilt.

44 Vgl. in diesem Kapitel: 5. Qualitative Entwicklung von Teilzeitarbeit im Einzelhandel und der Gebäudeinnenreinigung/6. siehe Fußnote 42

Die Lebensmittelzeitung (Fachpresse des Einzelhandels) hat mit Hilfe eines Rechenmodells zum Stichtag 30.6.1985 ermittelt, daß von rund 710000 teilzeitbeschäftigten ArbeitnehmerInnen ca. 370000 nicht sozialversicherungspflichtig beschäftigt waren. Die »Hauptgemeinschaft des Deutschen Einzelhandels« (HDE) äußerte erhebliche Kritik an diesem Rechenmodell, die sich u.a. auf die methodische Vorgehensweise bezog. Beim Vergleich der beiden statistischen Quellen »Handels- und Gaststättenzählung« und der »Beschäftigtenstatistik – sozialversicherungspflichtig beschäftigte Arbeitnehmer« wurde die Zahl der mithelfenden Familienangehörigen nicht berücksichtigt. Darüber hinaus lagen unterschiedliche Stichtage zugrunde. Daß erst Mitte der 80er Jahre durch die Gewerkschaft der Versuch einer quantitativen Bestimmung dieser Beschäftigungsverhältnisse unternommen wurde, weist nochmals auf das wenig ausgeprägte Interesse hin.

Das im Rahmen der HAZEG-Untersuchung entwickelte Rechenmodell sah folgendermaßen aus:

Tabelle 12: Rechenmodell Teilzeitbeschäftigte der Gewerkschaft Handel, Banken und Versicherungen

Beschäftigte im Einzelhandel 1985[1]	2.360.660
Tätige Inhaber und unbezahlt mithelfende Familienangehörige (19%)[2,3]	448.525
= Arbeitnehmer im Einzelhandel	1.912.135
Sozialversicherungspflichtig beschäftigte Arbeitnehmer im Einzelhandel[4]	1.662.200
= nicht sozialversicherungspflichtig beschäftigte Teilzeit-Arbeitnehmer	249.935
+ sozialversicherungspflichtig beschäftigte Teilzeit-Arbeitnehmer[4]	347.500
Gesamtzahl der teilzeitbeschäftigten Arbeitnehmer	597.435
Beschäftigte im Einzelhandel 1985[1]	2.360.660
Tätige Inhaber und unbezahlt mithelfende Familienangehörige (19%)[2,3]	448.525

1: Statistisches Bundesamt, Handels- und Gaststättenzählung 1985, Stichtag 29.03.1985

2: laut EG-Arbeitskräftestichprobe 1984 betrug der Anteil dieser Beschäftigtengruppe an der Gesamtbeschäftigtenzahl rd. 19%

3: Statistisches Bundesamt, Fachserie 1, Reihe 4.1.1, Stand und Entwicklung der Erwerbstätigkeit

4: Statistisches Bundesamt, Fachserie 1, Reihe 4.2, sozialversicherungspflichtig beschäftigte Arbeitnehmer 1985, Stichtag 31.03.1985

Die Verfasser des Rechenmodells führten hierzu aus, daß

a) mit dem Stichtag 31.2. ein Erhebungszeitpunkt gewählt wurde, der die hohen saisonalen Schwankungen des flexiblen Teilzeiteinsatzes auszublenden versucht;

b) der Anteil von fast unverändert 20% tätigen Inhabern und mithelfenden Familienangehörigen (wie bei der Handels- und Gaststättenzählung 1979) nicht die unbestritten hohe Abschmelzrate selbständiger Einzelhandelsexistenzen berücksichtigt;

c) der Teilzeitanteil von 31% ebenfalls auf eine Unterzeichnung dieses Anteils hinweist – das Statistische Bundesamt in der Handels- und Gaststättenzählung selbst von 32% Teilzeitbeschäftigten ausgeht und

d) eine erhebliche Anzahl von »Pauschalkräften«, die keine Lohnsteuer zahlen, selbst den Unternehmensleitungen, bspw. im Filialbereich, nicht bekannt (Schwarzarbeit) ist. Diese werden daher weder statistisch noch mittels HDE-Umfragen erfaßt.

Bei dieser im März 1985 vorgenommenen Stichprobe wurden für den Einzelhandel rund 600000 Teilzeitbeschäftigte ermittelt; davon arbeiteten rund 250000 in sozialversicherungsfreien Teilzeitarbeitsverhältnissen. Dieses Ergebnis weist eine erhebliche Diskrepanz zu den veröffentlichten Zahlen der HDE, die von 5 bis 8 Prozent im Einzelhandel beschäftiger TeilzeitarbeitnehmerInnen ausgeht (auf der Basis der Handels- und Gaststättenzählung 118000-189000).

Das Institut für Sozialforschung und Gesellschaftspolitik, Köln (ISG) ermittelte eine Gesamtzahl von 2,3 Mio geringfügig Beschäftigten. Hiervon entfielen auf den Handel 12,3 Prozent (280000) und auf das Reinigungsgewerbe 10,5 Prozent (240000).

Tabelle 13: Branchenverteilung sozialversicherungsfrei Beschäftigter

	insgesamt		Männer		Frauen	
	in 1000	in %	in 1000	in %	in 1000	in %
Privathaushalt	570	25,0	130	14,1	440	32,2
Land-, Forstwirtschaft, Fischereien	100	4,4	55	6,0	45	3,3
Energie, Wasserversorgung, Bergbau	10	0,4	5	0,5	5	0,4
Baugewerbe	90	3,9	85	9,2	5	0,4
Verarbeitendes Gewerbe (Industrie und Handwerk)	320	14,0	170	18,5	150	11,0
Chemie, Mineralöl. Kunststoff, Gummi	25	1,1				
Steine und Erden, Glas, Keramik	15	0,7				
Metallerzeugung, Eisen und Stahl, Gießerei, Zieherei, Stahlverformung	40	1,8				
Elektrotechnik, Feinmechanik, Optik, Uhren, EBM, MSSS	40	1,8				
Stahl-, Maschinen-, Fahrzeugbau, ADV	25	1,1				
Holz, Papier, Pappe, Druckereien, Vervielfältigung	50	2,2				
Leder, Schuhe, Textil-, Bekleidungsgewerbe	50	2,2				
Nahrungs- und Genußmittel	60	2,6				
Handel	280	12,3	100	10,9	180	13,2
Verkehrsgewerbe (ohne Bau)	60	2,6	50	5,4	10	0,7

Tabelle 13: Branchenverteilung sozialversicherungsfrei Beschäftigter *(Fortsetzung)*

	insgesamt		Männer		Frauen	
Banken, Versicherungen	30	1,3	15	1,6	15	1,1
Gastgewerbe, Hotels	190	8,3	75	8,2	115	8,4
Reinigungsgewerbe	240	10,5	15	1,6	225	16,5
Gesundheits- und Veterinärwesen	40	1,8	10	1,1	30	2,2
Wissenschaft, Bildung, Presse, Verlagswesen	100	4,4	55	6,0	45	3,3
Freie Berufe	60	2,6	30	3,3	30	2,2
sonstiger öffentlicher Dienst / Bahn / Post	110	4,8	50	5,4	60	4,4
Sonstige	84	3,7	74	8,1	10	0,7
Insgesamt	2.284	100,0	919	100,0	1.365	100,0

Basis: Beschäftigte, die ausschließlich einer sozialversicherungsfreien Beschäftigung nachgehen (ohne geringfügig nebentätige Arbeitnehmer, Beamte, Selbständige und mithelfende Familienangehörige)

Quelle: ISG 1988

Bezogen auf typische und »Frauenbranchen« für sozialversicherungsfreie Beschäftigung dominieren Frauen in den Bereichen:

Tabelle 14: Weibliche Beschäftigte nach ausgewählten Branchen

	Zahl	Frauenanteil
Privathaushalte	440.000	76 %
Handel	180.000	62 %
Reinigungsgewerbe	225.000	94 %
Gastgewerbe	115.000	60 %
Veterinärwesen	30.000	75 %

Quelle: ISG 1989: 34

Diese Untersuchung wurde vom Bundesminister für Arbeit und Sozialordnung (BMA) in Auftrag gegeben; Stichtag für die Datenerhebung war das 2. Quartal 1987, veröffentlicht wurde der Bericht 1989.

Die Erhebung belegt, daß sozialversicherungsfreie Teilzeitarbeit im Reinigungsgewerbe fast ausschließlich – zu 94 Prozent – von Frauen ausgeübt wird. Im Handel liegt der Frauenanteil bei den geringfügigen Teilzeitarbeitsverhältnissen nach Angaben des ISG deutlich geringer bei ca. 62 Prozent. Die Anzahl der sozialversicherungsfreien Teilzeitarbeitsverhältnisse zeigt zwar den Schwerpunkt dieser Arbeitsform, läßt zunächst jedoch keine Rückschlüsse auf die quantitative Relevanz für die Wirtschaftszweige zu. Daher wird im folgenden ein Vergleich des Gesamtbeschäftigungsniveaus der einzelnen Branchen gezeigt. Demzufolge sind ca. 60 Prozent aller im Reinigungsgewerbe beschäftigten ArbeitnehmerInnen von der Sozialversicherungspflicht ausgenommen. Im Handel liegt ihr Anteil bei ca. 8 Prozent.

Das Sozio-ökonomische Panel (1986) weist für den Bereich Einzelhandel 1984 20,3 Prozent geringfügig teilzeitbeschäftigte Frauen aus, bei einem Anteil der abhängig beschäftigten Frauen in dieser Branche von 14,7 Prozent. Für die Gebäudereinigung werden hingegen 2,5 Prozent geringfügig teilzeitbeschäftigte Frauen ausgewiesen, bei einem Anteil von 1,3 Prozent aller abhängig beschäftigten Frauen der Branche. Das ISG beurteilt die ermittelten Fallzahlen des Sozio-ökonomischen Panels jedoch als zu gering, »um weitergehende Strukturanalysen mit der erforderlichen Verläßlichkeit vornehmen zu können ...« (ISG 1989:211)

Anhand verschiedener Statistiken wurde die desolate und defizitäre Datenlage zu sozialversicherungsfreien Teilzeitarbeitsverhältnissen dargelegt. Geht man weiter davon aus, daß eine unbekannte Anzahl sozialversicherungsfreier Teilzeitarbeitsverhältnisse existiert, die weder den entsprechenden Ämtern, Ministerien, Forschungsinstituten, Gewerkschaften und Arbeitgeberverbänden bekannt sind, zeigt dies, daß die statistische Basis hier bestenfalls Größenordnungen bestimmen kann, jedoch nicht in der Lage ist, genaue Daten zu liefern. Damit wird der Schwerpunkt der vorliegenden Arbeit, die qualitative Analyse von Teilzeitarbeit, bestätigt.

Tabelle 15: Relative Bedeutung sozialversicherungsfreier Beschäftigung nach Branchen

Wirtschaftsbereich	Erwerbstätige lt. VGR 1986[1]	sozialversicherungs-frei Beschäftigte[2]	Relation sozial-versicherungsfrei Beschäftigte zu Erwerbstätigen[3]
Privathaushalte	120 s	570	(475 %)
Land-/Forstwirtschaft	1.344	100	7 %
Energie, Wasser, Bergbau	489	10	2 %
Baugewerbe	1.754	90	5 %
produzierendes Gewerbe	8.263	320	4 %
Handel	3.322	280	8 %
Verkehrsgewerbe (ohne Bahn)	638	60	9 %
Banken, Versicherungen	803	30	4 %
Gastgewerbe, Hotels	822	190	23 %
Reinigungsgewerbe[4]	(409)	240	59 %
Gesundheits-, Veterinärwesen	584	40	7 %
Wissenschaft, Bildung, Presse-, Verlagswesen	270	100	37 %
Öffentlicher Dienst, Bahn, Post	4949	110	2 %
Sonstige	1933	144	7 %
insgesamt	25.700	2.284	9 %

s = Schätzung

Basis: Beschäftigte, die ausschließlich einer sozialversicherungsfreien Beschäftigung nachgehen (ohne geringfügig nebentätige Arbeitnehmer, Beamte, Selbständige und mithelfende Familienangehörige)

1: Quelle: Volkswirtschaftliche Gesamtrechung (VGR), Fachserie 18, Reihe 1.2, Vorbericht 1987, Erwerbstätige im Inland

2: Quelle: ISG 1988

3: Zahl der sozialversicherungsfrei Beschäftigten wurde in der Basis (Erwerbstätigenzahlen der VGR) *nicht* berücksichtigt

4: Angabe nach der Handwerkszählung

5. Qualitative Entwicklung von Teilzeitarbeit im Einzelhandel und der Gebäudeinnenreinigung

»Die Politik, Teilzeitbeschäftigte als flexible Manövriermasse zu behandeln, hat für die Arbeitgeber zwei entscheidende Vorteile: Erstens ist die Fluktuation bei Teilzeitbeschäftigten höher als bei Vollbeschäftigten, so daß Kündigungen zur Erreichung des geplanten Personalabbaus seltener nötig sind; zweitens können Teilzeitbeschäftigte gezielter in umsatzstarken Verkaufszeiten eingesetzt werden, so daß sich auf diesem Wege der Steigerung der Arbeitsintensität ohne entsprechenden Lohnausgleich höhere Leistungen je Beschäftigungsstunde erzielen lassen.« (Peschel/Scheibe-Lange 1977:328)

In Verbindung mit den beschriebenen Rationalisierungsmaßnahmen und den daraus resultierenden Arbeitseinsatzbedingungen zielt das Instrument Teilzeitarbeit auf eine Verbesserung der betrieblichen Rentabilität. Verbunden mit dieser Entwicklung war ein Qualitätsverlust in den Teilzeitarbeitsverhältnissen.

Das Reinigungsgewerbe gilt als Synonym für sozialversicherungsfreie Teilzeitarbeit.[45] Bedingt durch die expansive Entwicklung des privaten Reinigungsgewerbes[46] sowie die Art der Tätigkeit selbst, die organisatorisch Putzarbeiten auf wenige Stunden entweder zeitlich vor oder nach den »normalen« Arbeitsstunden legt, erfuhren Teilzeitarbeitsverhältnisse eine quantitative Zunahme bei gleichzeitig sinkender »Qualität«. Die Verwendung des Begriffes »Qualität« mag im Zusammenhang mit Reinigungsarbeiten übertrieben erscheinen, da »putzen« sicherlich keine Tätigkeit ist, die sich auf einem qualitativ hohen Niveau befand bzw. befindet. Gleichwohl ist feststellbar, daß die Bedingungen, unter denen Reinigungsarbeiten verrichtet werden, sich weiter verschlechtert haben. Hierauf zielt die Verwendung des Qualitätsbegriffes.

Beiden Branchen gemein ist demnach eine quantitative Zunahme von Teilzeitarbeitsverhältnissen und eine qualitative Verschlechterung der Arbeitsbedingungen sowie – bezogen auf den Einzelhandel – der Verlust von qualitativen Arbeitsinhalten. Hierauf nimmt die folgende Diskussion Bezug.

45 1913 wurden Tätigkeiten, die nur wenige Stunden in der Woche ausgeübt wurden, von der Versicherungspflicht befreit. Die Arbeit von Wach-, Putz- und Aufwartefrauen galt als nicht sozial schutzbedürftig. Durch diese Ausnahmeregelung wurden damals in erster Linie private Haushalte, die finanziell in der Lage waren, Personal zu beschäftigen (bspw. Juristen, Ärzte, Abgeordnete etc.) begünstigt. Der Bereich der Privathaushalte, in denen Putzfrauen tätig sind, gehört zum Bereich des »Grauen Arbeitsmarktes«

46 Vgl. in diesem Kapitel: 1 Der Einzelhandel und die Gebäudeinnenreinigung als Teilzeitarbeitsmärkte. 2. Entwicklung und Struktur der untersuchten Branchen.

Die Hauptaufgabenbereiche des Einzelhandels sind der Verkauf von Waren, Kassiertätigkeiten und das Auffüllen der Regale mit Waren. (vgl. Glaubitz 1985:457; Teske 1987:76) Im Einzelhandel wird neben der Ausbildung als Einzelhandelskauffrau/-mann (dieser Beruf wird i.d.R. überwiegend von Männern ausgeübt) eine verkürzte zweijährige Ausbildung insbesondere für Frauen (EG 19) zur Verkäuferin angeboten. Ein/e GewerkschaftssekretärIn vertrat hierzu die Meinung, daß Frauen weniger Zeit in ihre Ausbildung zu investieren bereit sind. (EG 07) Mit dieser Feststellung wird nicht nur über die vermeintliche oder tatsächliche Bereitschaft von Frauen, in ihre Ausbildung zu investieren, befunden, gleichzeitig weist diese Aussage auch auf die grundsätzliche Einstellung verschiedener GewerkschaftsvertrererInnen hin, Frauen als homogene Gruppe, über deren grundsätzliches Verhalten Aussagen getroffen werden können, einzustufen. Das Verhalten der Frauen wurde nicht als Phänomen gewertet, aufgrund dessen Rückschlüsse auf Rahmenbedingungen oder den Bedarf an gewerkschaftlichen unterstützenden Angeboten gezogen wurden.

Feststellbar ist, daß auch bei entsprechend vorhandener Ausbildung das Personaleinstellungsverhalten geschlechtsspezifisch determiniert – zum Nachteil von Frauen – selektiert. Hierin ist bspw. ein Grund für die mangelnde Bereitschaft von Frauen, länger in ihre Ausbildung zu investieren, zu finden: Wenn mit einer kürzeren Ausbildungszeit das gleiche Ziel wie mit einer längeren Ausbildungszeit erreicht werden kann, erscheint es rationaler, sich entsprechend für die kürzere Ausbildungszeit zu entscheiden.

Die Tätigkeitsbereiche von VerkäuferInnen und Einzelhandelskaufleuten sind durch eine Stufenausbildung miteinander verbunden. Damit sollte einerseits eine bedarfsdeckende Qualifizierung gesichert werden und andererseits die – insbesondere von den Gewerkschaften – bekämpften Anlernberufe für den Einzelhandel vermieden werden. (vgl. Tenbensel 1987) Das Stufenmodell sah die erste Stufe mit dem Ausbildungsziel »VerkäuferIn« als Grundausbildung und Voraussetzung zur zweiten Stufe mit dem Ausbildungsziel »Einzelhandelskaufmann/frau« vor.

Dadurch, daß die Ausbildungsordnung als Schwerpunkt die Verkaufsausbildung beinhaltet, waren insbesondere die Selbstbedienungsgeschäfte kaum in der Lage, die erste Stufe der Ausbildung zu gewährleisten; die zweite Stufe wurde fast gar nicht mehr angeboten: »Die Hauptstoßrichtung der Neuordnung von 1968 reduzierte sich damit auf eine Ausbildungsverkürzung, ohne daß sich in den Inhalten der Ausbildung die gewandelten Betriebsstrukturen merklich niederschlugen. Ganz eindeutig verfügten damals die SB-Unternehmen über keine eigenständigen Qualifizierungskonzepte, sondern beschränkten sich auf den Wunsch nach Qualifikationssenkung.« (Ehrke 1981 :250)

Der Strukturwandel des Einzelhandels blieb somit nicht unberücksichtigt im Ausbildungssystem. Ihm wurde Rechnung getragen, indem die erste Qualifikationsstufe unabhängig von der zweiten eingesetzt bzw. ausgeübt werden konnte und damit dem Bedarf der betrieblichen Strukturen entsprochen wurde. Die Stufenausbildung wurde zum geschlechtsspezifischen Selektionsinstrument: Die erste Stufe mit dem Ausbildungsziel »Verkäuferin« wurde in der Praxis zu einer fast ausschließlichen Frauenausbildung, und die zweite Stufe mit dem Ausbildungsziel »Einzelhandelskaufmann/frau« wird aufgrund der Ausbildungsstruktur nur von einer geringen Anzahl Frauen erreicht.

Unmittelbar verbunden mit den weniger qualifizierten Arbeitsbereichen einer Verkäuferin ist die Arbeitszeitform Teilzeit. Durch die verkürzte Ausbildungszeit werden zunächst geringere »Human-Kapital-Investitionen« getätigt und über die sich anschließende Teilzeitarbeit Personalkosten reduziert. Die dreijährige Ausbildungszeit zum Einzelhandelskaufmann/-frau wurde seit 1965 um ca. 80 Prozent reduziert. Die berufliche Qualifikationsreduzierung führte zu einer erheblichen arbeitsmarktpolitischen Benachteiligung von Frauen. (HBV/HBS, o.J./ca. 1988) Am 1. August 1987 trat eine Neuordnung der Ausbildungsordnung zum/zur Einzelhandelskaufmann/-frau in Kraft; parallel hierzu konnte jedoch die Ausbildung zum/zur VerkäuferIn weder verbessert noch abgeschafft werden.

Gewerkschaftliches Ziel sowie Ziel fortschrittlicher Vertreter der Hauptgemeinschaft des Deutschen Einzelhandels ist eine vollkommene Abschaffung der zweijährigen Ausbildung. (EG 19) Ab (schätzungsweise) 1995 wird eine Ausbildungsordnung für den neugeschaffenen Beruf des/der »Kaufmann/-frau für Warenwirtschaft« in Kraft treten. (EG 19) Damit soll das Berufsbild des/der VerkäuferIn endgültig abgeschafft werden. Die Veränderung bzw. Neuordnung der Berufsbilder des Einzelhandels wird – bezogen auf den Strukturwandel – mit einer zeitlichen Verzögerung von ca. 15 bis 20 Jahren durchgeführt. Ausgehend von der historischen Periodisierung der Rationalisierungsphasen wurde festgestellt, daß seit ca. 1973 (4. Rationalisierungsphase) die Einführung geschlossener Warenwirtschaftssysteme einsetzte. Mit dem ab ca. 1995 einzuführenden neuen Berufsbild wird in erster Linie auf eine mittlere Ebene (im Bereich der Abteilungs- oder Filialleiter) abgehoben, auf der Frauen kaum vertreten sind. Die bipolare Entwicklung, die neben der Reprofessionalisierung des Handels die Tendenz einer Zunahme (prekärer) Teilzeitarbeitsverhältnisse aufweist, kann durch eine neue Ausbildungsordnung nicht entschärft werden. Vielmehr ist zu vermuten, daß die Anzahl ungelernter Teilzeitarbeitnehmerinnen ansteigen wird.

Von Verkäuferinnen werden neben ihrer formalen Qualifikation extrafunktionale Qualitäten im Rahmen einer Frauen zugeschriebenen sozialen Kompetenz gefordert, jedoch nicht entlohnt. »Die Verteilung des Frauenanteils auf die Geschäftszweige, Betriebsformen und Branchenbereiche zeigt deutlich den Zusammenhang zwischen Sortiment, Verkaufsform und geschlechtsspezifischer Zusammensetzung der Belegschaft.« (Tenbensel 1987:147) Bei der Personaleinsatzplanung werden diese Kompetenzen fixiert, indem weibliche Arbeitskräfte quantitativ in sieben Warengruppen dominieren: Lebensmittel, Textil/Bekleidung, Blumen, Glas/Porzellan, Drogerie, Freizeitbedarf. Männliche Arbeitskräfte werden bevorzugt in den fünfzehn Bereichen, in denen technische Verbrauchs- und Investitionsgüter wie KFZ, Elektroartikel, Radio/Fernsehen, EDV-Anlagen etc. verkauft werden, beschäftigt. (vgl. Ehrke 1981) Diese asymmetrische Verteilung knüpft an gesellschaftlich zugeschriebene sog. frauenspezifische Eigenschaften an. Hierüber vermittelt wird der – oftmals aufgrund der familiären Situation bedingte – »Wunsch« zur Aufnahme einer Teilzeitarbeit bedient. Gleichzeitig werden damit Frauen von beratungsintensiven Fachverkäuferinnentätigkeiten fast vollständig ausgeschlossen. Produkte, zu deren Verkauf eine Fachberatung notwendig ist, bzw. Waren des gehobenen Bedarfs werden zudem in der Regel nicht über SB-Geschäfte vertrieben und erfordern eine Vollzeitstelle, da die KundInnen ein »Vertrauensverhältnis« zu ihrem/ihrer VerkäuferIn aufbauen. Für die beratungsintensiven Produkte werden überwiegend männliche Verkäufer in Vollzeitstellen geworben.

Die Argumentation der Arbeitgeber bedient sich eines gesellschaftlichen Rollenstereotyps, indem sie Männern qua Geschlecht bestimmte Kompetenzen zuschreibt und Frauen diese Kompetenzen abspricht und erzielt hierüber ökonomischen Nutzen: »Männer verkaufen in verschiedenen Abteilungen besser, so im Rundfunk und Fernsehen. Da verkauft sich der Mann besser. Er braucht da nur zu reden, die Ware ist dann Nebensache. Genauso ist es in der Kosmetik und Bekleidung, da ist es die Verkäuferin. Da kauft der Kunde, wenn die Verkäuferin nett aussieht.« (Weltz/Diezinger /Lullies/Marquard 1979:172)

Entsprechend der formal geringer qualifizierten Ausbildung, der (im Verhältnis zu Männern) niedrig entlohnten Einsatzbereiche und verbunden mit Teilzeitarbeit befinden sich in der Position von VerkäuferInnen/KassiererInnen überwiegend Frauen (62,0 Prozent; Männer 31,3 Prozent) während in der Position von Abteilungsleitern überwiegend Männer arbeiten (26,8 Prozent; Frauen 5,0 Prozent).[47]

Das Reinigungsgewerbe bietet ebenfalls einen Ausbildungsberuf, den des Gebäudereinigers, an. Der überwiegende Teil der Beschäftigten hat jedoch keine formale Ausbildung absolviert. »Gemessen an den Beschäftigtenzahlen betrug der Anteil der Auszubildenden 1970 rund 0,3 Prozent, 1984 dann 0,6 Prozent.« (Duda 1988:103) Der Frauenanteil an den Auszubildenden betrug 1979 ca. 5 Prozent. (Chaberny/Parmentier/Schnur 1982:135)

Damit stellt der Beruf des Gebäudereinigers einen typischen Männerberuf dar; gleichzeitig wird jedoch weit über 50 Prozent des Gesamtumsatzes im Gebäudereiniger-Handwerk von Frauen erarbeitet. GebäudeinnenreinigerInnen,

47 Vgl. Statistisches Bundesamt, Löhne und Gehälter, Fachserie 16, Reihe 2.2, 1984; vereinfacht gliedert sich die Hierarchie einer Warenhausfiliale folgendermaßen: Geschäftsführer, Personalchef, Abteilungsleiter, Substitut, Erstverkäufer, Verkäufer und Hilfskräfte; vgl. Glaubitz 1985.

sog. Putzfrauen, verfügen jedoch i. d. R. über keine Berufsausbildung. Das Reinigungsgewerbe greift somit – betriebswirtschaftlich rational – auf die geschlechtsspezifische gesellschaftliche Arbeitsteilung zurück. Indem als Arbeitskräfte Frauen beschäftigt werden, deren Möglichkeiten durch die Zuständigkeit für den Haushalt, die Kindererziehung und nicht zuletzt die Versorgung des Ehemannes/Partners stark eingeschränkt sind, werden gesellschaftliche Ungleichheiten festgeschrieben.

Insbesondere Frauen, die kurzfristig arbeiten wollen, die nach Möglichkeiten zu einem Wiedereinstieg ins Erwerbsleben suchen, die aufgrund der bereits genannten familiären Aufgaben an eine bestimmte Arbeitszeitdauer und -lage gebunden sind, können – nicht zuletzt aufgrund fehlender Alternativen – im Reinigungsgewerbe einen Arbeitsplatz finden. Auch hier gilt, daß die Fähigkeiten, die außerhalb der Berufstätigkeit erworben wurden, konstituierendes Merkmal der Tätigkeit sind, jedoch als Qualifikation nicht anerkannt werden. Während Frauen als ungelernte Putzfrauen tätig sind, arbeiten Männer als gelernte Gebäudereiniger. Der von Frauen verrichteten Arbeit wird eine Berufsförmigkeit abgesprochen. Hier spart der Arbeitgeber nicht nur Human-Kapital-Investitionen über eine formal zwar vorhandene, praktisch jedoch nicht angebotene und nicht geforderte Berufsausbildung; zusätzlich werden auch noch durch das Fehlen von Anlernprozessen Kosten reduziert. Aufstiegsmöglichkeiten für Gebäudeinnenreinigerinnen sind aufgrund der Organisation der Arbeit kaum vorhanden. Möglich ist ggf. ein Aufstieg zur Vorarbeiterin.

Aufgrund der hohen Arbeitslosenzahlen der 80er Jahre haben Frauen, die zuvor in einem anderen qualifizierten Beruf tätig waren, Beschäftigungsmöglichkeiten im Reinigungsgewerbe gesucht und gefunden. Die Arbeitsmarktentwicklung führte auch zu einer Verschlechterung der konkreten Arbeitsbedingungen innerhalb beider Branchen. Dies ist Diskussionsgegenstand des folgenden Abschnittes.

5.2 Qualifikation und Statusgruppe der Beschäftigten, Qualität und Image der Arbeit

Qualifikation und Statusgruppe der Beschäftigten sowie die Qualität und das Image der Arbeit sind wesentliche Variablen zur Charakterisierung der Situation teilzeitarbeitender Frauen im Einzelhandel und in der Gebäudeinnenreinigung.

Innerhalb eines auf dem 7. Ordentlichen Gewerkschaftstag der HBV 1968 gehaltenen Referates eines Vertreters des Handelsinstitutes an der Universität des Saarlandes wurde noch davon ausgegangen, daß »durch die stärkere Konsumorientierung … sich in Zukunft bei breitesten Schichten eine Veränderung im Sozialprestige aller Mitarbeiter in den Handels- und in den Dienstleistungsgewerben ergeben« wird.[48]

Der Strukturwandel im Einzelhandel hat durch die Reduzierung der Fremdbedienung sowie über die Zunahme von Teilzeitarbeitsverhältnissen entscheidenden Einfluß auf die o.g. Variablen genommen. Die geschlechtsspezifische Segmentierung des Einzelhandels ist hierüber weiter ausgebaut worden. Auch die innerhalb der Branche vertretene geschlechtsspezifische Hierarchisierung bleibt – nicht zuletzt – deshalb bestehen, weil Frauen oftmals gar nicht in der Lage wären, die entsprechenden Positionen auszufüllen. Der Grund liegt jedoch nicht in der mangelnden Kompetenz, sondern an der gesellschaftlich zugeschriebenen bzw. übernommenen Rolle als Familienarbeiterin. »Ich überlege gerade, in welchen Abteilungen man den Kunden eine Frau gegenüberstellen sollte. Bei Betten, Gardinen vielleicht, da geht man nach dem Klischee: Frau und Bett. Bei Betten kann die Frau ruhig ein wenig älter sein, sie darf auch ruhig korpulent sein«. (Äußerung eines Personalleiters, in: Weltz/Diezinger/Lullies/Marquard 1979:128)

Innerhalb der Gruppe der im Einzelhandel beschäftigten Arbeitnehmerinnen sind deutliche gruppeninterne Statusunterschiede feststellbar. Generell befinden sich teilzeitarbeitende Frauen in der betriebsinternen Hierarchie unterhalb von vollzeitbeschäftigten Arbeitnehmerinnen und diese wiederum unterhalb von vollzeit- und den wenigen teilzeitbeschäftigten Männern. Damit werden teilzeitarbeitende Frauen doppelt diskriminiert.

Innerhalb der Gruppe der Teilzeitarbeitnehmerinnen wird weiter spezifiziert nach den Kriterien Umfang der Arbeitszeit und dem direkt damit verbundenen Tätigkeitsbereich. Eine geringe Stundenzahl korrespondiert mit einem durch überwiegend negative Bedingungen gekennzeichneten Tätigkeitsbereich. Das immer noch vorherrschende Bild der Teilzeitarbeitnehmerin, die »sich auf Kosten der KollegInnen einen schönen Nachmittag macht« (EG 03), sich also »unkollegial« verhält, negiert die Tatsache, daß es sich bei Teilzeitarbeit um leistungsverdichtete, oftmals in der vorgegebenen Zeit kaum zu leistende Arbeit handelt. Diese Äußerung gibt jedoch auch einen Hinweis darauf, daß die Auseinandersetzung mit Teilzeitarbeit nicht nur stark interessenspezifisch geprägt, sondern auch durch Vorurteile gekennzeichnet ist.

Auch bei einer freiwilligen Entscheidung für Teilzeitarbeit wird diese immer noch in Relation zu Vollzeitarbeit schlechter entlohnt und von übertariflichen Leistungen oftmals ganz ausgeschlossen. In diesem Zusammenhang wurde von einem/r GewerkschaftssekretärIn die Ansicht vertreten, daß »die freiwillige Wahl einer Teilzeitarbeit im Einzelhandel bei ca. 20 Prozent liegt«. (EG 05)

Inwieweit bei der Ausübung von Teilzeitarbeit der Begriff der »Freiwilligkeit« die Situation zutreffend charakterisiert, ist schwierig zu beurteilen. Einerseits wird dieses Erwerbsverhalten durch ökonomische, soziale, gesellschaftliche und familiäre Rahmenbedingungen der Nachfrageseite – also der

48 Protokoll des 7. Ordentlichen Gewerkschaftstages der HBV 1968, Dr. Bruno Tietz, Handelsinstitut an der Universität des Saarlandes, S. 458.

Frauen – determiniert. Andererseits sind bestimmte Branchen und Tätigkeiten fixiert auf Teilzeitarbeit, bieten dementsprechend auch keine Vollzeitarbeit an und segmentieren geschlechtsspezifisch. »Inwieweit Teilzeitarbeit tatsächlich freiwillig ausgeübt wird, läßt sich letztlich nur mittels Befragung bei Teilzeitbeschäftigten selbst ermitteln.« (Schupp 1993) Diese Einschätzung wird von der Verfasserin als vordergründige Interpretation des statistischen Materials bewertet, da sie die lebensweltlichen Rahmenbedingungen der Nachfrageseite negiert. Die Befragungen dokumentieren ggf. ein bestimmtes angepaßtes Verhalten, eine Reaktion auf weder unmittelbar noch kurzfristig von den Frauen selbst zu beeinflussende Rahmenbedingungen und eignen sich kaum, um »Freiwilligkeit« analysieren zu können.

Eine weitere hierarchische Differenzierung innerhalb der Gruppe teilzeitarbeitender Frauen ergibt sich über deren beruflichen Einsatzbereich. Ebenso wie die Arbeitnehmerin, die eine »Auffüllerinnentätigkeit« ausübt, sich innerhalb der betriebsinternen Sub-Hierarchie unterhalb einer Kassiererin befindet, bewegen sich die »Fischverkäuferin« und die Arbeitnehmerin in der Kosmetikabteilung ebenfalls auf unterschiedlichem Niveau. Hieraus ergibt sich ein äußerst heterogenes Beschäftigtenbild, das eine Interessenartikulation und -vertretung teilzeitarbeitender Frauen erschwert.

Gleichzeitig dient diese Heterogenität der Beschäftigten, die ja nicht auf den Einzelhandel beschränkt ist, als Rechtfertigung für die Nicht-Wahrnehmung frauenspezifischer Interessen. In diesem Zusammenhang wurde von einem/r GewerkschaftssekretärIn der (rechtfertigende) Hinweis gegeben, daß »diese teilzeitarbeitenden Frauen schwer organisierbar sind und der Arbeitgeber leichtes Spiel mit ihnen hat«. (EG 06)

Die berufliche Qualifikation korrespondiert nicht notwendigerweise mit der Qualität der Arbeit der Teilzeitbeschäftigten. Die Qualität der Arbeit korreliert jedoch mit dem Beschäftigungsvolumen. Die Statusgruppe ist gleichfalls mit dem Umfang der Arbeitszeit und darüber wiederum mit der Qualität der Arbeit verbunden. Das Image der Branche ist negativ geprägt; beeinflußt von einem negativen Image der dominierenden Arbeitszeitform Teilzeit.

«Auf der operativen Ebene, in den Berufsgruppen »Verkäuferin« und »Kassiererin« liegt der Anteil an weiblichen Arbeitskräften bei über 80 Prozent, in Spezialfunktionen und Führungspositionen sind dagegen männliche Arbeitskräfte überrepräsentiert.« (Faber/Wehrsig/Borchers 1992:29) Diese geschlechtsspezifisch für Frauen eingeschränkte horizontale wie vertikale Mobilität wird durch den beschränkten zeitlichen Beschäftigungsumfang ergänzt. Vor dem Hintergrund des gesellschaftlich Frauen zugeschriebenen und von diesen bedienten Rollenstereotyps gilt Frauenerwerbsarbeit immer noch als temporäres Teileinkommen innerhalb eines Gesamteinkommens, das durch den Verdienst des (Ehe) Partners bestimmt wird. Dies wird auch anhand der Qualifizierungsangebote deutlich. Für einen Betrieb sind Ausbildungskosten nur dann ökonomisch vertretbar, wenn sich diese über die Dauer der Betriebszugehörigkeit amortisieren.

Auch im Bereich der betrieblichen Weiterbildungsangebote »fallen Teilzeitbeschäftigte quasi durch den Rost«. (EG 05) Hier gilt das gleiche unternehmerische Prinzip der Amortisierung wie bei den Ausbildungskosten. Da Teilzeitbeschäftigte jedoch eine – im Vergleich – hohe Fluktuationsrate aufweisen, »lohnt« sich hier die unternehmerische Investition nicht.

Über die geschlechtsspezifische berufliche Statuszuordnung hinaus ist eine geschlechtsspezifische Gehaltsdifferenzierung in den verschiedenen Leistungsgruppen bei identischem Status feststellbar. (vgl. Glaubitz 1985) In der Altersgruppe der 26- bis 35jährigen Frauen geben ca. 50 Prozent ihren Beruf als Verkäuferin auf, um ausschließlich Familienarbeit zu leisten. Da die Endgehaltsstufe der VerkäuferInnen erst im 6. Berufsjahr nach der Ausbildung erreicht wird, errreichen Verkäuferinnen diese Gehaltsstufe entweder gar nicht oder nur für eine kurze Zeit vor dem Ausscheiden aus dem Berufsleben.[49] Bei Wiederaufnahme der Erwerbsarbeit nach einer Familienphase werden die Frauen in der Regel unter Qualifikation als Teilzeitkräfte eingesetzt und haben einen dementsprechend geringen Verdienst. Betriebliche Lohngefüge sind so konzipiert, daß in der horizontalen sowie vertikalen Gliederung die Höhe übertariflicher Leistungen abhängig vom Abteilungssortiment und die »hierarchische Positionierung in der Lohnskala dem gleichen geschlechtsspezifischen Verteilungsmuster folgt wie die Allokation der Beschäftigten«. (Tenbensel 1987:164f) In den Funktionsgruppen und Abteilungen, in denen Frauen überwiegend beschäftigt sind, werden die geringsten übertariflichen Leistungen gewährt. Die Beschäftigung von teilzeitarbeitenden Frauen ist, neben den geringeren Grundlöhnen, für die Unternehmen insbesondere wegen der geringeren oder gar nicht erbrachten übertariflichen Leistungen gewinnbringend.

Die Qualifikationsanforderungen im Verkaufsberuf sind während des Untersuchungszeitraumes faktisch gesunken. Unabhängig hiervon greifen Arbeitgeber bei der Besetzung von Teilzeitstellen bevorzugt auf Arbeitnehmerinnen mit einer abgeschlossenen Berufsausbildung zurück. Sozial-kommunikative Qualifikationen, die Frauen qua Geschlecht zugeschrieben werden, wie bspw. Einfühlungsvermögen, Diplomatie, Geduld oder Kontaktfreudigkeit werden erwartet, bleiben jedoch unhonoriert: »Den Beschäftigten erscheinen sie nicht mehr als fachliche Qualifikationen: sie wissen zwar, daß sie Fähigkeiten wie Kontaktbereitschaft und Überzeugungskraft erst in der Ausbildung erworben haben, diese also echte Ausbildungsqualifikationen darstellen, ihr Erwerb wird aber als Zugewinn für die eigenen Persönlichkeit und deshalb nicht unbedingt als zu honorierender Bestandteil der fachlichen Qualifikation interpretiert.« (Weltz/Diezinger/Lullies/Marquard 1979:86)

49 Vgl. Bundesanstalt für Arbeit, Unterabteilung Statistik, Hefte 1982-1987, Nürnberg.

Das Image des Einzelhandels ist niedrig und beeinträchtigt durch eine gesellschaftlich negative Bewertung von Teilzeitarbeit, die im Vergleich zu Vollzeitarbeit nicht als »richtige Arbeit« bewertet wird. Auch über die immer noch unzureichende tarifliche und soziale Absicherung von Teilzeitarbeit erfährt die Branche ihr negatives Image.

Das Image des Einzelhandels als Berufsfeld ist für die Beschäftigten selbst insbesondere durch die o.g. geringe Bewertung weiblicher Qualifikation über die betriebliche und tarifliche Lohnpolitik negativ bestimmt. Darüber hinaus sind die Arbeitszeiten in Lage und Dauer äußerst unattraktiv. In Verbindung mit der Arbeitszeit und -dauer ergibt sich aus den Tätigkeiten ein gesundheitlich stark belastetes Berufsbild. Rückgratschäden, Bein- und Armleiden sowie Herz- und Kreislaufbeschwerden sind die Regel. Zu den Streßfaktoren, die zu Herz- und Kreislaufbeschwerden führen, zählt nicht nur die Kundenfrequenz zu Spitzeneinkaufszeiten, sondern auch die extreme Abhängigkeit von dem/der KundIn als InteraktionspartnerIn.

Aufgrund der insgesamt negativen Beschäftigungssituation und des schlechten beruflichen Images »suchen seit einiger Zeit Verkäuferinnen jobs in Kommunalverwaltungen oder Kirchen, weil sie dort bessere Gehälter, bessere Arbeitszeiten und ein besseres berufliches Image haben.« (EG 06)

Zusammenfassend ist festzustellen, daß während des Untersuchungszeitraumes zwischen 1970 und 1989 ein personeller Dequalifizierungsprozeß im Einzelhandel stattgefunden hat. Bedingt durch Konzentrations- und Zentralisierungsprozesse, durch die Ausweitung der Selbstbedienung sowie durch die Rationalisierung des Personaleinsatzes mittels Teilzeitarbeit hat sich der Strukturwandel dieser Branche vollzogen. Bezogen auf die Struktur der Beschäftigten drückt sich diese Entwicklung zwischen 1970 und 1989 folgendermaßen aus:

- Abwertung von beratungsorientierten Arbeitsplätzen zu Hilfstätigkeiten in Discountern, Supermärkten etc.;
- Abnahme von Vollzeit- bei gleichzeitiger Ausweitung von Teilzeitarbeitsplätzen;
- Zunahme geringfügiger, unterhalb der Sozialversicherungsgrenze liegender Teilzeitarbeit;
- Abnahme bzw. Stagnation des Beschäftigungsvolumens bei gleichzeitiger Zunahme des Geschäftsvolumens.

Von diesen negativen Konsequenzen sind in erster Linie Frauen betroffen. Die Frauenerwerbsquote war und ist aufgrund der Zunahme von Teilzeitarbeitsplätzen steigend. Baethge, Grimm und Oberbeck weisen in ihrer Untersuchung darauf hin, daß sich »die bisherige Entwicklung der dequalifizierenden Personalwirtschaft an einem gewissen Endpunkt« (1992:99) befindet und »interpretieren das Aufweichen des traditionellen Personalpolitikkonzepts historisch als Reaktion auf eine veränderte Marktkonstellation. Nicht mehr über den Vertrieb von Massenkonsumgütern, dessen personalpolitische Entsprechung das Konzept der Selbstbedienung bzw. der Servicereduktion war, können sich die Unternehmen eine weitere Expansion versprechen. Innerhalb einer Wohlstandsgesellschaft mit gehobenen Kundenansprüchen gegenüber der Ware sowie dem Verkaufsprozeß und mit differenzierten Bedürfnisstrukturen gewinnen vielmehr die anspruchsvolleren Güter und Dienstleistungen, deren Verkauf Beratungskompetenz verlangt an Bedeutung.« (Baethge/Grimm/Oberbeck 1992: 99) Für die 90er Jahre ist demnach eine Requalifizierung des Personals im Einzelhandel zu erwarten.

Gebäudereiniger ist ein Ausbildungsberuf. Gleichwohl sind in diesem Bereich überwiegend ArbeitnehmerInnen beschäftigt, die keine Ausbildung (als Gebäudereiniger) durchlaufen haben. Ergebnisse einer Befragung geringfügig beschäftigter Reinigungskräfte ergaben, daß von 100 Frauen keine eine Ausbildung als Gebäudereinigerin vorweisen konnte; 34 Prozent jedoch eine Ausbildung in einem anderen Beruf – bspw. als Verkäuferinnen, Arzthelferinnen etc. hatten. (Jindra-Süß/Kleemann/ Merz 1987)

Spezifische Kenntnisse werden von Raumpflegerinnen nicht gefordert, gleichwohl sind es die ansonsten extrafunktionalen Fähigkeiten, die hier als funktionale Fähigkeiten eingesetzt werden. Sie werden nicht als Qualifikationsmerkmal bewertet und demzufolge auch nicht entlohnt. Damit nimmt das Gebäudereinigungshandwerk – ähnlich wie der Einzelhandel – Bezug auf die geschlechtsspezifische gesellschaftliche Arbeitsteilung und perpetuiert diese über den Erwerbsarbeitsmarkt.

Putzfrauen bewegen sich i.d.R. innerhalb einer – bezogen auf die Tätigkeitsbereiche – homogenen Gruppe, deren Status insgesamt sehr niedrig ist. Die schwache Hierarchisierung innerhalb dieser Gruppe ist determiniert durch eine Gruppe von Raumreinigerinnen, die/den VorarbeiterIn[50] und eine/n ObjektleiterIn[51], der i.d.R. ein Mann ist.

Die Qualität der Arbeit ist niedrig und geringer als die von Verkäuferinnen im Einzelhandel. Gesundheitliche Risiken entstehen durch das Tragen schwerer Kanister mit Reinigungsmitteln, Wassereimer oder durch Zwangshaltungen und den Zeitdruck durch Akkordarbeit.[52] »Putzen« gilt als eine »Jedefrautätigkeit«, die diesen qua Geschlecht und Sozialisation zugesprochen wird. Diese allgemeinen und entsprechend gering gewerteten Vorstellungen von Putzarbeit nehmen keine Rücksicht darauf, um welchen Einsatzbereich, d.h. konkret, um welches Objekt es sich handelt, in dem geputzt werden muß. Dabei werden Privathaushalte mit in ihrer räumlichen Größenordnung nicht vergleichbaren Bürohäusern, Flughafengebäuden oder Krankenhäusern gleichgesetzt. Auch die Objekte, die den Inhalt der Arbeit bestimmen, prägen maßgeblich das Image der Branche: Während Verkäuferinnen mit Lebensmitteln, Textilien etc., mit Gütern des allgemeinen Ge- und Verbrauchsarbeiten, beseitigen

50 Diese verdient durchschnittlich 15 Prozent mehr als eine Putzfrau; EG 13.

51 Die/der ObjektleiterIn ist i.d.R. im Angestelltenstatus; das Gehalt richtet sich nach der Anzahl der Beschäftigten und der Anzahl der Bereiche, die das Objekt umfaßt; EG 13.

52 Vgl. Küpper/Stolz-Willig 1988:27ff.

Raumreinigerinnen den »Dreck«, der bei »saubereren« Arbeiten zurückgeblieben ist; oder sie müssen für die Beseitigung teilweise ekelerregenden Zustände in sanitären Anlagen sorgen. Hierüber wird maßgeblich das negative Image der Branche bestimmt.[53]

Die Gebäudeinnenreinigung sowie der Einzelhandel sind Branchen, die ein traditionelles und exponiertes Beispiel für die geschlechtsspezifische Segmentation des Arbeitsmarktes und Segregation von Frauenarbeit in Verbindung mit Teilzeitarbeit bieten.

5.3 Dauer und Lage der Arbeitszeit

Die gesetzliche Grundlage zur Regelung von Arbeitszeiten, unabhängig von der jeweiligen Branche, ist die Arbeitszeitordnung (AZO) aus dem Jahre 1938.[54] Die AZO legt die Höchstarbeitszeiten und spezifisch für den Handel die Ladenschlußzeiten – also die Nicht-Arbeitszeit – fest. Mit Datum vom 28. November 1956[55] trat das Ladenschlußgesetz (LSchlG) in Kraft.[56] Das LSchlG zählt zu den wenigen Gesetzen, die für die unternehmerische Tätigkeit eine Beschränkung vorsehen, indem es mittelbar die Grenzen des Arbeitstages festlegt.[57] Mit dem LSchlG als sozialem Schutzgesetz sind zwar bislang keine Verkaufs- oder Arbeitszeiten festgelegt worden, zumindest jedoch die Nicht-Verkaufszeiten des Handels geregelt worden. Das Gesetz zur Einführung eines Dienstleistungsabends vom 10. Juli 1989 regelt schließlich ergänzend, daß Verkaufsstellen an Donnerstagen bis 20.30 Uhr geöffnet sein dürfen. Die AZO, das LSchlG sowie das Gesetz zur Einführung eines Dienstleistungsabends sind bis heute Gegenstand politischer Kontroversen.

Während in den 50er Jahren die Arbeits- und Ladenöffnungszeiten noch weitgehend identisch waren, wurde mit dem Ladenschlußgesetz die Durchsetzung realer Arbeitszeitverkürzung bewirkt. Diese Arbeitszeitverkürzung führte – bei weitgehend gleichen Ladenöffnungszeiten – zur Entkoppelung von Betriebs- und Arbeitszeiten, woraus sich zwangsläufig die Notwendigkeit einer veränderten Arbeitszeitgestaltung ergab. Anfang 1962 wurden in einigen großen Warenhäusern versuchsweise roulierende Freizeitsysteme eingeführt.

53 Reinigungsfirmen sind teilweise dazu übergegangen, in ihren Firmennamen keinen direkten Bezug zu Reinigungsarbeiten herzustellen, sondern als Dienstleistungsunternehmen, das diversifizierte Leistungen bietet, eine möglichst neutrale Bezeichnung zu wählen; EG 13.

54 Vgl. Kapitel II.

55 Zuletzt geändert durch Gesetz vom 23. September 1990.

56 Das Gesetz zur Einführung eines Dienstleistungsabends trat am 10. Juli 1989 in Kraft.

57 So bspw. die Gewerbeordnung (GewO) vom 21. Juni 1869, zuletzt geändert 17. Dezember 1990, die Arbeiten an Sonn- und Feiertagen, als Arbeiten, zu denen Gewerbetreibende die Arbeiter nicht verpflichten dürfen, festgelegt haben (§§ 105a ff).

Hierdurch wurde die 45-Stunden-Woche nicht berührt, es handelte sich um Veränderungen bei der Verteilung der Arbeitszeit. (HDE, 15. Arbeitsbericht 1962:59f) Dies führte zur breiten Einführung der 5-Tage-Woche.

Teilzeitarbeit – in Form von Halbtagsarbeit – wurde zunehmend wichtiger für den Einzelhandel. Bis zu Beginn der 70er Jahre war die Situation im Einzelhandel insbesondere durch Personalknappheit geprägt. Arbeitgeber bemühten sich während dieses Zeitraumes sehr intensiv um die Anwerbung weiblicher Arbeitskräfte als Teilzeitarbeitnehmerinnen.[58] Im Verlauf des Jahres 1971 wurde die tarifliche Arbeitszeit für den Einzelhandel auf 40 Stunden festgelegt. Einer Untersuchung der HDE[59] zufolge wird als betriebliche Reaktion auf den Übergang der Wochenarbeitszeit von 42,5 auf 40 Stunden in den Jahren 1971/72 u.a. erwartet, daß 6 Prozent (von 4000) der Betriebe zusätzliche Vollzeitkräfte, 24 Prozent jedoch zusätzliche Teilzeitkräfte einstellen würden.[60]

Ab Januar 1986 (bis einschließlich 1990) ist für den gesamten Einzelhandel die 38,5-Stunden-Woche verbindlich; gleichzeitig wurden 1986 auch für Bahnhofsbereiche und Flughäfen die Öffnungszeiten bis 22:00 Uhr gesetzlich erweitert.

Die langfristige Betrachtung der Dauer der Wochenarbeitszeit im Handel hat nach einer Umfrage der Gewerkschaft HBV ergeben, daß sich diese verringert haben. (vgl. Teske/Wiedemuth 1986) Diese Entwicklung läßt jedoch die arbeitsgebundene Zeit unberücksichtigt. Hierzu zählen bspw. Wegezeiten, nicht in Anspruch genommene Pausen, Vor- und Abschlußarbeiten u.v.m. Überstunden sind keine Ausnahme: »Für einzelne Beschäftigtengruppen gelten noch wöchentliche Arbeitszeiten bzw. arbeitsgebundene Zeiten von weit über 50-60 Stunden«. (Teske/Wiedemuth 1986:350)

Die Arbeitszeitstruktur des Einzelhandels, die auf einer Entkoppelung von (gesetzlichen) Ladenöffnungszeiten und (tariflichen) Arbeitszeitregelungen basiert, ist seit den 60er Jahren bereits determiniert durch roulierende Freizeitsysteme. Durch diesen umschichtigen Personaleinsatz werden längere Ladenöffnungszeiten, Samstagsarbeit etc. ermöglicht. Kleinere Betriebe schließen ihre Ladenlokale während der Mittagszeit und erreichen so eine Vereinbarkeit von Betriebs- und Arbeitszeiten.

Noch Anfang der 70er Jahre wurden im Einzelhandel überwiegend Arbeitskräfte mit festen Arbeitszeiten beschäftigt. In der Folge wurden jedoch die unterschiedlichsten variablen Arbeitszeitformen, in Abhängigkeit von der Betriebsgröße und der spezifischen Vertriebsform, angewandt. (vgl. Lemm/Skolik 1986) Neben anderen Benachteiligungen werden über die Arbeits-

58 Für 1970 schätzt die HBV den Gesamtanteil der Teilzeitbeschäftigten im Einzelhandel auf ca. 16 Prozent; internes Papier der HBV.

59 Hauptgemeinschaft des Deutschen Einzelhandels: »Auswirkungen einer tariflich vereinbarten 35-Stunden-Woche auf den Einzelhandel, Ergebnisse einer HDE-Untersuchung«, Heft 11, Köln, o. J.

60 A.a.O., S. 11.

zeitlagen, insbesondere durch KAPOVAZ, die gesundheitlichen – physischen und psychischen – Risiken erhöht. Der Arbeitskräfteeinsatz wird der Nachfrage und der Umsatzplanung entsprechend aufgeteilt in Saison-, Wochentags- und Tageszeiteinsatz: »Eine kapazitätsorientierte variable Arbeitszeit, in der Dauer und Lage und unter Umständen auch Lohnhöhe vollkommen offen sind, richtet sich allein nach den ökonomischen und organisatorischen Vorgaben der Betriebe. Für diese Flexibilisierungsformen steht dem Einzelhandel ein Arbeitskräftereservoir von ausgebildeten weiblichen Arbeitskräften zur Verfügung, nämlich die Frauen, die nach der Familien/Erziehungsphase wieder eine Erwerbsarbeit aufnehmen wollen«. (Faber/Wehrsig/Bochers 1992:36)

Die tarifliche Höchstgrenze der Arbeitszeit im Reinigungshandwerk lag zu Beginn des Untersuchungszeitraumes 1970 bis 1972 bei 42 Stunden; 1973 bei 41 Stunden und ab 1974 bis zum Ende des Untersuchungszeitraumes 1989 bei 40 Wochenstunden. (EG 13) Unterschiedliche Untersuchungen (u.a. Institut für Arbeitsmarkt- und Berufsforschung 1981/Statistisches Bundesamt 1982) kommen zu dem Ergebnis, daß fast alle Arbeiterinnen[61] mit einer unter 20 Stunden liegenden wöchentlichen Arbeitszeit als Raumpflegerinnen tätig sind.

Die Gebäudeinnenreinigung als Synomym für geringfügige Teilzeitarbeit bietet Arbeitszeiten insbesondere unter 15 bzw. 10 Wochenstunden an. Die Wegezeiten stehen damit in keinem Verhältnis zur Arbeitszeit und nähern sich dieser deutlich an. (EG 12) Die Lage der Arbeitszeit orientiert sich an den Arbeitszeiten des Einsatzortes: i.d.R. vor oder nach den »üblichen« Arbeitszeiten von Banken, Kommunalverwaltungen etc. Verbunden hiermit sind neben den sozialen auch gesundheitliche Risiken für die Beschäftigten. Eine Untersuchung der Bundesanstalt für Arbeitsschutz konstatierte dies für die Nachtarbeit und stellte dabei fest, daß der überwiegende Teil verheirateter Frauen, die unter diesen Arbeitsbedingungen tätig sind, als Krankenpflege- oder Reinigungspersonal arbeiteten.[62] Diese ungewöhnlichen Arbeitszeiten bedingen physische, psychische und soziale Belastungen.

5.3.1 Die ganz normalen Risiken: Von der Leistungsverdichtung bis zur fristlosen Kündigung

Auf die branchenunabhängigen »besonderen Problemfelder der Teilzeitarbeit« wurde bereits ausführlich eingegangen.[63] Im folgenden soll die spezifische Situation teilzeitbeschäftigter Frauen, die in den untersuchten Branchen besteht, behandelt werden. Die Bedingungen, unter denen gearbeitet wird, liegen teilweise weit unter den tariflichen oder auch gesetzlichen Bestimmungen. Damit

61 96 Prozent aller Raumreinigerinnen sind im Arbeiterinnenstatus; vgl. Duda 1988:38.
62 Preiser 1980:49, in: Duda 1988:39.
63 Vgl. Kapitel IV. Entwicklung und Merkmale der Ausbildung von Teilzeitarbeit ...

wurde eine diskriminierende Beschäftigungssituation etabliert, die jedoch interessanterweise auch von den betroffenen Frauen selbst – aus unterschiedlichen Gründen – akzeptiert wird.

Physische, psychische, arbeitsrechtliche und soziale Probleme – um nur die wichtigsten zu nennen – treten überproportional häufig bei Teilzeitbeschäftigten auf. Ihre Konzentration im Einzelhandel und der Gebäudeinnenreinigung weist darauf hin, daß die kurze Dauer der Arbeitszeit (in Verbindung mit der Lage) mit einer niedrigen Qualität der Arbeit auf einer unteren Ebene in der Betriebshierarchie und in der Folge mit überdurchschnittlich hohen Beschäftigungs- und Arbeitsrisiken verbunden ist.

Teilzeitbeschäftigte Frauen sind an Arbeitsplätzen vertreten, an denen besondere körperliche Belastungen vorherrschen. Im Einzelhandel müssen die Frauen oft stundenlang im Stehen arbeiten, da die Verrichtung ihrer Arbeit im Sitzen »einen schlechten Eindruck auf den Kunden macht«. (EG 01) In gebückter Haltung und auf Knien werden Arbeiten im Gebäudeinnenreinigungsbereich ausgeführt, da entweder das entsprechende technische Gerät nicht vorhanden ist (eingespart wird) oder nicht zum Einsatz kommt, da es unzureichend ist, bzw. die Frauen es vorziehen, »bis die Geräte startklar sind, die Arbeit lieber manuell zu verrichten« (EG 12) Auch Umwelteinflüsse in Form von Staub, Dämpfen, Nässe und Hitze sind überdurchschnittlich hoch. Putzfrauen atmen Dämpfe, die in Verbindung von chemischen Reinigungsmitteln und heißem Wasser entstehen, ein. Häufig wird auch eine zu starke Dosierung von chemischen Reinigern, in Ermangelung einer Arbeitseinweisung, vorgenommen. Kassiererinnen sind häufig unzureichend geschützt vor Zugluft, Hitze und Kälte in ihrem Arbeitsbereich.

Damit wird deutlich, daß die Arbeiten im Einzelhandel und in der Gebäudeinnenreinigung zum Teil gar nicht als Vollzeiterwerbstätigkeit ausgeübt werden könnten, da sie physisch zu belastend sind. Dies ist ein weiterer Grund, in diesen Branchen verstärkt Teilzeitarbeit anzubieten. Die mit diesen gesundheitlichen Risiken verbundenen Erschöpfungszustände und Krankheiten sind bei teilzeitarbeitenden Frauen in die erwerbsfreie Zeit verlagert. Durch die verkürzte Arbeitszeit wird zusätzlich die Produktivität der ArbeitnehmerInnen gesteigert. Quantitativ und qualitativ liegt damit die durchschnittlich erbrachte Leistung Teilzeitbeschäftigter in beiden Branchen über dem Durchschnitt. (EG 02/04/10/11)

Über diese physischen Risiken hinaus sind durch Teilzeitarbeit verstärkt psychische Belastungen, die aus der o.g. Leistungsverdichtung resultieren, feststellbar. Gleichzeitig sind TeilzeitarbeitnehmerInnen einem erhöhten Konkurrenzdruck im Vergleich zu vollzeitbeschäftigten ArbeitnehmerInnen ausgesetzt. Um als »vollwertige« Arbeitskräfte und Kolleginnen anerkannt zu werden, erbringen Teilzeitbeschäftigte als »Beweis« eine höhere Arbeitsleistung. Diese kann schließlich informell zum Maßstab für die durchschnittlich zu erbringende Arbeitsleistung – auch der Vollzeitbeschäftigten – erhoben werden und damit einer Humanisierung der Arbeit entgegenwirken.

Die psychische Belastung teilzeitarbeitender Frauen in der Gebäudeinnenreinigung und im Einzelhandel wirkt sich zweifach, über die Konkurrenz zu vollzeitbeschäftigten Frauen und zu vollzeitbeschäftigten Männern, für beide Gruppen aus.

Auffallend ist jedoch, daß – bei erhöhten physischen und psychischen Belastungen – die Krankmeldungen und Arbeitsausfälle teilzeitbeschäftigter Arbeitnehmerinnen in beiden Branchen geringer sind als die vergleichbarer Vollzeitarbeitnehmerinnen. (EG 01) Charakteristisch für die zugrundeliegende Situation ist die Aussage einer/s GewerkschaftssekretärIn »Teilzeitarbeitnehmerinnen sind häufig der Meinung, daß sie sich nicht krank melden dürften, weil sie ja sowieso schon weniger als alle anderen arbeiten. Außerdem wissen diese Frauen ganz genau, welche Arbeitsbelastung damit für ihre teilzeitarbeitenden Kolleginnen, die ihre Arbeit dann mitmachen müssen, verbunden ist.« (EG 02)

Teilzeitarbeitnehmerinnen sind überproportional von (angedrohten) Kündigungen betroffen. Die Androhung einer Kündigung kann dabei in einem ersten Schritt zunächst durch eine weitere Reduzierung der Arbeitsstunden erfolgen. Dadurch, daß diese Arbeitnehmerinnen häufig ihre Rechte nur unzureichend kennen und sich dazu nur an eine – bezogen auf Teilzeitarbeit – schwache gewerkschaftliche Interessenvertretung wenden können bzw. nicht organisiert sind, verfügen sie über wenig Abwehrmöglichkeiten.

Nicht bezahlte Überstunden, fehlende Mehrarbeitszuschläge, keine Lohnfortzahlung im Krankheitsfall, kurzfristiger Arbeitseinsatz, Leistungsverdichtung, überproportional hohe physische und psychische Arbeitsbelastung etc. zählen zu den ganz normalen Risiken teilzeitarbeitender Frauen im Einzelhandel und der Gebäudeinnenreinigung. Diese Risiken könnten auch als mittelbare Diskriminierungen bezeichnet werden, da sie überproportional auf die Arbeitsmarktgruppe Frauen und konzentriert auf bestimmte Branchen und Arbeitsverhältnisse zutreffen.

Das geringe Interesse, bestimmte Formen der Benachteiligung zu benennen, zu definieren und zu beseitigen, zeigt nicht nur ein mangelndes Interesse an der Destabilisierung diskriminierender Erwerbsarbeits- und letztlich gesellschaftlicher Verhältnisse von Seiten der Arbeitgeber, sondern weist auf einen Grundkonsens verschiedener gesellschaftlicher Gruppen und Arbeitsmarktakteure hin. Bei der zur Verhandlung stehenden Problematik werden dementsprechend primär Detailfragen und nicht strukturelle Benachteiligung diskutiert.

Die Bedingungen zur Durchsetzung der Interessen teilzeitarbeitender Frauen in der Gebäudeinnenreinigung und im Einzelhandel auf der betrieblichen Ebene sind schlecht. Gesetzliche Bestimmungen und tarifliche Regelungen werden durch bilaterale Absprachen zwischen Arbeitgeber und ArbeitnehmerIn unterlaufen.

Teilzeitarbeitsverhältnisse werden auf der betrieblichen Ebene durch Individualvertrag bzw. ohne schriftlichen Vertrag durch Absprache geregelt. In kleineren Unternehmen kann häufig, bedingt durch deren Größe, kein Betriebsrat gebildet werden. Unabhängig davon, ob kein Betriebsrat gebildet werden kann oder dieser formal existiert, werden die Konditionen, zu denen gearbeitet wird, häufig bilateral, also direkt zwischen der teilzeitbeschäftigten Arbeitnehmerin und dem Arbeitgeber verhandelt. Möller stellte in einer Untersuchung fest, daß die Zahl der Teilzeitbeschäftigten weder dem Personalleiter noch dem Betriebsrat präzise bekannt waren.[64]

Die Verkäuferin, die »freiwillig« länger arbeitet, weil der Kundenstrom entsprechend stark ist, »darf dafür ein anderes Mal auch schon mal eher nach Hause«. (EG 03) Ein/e GewerkschaftssekretärIn berichtete, daß es durchaus kein Einzelfall sei, daß Teilzeitarbeitnehmerinnen ihr Kind von einem Taxifahrer vom Kindergarten abholen ließen, weil um Überstunden »gebeten« wurde. Die Arbeitnehmerin, die i.d.R. weder die Überstunden bezahlt bekommt noch Mehrarbeitszuschläge erhält, hat somit sogar – durch betriebliche Interessen bedingt – höhere »private« Ausgaben. Die betriebliche Praxis konterkariert somit die Voraussetzungen, unter denen das Teilzeitarbeitsverhältnis eingegangen wurde. »Früher gehen« darf die Arbeitnehmerin schließlich dann, wenn die betriebliche Situation dies zuläßt und nicht, wenn die »privaten« Bedingungen dies erfordern. »Die im Betrieb vorfindbare informelle Praxis von Arbeitszeitabsprachen unter den Beschäftigten, als auch Formen des Arbeitszeit- und Freizeittausches unter Einbeziehung bzw. Veranlassung von Abteilungsleitungen ohne Betriebsrat und zum Teil ohne Personalchef, machen zudem deutlich, daß Mechanismen der Arbeitszeitgestaltung existieren, die sowohl die Ebene der betrieblichen Entscheidungsträger als auch der arbeitnehmerseitigen Mitbestimmungsebene (Betriebsrat) ausklammern«. (HAZEG 1992: 25)

Eine 1986 durchgeführte Befragung von 100 Frauen, die bei Reinigungsfirmen als geringfügig Beschäftigte arbeiteten, ergab, daß von diesen Frauen

- 45 Prozent weniger als den Tariflohn,
- 25 Prozent keinen bezahlten Urlaub,
- 22 Prozent weniger als die tariflich festgelegte Anzahl der Urlaubstage,

64 Es wurde eine Zahl von 4500 bis 5000 Arbeitnehmern angegeben; Möller 1988:48.

- 69 Prozent keine Jahressondervergütung und
- weniger als ein Drittel derjenigen, die Anspruch auf Lohnfortzahlung bei Krankheit hatten, diese erhielten.
  (vgl. Jindra-Süß/Kleemann/Merz 1987)

Die im Reinigungsgewerbe beschäftigten Frauen arbeiten in dieser Branche gerade aufgrund der Möglichkeiten, die diese prekäre Beschäftigungssituation kurzfristig bietet. Obwohl bessere Arbeitsbedingungen von den Frauen gewünscht werden, gibt es ein zentrales Argument aus der Perspektive der Frauen, das dazu beiträgt, daß letztlich keine Verbesserung des Status quo erreicht wird: Frauen nehmen diese Arbeitsverhältnisse auf um eine möglichst weitgehende Kompatibilität zwischen Erwerbs- und Familienarbeit erreichen zu können; in einem zweiten Schritt rationalisieren sie durch die Betrachtung der Gesamtsituation, daß die Durchsetzung einer singulären Forderung keine Verbesserung ihrer individuellen Möglichkeiten bieten kann. (EG 11/16) Bspw. wird befürchtet, daß durch die Absicherung prekärer Beschäftigungsverhältnisse Arbeitsplätze für Frauen verloren gehen, daß über versicherungspflichte Teilzeitarbeit ein geringerer Verdienst aufgrund von Steuern und Sozialabgaben erzielt wird.

Die Mitbestimmungsvertretung auf betrieblicher Ebene ist auch aufgrund der kurzen Arbeitszeiten und insbesondere der verstreuten Arbeitsplätze schwierig. Von den 1986 befragten Gebäudeinnenreinigerinnen wußten 51 Prozent nicht, daß die IG BSE die für sie zuständige Interessenvertretung ist; 56 Prozent war nicht bekannt, ob es in ihrer Firma einen Betriebsrat gibt. (Jindra-Süß/Kleemann/Merz 1987) Die von Möller durchgeführte empirische Untersuchung zu ungeschützten Arbeitsverhältnissen bestätigt dies: »Es gibt einen Betriebsrat, aber de facto nur auf dem Papier. Die Angestellte kennt den Namen des Betriebsrates nicht«. (Möller 1988:59)

Hinzu kommt speziell im Reinigungsgewerbe ein hoher Anteil ausländischer Arbeitnehmerinnen. Da Gebäudereinigungsfirmen mit ihren Beschäftigungsformen oftmals am Rande der Legalität arbeiten, wird häufig die offizielle Beschäftigung von Ausländerinnen vermieden, weil diese zuviel Arbeitsaufwand (Arbeitserlaubnis etc.) verursachen.

Bei den bilateralen Verhandlungen auf der betrieblichen Ebene treffen sich die kurzfristigen Interessen der Teilzeitbeschäftigten mit den Flexibilisierungs- und Kosteninteressen der Arbeitgeber. Hieraus ergibt sich eine ambivalente Situation für die Arbeitnehmerin sowie für die gewerkschaftliche Interessenvertretung. Die Arbeitnehmerin kann kurzfristig ein Teilzeitbeschäftigungsverhältnis, das die Möglichkeit zur Vereinbarung von Familien- und Erwerbsarbeit bietet, eingehen. Die hiermit verbundenen Risiken, sofern sie bekannt sind, treten zugunsten der Erfüllung kurzfristiger Interessen in den Hintergrund. Die Frauen kalkulieren, daß ihre Krankenversicherung über die Mitgliedschaft des Ehemannes gewährleistet ist und Risiken, wie eine nicht existenzsichernde Rente, keine Lohnfortzahlung im Krankheitfall u.a., sind zum Zeitpunkt der Beschäftigungsausübung nicht aktuell und daher für viele

Frauen vernachlässigbar. Auch die Bereitschaft zur Leistung von Überstunden basiert im wesentlichen auf zwei Gründen: einerseits ist die Identifikation mit dem Betrieb i.d.R. so hoch, daß Argumente, die die Wertschätzung der Arbeitskraft unterstreichen, zumeist sehr erfolgreich für den Arbeitgeber wirken. Andererseits bestehen für die Arbeitnehmerin relativ geringe Chancen, sich der »Bitte« des Arbeitgebers zu entziehen, da sie i.d.R. keine Möglichkeiten hat, sich auf eine starke gewerkschaftliche Interessenvertretung zu beziehen und die eigenen Möglichkeiten, im Falle einer möglichen Kündigung arbeitsrechtliche Schritte einzuleiten, beschränkt sind. Unabhängig von den formalen Möglichkeiten ist es für Arbeitnehmerinnen schwierig, eine Individualklage einzuleiten. Die Lebens- und Arbeitsbedingungen beschränken hier quasi »natürlich« die Handlungsmöglichkeiten. Die Ambivalenz dieser betrieblichen Situation erschwert dabei gleichzeitig die Arbeit der gewerkschaftlichen Interessenvertretung. Bedingt durch das eingeschränkte Arbeitsangebot und durch die restringierenden familiären Bedingungen, nehmen Frauen insbesondere prekäre Arbeitsangebote an, weil diese als »Gesamtpaket« eine zwar vordergründige, jedoch kurzfristige und konkrete »Lösungmöglichkeit« zur Vereinbarkeit des Erwerbs- und Reproduktionsbereiches bieten. Forderungen von BetriebsrätInnen nach Absicherung dieser Beschäftigungsverhältnisse finden daher nicht unbedingt die Unterstützung der beschäftigten Teilzeitarbeitnehmerinnen. Diese rationalisieren ihre individuelle Situation und kommen bspw. zu dem Ergebnis, daß offiziell als Überstunden angegebene, informell als normale Arbeitsstunden abgerechnete »zusätzliche« Stunden zu dem sozialversicherungsfreien Einkommen einen zusätzlichen Verdienst durch Steuerfreiheit und ohne soziale Abgaben bringen.

Diese Gesamtbetrachtung und Rationalisierung der Problemlage durch die teilzeitbeschäftigten Arbeitnehmerinnen selbst weist darauf hin, daß es sich bei diskriminierenden Teilzeitbeschäftigungsverhältnissen erstens um eine strukturelle Problematik handelt, die nicht über die Durchsetzung einzelner Forderungen verbessert werden kann und zweitens die Basis für die Aufrechterhaltung diskriminierender Teilzeitarbeitsverhältnisse ein gesellschaftlicher Konsens ist, der sich auf die Bedingungen des Produktions- sowie des Reproduktionsbereiches stützt und durch alle beteiligten Akteure legitimiert wird.

5.4.1 Soziale Desintegration im Betrieb

Je stärker sich Teilzeitarbeitsverhältnisse aufgrund ihres Beschäftigungsvolumens einer Vollzeitbeschäftigung annähern, desto größer ist ihre Akzeptanz und Integration der teilzeitbeschäftigten ArbeitnehmerInnen auf betrieblicher Ebene. Eine wöchentliche 30-Stunden-Teilzeitarbeit ist demzufolge besser integriert als eine 10-Stunden-Teilzeitarbeit. Entsprechend ist auch die 10stündige Teilzeitarbeit am Ende der betrieblichen Hierarchiestufe über den Einsatzbereich – bspw. als Auffüllerin – angesiedelt.

Teilzeitarbeitende Frauen sind häufig aus dem betrieblichen Sozialgefüge ausgeschlossen und erfahren keine Anerkennung durch vollzeitbeschäftigte KollegInnen. (Vgl. Grindt/ Hesse 1990:9) Teilzeitbeschäftigte, die sich nur für wenige Stunden im Betrieb aufhalten, keine oder weniger Pausen einlegen können und, bevor die Mittagspause beginnt, bereits den Betrieb wieder verlassen haben, verfügen über faktisch sehr eingeschränkte bzw. keine Möglichkeiten der sozialen Integration.

In der Gebäudeinnenreinigung arbeiten zwar fast alle ArbeitnehmerInnen gleich kurz, doch arbeiten sie in unterschiedlichen Objekten und selbst innerhalb eines Objektes in unterschiedlichen Revieren. Diese betriebliche Desintegration erschwert solidarisches Handeln und vereinfacht somit auch die Aufrechterhaltung diskriminierender Arbeitsverhältnisse.

Für die Beschäftigten bedeutet dies i.d.R. eine Verstärkung der psychischen Belastung, da sie im Betrieb unzureichend sozial integriert und anerkannt sind und bei den familiären Verpflichtungen stets das »Gefühl haben, sich zu wenig um den Haushalt und die Kindern kümmern zu können«. (EG 11/16) Hieraus resultieren neue Konflikte und Spannungen.

Interessanterweise wurde die These zur sozialen Desintegration von teilzeitbeschäftigten Frauen auf betrieblicher Ebene von allen (interviewten) Gewerkschaftssekrektärinnen bestätigt; die Gewerkschaftssekretäre hingegen verneinten, bzw. werteten die These als Überzeichnung der realen Situation. (EG 07/09/17) Diese polarisierten Stellungnahmen geben einen deutlichen Hinweis bezüglich der Annahme einer gewerkschaftlich geschlechtsspezifisch polarisierten Interessenvertretung. Darüber verweisen sie auf die These, daß die Prioritätenliste durch die personale Struktur der Organisation selbst, in der die Interessen von (teilzeitarbeitenden) Frauen unter- bzw. nicht repräsentiert sind, mitbestimmt wird.

Die teilweise starke soziale Ablehnung bzw. der Ausschluß teilzeitarbeitender Frauen durch vollzeitarbeitende Kolleginnen läßt die Vermutung zu, daß Teilzeitarbeitnehmerinnen, präziser formuliert, deren Arbeitsverhältnis, auch eine Bedrohung, eine Konkurrenz für Vollzeitkräfte darstellen. Die i.d.R. noch schlechteren Arbeitsbedingungen, die nicht existenzsichernde Entlohnung etc. in Verbindung mit der quantitativen Zunahme von Teilzeitarbeit bedroht schließlich das eigene Vollzeitarbeitsverhältnis. Dieses insofern irrationale Verhalten führt, da es keinen Einfluß auf unternehmerische Personalstrategien hat, zu einer weiteren Spaltung bzw. Entsolidarisierung der Belegschaft.

5.5 Die besondere »Familienfreundlichkeit« der Branchenstrukturen

Infolge des sozialen gesellschaftlichen Wandels streben zunehmend Frauen eine Erwerbstätigkeit an. Bedingt durch die fast ausschließlich alleinige Verantwortung für die Familienarbeit stellen Frauen ihre Arbeitskraft jedoch nicht »voll« zur Verfügung, sondern bevorzugen Arbeitsverhältnisse, die diesem gebrochenen Verhältnis zur Erwerbsarbeit entgegenkommen. Durch Teilzeitarbeit werden dabei mehrere Bedürfnisse befriedigt: Es besteht für die Frauen zunächst eine grundsätzliche Kompatibilität beider Arbeitsbereiche; den Flexibilisierungs- und Kosteninteressen der Arbeitgeber wird entsprochen und gesellschaftspolitisch wird das Bild einer semi-emanzipierten berufstätigen Hausfrau vermittelt, das die Strukturen des Geschlechterverhältnisses tangiert, jedoch nicht ernsthaft in Frage stellt.

Die Kontroverse besteht darin, daß der expandierende Dienstleistungssektor die genannten Interessen zwar vordergründig befriedigt, dieses jedoch – auch langfristig – auf Kosten der Frauen geschieht. Bei Betrachtung der untersuchten Branchen fällt auf, daß diese nicht nur Arbeitsplätze überwiegend für Frauen anbieten, sondern sich ausschließlich an Frauen wenden. Ganze Branchen profitieren also von einer »familienfreundlichen Teilzeitarbeit«, die es erlaubt, die unzureichenden tariflichen und gesetzlichen Regelungen hierzu noch zu unterlaufen. Ungleichheitsstrukturen werden hierdurch etabliert und gefördert. Gleichzeitig verliert die inhaltliche Debatte hierzu an Genauigkeit und Schärfe, da ja den kurzfristigen Fraueninteressen ebenso wie den Interessen der Arbeitgeber entsprochen wird.

Durch die Expansion des Dienstleistungssektors haben die quantitativen Möglichkeiten zur Erwerbsbeteiligung für Frauen zugenommen; betrachtet man jedoch die Qualität der zur Verfügung gestellten Arbeitsplätze, so zeigt sich, daß Frauen »die durch Arbeitsplatzexpansion erweiterte Hierarchie der Arbeitsbereiche *von unten* aufgefüllt« haben. (Gottschall 1989:30) (Hervorhebung im Original) Diese Feststellung kann durch die empirischen Befunde der untersuchten Branchen bestätigt werden. Die niedrige Qualität der Frauenarbeitsplätze in beiden Branchen wurde durch die Kombination mit Teilzeitarbeit nicht nur verstärkt, vielmehr bedingen beide Indikatoren einander.

Teilzeitarbeit als familienfreundliche Arbeitszeitform wird nur selten in hochqualifizierten Arbeitsbereichen angeboten.[65] Teilzeitarbeit ist in der betrieblichen Praxis auf niedrig qualifizierte Tätigkeitsbereiche festgelegt. Ihre »Familienfreundlichkeit« besteht darin, daß sie vorgibt, ein frauenspezifisches Problem zu lösen. Indem Teilzeitarbeit jedoch vordergründige Lösungsmöglichkeiten anbietet, schafft sie gleichzeitig neue Probleme.

Teilzeitarbeit könnte sicherlich Lösungen bieten; diese würden jedoch voraussetzen, daß familienfreundliche Arbeitszeiten nicht als frauenspezifisches Problem diskutiert und die gesellschaftlichen Rahmenbedingungen entsprechend neu definiert werden.

65 Eine Ausnahme bildet hier der öffentliche Dienst mit dem exponierten Beispiel teilzeitarbeitender LehrerInnen.

5.5.1 *Vereinbarkeit privater und beruflicher Biographie*

Frauen zeigen in ihrer geschlechtsspezifischen »Normalbiographie« eine deutlich stärkere Bewertung der Familienarbeit im Verhältnis zur Erwerbsarbeit als Männer. Betriebliche Selektions- und Personalrekrutierungsstrategien verstärken diese Tendenz. Obwohl ein wachsender Trend zur Berufstätigkeit zu verzeichnen ist und die Übernahme einer Rolle als Nur-Hausfrau und die damit verbundene Abhängigkeit von einem Ehemann als negativ bewertet wird, bietet Teilzeitarbeit – in den untersuchten Branchen – eine nur scheinbare Lösung. (vgl. Beck-Gernsheim 1980) Die ökonomische Abhängigkeit vom Ehemann/Partner existiert auch weiterhin, da das Teilzeiteinkommen weder existenzsichernd ist, noch als solches gedacht war. Entfällt die ökonomische Versorgung durch den Ehemann/Partner, kommen staatliche Sozialleistungen zum Einsatz.

Das sog. »Zwei-Phasen-Modell«, das eine chronologische Abfolge von ausschließlicher Berufs- und Familienphase beinhaltete, wurde vom »Drei-Phasen-Modell« abgelöst. Dabei wird von den Frauen eine Rückkehr in den Beruf angestrebt, sobald die durch Kinder bestimmte familiäre Situation dies erlaubt, d.h. von den Frauen dementsprechend eingeschätzt wird. Obwohl weibliche Lebensläufe sich stärker differenziert haben und nicht unbedingt an dem klassischen »Drei-Phasen-Modell« orientiert sind, ist die grundsätzliche Familienorientierung weiterhin ungebrochen. Die wachsende Kluft zwischen (einem zu geringen) Angebot und der steigenden Nachfrage nach Teilzeitarbeitsplätzen geben u.a. einen Hinweis hierauf.

Grundsätzlich kann davon ausgegangen werden, daß Teilzeitarbeit eine Vereinbarkeit der privaten und beruflichen Biographie, d.h. der Interessen von Frauen, ermöglicht. Betrachtet man doch die Teilzeitarbeitsverhältnisse in den untersuchten Branchen, so wird insbesondere für den Einzelhandel deutlich, daß diese grundsätzliche Vereinbarkeit ein fast täglich zu bewältigendes Zeitmanagement für die Frauen zur Folge hat. Im Einzelhandel werden Teilzeitarbeitskräfte aufgrund der stärkeren Kundenströme vor allem nachmittags benötigt. Das Interesse der Frauen ist jedoch auf eine Vormittagsarbeit gerichtet, da zu dieser Zeit schulpflichtige Kinder versorgt sind. Diese Konfliktsituation wird i.d.R. dadurch »gelöst«, daß sich die betrieblichen Interessen gegenüber den familienorientierten Interessen der ArbeitnehmerIn durchsetzen. Hinzu kommt ein Informationsvorsprung des Arbeitgebers: In Konfliktfällen argumentieren Arbeitgeber mit für die einzelne ArbeitnehmerIn kaum zu widerlegenden Sachzwängen. Das Zusammentreffen »des betrieblichen Optimums mit dem individuellen und sozialen Optimum (dürfte) eher den Ausnahmefall als die Regel darstellen.« (Rinderspacher 1992: 29)

Teilzeitarbeitsformen wie KAPOVAZ oder Überstunden bedeuten keine erhöhte »Zeitsouveränität« (vgl. Teriet 1980), sondern ein erschwertes Zeitmanagement. In einer arbeitswissenschaftlichen Untersuchung zu flexiblen Arbeitszeiten konnte festgestellt werden, daß eine Reaktion hierauf in der Bildung sozialer Netzwerke durch die Übernahme von Kinderbetreuungsaufgaben durch weibliche Verwandte bestand. (vgl. Funder 1992) Dies stellt quasi ein rationales Paradoxon dar: Um die private und berufliche Biographie miteinander vereinbaren zu können, wählen Frauen eine Teilzeitarbeit. Diese Teilzeitarbeit verstärkt jedoch genau die Problemlagen, die es durch diese Arbeitszeitform zu bewältigen galt. Der Ausweg hieraus wird von den Frauen individuell – hier durch soziale Netzwerke – gefunden. Damit bleiben die gesellschaftlich strukturellen geschlechtsspezifischen Muster wiederum unangetastet und werden weiter stabilisiert.

6. *Die Gewerkschaften als Kollektivakteure: Ablehnung, pragmatischer Umgang und »rationales Desinteresse«*

Die HBV[66] lehnte bis Anfang der 80er Jahre Teilzeit grundsätzlich ab, obwohl ihre Mitgliederstruktur bereits 1975 erstmals mehr als zur Hälfte von Frauen bestimmt war. Darüber hinaus ist der Einzelhandel, als Kern der Organisation, eine »Frauenbranche«. (vgl. Glaubitz 1985) Trotzdem setzte die Gewerkschaft sich erst ab Mitte der 80er Jahre differenzierter mit der Problematik der Teilzeitarbeit auseinander.

Die DAG zeigte einen weniger ideologisch geprägten als vielmehr pragmatisch orientierten Umgang mit dieser Beschäftigungsform. Sie plädierte Anfang der 70er Jahre bereits für den Ausbau qualifizierter Teilzeitarbeit und schloß auch 1970 ihren ersten Tarifvertrag hierzu ab.[67]

Der Umgang der IG BSE mit der Problematik geringfügig teilzeitbeschäftigter Gebäudeinnenreinigerinnen kann als »rationales Desinteresse« bezeichnet werden. Die Mitgliederstruktur ist durch männliche gewerbliche Arbeitskräfte geprägt; Gebäudeinnenreinigerinnen machen bis zum Ende des Untersuchungszeitraumes immer deutlich unter 10 Prozent aus. Diese Arbeitnehmerinnengruppe, die mit mehreren, auch für Gewerkschaften negativen Merkmalen belegt ist, zu organisieren, erweist sich für die Gewerkschaft in ihrer »Kosten-Nutzen-Rechnung« als ungünstig.

66 Die Gewerkschaften HBV und DAG haben jedoch eine stark voneinander abweichende Position bezogen.

67 Vgl. die folgenden Abschnitte in diesem Kapitel.

6.1 *Die mangelnde Verknüpfung zwischen Mitgliederstruktur und Gewerkschaftspolitik*

6.1.1 *Die IG Bau-Steine-Erden*

1970 waren insgesamt ca. 4736 Frauen in der IG BSE organisiert (siehe hierzu Tabelle XI im Anhang) Die hierin enthaltenen ca. 2192 Arbeiterinnen[68] waren fast ausschließlich im Gebäudeinnenreinigungsbereich beschäftigt. (siehe hierzu Tabelle XII im Anhang) Zu diesem Zeitpunkt arbeitete die Mehrzahl der in der IG BSE organisierten Frauen als kaufmännische und technische Angestellte im Bauhauptgewerbe.

Die Anzahl von rund 2000 organisierten Gebäudeinnenreinigerinnen steht in deutlichem Kontrast zu der Anzahl der in diesem Bereich tätigen Frauen: Nach Angaben des Statistischen Bundesamtes waren 1972 (für 1970 konnten keine Angaben gemacht werden) ca. 54000 Frauen im Reinigungsgewerbe beschäftigt (vgl. Tabelle VII im Anhang); betrachtet man darüber hinaus die Zahl aller erwerbstätigen Raumreinigerinnen – für 1970 werden 417000 angegeben (vgl. Tabelle VII im Anhang) – so wird deutlich, daß hier ein hohes Mitgliederpotential für die Gewerkschaft liegt. Innerhalb der Organisation waren die Gebäudeinnenreinigerinnen im Verhältnis zur Gesamtmitgliederzahl mit ca. 0,5 Prozent vertreten. Die Mitgliedschaft dieser Arbeitnehmerinnen stieg sehr langsam bis auf 27769 (6,6 Prozent) im Jahre 1989 an. (vgl. Tabelle XII im Anhang) Setzt man diese Zahlen ins Verhältnis zur Anzahl aller erwerbstätigen Raumreinigerinnen, die 1989 bei 414000 lag, so zeigt sich deutlich der geringe Organisationsgrad der Gebäudeinnenreinigerinnen.

Aus der Perspektive der IG BSE stellt sich die Entwicklung der Mitgliederzahlen im Bereich der gewerblichen Arbeitnehmerinnen anders dar: »Es zeigt sich sehr deutlich, daß die Zahl der organisierten Frauen in der IG Bau-Steine-Erden erheblich zugenommen hat, im Bundesgebiet in den letzten fünf Jahren um 88,6 v. H., in Westfalen waren die größten Steigerungsraten mit 233,3 v. H.«[69]

Während der 70er Jahre überwog die Mitgliederstärke der Frauen im Angestelltenstatus gegenüber der Gruppe der Gebäudeinnenreinigerinnen. Deshalb lag der Schwerpunkt der Betreuungsarbeit im Angestelltenbereich – bezogen auf die Gruppe der weiblichen Mitglieder insgesamt. Für den Zeitraum der 70er Jahre liegen in der Presseabteilung keine Veröffentlichungen der IG BSE in Bezug auf den Untersuchungsbereich mehr vor, da hierfür aufgrund

68 Ein/e GewerkschaftssekretärIn bezifferte den Anteil der Putzfrauen auf 4400. Diese Angabe stimmt jedoch mit den schriftlichen Quellen nicht überein; EG 21.

69 Der angegebene 5-Jahres-Zeitraum bezieht sich wahrscheinlich auf die Jahre zwischen 1978 und 1983, genaue Angaben fehlen jedoch; IG BSE o.J.:50.

der Organisationsstruktur und Schwerpunktsetzung kein Bedarf gesehen wurde. (EG 14) Teilweise seien Gewerkschaftsunterlagen auch an die Friedrich-Ebert-Stiftung zur Archivierung weitergeleitet worden.[70]

Die quantitative Relation zwischen Angestellten und Arbeiterinnen veränderte sich mit Beginn der 80er Jahre. Bedingt durch die Krise des Baugewerbes und dem damit verbundenen Mitgliederverlust, wurde nun die Gruppe der Gebäudeinnenreinigerinnen als (potentielle) Gewerkschaftsmitglieder interessant(er). Nach Einschätzung der IG BSE nahm »mit dem »Internationalen Jahr der Frau« und dem DGB-Programm für die Arbeitnehmerinnen 1975 ... auch in der Baugewerkschaft die Sensibilität für Frauenfragen zu«. (IG BSE 1992:36) Die Mitgliederzeitschrift »Der Grundstein« berichtete über Aktionen der Gebäudereinigerinnen zur Verbesserung ihrer Arbeitssituation und der Bundesfrauenauschuß forderte, die Zuständigkeit der Gewerkschaft als Interessenvertretung von Arbeitnehmerinnen sichtbarer zu machen.[71]

Erst in den 80er Jahren nahm die Arbeit der Frauen innerhalb der Gewerkschaft feste Strukturen an; Frauenarbeit wurde schließlich in der Satzung verankert und die Förderung frauenspezifischer Interessen in allen gewerkschaftlichen Gliederungen (Bezirksverbände etc.) über die Bildung von Frauenarbeitskreisen betrieben. Jedem »Ordentlichen Landesverbandstag« bzw. »Ordentlichen Gewerkschaftstag« ging nun eine Landes- bzw. Bundesfrauenkonferenz voraus.

Problematisch ist für die Gewerkschaft, daß Frauen aufgrund ihres geringen Verdienstes und der kurzen Arbeitszeiten sehr geringe und innerhalb der Organisation die niedrigsten Mitgliedsbeiträge entrichten. Kern des Problems ist, daß die Betreuungsarbeit sich jedoch nicht entsprechend des geringen Beitrages reduziert, sondern sich genau entgegengesetzt entwickelt. Die zu erbringende Betreuungsleistung ist deswegen so hoch, weil insbesondere im Bereich der Gebäudeinnenreinigung Tarife unterschritten und Gesetze nicht eingehalten werden, so daß eine Anhäufung von Rechtsstreitigkeiten die Folge ist. Ein/e GewerkschaftssekretärIn charakterisierte die Situation folgendermaßen: »Lieber einen Maurer organisieren als 50 Putzfrauen. Das ist leichter, macht weniger Arbeit und außerdem sind die Männer vom Bau besser zu mobilisieren als Putzfrauen«. (EG 15) Innerhalb der Organisation wurde auch der Vorschlag diskutiert, einen kostendeckenden Mindestbeitrag einzuführen. Dieser Mindestbeitrag hätte jedoch für Beschäftigte mit niedrigem Verdienst

70 Für die GewerkschaftssektretärInnen war der Umstand, daß Gewerkschaftsunterlagen an eine politische Stiftung weitergereicht werden, weder irritierend noch wurde dies kritisch reflektiert; die gleiche Situation wurde bei der Gewerkschaft HBV vorgefunden; ExpertInnengespräche 14/20.

71 Konkret wurde bspw. eine Bildungsmaßnahme für Frauen gemeinsam mit Kindern gefordert. Dies ist mittlerweile Standard für die Bildungsseminare von IG BSE, HBV und DAG.

– insbesondere für die Gebäudeinnenreinigerinnen – zur Folge, daß sie einen in Relation höheren Beitrag als andere Mitglieder zu leisten hätten, was sich entsprechend negativ auf potentielle Neuaufnahmen ausgewirkt hätte.

Die stereotype Formulierung »Die Frauen wollen selbst gar nicht aus dem sozialversicherungsfreien Raum heraus« (EG 12/13/15) trifft unter den gegebenen Rahmenbedingungen sicherlich auf einen Teil der Frauen zu, andererseits zeigt sich hier auch recht deutlich eine gewerkschaftliche Abwehrhaltung gegenüber einer schwierigen Mitgliedergruppe. Der Bundesvorstand der IG BSE beschäftigte in den 70er Jahren noch 16 Putzfrauen. Sukzessive wurden diese Stellen abgebaut und auf 2 feste Stellen reduziert. Die Reinigungsarbeiten wurden von der IG BSE an ein privates Reinigungsunternehmen vergeben. Danach gefragt, ob diese Frauen sozialversicherungspflichtig beschäftigt seien, »ging man davon aus«, da dies mit der Reinigungsfirma so abgesprochen sei. (EG 12/16) In der Auslagerung der Putzarbeiten wurde kein Widerspruch zur eigenen Gewerkschaftspolitik gesehen, vielmehr wurden die Vorteile – bezogen auf die Personalkosten, Urlaubs- und Krankenvertretungen etc. – betont. Das Paradoxe an dieser Situation ist, daß hier von gewerkschaftlicher Seite genau dieselben Argumente – nämlich, daß das Beschäftigungsrisiko insgesamt sehr groß sei und das Preis-/Leistungsverhältnis, wie es von den privaten Reinigungsfirmen angeboten wird, im eigenen Hause nicht erzielt werden könne (EG 11/12) – wie auch von anderen Arbeitgebern angeführt wurden. Dies waren jedoch genau die Gründe, die zur Ausweitung prekärer Beschäftigungsverhältnisse geführt haben, die von Seiten der IG BSE eingeschränkt und nach Möglichkeit beseitigt werden sollen.

Ein/e GesprächspartnerIn betonte, daß durch die Auslagerung aus dem Personalbereich der IG BSE das Beschäftigungsrisiko auf die Reinigungsfirma verlagert worden sei. (EG 11) Die offizielle gewerkschaftliche Argumentation geht jedoch davon aus, daß das Risiko auf die Beschäftigten selbst übertragen wird: i.d.R. ohne Sozialversicherungsschutz, ohne Beschäftigungsgarantie, unterhalb des Tariflohnes u.v.m. Die Glaubwürdigkeit gewerkschaftlicher Politik wird über die Diskreparanz zwischen aufgestellten Forderungen und gegenteiligem Handeln erheblich eingeschränkt. Die Haltung der IG BSE ist hier überwiegend von rationalem Desinteresse gekennzeichnet.

Im Geschäftsbericht 1972/74 der IG BSE wird im Kapitel »Zur Situation der Arbeitnehmerinnen« (455ff) Bezug auf die Aktivitäten des Deutschen Gewerkschaftsbundes (DGB) genommen. Der Bericht zur Situation der »Frauen in der IG Bau-Steine-Erden« liest sich wie eine Auflistung von Sitzungsterminen des Bundesfrauenausschusses, ist inhaltlich wenig ergiebig und spart die Behandlung der Problematik teilzeitbeschäftigter Raumreinigerinnen aus. Der abschließende Satz »Die gewerkschaftliche Frauenarbeit muß als wichtige integrierte Aufgabe und Station auf dem Weg zur gemeinsamen Gewerkschaftsarbeit gesehen werden«. (IG BSE, Geschäftsbericht 1972/74:461) erhält damit den Stellenwert einer gewerkschaftsprogrammatischen Pflichtaussage.

Im Geschäftsbericht 1975/78 wurden 15 »Thesen zur Angestellten- und Frauenarbeit« (451-454) entworfen. In keiner dieser Thesen wird die Problematik von teilzeitbeschäftigten Gebäudeinnnenreinigerinnen aufgegriffen. Der Organisationsleitfaden der IG BSE betont hingegen, daß zwar die Zahl der Frauen im Reinigungsgewerbe sehr groß sei, doch Frauen insgesamt in der Minderheit seien: »Unter diesen strukturbedingten Umständen ist eine auf die IG Bau-Steine-Erden zugeschnittene Frauenarbeit in den einzelnen Verwaltungsstellen nicht möglich. Außerdem hat die Erfahrung gelehrt, daß die Lösung spezieller Probleme der Frauen nur im Zusammenwirken aller Mitglieder möglich ist«. (IG BSE, Geschäftsbericht 1975/78: 501) Obwohl hiermit ein offensiv gestalteter Umgang mit speziellen Problemen von Frauen abgelehnt wird, wird gleichzeitig (im nächsten Absatz) gefordert: »Den Männern muß die gewerkschaftliche und gesellschaftliche Bedeutung des politischen Engagements der Frau bewußter gemacht werden.« (IG BSE, Geschäftsbericht 1975/78:501) Wie dies geschehen soll, wenn gleichzeitig konkrete Maßnahmen verhindert werden, wird nicht näher erläutert.

Die IG BSE, die sich selbst nicht als »Männergewerkschaft«[72] bezeichnet und auf benachteiligende Regelungen in Teilzeitverträgen hinweist, gleichzeitig jedoch keine konkreten Maßnahmen ergreift, beschränkt sich somit auf ihre rhetorischen Fähigkeiten. In dem Geschäftsbericht 1982/84 wird der Entwurf des neuen Arbeitszeitgesetzes, bezogen auf die spezifische Problematik, die hierin für die Gebäudeinnenreinigerinnen enthalten ist, diskutiert. Die Verschiebung des Nachtarbeitsverbotes um zwei Stunden[73] hätte – aus Sicht der IG BSE – für Putzfrauen bspw. spätere Arbeitszeiten, Lohneinbußen u.v.m. zur Folge. Ebenso kritisch wird das geplante Beschäftigungsförderungsgesetz diskutiert. Im Geschäftsbericht 1985/87 wird schließlich festgestellt: »IG Bau-Steine-Erden hat daraus die notwendigen Konsequenzen gezogen. Heute ist in unserer Gewerkschaft die Diskussion über Frauenarbeit, Probleme der Vereinbarkeit von Beruf und Familie, Gleichstellung und Beteiligung von Frauen in allen Gremien selbstverständlich«. (493) Der Verpflichtung, gewerkschaftliche Frauenarbeit zu betreiben, kommt die IG BSE »durch viele Veranstaltungen und Seminare in den Landes- und Bezirksverbänden« (IG BSE, Geschäftsbericht 1985/87:493) nach, die den Schwerpunkt in der Frauenarbeit und gleichzeitig auch deren Grenzen deutlich macht.

Im Geschäftsbericht 1988/90 wird erstmals darauf hingewiesen, daß »Frauenfragen auch immer Männerfragen sind«. (484) Erstmals werden gewerkschaftsinterne Ungleichheitsverhältnisse auch als solche benannt: »Vorwiegend wird die allgemeine Gewerkschaftspolitik noch immer von Männern für Männer gemacht. Von der Realisierung der Gleichberechtigung und Chancengleichheit der Frauen im Arbeitsleben – als Ziel und Aufgabe in unserer Sat-

72 IG BSE, Geschäftsbericht 1975/78:500; in der überwiegenden Anzahl der ExpertInnengespräche wurde genau die gegenteilige Meinung geäußert.

73 Anstatt von 20:00 bis 6:00 Uhr sieht der Entwurf ein Nachtarbeitsverbot erst von 22:00 bis 6:00 Uhr vor.

zung verankert – sind wir weit entfernt.« (IG BSE, Geschäftsbericht 1988/90:484) Die aufgestellten Forderungen, die auch die Problematik geringfügiger Beschäftigung beinhalteten, wurden jedoch nicht in konkrete Beschlüsse umgesetzt.

Auch der »Grundstein«[74], die Mitgliederzeitschrift der IG BSE bestätigt durch ihre Berichterstattung, die wenig auf die Problematik teilzeitarbeitender Gebäudeinnenreinigerinnen eingeht, das bislang skizzierte »desolate« Bild der Organisation bezogen auf den Untersuchungsgegenstand.

1972, im – vom DGB proklamierten – »Jahr der Arbeitnehmerin«, erschienen im »Grundstein« mehrere allgemein gehaltene Artikel, die sich bspw. damit auseinandersetzten, daß »Frauen … wenig Freude am Beruf« haben. (»Der Grundstein« 17/1972:7) Obwohl auch Themen wie (vom Ehemann) unabhängige Alterssicherung (»Der Grundstein« 15/1972:9), Armut im Alter (»Der Grundstein« 11/1972:13) usw. behandelt werden, wird die Situation der Gebäudeinnenreinigerinnen nicht speziell angesprochen, obwohl diese zum damaligen Zeitpunkt bereits ca. 40 Prozent aller weiblichen Mitglieder stellten. Der einzige Artikel, der sich 1973 mit der Situation der Frauen in der IG BSE befaßt, ist betitelt »Weil Frauen Rechte haben« (»Der Grundstein« 10/1973:10) und auch 1975 geht es nicht um die Aufstellung und Durchsetzung von Forderungen, sondern im wesentlichen um die Werbung für Verständnis und das Angebot von Kompensationsleistungen: »Das Müttergenesungswerk hilft, Mutti braucht »mal Ruhe« (»Der Grundstein« 6/1974:18), im »Internationalen Jahr der Frau« (UNO) erscheinen Artikel, die wiederum grundsätzlich auf die benachteiligte Situation von Frauen aufmerksam machen. Welche konkreten Konsequenzen für die eigene Organisation hieraus zu ziehen sind, wird jedoch nicht deutlich.

Ab 1979 wird dann regelmäßig über die Bundesfrauenarbeitstagungen berichtet, die erstmals am 10. und 11. November 1979 stattfanden. Um möglichen Vorbehalten entgegenzuwirken, wird explizit darauf hingewiesen, daß »(d)ie Frauen in der IG Bau-Steine-Erden … sich künftig verstärkt für ihre Belange einsetzen, ohne ein eigener Frauenclub in der Gewerkschaft zu werden«. (»Der Grundstein« 12/1979:12) Erstmals wurde nun die Problematik von Teilzeitarbeit innerhalb eines Artikels erwähnt. Dabei wurde betont, daß die Arbeitszeitverkürzung immer Vorrang vor Teilzeitarbeit haben müsse. Im Bereich der Gebäudereinigung müsse die Einhaltung der gesetzlichen Bestimmungen überwacht werden.[75] 1980 wurden in einem Artikel die ungerechten Lohnunterschiede zwischen Männern in der Gebäudeaußenreinigung und Frauen, die in der Gebäudeinnenreinigung beschäftigt sind, thematisiert. Anlaß hierfür war der Tarifabschluß, der den Männern eine Lohnsteigerung von 7 Prozent und den Frauen 7,6 Prozent brachte. (»Der Grundstein« 3/

74 Erscheinungsort ist Frankfurt a. M.; es wurden die Jahrgänge 1970 bis 1989 gesichtet

75 Dies sind Ergebnisse einer Arbeitsgruppe der Bundesfrauenkonferenz der »Grundstein« hatte bislang keinen eigenen Beitrag hierzu veröffentlicht; Grundstein 12/1979:12-13

1980:3) Ab 1980 veröffentlicht der »Grundstein« zunehmend Artikel, die sich mit der diskriminierenden Situation der im Gebäudereinigerhandwerk beschäftigten Frauen auseinandersetzen. (»Der Grundstein« 6/1980:9; 7/1980: 12; 10/1980:7f; 11/ 1980:12)

In der Ausgabe 2/1981 wird von einem Treffen der Bundesfachgruppe und der Arbeitskreises gewerblicher Arbeitnehmerinnen im Gebäudereinigerhandwerk berichtet. In diesem Artikel wird Jürgen Jöns, (das für »Frauen« zuständige Vorstandsmitglied) zitiert, der erklärte, daß weibliche Mitglieder einen höheren Stellenwert aufgrund ihrer zunehmenden Mitgliederzahl erhalten müssen. (»Der Grundstein« 2/1981:18) 1983 erscheinen schließlich zwei Artikel, die sich mit der Problematik der Beschäftigungsverhältnisse in der Gebäudeinnenreinigung auseinandersetzen. (»Der Grundstein« 2/1983:16 und 10/ 1983:11/14) 1986 werden zum ersten Mal in größerem Umfang Beiträge, die sich mit der Situation der Gebäudeinnenreinigerinnen auseinandersetzen, veröffentlicht. Es wird über Firmen berichtet, deren Betriebsvereinbarungen als »starkes Stück« bezeichnet werden. Zum ersten Mal wird die Situation geringfügig teilzeitbeschäftigter Arbeitnehmerinnen ausführlich und genauer dargestellt (»Der Grundstein« 3/1986:7/18; 8/1986:10; 11/1986:18; 12/1986:21) In den Ausgaben 1987, 1988 und 1989 wird über konkrete Probleme, wie »Teilzeitbeschäftigte – Voller Urlaubsanspruch« (»Der Grundstein« 7/1987: 18), »Mehr Versicherungsschutz für Gebäudereinigerinnen« (»Der Grundstein« 9/1988:22), »Lohnfortzahlung im Krankheitsfall« (»Der Grundstein« 6/ 1989:5f) etc. berichtet.

1989 werden in einem Artikel über die DGB-Bundesfrauenkonferenz die dort aufgestellten Forderungen zitiert, die inhaltlich mit den bereits 1972 erhobenen Forderungen der Frauen übereinstimmen. 1972 lautete die Forderung: »Jede Frau sollte eine von ihrem Ehemann unabhängige Alterssicherung (eigenständige Rente) haben« (»Der Grundstein« 15/1972:9) und 1989 »Eigenständige soziale Sicherung für Frauen gefordert«. (»Der Grundstein« 8/1989:22) Mittlerweile sind 17 Jahre vergangen, in denen weder die grundsätzlichen Forderungen erfüllt noch die Strukturen verändert wurden.

Die IG BSE wurde im Rahmen der ExpertInnengespräche als »erste Gewerkschaft, die sich mit Teilzeitarbeit auseinandergesetzt hat« (EG 12), bezeichnet.[76] Sicher ist, daß die IG BSE eine der ersten Gewerkschaften war, die sich mit sozialversicherungsfreier Teilzeitarbeit konfrontiert sah. Hieraus resultierte ein 1970 abgeschlossener Rahmentarifvertrag, der geringfügig Beschäftigte miteinbezog. Doch bis heute existieren keine tariflichen Regelungen bspw. zu Vermögenswirksamen Leistungen, zu Mehrarbeitszuschlägen, zu Mindestarbeitszeiten, es werden keine Freistellungen für Beschäftigte unterhalb des Krankenversicherungsschutzes gewährt u. v. m.

76 Diesen Anspruch erheben sowohl die Gewerkschaft HBV als auch die DAG.

Die Mitgliederstruktur der IG BSE wird bestimmt durch männliche gewerbliche Arbeitnehmer. Frauen hatten auch zum Ende des Untersuchungszeitraumes 1989 mit 7,7 Prozent einen geringen Anteil an der Zahl der Gesamtmitglieder. Die Gruppe der gewerblichen Arbeitnehmerinnen, die sich fast ausschließlich aus Gebäudeinnenreinigerinnen zusammensetzt, stellt inzwischen 78,4 Prozent der weiblichen Mitglieder und hat damit eine erhebliche Steigerung (1970 = ca. 40 Prozent) ihrer Mitgliederzahl erfahren, bildet jedoch, im Verhältnis betrachtet, mit 6,6 Prozent eine Randgruppe innerhalb der Organisation. Dem entspricht der faktische Umgang der Gewerkschaft mit dieser Beschäftigtengruppe. Obwohl »die Gewerkschaft nur so stark ist, wie ihr schwächstes Glied« (EG 11) nimmt die konkrete Gewerkschaftspolitik der IG BSE hierauf jedoch wenig Rücksicht. »Putzfrauen« sind nicht nur eine marginalisierte Gruppe innerhalb der IG BSE, sondern werden teilweise von dieser sogar abgelehnt. »Es besteht kaum ein Interesse von seiten der Gewerkschaft, diese Frauen zu organisieren.« (EG 13) Damit wird über die Form der Beschäftigung, über geringfügige Teilzeitarbeit, die konkret mit weiteren Stigmata (Frauenbranche, niedrig qualifizierte Arbeit etc.) verbunden ist, eine ganze Berufsgruppe diskriminiert.

Die IG BSE unterscheidet sich insofern von den beiden anderen untersuchten Gewerkschaften, als diese Ablehnung innerhalb der Gespräche auch offen formuliert wird. Während eine große Diskrepanz zwischen den veröffentlichten Stellungnahmen und der handlungsorientierten Umsetzung der gewerkschaftlichen Forderungen bei allen drei Gewerkschaften feststellbar ist, kommt bei der IG BSE hinzu, daß innerhalb der Gespräche diese Ablehnung relativ offen zum Ausdruck gebracht wurde. Dieses Verhalten kann sicherlich einerseits auf die geringe weibliche Mitgliederzahl, respektive der Gebäudeinnenreinigerinnen, zurückgeführt werden. Das heißt, es bedarf keiner »Verbalakrobatik«, um nicht aufgestellte bzw. durchgesetzte Forderungen für Frauen zu rechtfertigen. Dadurch wird zum einen die Auseinandersetzung »erleichtert«, indem klare Aussagen gegenüber der Frauenabteilung bzw. den Frauenkonferenzen getroffen werden. Andererseits zeigt dies, daß die IG BSE noch weit von der Umsetzung relevanter »Frauenforderungen« entfernt ist, »(d)a nach wie vor Frauenarbeit minderbewertet wird, Frauen in Tarifkommissionen – auch innerhalb unserer Gewerkschaft – die Ausnahme sind und Fraueninteressen in der Tarifpolitik kaum wahrgenommen werden«. (EG 11)

Dieses rückständige Verhalten trifft auf Unterstützung durch die gegebenen gesellschaftlichen Verhältnisse und stabilisiert diese gleichzeitig.

1970 waren in der Gewerkschaft HBV ca. 77239 Frauen (49,0 Prozent) organisiert. (siehe hierzu Tabelle XIII im Anhang) Im Einzelhandel, dem Kernbereich der Organisation, waren Arbeitnehmerinnen mit 63,7 Prozent (46402) in der Mehrheit. (siehe hierzu Tabelle XIV im Anhang)

Bei einem Vergleich der Anzahl aller im Einzelhandel erwerbstätigen Frauen von 1152 Millionen (1972) (vgl. Tabelle I im Anhang) mit den 1972 in der HBV organisierten und im Einzelhandel beschäftigen Frauen von 52775 weist diese Diskrepanz, ähnlich wie bei der IG BSE, auf ein erhebliches, nicht ausgeschöpftes Organisationspotential hin. Die Teilzeitquote im Einzelhandel ist jedoch deutlich niedriger als die im Bereich der Gebäudeinnenreinigung. Während die IG BSE von nahezu 100prozentiger Teilzeitbeschäftigung ausgeht (EG 13), liegt die Teilzeitquote der in der HBV organisierten Arbeitnehmerinnen im Einzelhandel bei ca. 34 Prozent (1989). (siehe hierzu Tabellen XV und XVI im Anhang)

Frauen bildeten bereits ab 1975 mit einem Anteil von 50,5 Prozent die Mehrheit innerhalb der Gesamtorganisation. Im Einzelhandel, wo bereits zu Beginn des Untersuchungszeitraumes überwiegend Frauen beschäftigt und organisiert waren, erhöhte sich der Anteil der organisierten Frauen bis 1989 auf 73,1 Prozent im Verhältnis zu den hier beschäftigten, organisierten Männern. D.h., Frauen bilden die mitgliederstärkste Gruppe und dominieren gleichzeitig den Kernbereich der Organisation.

Diese quantitativen Mehrheitsverhältnisse spiegeln sich nicht in der qualitativen Gewerkschaftspolitik der HBV wider. Der wesentliche Unterschied zur Politik der IG BSE besteht jedoch darin, daß die HBV nicht verbal ablehnend gegenüber ihrer mitgliederstärksten Gruppe auftritt. Die im Einzelhandel Beschäftigten werden durch Gewerkschaftspublikationen gezielt angesprochen. Ein ablehnendes Verhalten gegenüber den ArbeitnehmerInnen im Einzelhandel würde die HBV wahrscheinlich vor ein existenzielles Problem stellen.

Bereits Anfang der 60er Jahre wurde die erste Frau in den Geschäftsführenden Hauptvorstand gewählt, ein Bundesfrauenausschuß wurde jedoch erst 1984 gebildet. (EG 02) Obwohl es sich bei der HBV – bezogen auf die Mitgliederstruktur – um eine »Frauengewerkschaft« handelt, waren auch hier die Möglichkeiten einer systematischen Frauenarbeit restringiert. Erna Schamper, die seit dem 1. August 1971 als Sekretärin für Frauenfragen und berufliche Bildung beim HBV-Hauptvorstand tätig ist, vertrat 1972 hierzu die Auffassung: »Allerdings muß ich zugeben, daß ich vor mehr als 10 Jahren der Auffassung war, daß sich die gewerkschaftliche Frauenarbeit in einem Jahrzehnt erübrigen würde.« (»Der Ausblick« 2/1972:14) Das heißt, daß beim Vergleich der IG BSE und der Gewerkschaft HBV, bei quantitativ diametral entgegengesetzter Mitgliederstruktur, ähnlich frauendiskriminierende innergewerkschaftliche Strukturen vorfindbar sind. Wenn also nicht – wie in allen Gesprächen wiederholt behauptet – die Mitgliederstruktur die Gewerkschaftspolitik maßgeblich determiniert, müssen andere Mechanismen und Strukturen für die Prioritätensetzung verantwortlich sein. Dem wird im folgenden nachgegangen.

»Während der 70er Jahre wurde Teilzeitarbeit von der HBV mehr oder weniger ignoriert«. (EG 01) Ähnlich wie bei der IG BSE ist auch innerhalb der HBV der niedrige Mitgliedsbeitrag teilzeitbeschäftigter Frauen umstritten. Im Gegensatz zur Baugewerkschaft bestehen jedoch von Seiten der HBV Bemühungen zur Mitgliederwerbung im Einzelhandel. (EG 05/18)

Eine weitere Parallele zur IG BSE besteht darin, daß verschiedene GewerkschaftssekretärInnen der HBV – die Mehrheit der ExpertInnen – ebenfalls der Ansicht sind, daß »Frauen freiwillig sozialversicherungsfreie Teilzeitarbeit suchen«.[77] Die Rahmenbedingungen, die mitverantwortlich für die Aufnahme eines solchen Beschäftigungsverhältnisses sind, wurden bei der HBV zwar insgesamt kritischer beurteilt und hinterfragt, nur änderte dies auch nichts an dem ähnlich diskriminierenden Umgang. Das Interesse an der Diskussion und auch an der Verbesserung der Situation Teilzeitbeschäftigter wurde stets bekräftigt, die Verantwortung für die unterbliebene, bzw. Ende der 80er Jahre durch Manteltarifverträge defizitär kollektivvertraglich geregelte Situation Teilzeitbeschäftigter jedoch in die Verantwortung der erwerbstätigen Frauen verlagert.

Während der 70er Jahre waren auch in der Hauptverwaltung der HBV eigene »Putzfrauen« beschäftigt, die jedoch aus den gleichen Gründen, wie sie auch bei der IG BSE ermittelt werden konnten, durch einen Vertragsabschluß mit einem privaten Reinigungsunternehmen nicht weiterbeschäftigt wurden.[78] Die gewerkschaftspolitische Brisanz der Privatisierung der Reinigungsarbeiten wird auch bei der HBV nicht gesehen. Die Organisationspolitik ähnelt hier stärker einer betriebswirtschaftlich kalkulierenden Unternehmenspolitik, gegen die grundsätzlich nichts einzuwenden ist. Doch verliert gewerkschaftliche Politik an Glaubwürdigkeit, wenn sie zum einen gegen ihre eigenen Forderungen handelt und zum anderen ihre Zielsetzung und ihre Ansprüche als Organisation, die sich ja gerade für die Rechte von ArbeitnehmerInnen einsetzen will, nicht mehr stringent verfolgt. Hier steht das Interesse an der Organisation als solcher im Vordergrund; die inhaltlichen Interessen und Aufgaben treten dafür nicht nur in den Hintergrund, sondern werden negiert.

Während der 80er Jahre, als Teilzeitarbeit verstärkt als Rationalisierungsinstrument zum Einsatz kam, wurde von gewerkschaftlicher Seite schließlich ein Handlungs- und Regulierungsbedarf gesehen. Die Gewerkschaft HBV geht – wie die DAG und IG BSE – davon aus, eine Vorreiterposition bei der

77 ExpertInnengespräch 06/20; allerdings distanzierten sich bei der HBV andere GewerkschaftssekretärInnen wieder deutlich von dieser Aussage; EG 01/02.

78 Die genaue Anzahl der während der 70er Jahre bei der HBV beschäftigten Putzfrauen konnte bislang nicht ermittelt werden, da ein entsprechendes Schreiben der Autorin hierzu nicht beantwortet wurde.

Regulierung von Teilzeitarbeit eingenommen zu haben. Nicht zu klären war, von welcher Abteilung innerhalb der Organisation die Initiative ausging, da mehrere Abteilungen hierauf einen Anspruch anmeldeten. (EG 01/20)

Ab ca. Mitte der 80er Jahre wurde Teilzeitarbeit differenzierter behandelt. Nachdem die erste »Teilzeitarbeitsbroschüre« 1982 von der Frauenabteilung erstellt wurde, folgten weitere Publikationen in Form von Arbeitshilfen für Betriebsräte. Diese Veröffentlichungen wurden unter Beteiligung mehrerer Abteilungen erstellt.

Im Geschäftsbericht 1972/74 der HBV nimmt die Debatte um die Ladenschlußzeiten breiten Raum ein. Für den Bereich der Tarifpolikik wird festgestellt: »Sicher sind die in der historischen Entwicklung und in der gesellschaftlichen Situation, vor allem auch in der Benachteiligung bei Bildung und Weiterbildung begründeten Probleme der Frauen nicht durch die Tarifpolitik zu lösen.« (Gewerkschaft HBV, Geschäftsbericht 1972/76: 273) Einerseits ist sicherlich richtig, daß über Tarifpolitik nicht alle frauendiskriminierenden gesellschaftlichen Verhältnisse gelöst werden können. Andererseits ist bemerkenswert, daß eine Gewerkschaft ihrem zentralen Machtbereich, der Tarifpolitik, nicht mehr Durchsetzungskraft »zutraut« und (die Tarifpolitik) als einen von mehreren möglichen Hebeln zur Beseitigung diskriminierender Regelungen benutzt.

Die Hauptfachabteilung »Handel« weist im darauffolgenden Geschäftsbericht 1976/79 ausdrücklich auf die negativen Auswirkungen der im Einzelhandel betriebenen Rationalisierungspolitik hin, die zur Ausweitung von Teilzeitarbeit führt. Zwischen 1976 und 1979 wird eine Anzahl neuer Frauenausschüsse auf Ortsebene gegründet. In fast allen Landesbezirken werden Wochenendseminare zur Problematik von Teilzeitarbeit durchgeführt. Erstmals wird auch auf Bundesebene am 18. und 19. Oktober 1979 eine Arbeitstagung für die Vorsitzenden der Ortsverwaltungs-Frauenausschüsse veranstaltet.

»Teilzeitbeschäftigte sind die Norm, darunter immer mehr mit weniger als 20 Stunden/Woche. Der Einsatz von Pauschalkräften (DM 390,00) erreicht Anteile bis zu 25 Prozent.« (Gewerkschaft HBV, Geschäftsbericht 1980/83:86) Im Geschäftsbericht 1980/ 83 ist erstmals festgehalten, daß die HBV mit der »Hauptgemeinschaft des Deutschen Einzelhandels« (HDE), der Interessenvertretung der Arbeitgeber im Einzelhandel, Gespräche zur Aufnahme der HBV-Tarifforderung nach Einbeziehung der Arbeitszeitlage in Tarifverträge führt. Bislang wurden die »Regelungen« zur Teilzeitarbeit auf der Ebene der Betriebsräte, unter Ausnutzung aller betriebsverfassungsrechtlichen Möglichkeiten – bis zur Anrufung der Einigungsstelle – verhandelt. In dieser Zeit wurde ein Katalog von Mindestbedingungen für Teilzeitarbeit sowie eine Arbeitshilfe in Form einer Broschüre für Betriebsräte und Vertrauensleute erstellt.[79]

79 Die Broschüre wurde von der Hauptfachabteilung Handel und der Abteilung Tarifpolitik erstellt.

1982 wurde schließlich – unter Federführung der Frauenabteilung – das Arbeitsheft »Teilzeitarbeit – nicht nur ein Problem der Frauen« sowie ein Faltblatt »Sind Sie Teilzeitkraft – Kennen Sie Ihre Rechte?« herausgegeben.

Seit 1985 arbeitete die Projektgruppe »Humane Arbeitszeitgestaltung im Einzel- und Großhandel« (HAZEG), gefördert vom Bundesministerium für Forschung und Technologie, daran, grundlegende Erkenntnisse über die Arbeitszeitgestaltung im Einzel- und Großhandel zu gewinnen. Über den Austausch mit den Betriebsräten lagen sicherlich punktuell bereits Erkenntnisse zur Beschäftigungssituation vor, jedoch scheint mit HAZEG zum ersten Male der Versuch unternommen worden zu sein, systematisch einen Überblick zur konkreten Situation »vor Ort« zu erarbeiten. An dem Projekt beteiligte WissenschaftlerInnen/GewerkschaftssekretärInnen gehen davon aus, daß hierüber Einfluß auf die Tarifverhandlungen Ende der 80er Jahre genommen wurde, die zum Abschluß von Manteltarifverträgen geführt haben, in denen erstmals Regulierungen für TeilzeitarbeitnehmerInnen getroffen wurden. (EG 03) Im Geschäftsbericht 1984/87 wird formuliert: »Ein Ziel gewerkschaftlicher Politik im Berichtszeitraum war es, die Arbeitszeitgestaltung von Teilzeitbeschäftigten kollektivvertraglich zu regeln. In den nächsten Manteltarifvertragsverhandlungen müssen auch die Teilzeitbeschäftigten einbezogen werden. Das macht Betriebsvereinbarungen nicht überflüssig. Teilzeitbeschäftigte sind durch Betriebsvereinbarungen besser zu sichern, als dies in Einzelarbeitsverträgen möglich ist.« (Gewerkschaft HBV, Geschäftsbericht 1984/87:94f)

Anläßlich eines Sondierungsgespräches zwischen Vertretern der HBV und der HDE wurden im Februar 1985 in der sog. »Essener Erklärung« Eckdaten für die regionalen Tarifverhandlungen festgelegt, die auch Teilzeitbeschäftigte einbezogen. (Gewerkschaft HBV, Geschäftsbericht 1984/87:125f) Die darauffolgenden Tarifverhandlungen legten jedoch lediglich fest, daß im Bereich von 20 Wochenarbeitsstunden und darunter bezüglich der Arbeitslosen-Versicherungspflichtgrenze eine Ausnahmeregelung vorzusehen sei. Nicht geregelt wurde, in welchem Maße Teilzeitbeschäftigte an der Arbeitszeitverkürzung teilnehmen sollten. Die Arbeitgeber verfügten also weiterhin über die Möglichkeit, durch Betriebsvereinbarungen Arbeitszeiten und Entgelte für Teilzeitbeschäftigte gesondert festzulegen.

Erstmals werden auf dem Gewerkschaftstag 1980 Anträge und Entschließungen zu Teilzeitarbeit eingebracht.[80] Auch auf dem folgenden Gewerkschaftstag 1984 werden weitere Anträge (insgesamt 3 Anträge und 1 Entschließung) und auf dem Gewerkschaftstag 1988 insgesamt 12 Anträge zur Verbesserung der tarifvertraglichen Situation teilzeitbeschäftiger ArbeitnehmerInnen gestellt.

80 Anträge Nr. 190; 191; 192; 193; 194; 195 und Entschließungen Nr. 63; 64; 10. Ordentlicher Gewerkschaftstag der HBV, 14. bis 20. September 1980 in Wiesbaden, Band 2. Anträge.

Betrachtet man nun die Aktivitäten der Gewerkschaften HBV und BSE im Vergleich, fällt auf, daß die HBV sich deutlich stärker im Bereich Teilzeitarbeit engagiert hat. Betrachtet man jedoch das konkrete Ergebnis dieses Engagements, nähert sich dies wieder deutlich dem der IG BSE: Auch Ende der 80er Jahre ist noch eine defizitäre Regulierung von Teilzeitarbeit zu konstatieren. Ein/e GewerkschaftssekretärIn äußerte hierzu die Vermutung, daß durch die bedingte Absicherung von Teilzeitarbeit diese Beschäftigungsverhältnisse weiterhin »attraktiv und etwas bequemer gestaltet sein sollten«. (EG 05) An der grundsätzlichen Benachteiligung und mittelbaren Diskriminierung von Frauen sollte nichts verändert werden, um letztlich gesellschaftliche Strukturen nicht in Frage stellen und destabilisieren zu müssen. Bezogen auf die anfänglich aufgestellte These, daß die gewerkschaftliche Prioritätensetzung sich nicht an der weiblichen Mitgliederstruktur orientiert, ist festzustellen, daß dies bezogen auf die konkrete Gewerkschaftpolitik (Tarifverhandlungen etc.) bestätigt werden kann. Die öffentlichen Stellungnahmen, Gewerkschaftstagsprotokolle, Geschäftsberichte etc. weisen jedoch auf die ausführliche Diskussion dieser Problematik. Damit wird nochmals die Annahme, daß die Wertschätzung gegenüber der Frauenabteilung Teil einer »Strategie«, einer Möglichkeit ist, nicht konkret handeln zu müssen, sondern im wesentlichen – von einzelnen Regelungen abgesehen – alles im Diskussionsstadium zu belassen.

Auch »Der Ausblick'[81], die Mitgliederzeitschrift der HBV, behandelt zunächst – wie »Der Grundstein« – sehr allgemein frauenspezifische Probleme wie bspw. »Wie steht es mit der Gleichberechtigung der Frau?« (»Der Ausblick« 9/1970:15), »Frauen fordern volle Gleichberechtigung am Arbeitsplatz« (»Der Ausblick« 3/1971:10f), »Das Leben zwischen dem weißen Riesen und Soraya« (»Der Ausblick« 10/1971f) usw. Bereits 1974 wird jedoch in einem Artikel die Situation Teilzeitbeschäftigter im Einzelhandel diskutiert. (»Der Ausblick« 11/1974:8f) »Der Ausblick« berichtet regelmäßig über die Situation des Einzelhandels und teilzeitbeschäftigter ArbeitnehmerInnen. Auffällig ist, daß die Berichterstattung bezüglich der Diskriminierung von Arbeitnehmerinnen sich im wesentlichen nicht i.S. einer Verbesserung weiterentwickelt: »Ein Dauerbrenner aus Kaiser Wilhelms Tagen«, so titelt zutreffend »Der Ausblick« in seiner Ausgabe vom Februar 1989.

Zusammenfassend kann festgesellt werden, daß der formulierte Anspruch der Gewerkschaft HBV ein wesentlich stärkeres emanzipatives Element enthält, als dies bei der IG BSE der Fall ist. In der Konsequenz, das heißt gemessen an der kollektivvertraglich geregelten Situation Teilzeitbeschäftigter, liegen die Gewerkschaften nicht wesentlich auseinander. Die Situation der Teilzeitarbeitnehmerinnen in der Gebäudeinnenreinigung soll an dieser Stelle keinesfalls mit den im Einzelhandel beschäftigten Arbeitnehmerinnen gleichgesetzt werden. Vielmehr ist die Gewerkschaftspolitik von IG BSE und HBV, gemessen an der Umsetzung ihrer verbalen Forderungen in Beschlüsse und

81 Erscheinungsort ist Düsseldorf; es wurden die Jahrgänge 1970 bis 1989 gesichtet.

schließlich der Umsetzung dieser Beschlüsse in konkrete Tarifpolitik ähnlich defizitär und unterscheidet sich im wesentlichen durch die rhetorische Behandlung des Themas.

6.1.3 Die Deutsche Angestellten-Gewerkschaft

1970 waren 147 820 Frauen in der DAG organisiert. Dies entspricht einem Anteil von 32,0 Prozent aller zu diesem Zeitpunkt in der DAG organisierten Mitglieder. (siehe hierzu Tabelle XVII im Anhang)

Mit einem bis 1989 auf 45,2 Prozent gestiegenen Anteil weiblicher Mitglieder bestimmen Frauen maßgeblich die Mitgliederstruktur der DAG. Angaben zum weiblichen Mitgliederstand im Bereich »Handel und Verkehr«, in dem der Einzelhandel mit ca. 50 Prozent vertreten ist, liegen erst ab 1984 vor. (EG 08) Für den Zeitraum der 70er und Anfang 80er Jahre wurden die Daten von der DAG nicht erhoben bzw. nicht archiviert. Ein/e GewerkschaftssekretärIn äußerte hierzu: »Man hat früher wirklich nicht den Wert auf die Erhebung solcher Daten gelegt.« (EG 09) Angaben, die auf Schätzungen beruhen, gehen davon aus, daß von den 87 273 organisierten Frauen, die im Bereich Handel und Verkehr 1984 gearbeitet haben, ca. 50 Prozent im Einzelhandel tätig waren. Bis 1989 wird der Anteil der im Einzelhandel beschäftigten Frauen durchgehend auf ca. 50 Prozent geschätzt. (siehe hierzu Tabelle XVIII im Anhang)

Vergleicht man die Mitgliederzahlen der im Einzelhandel arbeitenden organisierten Frauen differenziert nach HBV und DAG-Mitgliedschaften, kann davon ausgegangen werden, daß das Verhältnis sich während des gesamten Untersuchungszeitraumes zwischen ca. 1/3 DAG-organierter und 2/3 HBV-organisierter Frauen bewegte. (vgl. Tabellen XIV und XVIII)

Auch der Anteil teilzeitbeschäftigter DAG-Mitglieder im Einzelhandel konnte nur von einem Vorstandsmitglied geschätzt werden: »Anfang der 70er Jahre lag der Anteil der Teilzeitbeschäftigten unter den DAG-Mitgliedern des Handels bei 5 Prozent. Ihr Anteil hat sich bis zum Ende Untersuchungszeitraumes auf 15 Prozent erhöht. Er ist bis heute konstant.«[82]

In der »Frauenstimme«, einer von 1960 bis 1972 erscheinenden Mitgliederzeitschrift der DAG, wurde bereits 1964 ein Plädoyer für die Gleichbehandlung der Teilzeitarbeit gehalten: »Die DAG fordert für alle Maßnahmen, die heute auf dem Arbeitsmarkt getroffen werden, um die Teilzeitarbeit als Arbeitsform reibungslos einzuordnen, daß sie unter dem Gesichtspunkt völliger Gleichbehandlung und Gleichberechtigung von Voll- und Teilzeitarbeitskräften auf innerbetrieblicher, rechtlicher, sozial- und wirtschaftspolitischer Ebene erfolgen.« (»Frauenstimme« 5/1964:1) Die »Frauenstimme« befaßte

82 Schriftliche Auskunft von Hubert Gartz, Mitglied des Bundesvorstandes der DAG in einem an die Verfasserin adressierten Schreiben vom 22.2.1993.

sich in unregelmäßigen Abständen, jedoch kontinuierlich mit der Problematik teilzeitbeschäftiger Arbeitnehmerinnen im Einzelhandel, um auf die vorhandenen Risiken und Chancen hinzuweisen.[83]

»Die Angestellten«,[84] eine weitere Mitgliederzeitschrift der DAG, greift 1975 erstmals das Thema Teilzeitarbeit auf: »Wir arbeiten, wo bleibt unser Kind?«. (»Die Angestellten« 303/1975:7) In diesem Artikel wird Teilzeitarbeit als mögliche Lösung zur Vereinbarkeit von Beruf und Familie empfohlen. In einer 1976er Ausgabe wird auf die Rechte Teilzeitbeschäftigter hingewiesen. Erst ab Anfang der 80er Jahre verdichtet sich jedoch die Berichterstattung in der Mitgliederzeitschrift. Der Tenor der in den achtziger Jahren erschienenen Artikel ist insgesamt positiv gegenüber Teilzeitarbeit. Die unzureichende sozialversicherungsrechtliche Absicherung dieser Beschäftigungsverhältnisse wird kritisch kommentiert; im wesentlichen jedoch wird »Teilzeitarbeit – (die) mehr als eine Notlösung« (»Die Angestellten« 351/1981:1f) ist – positiv in qualifizierten Arbeitsbereichen bewertet. Teilzeitarbeit wurde als notweniger Beitrag zur Humanisierung der Arbeitswelt betrachtet. (»Die Angestellten« 351/1981:16f; 355/1982:14; 379/1984:18; 406/1988:16f)

Der systematische Einstieg in die Problematik von Teilzeitarbeit erfolgt über eine von der Vorstandsabteilung »Weibliche Angestellte« 1983 herausgegebenen Arbeitshilfe »Teilzeitarbeit«. Hierin wird der Standpunkt der DAG, die »Job-sharing« und »Kapovaz« ablehnt, sich jedoch weiterhin dezidiert für die Ausweitung qualifizierter Teilzeitarbeit ausspricht, vertreten. Die Broschüre wendet sich in erster Linie an Betriebs- und Personalräte. Fortgesetzt wird die Diskussion in der Broschüre »Teilzeitarbeit im Handel. Geteilte Arbeit – geteilte Rechte. Absicherung qualifizierter Teilzeitarbeit mit der DAG«, die 1985 von der »Bundesberufsgruppe Kaufmännische Angestellte« herausgegeben wird. In dieser Veröffentlichung wird insbesondere darauf hingewiesen, daß Teilzeitarbeit kein Problem sei, das Frauen allein betreffe. Obwohl die Veröffentlichung der Abteilung »Weibliche Angestellte« Frauen als hauptsächlich betroffene Beschäftigungsgruppe sieht und auch amtliche Daten dies bestätigen, wird in der o.g. Broschüre der Versuch unternommen, Teilzeitarbeit nicht geschlechtsspezifisch zu diskutieren. Ob hierüber der Versuch unternommen wurde, ein breiteres Interesse in der Gesamtorganisation für die Thematik zu bewirken oder ob dies schlicht eine »Verharmlosung« der bestehenden betrieblichen Situationen ist, bleibt offen. Die Ablehnung von »Job-sharing« und »Kapovaz« wird wiederholt. Darüber hinaus wird jedoch darauf hingewiesen, daß auch Teilzeitarbeitsverhältnisse mit »klaren Regelungen« (S. 9) bestünden.

83 »Frauenstimme«, Ausgabe 5/1964 »Gleichbehandlung von Teilzeitarbeit«; 4/1965 »Härtenovelle und Teilzeitarbeit«; 2/1970 »Berufs- und Erwerbsunfähigkeitsrente und Teilzeitarbeit«; 3/1970 »Teilzeitarbeit und Sozialversicherung«; 1/1971 »Förderung der Teilzeitarbeit – aber nicht so«; 6/1971 »Überwiegend Frauen im Einzelhandel«.

84 Es wurden die Jahrgänge 1970 bis 1989 der Mitgliederzeitschrift »Die Angestellten« gesichtet.

Die Darstellung der Situation teilzeitbeschäftiger Arbeitnehmerinnen im Einzelhandel stellt sich in der DAG-Broschüre sehr viel unkomplizierter und, bezogen auf die betriebliche Ebene, weniger komplex als in den HBV-Publikationen dar. 1988 wird eine »erste Arbeitshilfe«[85] der Bundesberufsgruppe Handel, Verkehr und private Dienste, die sich explizit mit den Mitbestimmungsmöglichkeiten und Rechten des Betriebsrates bei der Arbeitszeit von Teilzeitbeschäftigten auseinandersetzt, publiziert.

In der Beschlußlage der Gewerkschaftskongresse der DAG wird Teilzeitarbeit erstmals 1975 im Rahmen des Familienpolitischen Programms behandelt. (DAG, 11. Bundeskongreß 1975, Kongreßbericht S. 447-454) »Um die Existenz der Familien zu sichern, muß das vorrangige Ziel der Wirtschaftspolitik die Sicherung der Arbeitsplätze sein. ... In der Arbeitswelt bieten moderne Arbeitszeitformen wie

- Gleitende Arbeitszeit
- Teilzeitarbeit
- Arbeit auf Zeit

Möglichkeiten, Berufs- und Familienpflichten besser zu verbinden«. (DAG, 11. Bundeskongreß 1975, Kongreßbericht S.448)

1979 wird vom Bundesvorstand der DAG ein »Leitantrag zur Arbeitsmarktpolitik« eingebracht, der u.a. fordert: »Um die Teilzeitarbeitslosigkeit beseitigen zu helfen, müssen sowohl die Privatwirtschaft als auch die öffentliche Hand verstärkt qualifiziert Teilzeitarbeitsplätze bereitstellen«. (DAG, 12. Bundeskongreß 1979, Kongreßbericht S. 499) Auch die Bundesfrauenkonferenz bringt einen Antrag zur »Benachteiligung von Frauen auf dem Arbeitsmarkt« (DAG, 12. Bundeskongreß 1979, Kongreßbericht S. 505) ein, in dem Maßnahmen zur Verstärkung des Angebots an Teilzeitarbeitsplätzen gefordert werden. 1983 wird auf dem 13. Bundeskongreß eine Entschließung des Bundesberufsgruppentages zur Teilzeitarbeit angenommen. Hierin werden die diskriminierenden Bedingungen teilzeitbeschäftigter Arbeitnehmerinnen im Einzelhandel kritisiert: »Die DAG sieht sich gezwungen, ihre bisherige Position, nach der sie die Schaffung von zusätzlichen qualifizierten Teilzeitarbeitsplätzen für Männer und Frauen begrüßt hat, zu überprüfen, weil sie feststellen muß, daß diese Haltung von den Arbeitgebern in der Praxis mißbraucht wird.« (DAG, 13. Bundeskongreß 1983, Kongreßbericht S. 652) 1987 setzt sich ein Antrag des Bundesvorstandes mit »Geringfügiger Beschäftigung« auseinander und fordert, »die bisher mißbräuchliche Anwendung zu beseitigen, und zwar in der Vertragsgestaltung zwischen Arbeitgeber und Arbeitnehmer, müssen solche Beschäftigungen, die ein ansonsten typisches Abhängigkeitsverhältnis nicht begründen, von den vorgeschlagenen Regelungen freigehalten werden.«

85 »Die Mitbestimmung des Betriebsrates bei der Arbeitszeit von Teilzeitbeschäftigten«, DAG, Bundesberufsgruppe Handel, Verkehr und private Dienste, Hamburg 1988.

(DAG, 14. Bundeskongreß 1987, Kongreßbericht S. 499) Weitere Anträge plädieren für ein »Verbot von KAPOVAZ-Arbeitsverträgen« und ein gesetzliches Verbot von »Job-Sharing-Verträgen«. (DAG, 14. Bundeskongreß 1987, Kongreßbericht, Anträge Nr. 2.7.601; 2.7.602; 2.7.603, S. 541)

Die DAG schloß als erste Gewerkschaft bereits 1970 einen Manteltarifvertrag zur Teilzeitarbeit mit dem »Unternehmensverband für Zeit-Arbeit« (UZA) in Frankfurt ab. Dieser Tarifvertrag regelte die allgemeinen Arbeitsbedingungen für Teilzeitbeschäftigte. Der Unternehmensverband, dem 22 Firmen angeschlossen waren, die etwa 60 Prozent aller Teilzeitbeschäftigten vermittelten, wurde bis zu diesem Zeitpunkt von keiner der DGB-Gewerkschaften als Tarifvertragspartner anerkannt, da er nach deren Auffassung als privater Arbeitsvermittler in das gesetzlich verankerte Monopol der Bundesanstalt für Arbeit eingriff. Der o.g. Tarifvertrag stieß so auch bei der Gewerkschaft HBV auf Ablehnung.[86] »Heinz Bormeister, Leiter der DAG-Tarifkommission betonte, daß durch den Abschluß ... mit dem UZA beabsichtigt sei, den Teilzeitbeschäftigten ähnliche Arbeitsbedingungen wie normalen Angestellten zu schaffen«.[87]

1987 wurde die Broschüre »Eckpunkte zu einem Tarifvertrag über Teilzeitarbeit« vom Bundesvorstand der DAG herausgegeben. Hierin wird festgestellt, »daß in vielen Tarifverträgen keine speziellen Regelungen über Teilzeitarbeit vorhanden sind. Deshalb hat die Deutsche Angestellten-Gewerkschaft diese Eckpunkte zu einem Tarifvertrag über Teilzeitarbeit formuliert. Sie sollen künftig in die Verhandlungen der verschiedenen Tarifgebiete eingebracht werden mit dem Ziel, diese in den Manteltarifverträgen oder in einem speziellen Tarifvertrag zu vereinbaren.«[88] Der 1989 abgeschlossene Tarifvertrag zu Teilzeitarbeit im Einzelhandel beinhaltet die entsprechenden Eckpunkte.[89] In der Folge wurden weitere Manteltarifverträge, die bezug auf diese »Eckpunkte« nehmen, abgeschlossen. (EG 09)

Die Positionen der DAG unterscheiden sich durch mehrere Aspekte von denen der HBV und auch der IG BSE. Die Angestellten-Gewerkschaft hat sich als erste auch innerhalb ihrer Publikationen mit Teilzeitarbeit auseinandergesetzt. Der konkrete Umgang mit dieser Beschäftigungsform ist weitaus weniger kritisch distanziert oder gar ablehnend, wie bei der HBV oder der IG BSE, sondern zeigt im wesentlichen einen pragmatischen Umgang. Davon ausgehend, daß diese Beschäftigungsform Möglichkeiten zur Humanisierung der Arbeitswelt und – dem allgemeinen traditionellen Geschlechterverhältnis ent-

86 Vgl. »Tarifregelung für Teilzeit-Arbeit«, Süddeutsche Zeitung, 2. Juli 1970 und »Die Teilzeitarbeit wird salonfähig«, Frankfurter Allgemeine, 1. Juli 1970.

87 »Tarifregelung für Teilzeit-Arbeit«, Süddeutsche Zeitung vom 2. Juli 1970.

88 Bundesvorstand der DAG: »Eckpunkte zu einem Tarifvertrag über Teilzeitarbeit«, Hamburg 1987, Vorwort.

89 Diese Eckpunkte beinhalten u.a. »Mehrarbeit«, »Fort- und Weiterbildung«, »Personal- und Stellenplanung«.

sprechend – Möglichkeiten insbesondere für Frauen zur Vereinbarkeit von Familie und Beruf bietet, wird sogar der Ausbau qualifizierter Teilzeitarbeit gefordert.

Der weniger distanzierte und weniger kritische Umgang mit Teilzeitarbeit ermöglichte auch den Abschluß eines Tarifvertrages mit dem Unternehmensverband UZA bereits im Jahre 1970. In der formulierten Absicht der DAG, hier möglichst zu Vollzeitbeschäftigungsverhältnissen gleichberechtigte Bedingungen herzustellen, bewirkte aus Sicht der DGB-Gewerkschaften eine Stärkung dieser »unerwünschten« Beschäftigungsform. Erst 1983, auf ihrem Bundeskongreß, kündigt die DAG aufgrund des unternehmerischen Mißbrauchs von Teilzeitarbeit eine Überprüfung ihrer bisher positiven Einstellung und Förderung insbesondere qualifizierter Teilzeitarbeitsplätze an.

Auch die DAG hat mit ihrer grundsätzlich anderen Einstellung zu Teilzeitarbeit den im Einzelhandel beschäftigten Arbeitnehmerinnen keine besseren Konditionen verschafft. Bis heute lehnen die untersuchten DGB-Gewerkschaften eine Zusammenarbeit mit der DAG ab. (EG 02/05/12/13) Die offizielle Distanzierung und der Vorwurf, die DAG würde ihre Standpunkte nicht selbst erarbeiten, sondern nur von anderen Gewerkschaften übernehmen (EG 02/18) trifft, wenn überhaupt, sicherlich nicht ausschließlich auf die DAG zu und verhindert darüber hinaus keinesfalls punktuell zwischen einzelnen GewerkschaftssekretärInnen geführte Gespräche vor Tarifverhandlungen. (EG 06)

6.2 Die Bedeutung innergewerkschaftlicher Organisationsstrukturen für die Behandlung von Teilzeitarbeit

Gewerkschaften unterscheiden sich, bezogen auf die Besetzung von Führungspositionen, nicht von »anderen Unternehmen«: Höher und hoch qualifizierte Stellen sind fast ausschließlich bzw. überwiegend mit Männer besetzt. Die HBV und DAG haben über den zwei Jahrzehnte umfassenden Untersuchungszeitraum lediglich jeweils eine Frau im Geschäftsführenden Hauptvorstand; die IG BSE wählte erst 1991 die erste Frau in diese Position.

Das gewerkschaftlich normative Leitbild konzentriert sich ebenso auf den männlichen vollzeitbeschäftigten Gewerkschaftssekretär, der das Familieneinkommen erarbeitet, wie dies bei anderen, von den Gewerkschaften kritisierten Arbeitgebern der Fall ist. Im »Machtzentrum«, im Kernbereich der Gewerkschaften, den Tarifabteilungen, sind Frauen nicht als Tarifsekretärin beschäftigt, sondern als Verwaltungsangestellte. Tarifverhandlungen sind in allen drei Gewerkschaften im wesentlichen »Männersache« und Männer vertreten »Fraueninteressen« nicht, wie die defizitäre Tarifierung von Teilzeitarbeit belegt.

Betrachtet man die Personalstruktur der Gewerkschaftszentralen, zeigt sich eine erhebliche Diskrepanz zwischen den verbalen Forderungen und dem geäußerten Selbstverständnis der GewerkschaftsvertreterInnen und den tatsächlich umgesetzten Maßnahmen im eigenen Haus. Die Gewerkschaften beschäftigten Frauen als SekretärInnen nur in wenigen Bereichen innerhalb des Hauses: Die Frauenabteilungen sind – selbstverständlich – ausschließlich mit Frauen besetzt. Eine Ausnahme bot auch hier die IG BSE, die bis zum Ende des Untersuchungszeitraumes ein männliches Vorstandsmitglied mit der Abteilung »Frauen« betraute. Darüber hinaus sind Frauen überwiegend noch in den Bereichen »Soziales«, »Organisation« oder als »Betriebsrätin« beschäftigt. Diese Bereiche werden ihrer inhaltlichen Ausrichtung nach tradtionell Frauen zugeordnet: Frauen können vermitteln und organisieren.

Eine abteilungsübergreifende Quotierung wurde von den männlichen Vertretern aller drei Gewerkschaften abgelehnt. Interessanterweise jedoch auch von Gewerkschaftssekretärinnen, mit unterschiedlichen Begründungen. Während eine Vertreterin davon ausging, daß durch vereinzelt beschäftigte Frauen in allen Abteilungen des Hauses, eher zu deren Anpassung an männliches Verhalten beitrüge (EG 11); bestätigen dies andere durch ihre Einschätzung: »In dieser Diskussion ist allerdings auch deutlich geworden, daß eine undifferenzierte Quotierung für die HBV keine Lösung bringen wird.«[90] Dieses traditionell von Männern eingebrachte Argument gegen eine geschlechtsspezifische Quotierung wird hier nun von einer Frau »übernommen«. Ähnlich wurde auch von weiteren Vertreterinnen argumentiert. (EG 03/09/12)

Die undifferenzierte Interpretation von Quotierungsmaßnahmen zeigt, daß diese Diskussion zum einen noch immer ein Politikum ist, zum anderen deutet sie jedoch – von Frauen übernommen – darauf hin, daß auch durch Frauen nicht unbedingt eine zwingende Änderung klassischer Gewerkschaftspolitik bewirkt wird.

Bislang wurde davon ausgegangen, daß Frauen innerhalb der Gewerkschaften Frauen als Beschäftigtengruppe repräsentieren und deren Interessen vertreten. Prinzipiell wird diese Grundannahme auch nicht bezweifelt; vielmehr soll sie weiter differenziert werden. Frauen verwenden andere Kommunikations- und Kooperationsformen als Männer. Andere Arbeitsformen sind jedoch nicht zwangsläufig dahingehend zu interpretieren, daß hierüber die Homogenität einer Gruppe zum Ausdruck kommt. Vielmehr sind Frauen – ähnlich wie Männer – als Gruppe mit durchaus heterogenen Interessen zu sehen. Ein untereinander solidarisches Vorgehen ist sicherlich bei Gewerkschaftssekretärinnen aufgrund der gegebenen Strukturen und Rahmenbedingungen häufiger anzutreffen als bei Sekretären, doch auch diese Notwendigkeit ist gebrochen.

Die heterogenen Interessen von Gewerkschafterinnen werden häufig und bewußt dahingehend interpretiert, daß innerhalb dieser »Gruppe« keine Einigkeit über die Zielsetzung der Arbeit bestünde. Diese Interpretation greift jedoch zu kurz; feststellbar ist nicht ein singuläres Interesse, sondern viele und differenzierte Interessenslagen. Betrachtet man jedoch weiter die aufgestellten

90 Margret Mönig-Raane, Vorstandsmitglied der Gewerkschaft HBV, »Frauenförderung in einer Frauenbranche?«, 1988:149.

mit den umgesetzten Forderungen der Gewerkschaftssekretärinnen miteinander, so ist auch hier eine deutliche Diskrepanz feststellbar. Während die Frauen verbal männliche Werte in Frage stellen und kritisieren, orientieren sie sich gleichzeitig hieran. Der Maßstab auch für die Gewerkschaftssekretärinnen sind die von den männlichen Kollegen zur Norm erhobenen und praktizierten Vollzeitarbeitsverhältnisse. Die befragten Gewerkschaftssekretärinnen gingen zwar alle davon aus, daß qualifizierte Teilzeitarbeit notwendig zur Humanisierung des Arbeitslebens gefordert werden muß, bezogen auf ihre eigenen Positionen wurde jedoch keine Möglichkeit für eine Teilzeitarbeit gesehen. (EG 02/04/9/12)

Gewerkschaftliche Organisationsstrukturen bestätigen somit zum einen ein gesellschaftlich traditionelles Geschlechterverhältnis und perpetuieren dies. Frauen sind in Sekretärinnenpositionen innerhalb der Organisationen unterrepäsentiert. Zum einen ist davon auszugehen, daß darunter grundsätzlich die Interessenwahrnehmung teilzeitbeschäftigter Arbeitnehmerinnen leidet und insgesamt die Interessen von Frauen unzureichend repräsentiert und vertreten werden. (vgl. Repräsentationsthese, Kapitel I) Gleichzeitig kann nicht prinzipiell davon ausgegangen werden, daß frauenspezifische Interessen zwingend von Gewerkschaftssekretärinnen vertreten werden. Damit sollen nicht etwa anachronistische Strukturen bestätigt werden, sondern es soll vielmehr dafür plädiert werden, ein differenzierteres Bild sog. »frauenspezifischer Interessen« zu formen, das den komplexen Verhältnissen, den unterschiedlichen Interessen einer heterogenen Gruppe gerecht wird. (vgl. These der advokatorischen Interessenwahrnehmung, Kapitel I)

Die gewerkschaftliche Reformdebatte hat somit die eigenen Organisationsstrukturen dahingehend zu überdenken, inwieweit gewerkschaftspolitische Forderungen und gewerkschaftliches Handeln voneinander abweichen können, ohne damit die Glaubwürdigkeit der Organisation in Frage zu stellen. Wird diese Diskrepanz zu groß, besteht für immer weniger Mitglieder und insbesondere Frauen kein Grund, Mitglied einer Gewerkschaft zu werden. Bezogen auf den Untersuchungsgegenstand erstaunt es daher nicht, daß nur insgesamt wenige Gebäudeinnenreinigerinnen und Teilzeitbeschäftige im Einzelhandel organisiert sind.

Die interne Problematik, die sich durch geschlechtsspezifisch einseitige Stellenbesetzungen, mangelhafte Kooperationsstrukturen und die Negierung einer heterogen »frauenspezifischen« Interessenlage äußert, ist Ausdruck einer defizitären gewerkschaftlichen Interessenwahrnehmung von Arbeitnehmerinnen. Die gewerkschaftliche Personalstruktur zeigt sich so als Zerrbild der jeweiligen Mitgliederstruktur und als Spiegelbild einer defizitären Interessenvertretungspolitik für teilzeitbeschäftigte Arbeitnehmerinnen.

Jede der drei untersuchten Gewerkschaften betrachtet Teilzeitarbeit als ein »Sonderinteresse« von Frauen. (EG 07/08/15) Dieser Definition folgend bieten die Gewerkschaften über die Einrichtung von Frauenabteilungen in ihren Hauptverwaltungen, über Frauenkonferenzen und andere Gremien eine Plattform zur Diskussion »spezifischer« Fraueninteressen.

Gleichzeitig hat die Einrichtung von Frauenabteilungen sich auch als formale Legitimation, »daß für die Frauen etwas getan wird« (EG 08/11/18/20), erwiesen. Obwohl Frauenabteilungen feste Bestandteile der Organisationen sind und ihre Arbeit zur Behandlung der Teilzeitarbeitsproblematik geführt hat, verfügen die Frauenabteilungen nur über wenig Kompetenzen zur Durchsetzung ihrer Forderungen. Sicher ist, daß ohne eine organisierte Frauenarbeit keine frauenrelevante Politik in den Gewerkschaften möglich gewesen wäre. Gleichzeitig urteilt ein/e GewerkschaftssekretärIn: »Frauenförderung, das kannst Du Dir in die Haare schmieren«. (EG 01) D.h., gewerkschaftliche Frauenarbeit wird einerseits als notwendiger Bestandteil gewerkschaftlicher Arbeit betrachtet, andererseits – teilweise von den Gewerkschaftsfrauen selbst – gemessen an ihren konkreten Umsetzungserfolgen als ineffektiv und frustrierend bewertet. (EG 01)

Wäre es nicht angebracht, wenn bspw. die Gewerkschaft HBV, ihrer Mitgliederstruktur zufolge eine »Frauengewerkschaft«[91], »Männerabteilungen« einrichten würde? Sollten Quotierungen für alle Abteilungen eingerichtet werden? Und warum sind keine Frauen in den Tarifabteilungen der untersuchten Gewerkschaften?

Daß Frauen durch männliche Dominanz- und Machtstrukturen ausgeschlossen werden, d.h. die Zugänge zu den entsprechenden Bereichen für Frauen nur sehr schwer erschließbar sind, ist die eine Seite. Die andere Seite zeigt jedoch ein wenig ausgeprägtes Interesse von Frauen, wenn es darum geht, aus den »Schutzbereichen« der Frauenabteilungen heraus zu gehen. Frauen kommen »in der Regel schlecht mit sehr bürokratischen und stark hierarchischen Strukturen, die zudem meist mit einer subtilen oder gar offenen Frauenfeindlichkeit einhergehen, zurecht«. (Bilden/Marquardt/Poppe 1993:34)

Frauenabteilungen bilden Freiräume, in denen für Frauen Kommunikations- und Arbeitsformen wie in keinem anderen Bereich der Gewerkschaftsorganisation möglich sind. Doch wie sind die Arbeitsergebnisse dieser Freiräume vermittelt? Auf der Grundlage der ExpertInnengespräche werden die Vermittlungsformen und Durchsetzungsmöglichkeiten als gering bewertet. In den untersuchten Gewerkschaften wurde von den männlichen Kollegen stets die

91 In dem Geschäftsbericht der HBV, Hauptvorstand, Abt. Frauen vom April 1988:6 wurde festgestellt: »Umso verwunderlicher ist die Tatsache, daß trotz des hohen Frauenanteils keine Frau als stimmberechtigte Delegierte dem 1. Gewerkschaftstag angehörte.« Der erste Gewerkschaftstag fand 1949 statt, der Anteil der Frauen an der Gesamtmitgliedschaft betrug 43,8 Prozent; vgl. Dengel/Lill 1991:154.

Wichtigkeit der Frauenabteilung betont. Im Verlauf der überwiegenden Anzahl der Gespräche stellte sich jedoch heraus, daß dies Teil einer Werthaltung, eines Leitbildes ist, deren Ziel es ist, sich nicht mit den von den Frauenabteilungen angesprochenen Themen auseinandersetzen zu müssen. Darüber hinaus wurde in mehreren Gesprächen offen darauf hingewiesen, daß die Frauenabteilung auch qualitativ unzureichend besetzt sei (EG 20), »im eigenen Saft schmort« (EG 06/20) oder »durch ihre ablehnende Haltung die Regulierung von Teilzeitarbeit verhindert« (EG 05/20) habe. Die Verantwortung für die unzureichende Absicherung von Teilzeitarbeit wurde überwiegend als »Sonderinteresse von Frauen« in die Verantwortung der Frauenabteilung verwiesen: Es wurde mehrfach darauf hingewiesen, daß, wenn schon eine Frauenabteilung eingerichtet worden sei, diese sich auch entsprechend einzusetzen habe und dies, obwohl allen GesprächspartnerInnen die eingeschränkten Möglichkeiten der Frauenabteilungen hinreichend bekannt sind. Diese Äußerungen weisen darauf hin, daß die Frauenabteilung ein »Politikum« innerhalb der Organisationsstrukturen sind.

Auch die Beurteilung der in den Frauenabteilungen beschäftigten Frauen untereinander fällt teilweise wenig positiv aus.[92] In zwei der drei untersuchten Gewerkschaften wurde während der Gespräche auf die »traditionelle Herangehensweise einiger Kolleginnen, mit der man nichts bewegen kann« und auf den »zwar noch ausreichenden Arbeitseinsatz« der Kollegin, der jedoch weit unter dem eigenen liege, verwiesen. Das heißt, daß sich die Frauen teilweise genau an den Strukturen orientieren, die sie eigentlich ablehnen. Männliche Arbeitsethik wird adaptiert. Da Frauen genauso wenig wie ihre männlichen Kollegen eine homogene Gruppe bilden, liegen divergierende individuelle Interessen vor, die sich in der festgestellten Ambivalenz äußern. Dies gleichzusetzen mit der These »sie wissen ja nicht, was sie wollen«, wie ein Gewerkschaftssekretär es formulierte, beruht auf einer Fehleinschätzung der Situation, respektive der Frauenabteilung.

Die wesentlichen Anliegen der Frauenabteilung sind innerhalb dieser weder strittig noch stehen sie zur Disposition. Die genannte These wurde mehrfach auch als Argument gegen eine abteilungsübergreifende Quotierung angeführt. Die Gefahr, daß Frauen, wenn sie »vereinzelt« in verschiedenen Abteilungen arbeiten, sich nicht mehr als sog. »Frauen-Frauen« für frauenspezifische Interessen einsetzen, wurde als sehr wahrscheinlich beurteilt.

Die Gesprächspartnerinnen in den Frauenabteilungen der drei untersuchten Gewerkschaften betonten unisono, daß Teilzeitarbeit auch in höher qualifizierten Positionen, bspw. auf der Ebene von GewerkschaftssekretärInnen möglich sei. Konkret arbeitete – bis auf eine Ausnahme – keine der Frauen in einem Teilzeitarbeitsverhältnis. Die einzige Gewerkschaftssekretärin, die in Teilzeit

92 Hier unterscheidet sich die vorliegende Untersuchung deutlich von den Ergebnissen der Studie »Frau geht voraus«, die aufgrund der geführten Interviews zu dem Ergebnis kam, daß die Gewerkschafterinnen die Frauen, vor allem die Frauen-Frauen, eher idialisierten; Bilden/Marquardt/ Poppe 1993.

arbeitete, ist mittlerweile nicht mehr – weder bei dieser noch bei einer anderen Gewerkschaft – beschäftigt. Hierzu wurde von einer Gewerkschaftssekretärin geäußert, daß die Arbeitsbelastung für die anderen Kolleginnen, die teilweise Aufgaben der teilzeitarbeitenden Sekretärin übernehmen müßten, zu groß sei. Bezogen auf die konkrete Arbeit innerhalb der Frauenabteilungen wurde deutlich, daß auch die Gewerkschaftssekretärinnen die Auffassung vertraten, daß unter den gegebenen Bedingungen ihre Arbeit über ein »vollzeitiges« Arbeitsverhältnis hinausgehe, nur durch Überstunden zu bewältigen und kaum delegierbar sei. Die offensichtliche Diskrepanz zwischen der abstrakten Argumentationsebene und der praktischen Umsetzung von Teilzeitarbeit folgt der klassischen Arbeitgeberargumentation, die sich – allerdings sowohl auf der konkreten als auch auf der abstrakten Ebene – auf die Unteilbarkeit hochqualifizierter Arbeitsplätze beruft. Hier hätten sich jedoch für die Gewerkschaft Möglichkeiten eröffnen können, eine Vorreiterfunktion bei der Findung innovativer Arbeitszeitmodelle einzunehmen und den von Arbeitgeberseite praktizierten diskriminierenden Teilzeitarbeitsverhältnissen qualitative Teilzeitarbeitsmodelle entgegenzusetzen. Gleichzeitig hätte sich hierüber die Chance geboten, eine überwiegend defensive und reaktive gewerkschaftliche Position in eine offensive Strategie zu wandeln und den Anspruch auf gesellschaftspolitische Mitbestimmung zu betonen.

Gewerkschaftliche Frauenarbeit wird in den untersuchten Gewerkschaften von den Sekretären als integraler Bestandteil der Organisation beurteilt; gleichzeitig sind die Durchsetzungsmöglichkeiten der Frauenabteilung sehr eingeschränkt. Festgestellt werden konnte, daß Frauenabteilungen zwar in die gewerkschaftliche Diskussion einbezogen werden und diese auch selbst initiieren, es also nicht mehr möglich ist, Frauenabteilungen »zu übergehen«. Das Problem ist jedoch, daß die Beteiligung der Frauen nicht wesentlich über dieses Stadium hinauskommt. Im Kern bedeutet dies, daß eine konkrete Durchsetzung von »Fraueninteressen« nur möglich erscheint, wenn diese entweder mit den Interessen der männlichen Kollegen übereinstimmen, diese nicht tangieren und/oder deren Interessen nicht entgegenwirken. Hierüber soll im folgenden die konkrete Arbeit der Frauenabteilungen und ihrer Gremien auf Bundesebene – bezogen auf die Behandlung und Umsetzung des Untersuchungsgegenstandes Teilzeitarbeit – untersucht werden.

Bereits 1952 wurde innerhalb der Gewerkschaft HBV ein Hauptfrauenausschuß eingerichtet und 1961 die erste Frau in den Geschäftsführenden Hauptvorstand gewählt. 1955, auf dem 3. Gewerkschaftstag, wurde eine Entschließung zur gewerkschaftlichen Frauenarbeit angenommen: »... Durch die verantwortliche Mitarbeit der Frau auf allen Gebieten des gewerkschaftlichen Lebens wird sie dazu beitragen, daß unsere Organisation ein echtes Spiegelbild ihrer Mitglieder und der Arbeitnehmer ist, deren Interessen und Gleichberechtigung in Wirtschaft, Staat und Gesellschaft von der Gewerkschaft vertreten werden ...«[93] Diese historische Forderung ist nicht eingelöst worden und hat weder an Aktualität noch an Brisanz eingebüßt. Bislang ist die Organisation auch nicht annähernd ein Spiegelbild ihrer Mitglieder. Gewerkschaftliche Frauenarbeit ist wesentlich durch Bildungsarbeit bestimmt die Frauen ermutigen soll, gewerkschaftliche Funktionen zu übernehmen. 1972, das »Jahr der Arbeitnehmerin« (vom DGB initiiert) war ebenso wie 1975 das »Internationale Jahr der Frau« (von der UNO proklamiert) durch Veranstaltungen und Aktivitäten geprägt, die darauf zielten, Frauen als Mitglieder zu werben, eine Erhöhung des Anteils der Frauen in den Betriebsräten zu erzielen und zur »Bewußtseinsbildung der Kolleginnen«[94] beizutragen. Darüber hinaus sollte das Image der berufstätigen Frau verbessert werden. Am 14. Juli 1973 beschloß der Gewerkschaftsausschuß einen Arbeitskreis unter der Leitung der Frauenabteilung einzusetzen, der sich mit der »menschengerechten Gestaltung des Kassenarbeitsplatzes in Selbstbedienungsläden«[95], der als physisch und psychisch stark belastender Teilzeitarbeitsplatz gilt, auseinandersetzt. Es wurden hierüber Handlungshilfen für Betriebsräte und die betroffenen ArbeitnehmerInnen erarbeitet.[96]

Die Auseinandersetzung mit der Teilzeitarbeitsproblematik im Einzelhandel wurde in den Sitzungen des Hauptfrauenausschusses geführt. Als konkretes Arbeitsergebnis wurde im August 1982 ein von der Abteilung Frauen erstelltes Arbeitsheft mit dem Titel »Teilzeitarbeit – nicht nur ein Problem für Frauen« präsentiert. Hierin wird konstatiert, daß der hohe Anteil der Teilzeitbeschäftigten besondere Anforderungen an die gewerkschaftliche Interessenvertretung stellt. Während zuvor Teilzeitarbeit abgelehnt wurde (EG 01/05), werden nunmehr Forderungen zur Verbesserung von Arbeitsbedingungen gestellt. Gleichzeitig wird jedoch betont, daß damit kein »Festschreiben der Teilzeitarbeit« (Gewerkschaft HBV 1992:40) einhergehen solle. Die Forderung, Teilzeitbeschäftigte in den Schutz der Manteltarifverträge (MTV) voll einzubeziehen, unabhängig vom Umfang der Teilzeitarbeit und der Einkommenshöhe, konnte bis zum Ende des Untersuchungszeitraumes von der HBV nicht durchgesetzt werden. Die MTVs beziehen sich hauptsächlich auf drei Regelungsbereiche: Die wöchentliche Mindestarbeitszeitdauer, die tägliche Mindestarbeitszeitdauer und die Verteilung der wöchentlichen Arbeitszeit auf höchstens 5 Tage: »Für die betriebliche Arbeitszeitgestaltung von Bedeutung ist weiterhin: 1. Die Verpflichtung, die Arbeitszeit für Teilzeitbeschäftigte in Betriebsvereinbarungen zu regeln. 2. Die Möglichkeit, von den oben genannten Eckpunkten betrieblich abzuweichen, und zwar entweder auf Wunsch des/r Beschäftigten oder wenn betriebliche Belange dies erfordern«. (Demele/Wiedemuth 1990:41)

93 Protokoll des 3. Gewerkschaftstages 1955 in Frankfurt a.M., 19 »Entschließung zur gewerkschaftlichen Frauenarbeit«, Antragsteller: Hauptvorstand.

94 Geschäftsbericht der HBV, Hauptvorstand, Abt. Frauen vom April 1988:62.

95 Geschäftsbericht der HBV, Hauptvorstand, Abt. Frauen vom April 1988:66.

96 Die teilweise wiederholende Auflistung dieser »Ereignisse« stellt hier keine Redundanz dar, sondern weist darauf hin, daß darüber hinaus auf keine weitere Arbeit verwiesen werden kann, da sie nicht stattfand und keine wesentliche Veränderung auftrat.

In den Anträgen zur 1. HBV-Bundesfrauenkonferenz 1984 werden die Nachteile von Teilzeitarbeit dezidiert aufgeführt und u.a. »eine Verhinderung der Einführung von Job-Sharing«[97] gefordert. Die Anträge der 2. Bundesfrauenkonferenz 1988 zu Teilzeitarbeit fordern bspw. den Hauptvorstand auf, »häufiger und intensiver auf die Flexibilisierungs-Problematik einzugehen«.[98] Auf dem 10. Ordentlichen Gewerkschaftstag der HBV 1980 wurde erstmals vom Hauptfrauenausschuß ein Antrag zur Teilzeitarbeit eingebracht.[99] Auf dem Gewerkschaftstag 1984 folgte eine Entschließung (Nr. 23) »Gegen Teilzeitarbeit als Rationalisierungsmittel« und schließlich auf dem Gewerkschaftstag 1988 mehrere Anträge der Bundesfrauenkonferenz, die sich für die Sicherung gleicher Rechte für Teilzeitarbeitnehmerinnen einsetzten.[100]

Die eingeschränkten Möglichkeiten der Frauenabteilung vermochten es nicht, einer als sog. »Minderheitenproblem« oder »Sonderinteresse« im wesentlichen ignorierten Thematik, die jedoch den Kern der Organisation betrifft, einen angemessenen gewerkschaftspolitischen Stellenwert und eine entsprechende Verhandlungsposition einzuräumen.

Mit Wirkung vom 1. Juli 1964 wurde die Hauptabteilung »Weibliche Angestellte« der DAG gebildet, deren Leiterin einen Sitz im Bundesvorstand hielt. Das allgemeine Ziel der Frauenarbeit der DAG unterscheidet sich nicht von dem der HBV oder IG BSE: »Die Frauen gleichberechtigt in die Gesellschaft, in die Berufswelt und in unsere Organisation zu integrieren«. (DAG 1971:10) Bereits im November 1970 trat ein Arbeitskreis zusammen, der sich mit Fragen der »Wiedereingliederung in das Berufsleben, Fortbildung und Umschulung weiblicher Angestellter« (DAG 1971:18) befaßte. In diesem Arbeitskreis wurde als »wichtigste Voraussetzung für die Berufsarbeit von verheirateten Frauen und Müttern ... herausgestellt: Teilzeitarbeitsplätze, Kindergärten, Gleitende Arbeitszeit.« (DAG 1971:18) Die DAG-Frauenarbeit befaßte sich nicht nur frühzeitig mit Fragen der Teilzeitarbeit, sondern sie plädierte im Gegensatz zu den HBV-Frauen dafür. 1974 beriet die Bundesfrauenkonferenz den Entwurf eines familienpolitischen Programms. Unter dem Kapitel »Familie und Beruf« wurde innerhalb des Punktes »Familienfreundliche Gestaltung der Arbeitswelt« u.a. gefordert: »In der Arbeitswelt müssen moderne Arbeitszeitformen wie ... Teilzeitarbeit ... Möglichkeiten bieten, Berufs- und Familienpflichten besser zu verbinden ... Teilzeitarbeitsplätze für Frauen *und* Männer müssen auch für qualifizierte Tätigkeiten geschaffen und die Teilzeitarbeit als gleichberechtigte Arbeitsform neben der Vollzeitarbeit anerkannt werden ... Dem Vorurteil der Arbeitgeber, Teilzeitarbeit sei in qualifizierten Tätigkeiten nicht möglich, muß entgegengewirkt werden«. (DAG 1974:69/71) (Hervorhebung im Original)

97 Antragsnummer A3 der 1. HBV-Bundesfrauenkonferenz 1984.
98 Antragsnummer A 24 der 2. HBV-Bundesfrauenkonferenz 1988.
99 Antrag 194.
100 Antrag 98; Antrag 161; Antrag 181; Antrag 182.

Dieses »Familienpolitische Programm der DAG« wurde als Antrag der Bundesfrauenkonferenz auf dem 11. Bundeskongreß der DAG 1975 angenommen.[101] Auch die 11. Bundesfrauenkonferenz 1983 befaßte sich mit Teilzeitarbeit. Es wird auf die problematische Entwicklung hingewiesen, derzufolge ein Vollzeit- in einen Teilzeitarbeitsplatz umgewandelt wird: »Gerade weil wir uns in der DAG und teilweise im Gegensatz zu anderen Gewerkschaften seit langem für eine Ausweitung des Angebots, insbesondere auch an qualifizierten Teilzeitarbeitsplätzen, allerdings immer unter der Voraussetzung der vollen arbeits- und sozialrechtlichen Absicherung, einsetzen, erfüllt uns die derzeitige Entwicklung, die wir vor allem im Handel registrieren müssen, mit ganz großer Sorge«. (DAG 1983:33)

Die erste Frauen-Arbeitstagung der IG BSE fand 1979 statt. »Es ist die erste Veranstaltung dieser Art, die die IG Bau-Steine-Erden nach 100 Jahren Existenz durchführt«.[102] Jürgen Jöns, als Mitglied des Bundesvorstandes zuständig für die Wahrnehmung der gewerkschaftlichen und gesellschaftspolitischen Interessen der berufstätigen Frau, führt in seiner Rede als Grund für die Einberufung einer Frauen-Arbeitstagung die steigenden Mitgliederzahlen der Frauen an. Die BSE-Frauen waren bislang – abgesehen von den wenigen Mitgliedern des Bundesfrauenausschusses – als Gruppe nicht existent. Einen ihrer thematischen Schwerpunkte bildet die Situation der Glas- und GebäudereinigerInnen. Es wird auf die problematische Situation der versicherungsfreien Beschäftigungsverhältnisse im Reinigungsgewerbe eingegangen, die sich in den hier formulierten acht Thesen zur Frauenarbeit in der IG BSE wiederfinden.

Innerhalb der Plenumsdiskussion wurde sehr gegensätzlich argumentiert: »Gibt es in unserer Gewerkschaft spezifische Frauenprobleme? In den Baubüros, im Gebäudereinigerhandwerk, in den Architekturbüros, bei der Wohnungswirtschaft? Ich behaupte nein ... Wir schließen Tarifverträge für Männer und Frauen ab und ich bin für Gleichberechtigung, auch für die Männer ... Die bisherigen Frauenzusammenkünfte in unserer Organisation hatten ursprünglich lediglich zum Ziel, weibliche Mitglieder an die Organisationsarbeit heranzuführen, sozusagen Schwellenängste abzubauen. Jetzt wird der Versuch unternommen, der Frauenarbeit ein organisatorisches Korsett anzuziehen. Davor möchte ich warnen«.[103] Diese Meinung repräsentiert sicherlich nicht die Mehrheit der Frauen in der IG BSE, doch weist sie auf einen wesentlichen und auch heute noch aktuellen Punkt hin, nämlich daß Frauen keine homogene Gruppe bilden. Die Möglichkeiten, Interessen zu dividieren und gegeneinander »auszuspielen« sind daher immer gegeben. Diese nicht IG BSE-spezifische Schwierigkeit, die teilweise (vermeintliche) Gegenläufigkeit der Interessen, ist nur dann erfolglos bzw. stößt an ihre Grenzen, wenn die Diskriminie-

101 11. Bundeskongreß, Deutsche Angestellten-Gewerkschaft, 13. bis 17.10.1975 in Wiesbaden, Kongreßbericht S. 447-454.

102 Jürgen Jöns, Mitglied des Bundesvorstandes der IG BSE in seiner Eröffnungs- und Begrüßungsansprache, IG BSE 1979:9f.

103 Plenumsdiskussion, Gertrud Ott, Bezirksverband Göppingen IG BSE 1979:84f.

rung von – hier – teilzeitbeschäftigten Gebäudeinnenreinigerinnen als ein strukturelles Problem begriffen wird, das sich in unterschiedlicher Form präsentiert. Die doppelte Behinderung der Interessen teilzeitarbeitender Frauen gegen die Konkurrenz vollzeitarbeitender Männer und Frauen und als Interessen von Frauen gegenüber Männern wurde in dem o.g. Zitat deutlich. Dieses wurde im Schlußwort des Bundesvorstandsmitgliedes Jürgen Jöns entsprechend aufgegriffen: »... Kollegin Ott sieht Gefahren in einer isolierten Frauenarbeit, die an der allgemeinen Gewerkschaftsarbeit vorbeigeht. Das darf nicht sein.«[104]

Daß die allgemeine Gewerkschaftsarbeit nicht in der Lage war und ist, eine überwiegend Frauen betreffende Problematik aufzunehmen und in Verhandlungen einzubringen, steht dabei nicht zur Diskussion. Gleichzeitig bedingt die äußergewöhnliche Struktur des Geäudereinigerhandwerkes, daß selbst gesetzliche Regelungen unterlaufen werden. Als direkte Auswirkung der Verankerung der Frauenarbeit in der Gewerkschaftssatzung auf dem BSE Bundeskongreß 1979 »zeigten unsere Kollegen mehr Bereitschaft, Kolleginnen zu Tagungen und Konferenzen und in die Tarifkommissionen zu delegieren«.[105]

In der Diskussion zur Teilzeitarbeit überwiegt die grundsätzliche Ablehnung. Jedoch ist dies nicht mit der Ablehnung der HBV vergleichbar, da im Organisationsbereich der IG BSE versicherungsfreie Teilzeitarbeitsverhältnisse überwiegen und nach Einschätzung von GewerkschaftsvertreterInnen »der Mißbrauch in keinem anderen Wirtschaftszweig derart massiv ist«. (EG 15) Auch auf der 1. Bundesfrauenkonferenz der IG BSE 1987 waren die Teilzeitarbeitsverhältnisse in der Gebäudeinnenreinigung Diskussiongegenstand. Aktionen und gewerkschaftliche Bildungsarbeit sollen zum einen auf die schlechten Arbeitsbedingungen in der Gebäudeinnenreinigung aufmerksam machen und zum anderen das Bewußtsein und damit auch den Organisationsgrad der Arbeitnehmerinnen stärken.

Die Einschätzung der Frauenabteilung bezüglich ihrer Forderungs- und Durchsetzungsmöglichkeiten war sehr unterschiedlich. Während die einen ihre Möglichkeiten eher skeptisch und selbstkritisch als relativ gering werteten, war eine der untersuchten Frauenabteilungen sehr überzeugt von ihrer Akzeptanz und den damit verbundenen Möglichkeiten innerhalb der Organisation. Während in einer Gewerkschaft die Diskussion zwischen der Frauenabteilung und anderen Abteilungen sehr direkt und weniger »taktisch« gehandhabt wird, ist in einer anderen Gewerkschaft die Atmosphäre mehr von Wertschätzungsbezeugungen gegenüber der Frauenabteilung, die weniger Möglichkeiten der direkten Auseinandersetzung bieten, geprägt. In beiden Fällen werden die Durchsetzungsmöglichkeiten, über den Grad einer verbalen Zustimmung hinaus als gering bewertet.

104 IG BSE 1979:91.

105 Rede von Hildegard Pschunder, Vorsitzende des Bundes-Frauenausschusses der IG BSE auf der 2. Bundesfrauenarbeitstagung 1983, IG BSE 1983:35.

6.4 *Vom »besonderen« Interesse der Frauen an Teilzeitarbeit zum »Sonderinteresse« innerhalb der Gewerkschaften*

Das besondere Interesse von Frauen an Teilzeitarbeit wird im wesentlichen als Rationalisierung gesellschaftlicher Rahmenbedingungen betrachtet. Damit wird gleichzeitig der Begriff der »Freiwilligkeit« im Zusammenhang mit der Aufnahme eines Teilzeitarbeitsverhältnisses stark eingeschränkt. Teilzeitarbeit kann Ausdruck des Bedarfs nach Vereinbarkeit von Beruf und Familie sein, sie kann Ausdruck einer »Notlösung« zur Alternative Arbeitslosigkeit sein, sie ist zum Teil Wunsch eines traditionellen weiblichen Rollenverständnisses.

Unabhängig davon, wie die individuellen Interessen aussehen, die in ihrer Struktur i.d.R. gleich sind, ist Teilzeitarbeit nicht als »besonderes« Interesse von Frauen zu betrachten. Vielmehr stellt sie ein gesellschaftliches Übereinkommen dar, durch das festgelegt ist, daß die Bedingungen, die von Arbeitgebern, Gewerkschaften, staatlichen Institutionen und gesetzlichen Maßnahmen diktiert und von Arbeitnehmerinnen akzeptiert werden. Dabei kann es vorkommen, daß die Arbeitnehmerinnen selbst die zum größten Teil diskriminierenden Bedingungen nachfragen. Arbeitnehmerinnen ziehen teilweise prekäre Beschäftigungsverhältnisse sozialversicherungspflichtigen vor, da diese ihren kurzfristigen Interessen nachkommen. Das heißt nicht, daß Frauen sich diese Beschäftigungsverhältnisse »wünschen« und stigmatisierte Arbeitsverhältnisse bevorzugen; es heißt lediglich, daß Frauen kurzfristig zweckrational handeln.

Somit ist Teilzeitarbeit nicht als spezifisches Problem, das durch bessere Tarife und Gesetze gelöst werden kann, zu betrachten, sondern als ein übergeordnetes Problem, das auf gesellschaftliche Defizite hinweist bzw. diese widerspiegelt.

Auch Frauen sind den vorherrschenden sozio-kulturellen Bedingungen verhaftet: Frauen orientieren sich an den Ansprüchen von Ehemännern/Partnern und treffen dementsprechende Zeitarrangements. Frauen übernehmen überwiegend die Verantwortung für gesellschaftlich notwendige, nicht entlohnte Arbeit und arrangieren sich. Traditionelle Muster, die Ehemänner ausschließlich als Täter und Frauen als Opfer verstanden haben, greifen genauso wenig wie eine Umkehrung der Rollenbilder. Frauen und Männer leben unter sozio-kulturellen Rahmenbedingungen, die Männer strukturell bevorzugen und Frauen strukturell benachteiligen. Diese strukturelle Benachteilung von Arbeitnehmerinnen wird auch deswegen nicht aufgelöst, weil sie einer Konvention entspricht. Institutionelle Faktoren verstärken dabei ein geschlechtsspezifisch differentes Verhalten. Teilzeitarbeit zeigt sich so als ein Gemisch, das sich bedingt durch strukturelle Formen der Benachteiligung, durch Akzeptanz, Anpassung und traditionelle geschlechtspezifische Rollenorientierungen – auch der Arbeitnehmerinnen. In Teilzeitarbeit kommt auch die Abkehr von einer ausschließlichen Fixierung auf die Versorger-Ehe zum Ausdruck. Damit wird jedoch die strukturelle Problematik nicht aufgehoben, sondern vielmehr verdichtet.

Auch Gewerkschaften nehmen Bezug auf die weibliche Normalbiographie und bestätigen diese durch ein rational geprägtes Desinteresse. Gewerkschaften sind – bezogen auf den Untersuchungsgegenstand – Spiegelbild der gesellschaftlichen Lebensbedingungen und tragen zu deren Perpetuierung bei. Wären Gewerkschaften zu dem Versuch bereit gewesen, Teilzeitarbeit zu regulieren, hätten sie darüber gesellschaftliche Verhältnisse in Frage gestellt und ihre eigene Organisationsstruktur kritisch überprüfen müssen. Emanzipativ hätte die Entwicklung intelligenter Teilzeitarbeitsmodelle für beide Geschlechter wirken können. Damit wäre ein Beitrag zur Humanisierung der Arbeit geleistet worden.

Der größte Teil der Gewerkschaften will jedoch – genausowenig wie andere Institutionen – gesellschaftliche Verhältnisse bezogen auf das Geschlechterverhältnis überprüfen. Dabei geht es letztlich um die Verteilung von Macht und die Wahrung traditioneller »Pfründe«, die konservierend auf anachronistische Strukturen wirken. Dieses strukturkonservative Element schränkt gleichzeitig die Funktionsfähigkeit ein und verhindert, daß Gewerkschaften neue Themen in die gesellschaftliche Diskussion ein- und voranbringen und neue Mitglieder interessieren können. Kaum anders läßt sich die Ignoranz und Vernachlässigung dieses Themenkomplexes erklären: Das angebliche »besondere« Interesse von Frauen an Teilzeitarbeit wird als »Sonderinteresse« einer Randgruppe stigmatisiert. Diese Deklarierung wird durch das Verhalten von Frauen und durch eine steigende Nachfrage belegt.

Teilzeitarbeit wird aufgrund ihrer Struktur auch zukünftig eine besondere Form der Frauenerwerbsarbeit bleiben, da sie nur Ausdruck bestimmter gesellschaftlicher Rahmenbedingungen ist. Ähnliche Arbeitszeitvereinbarungen, die jedoch zu anderen Konditionen auch für Männer eingerichtet bzw. überwiegend von diesen wahrgenommen werden, werden bspw. als »VW-Modell« bezeichnet. Grundsätzlich handelt es sich hierbei um eine Form der Teilzeitarbeit, doch sind die Bedingungen, unter denen hier gearbeitet wird, strukturell anders.

Perspektivisch kann davon ausgegangen werden, daß weitere Arbeitszeitmodelle entwickelt werden. Diese werden jedoch nichts an der strukturellen Benachteiligung von Frauen auf dem Arbeitsmarkt ändern. Im Einzelhandel würde man neu »Etikettieren«.

VI. Resümee

1. Theoretische Schlußfolgerung

Die eingangs diskutierten Theorien und theoretischen Konzepte boten durch ihre unterschiedlichen Perspektiven die Möglichkeit, das Verhalten ausgewählter Arbeitsmarktakteure bezogen auf das Problemfeld »Teilzeitarbeit« genauer zu analysieren. Anhand der Fallstudien zu den einzelnen Branchen wurde der Versuch unternommen, Teilzeitarbeit von einer, vielfach durch andere Untersuchungen bereits geleisteten allgemeinen Analyse auf eine Ebene zu projizieren, die die Möglichkeit bieten sollte, den theoretischen und praktischen Ertrag einer derartigen Untersuchung zu steigern. Damit sollte auch versucht werden, den verschiedenen Arbeitsmarktakteuren und ihren unterschiedlichen Positionen und Interessen gerecht zu werden. Durch die Anwendung unterschiedlicher Theorien und Ansätze wurde der strukturkonservative und gesellschaftlich stabilisierende Charakter von Teilzeitarbeit deutlich.

Auf der Basis des Rational-Choice Ansatzes werden gewerkschaftliche Interessenvertretungen hier als Gruppe, die einer bestimmten Handlungslogik folgt, gefaßt. Durch die Betrachtung der drei Gewerkschaften und ihrer spezifischen Organisations- und Mitgliederstuktur konnte hier jedoch eine weiter differenzierende Analyse geleistet werden. Auch die Arbeitsmarktgruppe Frauen wird zunächst mit Hilfe der Arbeitsmarkttheorien als homogene Gruppe bezogen auf ihr Arbeitsmarktverhalten betrachtet. In einem weiteren Schritt wird jedoch besonderer Bezug auf die Gruppe der in den beiden Branchen tätigen Arbeitnehmerinnen genommen, um auch hier zu einer differenzierteren Analyse zu gelangen.

Die sozialhistorischen Erklärungsansätze weisen deutlich auf die Ursprünge geschlechtsspezifischer Arbeitsteilung hin und fixieren den Zeitpunkt ihrer Entstehung mit der Industrialisierung. Erklärungsbedürftig erscheint jedoch, warum Frauen sich auch Ende des 20. Jahrhunderts noch entsprechend des gleichen Grundmusters verhalten und ihre Erwerbs- als auch gesellschaftliche Arbeit einem stetigen Abstimmungsprozeß zu männlichen Lebens- und Arbeitsstrukturen unterziehen. Sozialhistorische Ansätze können zwar nicht erklären, warum dies so ist, doch weisen sie deutlich darauf hin, daß sich die strukturellen Bedingungen, unter denen Frauen arbeiten, nicht verändert haben. Damit halten sie einer vordergründig fortschrittlichen Argumentation, die Frauen als gleichberechtigte Lebens- und Arbeitspartnerinnen bezeichnet, einen Spiegel vor. Mit Hilfe sozialhistorischer Erklärungsansätze kann eine überwiegend quantitativ orientierte Argumentation, wie sie in der öffentlichen und wissenschaftlichen Diskussion i.d.R. aufgebaut wird, durch die qualitative Analyse erweitert werden.

Verbindet man diese Argumentation mit den Erklärungsmustern der Human-Kapital-Theorie wird deutlich, warum immer noch insbesondere Teilzeitarbeitsplätze konzentriert auf wenige Branchen angeboten werden. Hier steht der ökonomische Gewinn für Arbeitgeber, denen sich eine unmittelbare Einsatz- und Verwertungsmöglichkeit der Beschäftigten über das Angebot von Teilzeitarbeitsplätzen bietet, im Vordergrund. Arbeitgeber investieren nicht in die Ausbildung der Arbeitskraft, und die beschäftigte Teilzeitarbeitnehmerin zieht ihren Nutzen oder Gewinn, indem sie eine Harmonisierung ihres häuslichen und außerhäuslichen Arbeitsbereiches erzielt. Es bestehen generelle Ausschlußkategorien (vgl. Crowding-Ansatz) und auch Anreize (insbesondere in den beiden untersuchten Branchen), die gestellten Bedingungen zu akzeptieren. Teilzeitarbeit hat in der subjektiven Bewertung vieler Arbeitnehmerinnen im Einzelhandel und der Gebäudeinnenreinigung den Stellenwert einer vorübergehenden Tätigkeit, einer Möglichkeit der generellen Partizipation, um schließlich eine der Norm entsprechende, anerkannte Vollzeitarbeit zu bekommen. Hier schließt sich direkt das Konzept des »weiblichen Arbeitsvermögens« an. Erlernten Rollenstereotypen wird, obwohl sie – auch von den Frauen selbst – häufig in Frage gestellt und kritisiert werden, gleichwohl auch weiterhin entsprochen. In den untersuchten Branchen werden diese traditionellen Rollenbilder genutzt. Frauen melden sich im Falle der Arbeitslosigkeit nicht beim Arbeitsamt, sondern konzentrieren sich auf die ihnen zur Verfügung gestellte Alternative, die Familienarbeit.

Die Theorie der Arbeitsmarktsegmentierung kann durch eine genaue Betrachtung der strukturellen Leistungsfähigkeit von Teilzeitarbeit konzeptionell erweitert werden. Dadurch, daß Teilzeitarbeit in beiden Branchen konzentriert auftritt, wird die klassische Unterscheidung nach Stamm- und Randbelegschaften obsolet. »Flexibilisierte Stammbelegschaften«, die über Teilzeitarbeitsplätze gebildet werden, garantieren die Vorteile beider Gruppen in einer. Mit der erreichten Feinabstimmung auf betriebliche Bedürfnisse, im Zusammenwirken von Arbeitszeitlage, -dauer und -form bestehen vielfache Möglichkeiten des Arbeitskräfteeinsatzes. Segmentations- und Segregationslinien werden durch zeitliche Begrenzung des Teilzeitarbeitsverhältnisses gezogen. Je niedriger die Arbeitsstundenzahl liegt, desto niedriger ist die Qualität der Arbeit und die Position innerhalb der betrieblichen Hierarchie – auch innerhalb der untersuchten Branchen. Teilzeitarbeit ist ein mögliches Instrument zur Segmentierung und Segregierung des Arbeitsmarktes und auch innerhalb einzelner Branchen.

Will man verstehen, warum diese Möglichkeiten der Diskriminierung bestehen und angewandt werden können, stößt man mit den bislang verwendeten Theorien an Grenzen: Arbeitgeber bieten Teilzeitbeschäftigungsverhältnisse an, um ökonomischen Nutzen daraus zu ziehen; Frauen bieten ihre Arbeitskraft hierfür an, weil für sie hiermit die Befriedigung kurzfristiger Interessen verfolgen, ggf. keine Alternative haben oder auch eigenen und fremdbestimmten Rollenerwartungen entsprechen. Bei deutlich asymmetrischen Machtverhältnissen treffen sich hier Angebots- und Nachfrageseite mit unterschiedlichen Interessen, Rahmenbedingungen und Intentionen auf einer – von außen betrachtet – Ebene des »Interessenausgleichs«. Hier stellt sich die Frage, warum die Gewerkschaften sich im Bereich der Teilzeitarbeit nicht stärker für die Verbesserung der Arbeitsbedingungen von Frauen einsetzen.

Die Rational-Choice-Theorie liefert hier wesentliche Hinweise. Bei der detaillierten Betrachtung gewerkschaftlicher Organisations- und Personalstrukturen wird ein Dilemma deutlich: Auch innerhalb der untersuchten Organisationen konnte – außer verbaler Bekundungen – kein konkreter Hinweis für einen grundsätzlich anderen Umgang mit den Interessen von Frauen gefunden werden. Gewerkschaftsvertreter beklagen, daß Teilzeitbeschäftigte schwierig zu mobilisieren sind, geringe Beiträge entrichten, nur in geringem Umfang organisiert sind, sowie aufgrund ihrer prekären Beschäftigungssituation einen nicht unerheblichen Arbeitsaufwand verursachen. Aus diesen Gründen weist das gewerkschaftliche Desinteresse durchaus rationale Züge auf. Ebenso rational verhalten sich Frauen, wenn sie es vorziehen, nicht Mitglied einer Gewerkschaft zu werden. Mit oder ohne Gewerkschaft scheinen ihre Chancen zur Verbesserung ihrer Arbeitssituaton gering.

Beiden Verhaltensweisen kann allerdings nur eine kurzfristige (bzw. kurzsichtige) Rationalität bescheinigt werden. Langfristig könnten sowohl teilzeitarbeitende Frauen, als auch Gewerkschaften Nutzen aus der tariflichen und sozialversicherungsrechtlichen Absicherung dieser Beschäftigngsverhältnisse ziehen. Für die gewerkschaftliche Interessenvertretung können sich Gestaltungs- und Veränderungungschancen über eine zunächst »nicht gewollte« Arbeitszeitform bieten. Die strukturkonservative gewerkschaftliche Haltung könnte hier eine Belebung erfahren und eine für die Gewerkschaften konstruktive Strukturdebatte geführt werden. Ein zunächst als Interesse von Randgruppen definierter Bereich könnte zum Experimentierfeld innovativer Teilzeitmodelle werden. Damit könnten die untersuchten Gewerkschaften aus einer reaktiven Position herausgelangen und gesellschaftlich emanzipativ, kreativ und offensiv arbeiten.

Eine zusammenfassende Betrachtung der verschiedenen angewandten Theorien weist diese in ihrer Gesamtheit als geeignete Analyseinstrumente aus. Zusammengenommen bieten die unterschiedlichen Theorien eine Erklärung dafür, warum es sich bei einer nach außen homogen wirkenden Interessenlage tatsächlich um ein Konglomerat heterogener Interessen handelt und warum dieses Konglomerat derart gut zusammenwirkt, daß diskriminierende Teilzeitarbeitsbedingungen von allen Arbeitsmarktakteuren akzeptiert werden. Diese wertvollen Ergebnisse müßten – in einem nächsten Schritt – zur Grundlage politischer Strategien und Maßnahmen gemacht werden, die die Rahmenbedingungen entsprechend verbessern. Die theoretische Betrachtung führt konsequenterweise zur Fixierung der praktischen Relevanz der Untersuchung.

2. *Praktische Relevanz und Perspektiven*

Ausgehend von einem Konglomerat unterschiedlicher Interessen der beteiligten Arbeitsmarktakteure an Teilzeitarbeit bleibt zu klären, inwieweit die Diskriminierung teilzeitarbeitender Frauen Ausdruck einer defizitären repräsentativen bzw. advokatorischen Gewerkschaftspolitik und darüber hinaus Ausdruck eines gesamtgesellschaftlichen Konsenses ist.

Theoretische Erklärungskonzepte stoßen dort an Grenzen, wo es um darum geht zu klären, warum ein weitgehend deregulierter bzw. nicht regulierter Arbeitsmarktbereich im wesentlichen ohne größere Proteste der Be(nach)teiligten gut funktioniert. Zwei auf unterschiedlichen Ebenen zu beachtende Aspekte sind hier von besonderer Bedeutung: Zum einen ist Teilzeitarbeit defizitär, jedoch teilweise auf tarifvertraglicher Ebene behandelt worden, zum anderen werden Tarife auf der betrieblichen Ebene unterlaufen.

Teilzeitarbeit ist auch innerhalb der gewerkschaftlichen Organisation ein Bereich, der während des Untersuchungszeitraumes weitgehend tabuisiert wurde. Optionale Arbeitszeiten in Verbindung mit qualitativer Teilzeitarbeit, wie sie in den gewerkschaftlichen Hauptverwaltungen durch die Entwicklung intelligenter Modelle möglich wäre, wurden abgelehnt. Über Teilzeitarbeit wurde zwar ab Mitte der 80er Jahre viel geschrieben, die praktizierten Formen kritisiert, nur mangelte es gleichzeitig an konstruktiven Gegenentwürfen. Vollzeitarbeitsplätze sind, gewerkschaftlichen Angaben zufolge überall teilbar, in den höher qualifizierten gewerkschaftlichen Arbeitsbereichen der Sekretäre selbst jedoch nicht. Folglich war nicht einmal im eigenen Hause möglich, was von anderen Arbeitgebern gefordert wurde.

Sowohl der DGB und seine Einzelgewerkschaften, als auch außerhalb des DGB arbeitende Gewerkschaften üben öffentlich eine grundsätzliche und sehr kenntnisreiche Kritik an der Diskriminierung teilzeitarbeitender Frauen; innergewerkschaftlich jedoch stellen die Interessenvertretungen selbst ein Spiegelbild der von ihnen kritisierten Strukturen dar. Betrachtet man die Struktur der Personalhierarchien, differieren diese nicht wesentlich von denen anderer Unternehmen: in den qualifizierten mittleren und höheren Positionen arbeiten überwiegend Männer, in den unteren Qualifikationsbereichen Frauen. Kritisiert wurde auch, daß Teilzeitarbeit eine fast ausschließliche Beschäftigungsform für Frauen sei und diese geringere Möglichkeiten zur Aufnahme einer Vollzeiterwerbstätigkeit hätten. Diese Kritik ist angebracht und richtig. Bei der Überprüfung der auf Frauen entfallenen Beschäftigungsanteile in den Hauptverwaltungen der untersuchten Gewerkschaften zeigte sich, daß die geschlechtsspezifische Verteilung eindeutig zu Gunsten der Männer ausfiel.

Frauen werden als Verwaltungsangestellte beschäftigt; in der Position von Sekretären befinden sich überwiegend Männer. Die Interessen teilzeitbeschäftigter Frauen sind innerhalb der untersuchten Gewerkschaften nicht repräsentiert.

Eine advokatorische Gewerkschaftspolitik für teilzeitarbeitende Frauen wird z.T. mit Hilfe der Frauenabteilungen versucht, die jedoch aufgrund ihrer eingeschränkten Kompetenzen über relativ geringe Durchsetzungsmöglichkeiten verfügen; gewerkschaftliche Frauenabteilungen scheinen zu einem großen Teil eine rein legitimatorische Funktion zu erfüllen. Als wesentliches Defizit der Frauenabteilungen konnte festgestellt werden, daß diese zu wenig »verzahnt« sind mit anderen Abteilungen. Zwar bestehen Kooperationen mit Frauenabteilungen anderer DGB-Gewerkschaften, jedoch bleiben diese aufgrund mangelnder Verzahnung folgenlos. Hier müßte stärker darüber nachgedacht werden, inwieweit es sinnvoll wäre, die Frauenabteilungen aus ihrer relativen Isolation herauszuholen und deren Arbeit nicht nur verbal als Querschnittaufgabe zu betrachten, sondern als solche in allen Abteilungen zu etablieren. Ein sicherlich sinnvoller und effektiver Anfang könnte über die Öffnung der für die gewerkschaftliche Arbeit zentralen Tarifabteilungen gemacht werden.

Festgestellt werden konnte, daß andere mit der Problematik befaßte Abteilungen sich hier sehr zurückhaltend einsetzen. Zwar mangelt es nicht an kritischen Stellungnahmen, die wesentlich zur öffentlichen Diskussion beigetragen haben, doch sind die Regelungen, die über Manteltarifverträge vereinbart werden konnten, oft so formuliert, daß sie auch weiterhin wesentlich durch den Arbeitgeber bestimmt werden können. Die BetriebsrätInnen sind – auch aufgrund der Branchenstrukturen – häufig entweder mit der Aushandlung von Teilzeitvereinbarungen überfordert bzw. sind zu stark auf die Norm des Normalarbeitsverhältnisses fixiert. Die derzeitige Handhabung einer advokatorischen Gewerkschaftspolitik für Teilzeitarbeitnehmerinnen ist schlecht; die Chancen, die hierin liegen, werden nicht annähernd optimal genutzt.

Die Interessen teilzeitbeschäftigter Frauen werden von den untersuchten gewerkschaftlichen Interessenvertretungen nicht repräsentiert und advokatorisch allenfalls als »Nebenprodukt« (bspw. bei den Tarifverhandlungen zu den Öffnungszeiten des Einzelhandels) mit in die Verhandlungen einbezogen. Teilzeitarbeit hat bislang – auch zum Nachteil einer reformorientierten Gewerkschaftspolitik und der Organisation als solchen – keinen hohen prioritären Stellenwert eingenommen.

Die notwendige Diskussion zum Umbau der Gestaltung des Normalarbeitsverhältnisses müßte gleichzeitig die selektive und herrschaftliche Funktion des Normalarbeitsverhältnisses einbeziehen. Die ausschließliche Restauration eines normativen Leitbildes würde unter grundlegend veränderten Rahmenbedingungen keine Wirkungs- und Durchsetzungsmöglichkeit besitzen. Erforderlich scheint daher eine grundsätzlich offensive Handlungsweise der Gewerkschaften, die sich um die kollektivvertragliche Absicherung atypischer Beschäftigungsverhältnisse bemüht. Damit verbunden ist die Einbeziehung bislang ausgegrenzter Arbeitsmarktgruppen – respektive teilzeitarbeitender Frauen. In verschiedenen Wirtschaftsbereichen, insbesondere im Handel und Dienstleistungsbereich, hat Teilzeitarbeit die Stelle eines Normalarbeitsverhältnisses bereits eingenommen.

Im wesentlichen bestätigt die defizitäre Behandlung von Teilzeitarbeit durch die Gewerkschaften traditionelle gesellschaftliche Strukturen. Dies geschieht weiterhin über die Nutzung dieser Beschäftigungsverhältnisse durch die Arbeitgeber, die sozialstaatlichen Maßnahmen und Regelungen, die vornehmlich Frauen ansprechen, sowie die Ausübung von Teilzeitarbeit durch Frauen. Diese aktuellen Strukturen, die über die geschlechtsspezifische Arbeitsverteilung bestimmen, legen allen beteiligten Akteuren ein Verhalten nahe, das in seinem Zusammenwirken diskriminierende Teilzeitarbeitsverhältnisse ermöglicht. Dieser gesellschaftliche Konsens ist im wesentlichen Spiegelbild der Gesellschaft selbst. Die modifizierend-regulierenden Eingriffe der Gewerkschaften verhindern kaum, daß Teilzeitarbeit auf der betrieblichen Ebene bilateral »unter Tarif« verhandelt wird. Hierdurch ist es Frauen möglich, Nischen zu finden, die der von ihnen übernommenen sozialen Verantwortung entgegenkommen.

Der zur Verfügung stehende Gestaltungsspielraum wurde von den Gewerkschaften nicht genutzt. Es hätten Möglichkeiten entwickelt werden können, aus einer reaktiven Position heraus offensiv die Situation gestaltend zu nutzen. Der gewerkschaftliche Beschäftigungsbereich selbst könnte dabei als Experimentierfeld für neue Teilzeitmodelle im Sinne einer 'Humanisierung der Arbeitswelt' genutzt werden.

Wie die aktuelle politische, arbeitsmarktpolitische und gewerkschaftliche Diskussion zeigt, müßten insbesondere die Gewerkschaften sofort den unregulierten und prekären Beschäftigungsbereich der Teilzeitarbeit als Innovationsfeld nutzen. Hierüber könnte dem absehbaren quantitativen und qualitativen Zuwachs der Teilzeitarbeit entsprochen werden. Darüber hinaus könnte von gewerkschaftlicher Seite ein eigener Innovationsbeitrag zur aktuellen Arbeitsmarktpolitik geleistet werden. Damit könnten letztlich die Gewerkschaften ihren eigenen Ansprüchen als sozialreformatorischer, fortschrittlich gestaltender Kraft wieder gerecht werden. Solange Gewerkschaften jedoch Vollzeitarbeit *gegen* Teilzeitarbeit setzen, kommen diese Beschäftigungsverhältnisse, die zwar quantitativ bedeutend sind, aus ihrer marginalisierten Position nicht heraus. Darüber hinaus ist keine Weiterentwicklung für die Interessen von Frauen innerhalb der Gewerkschaften und für die Organisation selbst möglich.

Als »Kondensat« der vorliegenden Untersuchung kann festgestellt werden, daß die Interessen teilzeitbeschäftiger ArbeitnehmerInnen heterogen sind und gleichzeitig in Konkurrenz zu den Interessen von Vollzeitbeschäftigten stehen. Die kurzfristigen Vorteile nicht regulierter Teilzeitarbeit haben dabei für die ArbeitnehmerInnen oft einen deutlich höheren Stellenwert als deren langfristige Nachteile. Diese »Interessen« können jedoch auch Ausdruck nicht vorhandener Alternativen sein.

Bezogen auf die organisatorische Ebene ist festzustellen, daß sich die kurzfristigen Interessen von Teilzeitbeschäftigten und die Flexibilisierungs- und Effizienzinteressen von Arbeitgebern konkret auf Betriebsebene treffen. Hier werden die Bedingungen von Teilzeitarbeit durch Individualverträge und/oder Absprachen geregelt. Die gewerkschaftliche Prioritätensetzung wird nur sehr eingeschränkt durch die Mitgliederstruktur determiniert. Gewerkschaftliche Prioritäten werden wesentlich stärker über die Struktur der Organisation selbst bestimmt. Hierin werden die Interessen von Frauen und Teilzeitbeschäftigten jedoch nicht bzw. unterrepräsentiert.

Betrachtet man die politische Vermittlungsebene, kann festgestellt werden, daß die Tarifparteien den Arbeitsmarkt unter Ausklammerung der Interessen Teilzeitbeschäftigter regulieren. Dabei können die langfristigen Interessen Teilzeitbeschäftigter als latente »Verhandlungsmasse«, die mit nachrangiger Priorität von Arbeitgebern und Gewerkschaften behandelt wird, eingesetzt werden. Das heißt, Arbeitgeber und Gewerkschaften einigen sich auf Kosten der schwächeren Interessen von teilzeitbeschäftigten Frauen, auf der Grundlage eines traditionellen Gesellschaftsbildes beider Tarifparteien.

Aus dem bislang formulierten »Kondensat« der Untersuchung folgt, daß die Interessen Teilzeitbeschäftigter doppelt »behindert« sind: Zum einen in Konkurrenz zu vollzeitbeschäftigten Männern und Frauen und als Interessen von Frauen gegenüber männerdominierten Gewerkschaftsstrukturen. Die Konsequenz ist, daß die Interessen von Teilzeitbeschäftigten gewerkschaftspolitisch nicht oder kaum repräsentiert werden und deshalb auch nicht Gegenstand von Verhandlungen waren. Auch eine advokatorisch bestimmte Gewerkschaftspolitik konnte, bezogen auf die Interessen von Teilzeitbeschäftigten, nicht festgestellt werden. Teilzeitarbeit ist somit Ausdruck eines gesamtgesellschaftlichen Konsenses, der von allen beteiligten Arbeitsmarktakteuren getragen wird.

Vorbemerkung zum Leitfaden zur Befragung von ExpertInnen

Für die vorliegende Arbeit wurden 22 ExpertInnengespräche mit Gewerkschaftssekretären und -sekretärinnen geführt. Die GesprächspartnerInnen wurden bei der Bearbeitung anonymisiert.

Da aufgrund der begrenzten Anzahl der untersuchten Gewerkschaften bei einer Kenntlichmachung des weiblichen bzw. des männlichen Gesprächspartners für einen großen Personenkreis unmittelbar deutlich gewesen wäre, um welche GesprächspartnerInnen es sich handelt, wurde auf eine geschlechtsspezifische Fassung verzichtet.

Martina Klein, Ruhr-Universität Bochum

Leitfaden zur Befragung von ExpertInnen

»Teilzeitarbeit aus der Perspektive der Arbeitsmarktakteure«

Im folgenden Gespräch sollen im wesentlichen drei Themenkreise behandelt werden:

a) die generelle Einschätzung von Teilzeitarbeit im Kontext unterschiedlicher Rahmenbedingungen;
b) die spezielle Situation und der Stellenwert von Teilzeitarbeit bei der Gewerkschaft Handel, Banken und Versicherungen, Deutschen Angestellten-Gewerkschaft, Industriegewerkschaft Bau-Steine-Erden;
c) spezielle Maßnahmen, Regelungen und der Verlauf der Auseinandersetzungen: intern und mit der Arbeitgeberseite.

A) Generelle Einschätzung von Teilzeitarbeit

1. Was verstehen Sie unter Teilzeitarbeit?

   a) Was verstehen Sie unter prekärer Teilzeitarbeit?

2. Welche Bedeutung hat Ihrer Meinung nach Teilzeitarbeit generell?
   a) bezogen auf den Arbeitsmarkt
   b) bezogen auf Frauenerwerbstätigkeit
3. Wo sehen Sie die größten Vor- bzw. Nachteile von Teilzeitarbeit?
   a) schleichender Personalabbau
   b) Leistungsverdichtung
   c) Verzicht auf berufliche Weiterentwicklung
   d) Überwindung der Massenarbeitslosigkeit

4. Welche gesellschaftspolitischen Rahmenbedingungen fördern bzw. hemmen die Entwicklung von Teilzeitarbeit?

B) Spezielle Situation der Branchen und Stellenwert für die Akteure

1. Wo liegen die größten Probleme von Teilzeitarbeit im Einzelhandel/der Gebäudeinnenreinigung?
   a) allgemein
   b) Frauenproblematik
   c) Teilzeitarbeit als Schlüsselfunktion für Arbeitsmarktsegmentierung
   d) Rationalisierungsinstrument

2. Seit wann beschäftigt sich die HBV/DAG/IG BSE (verstärkt) mit Teilzeitarbeit?
   a) wieso seit diesem Zeitpunkt (Anlaß)?
   b) was war vorher?
   c) welche Abteilung, welches Gremium wurde initiativ?

3. Können Sie unterschiedliche Phasen der Beschäftigung mit Teilzeitarbeit konkret zeitlich und inhaltlich benennen?
   a) wieso wurde *1982* erstmals eine Broschüre zu Teilzeitarbeit herausgegeben? (nur HBV!)
   b) wieso wurde *1989* der TV abgeschlossen? (nur HBV!)
   c) Schwerpunktbildung
   d) durch welche Abteilung/welches Gremien wurde die interne Diskussion ausgelöst?

4. Welche Bedeutung hat Ihrer Meinung nach das Thema Teilzeitarbeit innerhalb

   a) der Gesamtorganisation?
   b) auf Landesbezirks- und Ortsebene?
   c) auf Betriebsebene?

5. Ordnen Sie bitte die Position und Rolle der HBV/DAG/IG BSE bezüglich der Auseinandersetzung mit Teilzeitarbeit im Verhältnis zu anderen gewerkschaftlichen Interessenvertretungen ein

   a) Vorreiterrolle
   b) Nachzügler

6. Wie beurteilen Sie Ihr Verhältnis zur DAG/HBV – bezogen auf Teilzeitarbeit? (Nur für DAG und HBV)

   a) (punktuelle) Kooperationen
   b) Konkurrenzsituation – dadurch erschwerte Durchsetzung von Teilzeit-Forderungen

7. Wie bewerten Sie unterschiedliche Maßnahmen und Regelungen der Arbeitgeberseite?

   a) unterschiedliche Verbände!
   b) einheitliche Vorgehensweise?
   c) wie wichtig wird hier die Konkurrenzsituation mit der DAG/HBV (gegenseitiges Ausspielen?)?
   d) wann gab es welche Ansatzpunkte für Verhandlungen?

8. Seit wann existiert der Bundesfrauenausschuß der HBV/DAG/IG BSE?

   a) Schwerpunkte des Frauenausschusses

9. Betrachten Sie Teilzeitarbeit als Frauenproblem?

   a) wenn ja, warum?

10. Inwieweit verstehen Sie den Bundesfrauenausschuß als organisationsinterne Vertretung von Sonderinteressen?

    a) Unterordnung der »speziellen« (Teilzeit-) unter die »allgemeinen« (Arbeitszeitverkürzungs-) Interessen?

11. Welchen Stellenwert hat der DGB-Frauenausschuß bezüglich

    a) Teilzeitarbeit? (nur HBV und IG BSE)

12. Die Mehrheit der Mitglieder der HBV sind Frauen – die Gewerkschaftsstrukturen sind jedoch männlich-dominiert/orientiert; wie beurteilen Sie dieses Verhältnis? (nur HBV)

    a) müßte nicht anstelle eines Frauen- ein Männerausschuß eingerichtet werden?
    b) Auswirkungen auf die Behandlung der Thematik Teilzeitarbeit

13. Die Mehrheit der IG BSE/DAG sind Männer, die Gewerkschaftsstrukturen (nur IG BSE und DAG)

    a) sind männlich-dominiert/orientiert; wie beurteilen Sie die Situation von Teilzeit (Frauen)interessen in Ihrer Gewerkschaft?

14. Was würde Ihrer Meinung nach dazu beitragen, Frauen stärker in die Organisation einzubinden – als Mitglieder sowie als Funktionärinnen?

15. Wie schätzen Sie die Bedeutung des Frauenausschusses für die Entwicklung von Teilzeitarbeit ein?

16. Wie schätzen Sie die Bedeutung der Besetzung von Gremien mit haupt- und ehrenamtlichen Funktionsträgerinnen bezogen auf die Auseinandersetzung mit (der frauenspezifischen) Teilzeitarbeit ein?

    a) Hauptvorstand
    b) Gewerkschaftsausschuß
    c) Revisionskommission etc.

17. Wie schätzen Sie die Situation und die Bedeutung politischer Gewerkschaftssekretärinnen im eigenen Hause ein?

    a) Entwicklung ab 1970?

18. Würde sich Ihrer Meinung nach etwas an der Situation von teilzeitbeschäftigten Frauen im Einzelhandel/Gebäudeinnenreinigung ändern, wenn mehr Frauen in Gewerkschaftsgremien vertreten wären und/oder als politische Sekretärinnen arbeiten würden?

    a) wo sollten Frauen verstärkt präsent sein?
    b) was würde sich ändern?
    c) wie würde es sich verändern?

19. Wieso sind Ihrer Meinung nach relativ wenig Teilzeitarbeitende organisiert?

20. Wie beurteilen Sie das Verhältnis vollzeitbeschäftigter gegenüber teilzeitbeschäftigten ArbeitnehmerInnen?

    a) Konkurrenzsituation
    b) punktuelle Solidarität

C) Spezielle Maßnahmen und Regelungen

1. Welche Ebene, auf der Maßnahmen und Regelungen bezüglich Teilzeitarbeit getroffen werden, ist Ihrer Meinung nach die wichtigste? Und warum?

    a) gesetzliche
    b) staatliche
    c) tarifvertragliche
    d) Betriebsvereinbarungen

2. *Welche* Teilzeitregelungen sind von Ihrer Gewerkschaft *wann* getroffen worden?

3. Wie schätzen Sie die tarifvertragliche Ebene und die konkreten Regelungen ein?

    a) wie ausgeprägt ist das Regelungsinteresse?
    b) warum erst 1989 ein Tarifvertrag? (nur HBV!)
    c) Steuerungsverluste
    d) Mitgliederverluste

4. Wie beurteilen Sie das Verhältnis zwischen Gesetzgebung und richterlicher Rechtsfortbildung?

5. Wie schätzen Sie unterschiedliche arbeitsmarktpolitische Maßnahmen ein?

    a) bspw. Beschäftigungsförderungsgesetz?

6. Welcher Zeitpunkt oder Zeitraum war der wichtigste innerhalb der Auseinandersetzungen bezüglich Teilzeitarbeit mit der Arbeitgeberseite?

    a) Grund

7. Wo sehen Sie die größten Probleme bei der tarifvertraglichen Regelung von Teilzeitarbeit?

   a) kollektive Strategien zur Sicherung der Interessen zunehmend schwieriger aufgrund der Vielfalt individueller Lebensführungen
   b) Problem der Stamm- und Randbelegschaften

8. Worin sehen Sie die Gründe für die zögerliche Regelung von Teilzeitarbeit speziell bei der HBV/DAG/IG BSE?

   a) Tarifvertragliche Regelungen erhöhen die Attraktivität von Teilzeitarbeit – dadurch Festschreibung etc.
   b) Problem der Verhandlungsstärke der HBV/DAG/IG BSE
   c) wenig teilzeitbeschäftigte Gewerksschaftssekretärinnen

9. Inwieweit ist Rückhalt bei der »Basis« für die Tarifierung von Teilzeitarbeit vorhanden?

   a) Problem der Konkurrenz zwischen Vollzeit- und Teilzeitkräften
   b) ist eine kollektive Mobilisierung überhaupt möglich?

10. Wie schätzen Sie die Ebene der Betriebsvereinbarungen und deren konkrete Regelungen ein?

11. Was ist Ihrer Meinung nach von gewerkschaftlicher Seite versäumt worden in der Auseinandersetzung mit Teilzeitarbeit?

    a) Mitverantwortung gewerkschaftlicher Tarifpolitik für die Benachteiligung von Teilzeitbeschäftigten

12. Gibt es einen Ansatz, Teilzeit über die Regelung hinaus für männliche Arbeitnehmer attraktiv zu gestalten? Also an der Ausweitung von qualifizierter Teilzeitarbeit?

    a) warum ja?/warum nein?
    b) wie?

13. Was waren und was sind (im Vergleich) die wichtigsten Ziele der Gewerkschaft HBV/DAG/IG BSE bezogen auf Teilzeitarbeit?

14. Liegen flexible Arbeitszeitsysteme im gemeinsamen Interesse von Arbeitgebern und Arbeitnehmern – mit unterschiedlicher Ausprägung ?

15. Wohin geht Ihrer Meinung nach die Entwicklung im Bereich Teilzeitarbeit bei der HBV/DAG/IG BSE?

Weitere Anmerkungen der/des GesprächspartnerIn:

Anhang: Tabellen

Tabelle I: Abhängig Erwerbstätige im Einzelhandel nach normalerweise geleisteten Arbeitsstunden in den Jahren 1972 bis 1991 (in 1000)

Jahr der Erhebung		insgesamt	Und zwar Wochenarbeitszeit von .. bis unter ... Stunden												
			<10	<15	<18	18	<19	19	<20	<37	37	<38	38 - 39	<40	40 und mehr
	m	539	1	2	3	0	3	-	3	14	1	14	2	16	523
1972	w	1152	18	48	73	9	81	1	83	390	8	398	8	406	745
	i	1691	19	49	76	9	84	1	86	404	9	412	10	422	1269
	m	543	1	2	3	0	3	-	3	13	1	14	1	15	528
1973	w	1201	20	52	77	12	89	1	90	427	4	431	7	438	763
	i	1744	21	53	80	12	92	1	93	440	5	445	8	453	1291
	m	520	1	3	3	1	3	-	3	14	0	15	1	16	504
1974	w	1174	16	44	71	9	80	1	82	417	4	421	4	426	749
	i	1694	17	46	74	10	84	1	85	431	5	436	5	442	1253
	m	543	1	1	3	0	3	0	3	4	0	14	1	15	527
1976	w	1174	18	46	73	10	83	2	85	434	2	436	4	440	734
	i	1717	19	47	76	10	85	2	88	448	2	450	5	455	1262
	m	523	1	3	4	0	4	-	4	4	0	15	1	15	508
1977	w	1185	17	49	79	11	90	2	92	460	1	461	5	466	719
	i	1708	18	51	83	12	95	2	97	474	2	476	5	481	1227
	m	576	1	2	2	1	3	0	3	13	-	13	1	13	563
1978	w	1198	19	50	79	7	86	3	88	445	2	447	4	452	746
	i	1774	21	52	81	8	89	3	91	458	2	460	5	465	1309
	m	574	2	3	4	0	4	0	4	13	-	13	1	14	560
1979	w	1266	18	57	88	10	97	2	99	489	2	491	3	494	772
	i	1840	20	60	92	10	102	2	103	502	2	504	4	508	1332
	m	589	1	3	3	0	3	0	4	12	0	12	1	13	576
1980	w	1282	22	59	89	7	96	3	98	489	3	491	4	495	787
	i	1870	23	62	92	7	99	3	102	500	3	503	5	508	1362
	m	550	1	2	3	0	3	0	3	10	0	10	0	11	540
1981	w	1272	22	60	88	9	96	2	98	511	1	512	3	515	757
	i	1822	23	62	90	9	99	2	101	521	2	522	3	525	1297
	m	576	1	3	4	0	4	0	4	12	0	12	0	13	563
1982	w	1312	23	67	98	7	105	1	106	515	2	517	4	521	792
	i	1888	24	69	102	7	109	2	110	527	2	529	4	533	1355

Jahr der Erhebung		insgesamt	Und zwar Wochenarbeitszeit von … bis unter … Stunden												
			<10	<15	<18	18	<19	19	<20	<37	37	<38	38 - 39	<40	40 und mehr
1983	m	615	-	1	2	-	2	-	2	12	-	12	1	13	602
	w	1325	24	66	101	-	101	2	104	540	1	541	3	545	781
	i	1940	24	66	104	-	104	2	106	553	1	554	4	558	1383
1984	m	605	1	2	3	-	3	-	3	12	0	12	2	14	592
	w	1269	23	58	86	6	92	2	93	501	4	504	3	507	762
	i	1874	24	60	89	6	95	2	97	512	4	516	5	521	1353
1985	m	639	1	3	5	1	5	-	5	15	1	16	18	34	605
	w	1285	29	69	93	9	101	2	103	513	4	517	26	543	743
	i	1924	30	72	97	9	106	2	108	528	5	533	44	577	1347
1986	m	670	1	3	5	-	5	0	5	17	1	18	153	171	498
	w	1309	29	69	101	-	101	6	107	521	3	523	232	755	554
	i	1978	30	72	106	-	106	6	112	538	4	542	385	926	1052
1987	m	652	1	3	5	-	5	0	5	19	3	22	190	212	440
	w	1325	27	69	105	-	105	8	113	531	6	536	262	798	527
	i	1977	28	72	110	-	110	8	118	550	8	558	452	1010	967
1988	m	674	2	4	5	-	5	0	6	22	10	31	214	245	429
	w	1396	30	79	117	-	117	9	126	579	14	593	297	891	505
	i	2070	32	83	122	-	122	9	131	601	24	625	511	1136	934
1989	m	666	2	5	8	-	8	0	8	22	24	46	248	294	372
	w	1401	28	80	118	-	118	7	125	590	26	617	375	991	409
	i	2066	29	85	125	-	125	7	133	612	50	662	623	1285	781
1990	m	702	7	14	17	1	18	0	18	32	45	76	294	371	331
	w	1509	59	157	204	12	216	14	230	702	45	746	430	1177	333
	i	2211	65	171	220	13	233	14	247	733	89	823	725	1547	664
1991[1]	m	682	6	14	18	0	18	1	18	37	105	142	256	397	284
	w	1530	63	166	208	15	222	15	238	739	143	881	383	1264	265
	i	2211	70	180	225	15	240	16	256	775	248	1023	639	1662	550
1991[2]	m	127	0	1	1	-	1	-	1	3	2	5	3	8	119
	w	394	1	3	4	1	5	1	6	118	3	121	6	127	268
	i	521	1	3	5	1	6	1	7	121	5	126	9	135	386
1991[3]	m	808	6	15	18	0	19	1	19	40	107	147	259	405	403
	w	1924	64	168	212	16	227	16	243	856	145	1002	389	1391	533
	i	2732	71	183	230	16	246	17	263	896	252	1149	648	1796	936

Quelle: Mikrozensus

1. Frühes Bundesgebiet
2. Neue Länder
3. Deutschland

Tabelle II: Gewerkschaft Handel, Banken und Versicherungen. GeschäftsführerInnen und Politische SekrtärInnen in den Ortsverwaltungen nach Geschlecht 1972 bis 1989

	GeschäftsführerInnen		SekretärInnen	
Jahr	weiblich	männlich	weiblich	männlich
1972	1	47	1	38
1974	1	46	1	55
1976	1	43	9	70
1978	1	39	13	111
1981	1	45	19	106
1983	3	43	15	107
1985	3	43	13	110
1987	3	43	22	110
1989	3	43	24	107

Quelle: Gewerkschaft Handel, Banken und Versicherungen, Hauptverwaltung, Betriebsrat

Tabelle III: Gewerkschaft Handel, Banken und Versicherungen. LandesleiterInnen und Politische SekretärInnen in den Landesbezirken nach Geschlecht 1972 bis 1989

	LandesleiterInnen		SekretärInnen	
Jahr	weiblich	männlich	weiblich	männlich
1972	-	8	-	14
1974	-	9	-	16
1976	-	9	-	17
1978	-	9	1	16
1981	-	9	2	25
1983	-	9	4	26
1985	-	9	4	25
1987	-	9	7	27
1989	-	9	7	30

Quelle: Gewerkschaft Handel, Banken und Versicherungen, Hauptverwaltung, Betriebsrat

Tabelle IV: Gewerkschaft Handel, Banken und Versicherungen. AbteilungsleiterInnen und Politische SekretärInnen der Hauptverwaltung nach Geschlecht 1972 bis 1989

	AbteilungsleiterInnen		SekretärInnen	
Jahr	weiblich	männlich	weiblich	männlich
1972	-	2	1	15
1974	-	2	1	22
1976	-	2	2	20
1978	-	2	2	26
1981	-	3	4	39
1983	-	3	5	38
1985	1	4	8	42
1987	1	5	7	40
1989	2	4	10	44

Quelle: Gewerkschaft Handel, Banken und Versicherungen, Hauptverwaltung, Betriebsrat

Tabelle V: Deutsche Angestellten-Gewerkschaft. LandesverbandsleiterInnen nach Geschlecht 1971 bis 1987

	LandesverbandsleiterInnen		
Jahr	weiblich	männlich	gesamt
1971	-	10	10
1975	-	9	9
1979	-	9	9
1983	-	9	9
1987	1	8	9

Quelle: Halberstadt 1991:409

Tabelle VI: Deutsche Angestellten-Gewerkschaft. Politische SekretärInnen und Verwaltungsangestellte beim Bundesvorstand, in den Landesverbänden, Bezirken und Ortsgruppen nach Geschlecht 1988

	SekretärInnen		Verwaltungsangestellte	
Jahr	weiblich	männlich	weiblich	männlich
1988	63	52	493	60

Quelle: Interne Aufzeichnung der DAG, Hamburg 1992

Tabelle VII: Abhängig Erwerbstätige im Reinigungsgewerbe nach normalerweise geleisteten Arbeitsstunden in den Jahren 1972 bis 1991 (in 1 000)

Jahr der Erhebung		insgesamt	Und zwar Wochenarbeitszeit von ... bis unter ... Stunden												
			<10	<15	<18	18	<19	19	<20	<40	40	<41	41	<42	42 und mehr
	m	29	0	0	0	-	0	-	0	1	11	12	0	12	17
1972	w	54	1	6	12	2	13	0	14	40	6	47	0	47	7
	i	83	1	6	12	2	14	0	14	42	17	58	0	59	25
	m	28	-	0	0	-	0	-	0	1	11	12	1	12	15
1973	w	51	1	5	11	1	12	0	12	38	8	45	-	45	5
	i	78	1	5	11	1	12	0	12	38	9	57	1	58	21
	m	28	-	-	0	-	0	-	0	1	5	16	1	17	11
1974	w	62	1	8	13	1	15	-	15	44	12	56	0	56	6
	i	90	1	8	14	1	15	-	15	45	27	72	1	73	17
	m	30	0	0	0	-	0	-	0	1	21	22	0	23	7
1976	w	62	2	10	17	2	19	0	19	44	14	59	0	59	3
	i	91	2	11	18	2	19	0	20	46	35	81	0	81	10
	m	33	0	0	0	-	0	-	0	1	25	27	0	27	6
1977	w	72	4	16	22	2	24	0	25	55	15	70	0	70	2
	i	104	4	16	23	2	25	0	25	56	40	97	0	97	8
	m	35	0	1	1	-	1	-	1	2	24	26	-	86	9
1978	w	61	3	13	20	1	21	0	22	48	13	60	-	60	2
	i	96	4	14	21	1	22	0	23	50	36	86	-	86	10
	m	33	-	0	0	-	0	-	0	1	23	24	-	24	9
1979	w	66	3	14	21	2	23	0	23	52	13	65	0	65	1
	i	99	3	14	21	2	23	0	23	52	37	89	0	89	10
	m	31	-	0	0	-	0	-	0	2	23	25	-	25	2
1980	w	69	2	14	20	2	22	-	22	50	18	68	-	68	0
	i	100	2	14	20	2	22	-	22	52	41	93	-	93	3
	m	32	0	0	0	0	0	-	0	1	23	24	-	24	8
1981	w	67	3	14	19	1	20	0	20	48	17	66	-	66	1
	i	99	3	14	19	1	20	0	20	49	40	90	-	90	9
	m	32	0	0	0	-	0	-	0	1	25	26	-	26	7
1982	w	83	4	22	29	2	31	0	31	61	20	81	-	81	2
	i	114	5	22	29	2	31	0	31	62	45	107	-	107	8
	m	29	-	0	0	-	0	-	0	1	21	22	0	22	7
1983	w	114	8	26	36	2	38	-	38	85	26	112	-	114	2
	i	142	8	26	36	2	39	-	39	87	47	134	0	134	9
	m	31	-	1	1	-	1	-	1	2	23	25	-	25	6
1984	w	70	5	17	22	1	24	-	24	52	17	69	-	69	1
	i	101	5	17	23	1	25	-	25	55	39	94	-	94	7

Jahr der Erhebung		insgesamt	Und zwar Wochenarbeitszeit von ... bis unter ... Stunden												
			<10	<15	<18	18	<19	19	<20	<40	40	<41	41	<42	42 und mehr
1985	m	33	0	1	1	0	1	-	1	3	25	28	-	28	6
	w	75	5	21	26	1	27	1	27	54	20	73	-	73	1
	i	108	6	21	29	1	28	1	28	56	45	101	-	101	7
1986	m	33	0	0	0	-	0	-	0	2	24	26	-	26	6
	w	94	6	21	28	2	30	0	30	71	21	92	-	92	2
	i	127	6	21	28	2	30	0	30	73	45	118	-	118	9
1987	m	37	-	0	0	-	0	-	0	5	25	30	0	30	7
	w	46	6	23	28	2	29	0	29	69	15	84	-	84	2
	i	123	6	23	28	2	29	0	30	74	40	114	0	114	9
1988	m	40	0	1	1	-	1	-	1	6	27	33	0	33	6
	w	97	6	23	29	1	30	0	31	77	19	96	-	96	2
	i	137	6	24	30	1	31	0	31	83	46	129	0	129	8
1989	m	40	0	1	1	-	1	-	1	9	25	34	0	34	7
	w	92	8	23	29	1	30	1	31	75	15	90	-	90	2
	i	132	8	24	30	1	31	1	32	84	40	124	0	124	9
1990	m	42	1	1	1	-	1	-	1	12	24	36	0	36	6
	w	135	14	45	54	3	58	1	59	115	18	133	-	133	2
	i	177	15	46	56	3	59	1	60	126	42	168	0	169	8
1991[1]	m	44	1	2	2	0	2	-	2	16	23	39	-	39	6
	w	129	13	41	49	2	52	2	53	112	14	126	-	126	3
	i	173	14	43	51	3	54	2	55	128	37	165	-	165	9
1991[2]	m	14	-	0	0	-	0	-	0	1	10	11	0	11	2
	w	10	0	0	1	-	1	-	1	5	4	9	-	9	1
	i	24	0	0	1	-	1	-	1	6	15	21	0	21	4
1991[3]	m	58	1	2	2	0	2	-	2	17	33	50	0	50	8
	w	139	13	41	50	2	52	2	54	117	18	135	-	135	4
	i	197	14	43	52	3	55	2	56	134	52	185	0	185	12

Quelle: Mikrozensus

1. Früheres Bundesgebiet
2. Neue Länder
3. Deutschland

Tabelle VIII: Industriegewerkschaft Bau-Steine-Erden. Delegierte auf den Gewerkschaftstagen nach Geschlecht 1972 bis 1988

Jahr	weibliche Delegierte absolut	weibliche Delegierte %	männliche Delegierte absolut	männliche Delegierte %	Delegierte insgesamt
1972	3	0,9	338	99,1	341
1975	3	0,9	340	99,1	343
1979	8	2,3	345	97,7	353
1982	8	2,2	359	97,8	367
1985	5	1,4	349	98,6	354
1988	10	2,9	332	97,1	342

Quelle: Industriegewerkschaft Bau-Steine-Erden, Gewerkschaftsprotokolle; eigene Berechnungen

Tabelle IX: Gewerkschaft Handel, Banken und Versicherungen. Delegierte auf den Gewerkschaftstagen nach Geschlecht 1972 bis 1988

Jahr	weibliche Delegierte absolut	weibliche Delegierte %	männliche Delegierte absolut	männliche Delegierte %	Delegierte insgesamt
1972	31	20,4	121	79,6	152
1976	61	25,1	182	74,9	243
1980	60	20,6	230	79,4	290
1984	83	28,2	211	71,8	294
1988	111	37,5	185	62,5	296

Quelle: Gewerkschaft Handel, Banken und Versicherungen, Geschäftsberichte; eigene Berechnungen

Tabelle X: Deutsche Angestellten-Gewerkschaft. Delegierte auf den Bundeskongressen nach Geschlecht 1971 bis 1987

Jahr	weibliche Delegierte absolut	weibliche Delegierte %	männliche Delegierte absolut	männliche Delegierte %	Delegierte insgesamt
1971	36	14,7	209	85,3	245
1975	31	15,0	176	85,0	207
1979	32	16,0	168	84,0	200
1983	43	21,0	162	79,0	205
1987	51	26,8	139	73,2	190

Quelle: Deutsche Angestellten-Gewerkschaft, Bundeskongreßberichte; eigene Berechnungen

Tabelle XI: Industriegewerkschaft Bau-Steine-Erden. Mitgliederentwicklung nach Geschlecht 1970 bis 1993

Jahr[1]	Mitglieder gesamt absolut	männlich absolut	männlich %	weiblich absolut	weiblich %
1970	499.547	494.811	99,1	4.736	0,9
1971	508.135	503.300	99,1	4.835	0,9
1972	516.283	511.216	99,0	6.067	1,0
1973	522.271	516.148	98,8	6.123	1,2
1974	521.359	514.014	98,6	7.345	1,4
1975	511.927	503.024	98,3	8.903	1,7
1976	505.955	494.990	97,8	10.965	2,2
1977	501.944	489.110	97,4	12.834	2,6
1978	511.040	496.775	97,2	14.265	2,8
1979	520.082	504.576	97,0	15.506	3,0
1980	526.940	509.022	96,6	17.918	3,4
1981	533.847[2]	513.607	96,2	20.240	3,8
1982[3]	530.960	508.541	95,8	22.419	4,2
1983[3]	523.129	498.864	95,4	24.265	4,6
1984[3]	517.016	490.702	94,9	26.314	5,1
1985[3]	507.528	478.833	94,4	28.695	5,6
1986	485.057	454.534	93,7	30.523	6,3
1987[3]	475.575	442.803	93,1	32.772	6,9[4]
1988	468.236	433.777	92,6	34.459	7,4
1989	460.559	425.140	92,3	35.419	7,7
1990	462.751	426.126	92,1	36.625	7,9
1991[5]	776.781	681.566	87,7	95.215	12,3
1992	695.712	622.548	89,5	73.164	10.5
1993	666.910	600.981	90,1	65.929	9,9

Quelle: Industriegewerkschaft Bau-Steine-Erden, Statistische Jahrbücher 1969-1989; Geschäftsberichte; DGB-Bundesvorstand, Abteilung Organisation. Die Angaben zu den weiblichen Mitgliedern von 1970 bis 1980 stimmen nicht mit den DGB-Mitgliederstatistiken in Müller-Jentsch (1989) überein; eigene Berechnungen.

1. Stichtag 31.12.
2. Die Statistischen Jahrbücher der IG BSE weisen für 1981 unterschiedliche Mitgliederzahlen aus: 537.737 (...)
3. Ausschließlich die Angaben zu diesen Jahrgängen stimmen mit den DGB-Mitgliederstatistiken in Müller-Jentsch (1989), der sich auf Niedenhoff/Pege (1989), Armingeon (1988) und eigene Berechnungen stützt, überein
4. Diese Zahl ist dem Statistischen Jahrbuch 1984-87 entnommen. Im Geschäftsbericht 1985/87 sind für 1987 31.860 weibliche Mitglieder angegeben; im Geschäftsbericht 1988/90 wurde dann wieder die Zahl aus den Statistischen Jahrbüchern übernommen
5. ab 1991 werden alte und neue Bundesländer einbezogen

Tabelle XII: Industriegewerkschaft Bau-Steine-Erden. Mitgliederentwicklung nach beruflichem Status und Geschlecht 1970 bis 1993

	ArbeiterInnen				
Jahr[1]	gesamt absolut	männlich absolut	männlich %	weiblich absolut	weiblich %
1970	475.701	473.509	99,5	2.192	0,5
1971	482.696	480.556	99,6	2.140	0,4
1972	488.362	486.367	99,6	1.995	0,4
1973	488.177	485.808	99,5	2.369	0,5
1974	478.566	476.504	99,6	2.062	0,4
1975	469.197	466.898	99,5	2.299	0,5
1976	463.085	457.190	98,7	5.895	1,3
1977	458.990	451.548	98,4	7.442	1,6
1978	473.041	464.842	98,3	8.199[2]	1,7
1979	479.807	470.845	98,1	8.962[3]	1,9
1980	487.218	476.190	97,7	11.028	2,3
1981	493.832	480.652	97,3	13.180	2,7
1982	487.771	472.491	96,9	15.280	3,1
1983	480.817	463.670	96,4	17.147[4]	3,6
1984	474.455	455.505	96,0	18.950	4,0
1985	465.868	444.742	95,5	21.126	4,5
1986	445.308	422.175	95,0	23.133	5,0
1987	436.547	406.629	93,1	29.918[5]	6,9
1988	429.178	402.119	93,7	27.059	6,3
1989	421.446	393.677	93,4	27.769	6,6
1990	423.377	394.781	93,2	28.596	6,8
1991[6]	670.035	624.383	93,2	45.652	6,8
1992	613.038	569.265	92,9	43.773	7,1
1993	594.989	552.685	92,9	42.304	7,1

Quelle: Industriegewerkschaft Bau-Steine-Erden, Geschäftsberichte; Industriegewerkschaft Bau-Steine-Erden o.J.: 50; DGB-Bundesvorstand, Abteilung Organisation; eigene Berechnungen

1. Stichtag 31.12.
2. IG BSE Publikation (o.J.):50 führt 8.226 Arbeiterinnen
3. IG BSE Publikation (o.J.):50 führt 9.362 Arbeiterinnen
4. IG BSE Publikation (o.J.):50 führt 15.516 Arbeiterinnen
5. IG BSE Geschäftsbericht 1985/87 führt 24.477 und Geschäftsbericht 1988/90 24.599 Arbeiterinnen
6. ab 1991 werden alte und neue Bundesländer einbezogen

Tabelle XIII: Gewerkschaft Handel, Banken und Versicherungen. Mitgliederentwicklung nach Geschlecht 1970 bis 1993

Jahr[1]	Mitglieder gesamt absolut	männlich absolut	männlich %	weiblich absolut	weiblich %
1970	157.671	80.432	51,0	77.239	49,0
1971	171.341	88.327	51,6	83.014	48,4
1972	191.071	98.561	51,6	92.510	48,4
1973	210.038	107.715	51,3	102.323	48,7
1974	236.642	118.537	50,1	118.105	49,9
1975	257.123	127.204	49,5	129.919	50,5
1976	274.783	134.289	48,9	140.494	51,1
1977	292.158	141.027	48,3	151.131	51,7
1978	314.244	149.514	47,6	164.730	52,4
1979	334.036	155.645	46,6	178.391	53,4
1980	351.328	160.354	45,6	190.974	54,4
1981	365.478	163.523	44,7	201.955	55,3
1982	360.340	158.760	44,1	201.580	55,9
1983	360.372	156.762	43,5	203.610	56,5
1984	363.260	156.371	43,1	206.889	56,9
1985	371.228	157.444	42,4	213.784	57,6
1986	376.498	157.600	41,9	218.898	58,1
1987	385.166	158.355	41,1	226.811	58,9
1988	393.399	160.114	40,7	233.285	59,3
1989	407.326	161.086	39,6	246.240	60,4
1990	404.695	159.167	39,3	245.528	60,7
1991	405.002	157.662	38,9	247.340	61,1
1992	402.519	155.611	38,7	246.908	61,3
1993	395.910	151.372	38,2	244.538	61,8

Quelle: Gewerkschaft Handel, Banken und Versicherungen, Fachgruppenstatistiken; eigene Berechnungen.
Anmerkung: Die Tabelle stimmt mit den DGB-Mitgliederstatistiken in Müller-Jentsch (1989) und Dengel/Lill (1989) überein; sie weicht von den Berechnungen der HBV (HA II-Abt. Tarifpolitik, 1984) ab. Ein Grund hierfür ist die unterschiedliche Datenbasis. Während in der HBV-Berechnung Arbeitslose, Rentner, Auszubildende, Zivildienstleistende etc. nicht miteinbezogen wurden, sind in den eigenen Berechnungen auf der Grundlage der HBV-Fachgruppenstatistiken Arbeitslose und Rentner enthalten.

1. Stichtag 31.12.

Tabelle XIV: Gewerkschaft Handel, Banken und Versicherungen. Mitgliederentwicklung im Einzelhandel nach Geschlecht 1970 bis 1993

	Mitglieder				
Jahr[1]	gesamt absolut	männlich absolut	männlich %	weiblich absolut	weiblich %
1970	72.858	26.456	36,3	46.402	63,7
1971	75.661	27.929	36,9	47.732	63,1
1972	84.721	31.946	37,7	52.775	62,3
1973	92.759	34.980	37,7	57.779	62,3
1974	104.887	38.773	37,0	66.114	63,0
1975	115.005	42.131	36,6	72.874	63,4
1976	122.904	44,507	36,2	78.397	63,8
1977	132.606	47.313	35,7	85.293	64,3
1978	145.049	51.179	35,3	93.870	64,7
1979	154.250	52.154	33,8	102.096	66,2
1980	162.465				
1981	168.554				
1982	175.750				
1983	159.759				
1984	149.266	44.656	29,9	104.610	70,1
1985	152.038	44.387	29,2	107.651	70.8
1986	150.839	43.131	28,6	107.708	71,4
1987	154.350	43.384	28,1	110.966	71,9
1988	158.795	44.118	27,8	114.677	72,2
1989	170.309	45.833	26,9	124.476	73,1
1990	167.224	44.510	26,6	122.714	73,4
1991	169.704	44.730	26,4	124.974	73,6
1992	168.145	43.924	26,1	124.221	73,9
1993	166.201	43.220	26,0	122.985	74,0

Quelle: Gewerkschaft Handel, Banken und Versicherungen, Fachgruppenstatistik HBV HA II, Abt. Tarifpolitik; eigene Berechnungen
Anmerkung: Von 1970-1980 wurden eigene Berechnungen vorgenommen; die Jahrgänge 1980-1983 waren nicht zugänglich bzw. fehlen in den HBV-Unterlagen; die Jahrgänge 1984-1993 sind von der Abt. Tarifpolitik des Bundesvorstandes errechnet worden

1. Stichtag 31.12.

Tabelle XV: Gewerkschaft Handel, Banken und Versicherungen. Mitgliederentwicklung im Einzelhandel nach Geschlecht und Vollzeit/Teilzeit 1984 bis 1993

	Mitglieder / Vollzeit				
Jahr	gesamt absolut	männlich absolut	männlich %	weiblich absolut	weiblich %
1984	109.594	43.154	39,4	66.440	60,6
1985	108.983	42.854	39,3	66.129	60,7
1986	105.613	41.537	39,3	64.076	60,7
1987	105.209	41.564	39,5	63.645	60,5
1988	106.347	42.166	39,6	64.181	60,4
1989	111.510	43.732	39,2	67.778	60,8
1990	107.900	42.403	39,3	65.497	60,7
1991	108.104	42.555	39,4	65.549	60,6
1992	105.156	41.614	39,6	63.542	60,4
1993	101.583	40.837	40,2	60.746	59,8

	Mitglieder / Teilzeit				
Jahr	gesamt absolut	männlich absolut	männlich %	weiblich absolut	weiblich %
1984	39.672	1.502	3,8	38.170	96,2
1985	43.055	1.533	3,6	41.522	96,4
1986	45.226	1.594	3,6	43.632	96,4
1987	49.141	1.820	3,7	47.321	96,3
1988	52.448	1.952	3,7	50.496	96,3
1989	58.799	2.101	3,4	56.698	96,4
1990	59.324	2.107	3,6	57.217	96,4
1991	61.600	2.175	3,5	59.425	96,5
1992	62.989	2.310	3,7	60.679	96,3
1993	64.622	2.383	3,7	62.239	96,3

Quelle: Gewerkschaft Handel, Banken und Versicherungen, HA II, Abteilung Tarifpolitik; eigene Berechnungen

Tabelle XVI: Gewerkschaft Handel, Banken und Versicherungen. Teilzeitquote der Gewerkschaftsmitglieder im Einzelhandel nach Geschlecht 1984 bis 1993

Jahr	gesamt absolut	männlich absolut
1984	36,5	3,4
1985	38,6	3,5
1986	40,5	3,7
1987	44,3	4,2
1988	44,0	4,4
1989	45,5	4,6
1990	46,6	4,7
1991	47,5	4,9
1992	48,8	5,3
1993	50,6	5,5

Quelle: eigene Berechnungen

Tabelle XVII: Deutsche Angestellten-Gewerkschaft. Mitgliederentwicklung nach Geschlecht 1970 bis 1993

	Mitglieder				
Jahr[1]	gesamt absolut	männlich absolut	männlich %	weiblich absolut	weiblich %
1970	461.291	313.471	68,0	147.820	32,0
1971	469.932	316.743	67,4	153.189	32,6
1972	468.880	314.653	67,1	154.227	32,9
1973	463.370	307.475	66,4	155.895	33,6
1974	472.035	311.751	66,0	160.284	34,0
1975	470.446	306.909	65,2	163.537	34,8
1976	471.840	306811	65,0	165.029	35,0
1977	473.405	304.623	64,3	168.782	35,7
1978	478.735	304.931	63,7	173.804	36,3
1979	487.743	305.565	62,6	182.178	37,4
1980	494.874	306.270	61,9	188.604	38,1
1981	499.439	305.318	61,1	194.121	38,9
1982	501.037	302.841	60,4	198.196	39,6
1983	497.346	296.648	59,6	200.698	40,4
1984	497.724	296.496	59,6	201.228	40,4

Jahr[1]	Mitglieder gesamt absolut	männlich absolut	männlich %	weiblich absolut	weiblich %
1985	500.922	295.651	59,0	205.271	41,0
1986	496.299	290.433	58,5	205.866	41,5
1987	494.126	282.487	57,2	211.639	42,8
1988	496.832	277.794	55,9	219.038	44,1
1989	503.528	276.211	54,8	227.317	45,2
1990[2]	573.398	292.304	51,0	281.094	49,0
1991	584.775	290.605	49,7	294.170	50,3
1992	578.352	287.476	49,7	290.876	50,3
1993	468.560	222.429	47,5	246.131	52,5

Quelle: Deutsche Angestellten-Gewerkschaft, Abt. Innenrevision und Statistik, die wiederum als Quelle die Statistischen Jahrbücher für die Bundesrepublik angeben. Die Daten stimmen mit den DGB-Mitgliederstatistiken in Müller-Jentsch (1989) überein; eigene Berechnungen.

1. Stichtag 30.09.; seit 1979 31.12.
2. ab 1990 werden alte und neue Bundesländer einbezogen

Tabelle XVIII: Deutsche Angestellten-Gewerkschaft. Mitgliederentwicklung im Bereich Handel und Verkehr nach Geschlecht 1984 bis 1993

Jahr	Mitglieder gesamt absolut	männlich absolut	männlich %	weiblich absolut	weiblich %
1984	159.611	72.338	45,3	87.273	54,7
1985	159.979	71.136	44,5	88.843	55,5
1986	159.998	70.538	44,1	89.460	55,9
1987	156.723	66.351	42,3	90.372	57,7
1988	160.856	67.604	41,0	93.252	57,9
1989	170.328	69.819	39,9	100.509	59,0
1990	191.879	76.485	38,9	115.394	60,1
1991	203.656	79.272	38,9	124.384	61,1
1992	204.220	79.396	38,9	124.824	61,1
1993	156.918	56.121	35,8	100.797	64,2

Quelle: Deutsche Angestellten-Gewerkschaft, Abt. Innenrevision und Statistik, die wiederum als Quelle die Statistischen Jahrbücher für die Bundesrepublik angeben; eigene Berechnungen.

Literatur

Abelshauser, Werner (1983): Wirtschaftsgeschichte der Bundesrepublik Deutschland 1945-1980, Frankfurt a. M.

Adamy, Wilhelm (1988): Deregulierung des Arbeitsmarktes. Zwischenbilanz des Beschäftigungsförderungsgesetzes. In: WSI-Mitteilungen 4:475-482

Albers, Hans (1979): Umsatzexpansion der Gebäudereiniger hält an. In: rationell reinigen, 8:28

Arbeitsgruppe Alternative Wirtschaftspolitik (Hrsg.) (1983): 35 Stunden sind genug! Abbau der Massenarbeitslosigkeit und Verbesserung der Arbeits- und Lebensbedingungen durch Arbeitszeitverkürzung, Köln

Autorengemeinschaft (1973): Zur voraussichtlichen Entwicklung des Arbeitsmarktes in der Bundesrepublik Deutschland im Jahre 1973. MittAB 1:1-36

Bäcker, Gerhard (1981): Teilzeitarbeit und individuelle Arbeitszeitflexibilisierung. Festschreibung der Benachteiligung von Frauen in Beruf und Familie. In: WSI-Mitteilungen 4:194-204

Bäcker, Gerhard/Seifert, Hartmut (1982): Arbeitszeitverkürzung durch individuelle Flexibilität oder tarifvertragliche Regelungen. Anmerkungen zur Konzeption der individuellen Arbeitszeitflexibilisierung. In: WSI-Mitteilungen 2:123-134

Bäcker, Gerhard/Stolz-Willig, Brigitte (1990): Kindererziehung, Arbeitszeiten und soziale Sicherung, Gestaltung von Teilzeitarbeit und Freistellungsregelungen im Zusammenhang von Tarif-, Familien- und Sozialpolitik, WSI-Arbeitsmaterialien Nr. 26, Düsseldorf

Bäcker, Gerhard/Stolz-Willig, Brigitte (1993): Teilzeitarbeit – Probleme und Gestaltungschancen. In: WSI-Mitteilungen 9:545-553

Bäcker, Gerhard/Stolz-Willig, Brigitte (Hrsg.) (1994): Kind, Beruf, soziale Sicherung: Zukunftsaufgabe des Sozialstaats, Köln

Baethge, Martin/Gerstenberger, Friedrich/Oberbeck, Herbert (1980): Bildungsexpansion und Beschäftigungslage von Angestellten. Zwischenbericht SOFI, Göttingen

Baethge, Martin/Grimm, Andrea/Oberbeck, Herbert (1989): Strukturwandel, Qualifikationsentwicklung, Weiterbildungserfordernisse und -strategien im Groß- und Einzelhandel, Göttingen

Baethge, Martin/Oberbeck, Herbert (Hrsg.) (1992): Personalentwicklung im Handel. Zwischen Stagnation und neuen Perspektiven, Forschungsbericht SOFI, Frankfurt a. M./New York

Baillod, Jürg (1986): Arbeitszeit. Humanisierung der Arbeit durch Arbeitszeitgestaltung, Stuttgart

Bargmann, H./Müller, K./Schickler, O./Tippelt, R. (1981): Qualifikationsanforderungen im Einzelhandel, Weinheim und Basel

Bayer, Hermann (1979): Die Integration heterogener Mitgliedergruppen in Industriegewerkschaften 1960-1975. In: Soziale Welt, 4:354-384

Beck, Ulrich (1986): Risikogesellschaft. Auf dem Weg in eine andere Moderne, Frankfurt a. M.

Beck-Gernsheim, Elisabeth (1976): Der geschlechtsspezifische Arbeitsmarkt – Zur Ideologie und Realität von Frauenberufen, Frankfurt a. M.

Beck-Gernsheim, Elisabeth (1980): Das halbierte Leben, Frankfurt a. M.

Becker, Friedrich (1971): Die arbeitsrechtlichen Aspekte der Teilzeitbeschäftigung, Bern/Frankfurt a. M.

Becker, Friedrich/Danne, Harald/Lang, Walter/Lipke, Gert-Albert/Mikosch, Ernst/Steinwedel, Ulrich (1987): Gemeinschaftskommentar zum Teilzeitarbeitsrecht (GK-TzA), Neuwied

Becker, Gary S. (1959): The economics of discrimination, Chicago

Becker-Schmidt, Regina (1987): Die doppelte Vergesellschaftung – die doppelte Unterdrükkung: Besonderheiten der Frauenforschung in den Sozialwissenschaften, 10-25. In: Unterkirchner, Lieselotte/Wagner, Ina (Hrsg.): Die andere Hälfte der Gesellschaft, Wien

Bertelsmann, Klaus/Rust, Ursula (1985): Arbeits- und sozialrechtliche Nachteile bei Teilzeitarbeit. In: RdA 3:146-148

Bellgardt, Peter (1987): Flexible Arbeitszeitsysteme. Entwicklung und Einführung, Heidelberg

Benseler, Frank/Heinze, Rolf G./Klönne, Arno (Hrsg.) (1982): Zukunft der Arbeit, Hamburg

Berger, Johannes/Offe, Claus (1980): Die Entwicklungsdynamik des Dienstleistungssektors. In: Leviathan 1/80, S.41-75

Bierig, Günter (1980): Teilzeitarbeit. Siemens-Untersuchung. In: Der Arbeitgeber 32:1257-1260

Bielenski, Harald (1979): Barrieren gegen eine flexible Arbeitszeitgestaltung. In: MittAB 12:300-312

Bielenski, Harald/Hegner Friedhart (Hrsg.) (1985): Flexible Arbeitszeiten. Erfahrungen aus der Praxis, Frankfurt a. M./New York

Bielenski, Harald/Strümpel, Burkhard (1988): Eingeschränkte Erwerbstätigkeit bei Frauen und Männern, Berlin

Bilden, Helga/Poppe, Nicola/Marquardt, Regine (1993): Frau geht voraus. Endbericht zum Forschungsprojekt »Gewerkschaftliches Handeln und Politikverständnis von Funktionsträgerinnen in den Gewerkschaften«, München

Bollinger, Doris (1989): Teilzeitarbeit – weibliche Strategie oder unternehmerischer Oktroi? In: Mitteilungen aus der Zentralen wissenschaftlichen Einrichtung »Arbeit und Betrieb«, Kooperation Universität/Arbeiterkammer Bremen, 21:18-39

Bosch, Gerhard (1986): Hat das Normalarbeitszeitverhältnis eine Zukunft? In: WSI-Mitteilungen 39:163-176

Boß, Christian/Wittig-Goetz, Ulla (1992): Arbeit im Handel. Literaturstudie zum aktuellen Forschungsstand in den Bereichen Arbeitsgestaltung, Arbeitsschutz und Gesundheitsschutz im Handel, Institut für Sozialwissenschaftliche Forschung Marburg

Braszeit, Anne/Müller, Ursula/Richter-Witzgall, Gudrun/Stackelbeck, Martina (1989): Einstellungsverhalten von Arbeitgebern und Beschäftigungschancen von Frauen. Herausgegeben vom Bundesministerium für Arbeit und Sozialordnung, Forschungsbericht 184, Bonn

Brinkmann, Christian (1979): Der Wunsch nach Teilzeitarbeit bei berufstätigen und nicht-berufstätigen Frauen. In: MittAB 3:403-412

Brinkmann, Christian/Kühl, Jürgen/Schultz-Wild, Rainer/Sengenberger, Werner (1979): Arbeitsmarktsegmentation – Theorie und Therapie im Lichte der empirischen Befunde, BeitrAB 33, Nürnberg

Brinkmann, Christian et al. (1989): Teilzeitarbeit und Arbeitsvolumen. In: MittAB 3:472-482

Brinkmann, Christian/Kohler, Hans (1981): Am Rande der Erwerbsbeteiligung: Frauen mit geringfügiger, gelegentlicher oder befristeter Arbeit. In: Klauder, Wolfgang/Kühlewind, Gerhard: Probleme der Messung und Vorausschätzung des Frauenerwerbspotentials, BeitrAB 56:120-145, Nürnberg

Brockhoff, Rainer (1989). Abstimmung der Flexibilitätsinteressen zwischen Arbeitgeber und Arbeitnehmer. Dissertation, Freiburg

Brötz, Rainer (1983): Flexible Arbeitszeitregelungen am Beispiel eines multinationalen Mischkonzerns. In: WSI-Mitteilungen 36:480-490

Büchtemann, Christoph F./Schupp, Jürgen (1986): Zur Sozio-Ökonomie der Teilzeitbeschäftigung in der Bundesrepublik Deutschland – Analysen aus der ersten Welle des »Sozio-ökonomischen Panel«, WZB Discussion Paper IIM/LMP 86-15, Berlin

Büchtemann, Christoph F./Schupp, Jürgen (1987): Strukturen und Entwicklungsperspektiven der Teilzeitbeschäftigung, 75-104. In: Krupp, Hans-Jürgen/Hanefeld, Ute (Hrsg.): Lebenslagen im Wandel: Analysen 1987, Frankfurt a.M./New York

Büchtemann, Christoph F. (1987): Deregulierung des Arbeitsmarktes als beschäftigungs-politische Strategie. In: Die Mitbestimmung, 10:585-589

Büchtemann, Christoph F. (1989): Geringe Beschäftigungswirkung – erhöhte Beschäftigungsrisiken. In: Die Mitbestimmung 9/10:548-553

Büchtemann, Christoph F./Neumann, Helmut (Hrsg.) (1990): Mehr Arbeit durch weniger Recht? Chancen und Risiken der Arbeitsmarktflexibilisierung, Berlin

Bundesamt für Statistik (Hrsg.) (1987): Frauen in Familie, Beruf und Gesellschaft, Wiesbaden

Bundesminister für Arbeit und Sozialordnung (Hrsg.) (1974): Teilzeitarbeit. Ein Leitfaden für Arbeitnehmer und Arbeitgeber, Bonn

Bundesminister für Arbeit und Sozialordnung (Hrsg.) (1981): Lage, Dauer, Tatsachen, Erwartungen und Verteilung der Arbeitszeit, EMNID-Forschungsbericht, Bonn

Bundesminister für Arbeit und Sozialordnung (Hrsg.) (1985): Maßarbeit: Neue Chancen durch das Beschäftigungsförderungsgesetz, Bonn

Bundesminister für Arbeit und Sozialordnung (Hrsg.) (1989): Teilzeitarbeit. Bearbeitet von Hoff, Andreas/Weidinger, Michael/Schüren, Peter/Landenberger, Margarete, Berlin

Bundesminister für Arbeit und Sozialordnung (Hrsg.) (1992): Teilzeitarbeit. Bearbeitet von Hoff, Andreas/Weidinger, Michael/Schüren, Peter/Landenberger, Margarete, Jena

Bundesminister für Jugend, Familie und Gesundheit (Hrsg.) (1977): Teilzeitarbeit bei Beamtinnen – Eine Untersuchung zur Förderung der Teilzeitarbeit im öffentlichen Dienst – Bearbeitet von Epping, Rudolf/Meuter, Gisela, Stuttgart/Berlin/Köln/Mainz

Busch, Gabriele/Hess-Diebäcker, Doris/Stein-Hilbers, Marlene (1988): Den Männern die Hälfte der Familie, den Frauen mehr Chancen im Beruf, Weinheim

Buschmann, Rudolf/Ulber Jürgen (1989): Flexibilisierung: Arbeitszeit und Beschäftigung. Basiskommentar, Köln

Buttler, Günter/Oettle, Karl/Winterstein, Helmuth (Hrsg.) (1986): Flexible Arbeitszeit gegen starre Sozialsysteme, Baden-Baden

Casey, Bernard (1983): Staatliche Maßnahmen zur Förderung der Teilzeitarbeit: Erfahrungen in Belgien, Grossbritannien, den Niederlanden, Frankreich und der Bundesrepublik Deutschland. In: MittAB, 4:414-426

Chaberny, A./Parmentier, K./Schur, P. (1981): Berufsspezifische Strukturdaten, BeitrAB 57

Christopherson, Susan (1991): The Service Sector: A Labour Market for Women, OECD, Paris

Clement, W./Tessaring, M./Weißhuhn, G. (1983): Ausbildung und Einkommen in der Bundesrepublik Deutschland. BeitrAB 80

Conradi, Hartmut (1982): Teilzeitarbeit. Theorie, Realität, Realisierbarkeit, München

Conze, Werner (Hrsg.) (1976): Sozialgeschichte der Familie in der Neuzeit Europas, Stuttgart

Crinius, Wolfgang/Schaft, Wolfgang (1976): Teilzeitbeschäftigung im öffentlichen Dienst. Eine Untersuchung in den Behörden der Freien und Hansestadt Hamburg. In: MittAB 2/89:38

Däubler, Wolfgang (1986): Das Arbeitsrecht, Reinbek

Däubler, Wolfgang (1988): Deregulierung und Flexibilisierung im Arbeitsrecht. In: WSI-Mitteilungen 8:449-457

Degen, Barbara (1987): Teilzeitarbeit und Arbeitsrecht. Zur mittelbaren Diskriminierung von Frauen. In: WSI-Mitteilungen 10:627-635

Degen, Barbara (1993): Welche Rolle spielen arbeitsrechtliche Regelungen und die Rechtsprechung bei der Entwicklung von Teilzeitarbeit? Analyse, Tendenzen, Perspektiven, 75-84. In: Klein, Martina (Hrsg.), Nicht immer, aber immer öfter. Flexible Beschäftigung und ungeschützte Arbeitsverhältnisse, Marburg/Berlin

Dengel, Wolfgang/Lill, Birgit (1991): 40 Jahre Gewerkschaft Handel, Banken und Versicherungen in Bochum, Bochum

Deregulierungskommission Unabhängige Expertenkommission zum Abbau marktwidriger Regulierungen (1991): Marktöffnung und Wettbewerb?, Stuttgart

Deutschmann, Christoph (1982): Zeitflexibilität und Arbeitsmarkt. Zur Entstehungsgeschichte und Funktion des Normalarbeitstages, 32-45. In: Offe, Claus/Hinrichs, Karl/Wiesenthal, Helmut (Hrsg.): Arbeitszeitpolitik, Frankfurt a. M./New York

Deutschmann, Christoph (1985): Der Weg zum Normalarbeitstag. Die Entwicklung der Arbeitszeiten in der deutschen Industrie bis 1918, Frankfurt a. M.

Deutschmann, Christoph (1990): Der Normalarbeitstag. Historische Funktion und Grenzen des industriellen Zeitarrangements. In: König, Helmut/von Greiff, Bodo/Schauer, Helmut (Hrsg.): Sozialphilosophie der industriellen Arbeit, Leviathan Sonderheft 11:77-95

DGB (Deutscher Gewerkschaftsbund) (Hrsg.) (1956): Protokoll des 4. ordentlichen Bundeskongresses vom 1. bis 6. Oktober 1956 in Hamburg, Düsseldorf

DGB (Deutscher Gewerkschaftsbund) (Hrsg.) (1986): Aspekte eines zukünftigen Arbeitszeitsystems aus gewerkschaftlicher Sicht: Stellungnahme zur Flexibilisierung der Arbeitszeit, InformationsDienst, Düsseldorf: Bundespressestelle des DGB, ID 12/09. April 1986

Dittmar, Rupprecht (1978): Die Deutsche Angestellten-Gewerkschaft. Erschienen in der Reihe Ämter und Organisationen der Bundesrepublik Deutschland, Band 50. Herausgegeben von Ministerialrat i.R. Edgar Randel, Düsseldorf

Dittrich, Walter/Fuchs, Gerhard/Landenberger, Margarete/Rucht, Dieter (1989): Staatliche Teilzeitförderung in der privaten Wirtschaft und im Öffentlichen Dienst: Regelungen, Interessen, Wirkungen. In: MittAB 2:277-293

DIW (Deutsches Institut für Wirtschaftsforschung) (1992): Unterbrochene Erwerbsverläufe von Frauen mit Kindern, Wochenbericht 19, Berlin

Doeringer, Peter/Piore, Michael (1971): Internal Labour Market and Manpower Analysis, Lexington

Duda, Silke (1988): Frauen in Reinigungsberufen. Arbeitsbedingungen, Arbeitserfahrungen und Lebensgeschichte von Raumpflegerinnen. Dissertation, Hamburg

Dückert, Thea (1984): Arbeitsbeschaffungsmaßnahmen – ein beschäftigungspolitisches Instrument?, Frankfurt a. M./New York

Eckart, Christel (1982): Krise der Arbeitsgesellschaft – Welche Krise findet statt? 74-80. In: Frauenforschung in den Sozialwissenschaften in der Deutschen Gesellschaft für Soziologie, Beiträge zur Frauenforschung am 21. Deutschen Soziologentag, Bamberg

Eckart, Christel (1986): Halbtags durch das Wirtschaftswunder. Die Entwicklung der Teilzeitarbeit in den sechziger Jahren, 183-222. In: Kramer, Helga/Eckart, Christel et al.: Grenzen der Frauenlohnarbeit, Frankfurt a. M.

Eckart, Christel (1988a): Wie Teilzeitarbeit zur Frauenarbeit gemacht wurde, 46-60. In: Gerhard, Ute/Limbach, Jutta (Hrsg.): Rechtsalltag von Frauen, Frankfurt a. M

Eckart, Christel (1988b): Ein Miteinander des Verschiedenen. Teilzeitarbeit – schwierige Strategie für einen dritten Weg, 69-75 In: Die Grünen im Bundestag/ Arbeitskreis Frauenpolitik (Hrsg.), Wo liegt der Frauen Glück?, Köln

Eckart, Christel (1990): Der Preis der Zeit. Eine Untersuchung der Interessen von Frauen an Teilzeitarbeit, Frankfurt a. M.

Ehrke, M. (1981): Qualifikation und Berufsausbildung im Warenhandel, Düsseldorf

Engelbrech, Gerhard (1987a): Erwerbsverhalten und Berufsverlauf von Frauen. In: MittAB, 2:181-196

Engelbrech, Gerhard (1987b): Zukunftsperspektiven für Mädchen und Frauen im Erwerbsleben. In: Soziale Welt 1:57-73

Engelbrech, Gerhard/Warnhagen, Ingeborg (1987): Frauen in Teilzeitarbeit. In: Materialien aus der Arbeitsmarkt- und Berufsforschung 5

Engfer, Uwe/Hinrichs, Karl/Offe, Claus/Wiesenthal, Helmut (1983a): Arbeitszeitsituation und Arbeitszeitverkürzung in der Sicht der Beschäftigten, Ergebnisse einer Arbeitnehmerbefragung. In: MittAB 16 91-105

Engfer, Uwe/Hinrichs, Karl/Offe, Claus/Wiesenthal, Helmut (1983b): Arbeitszeitflexibilisierung – Alternative zu allgemeinen Arbeitszeitverkürzungen? In: Aus Politik und Zeitgeschichte, 33/34:3-13

Faber, Christel (1992): Struktur und Wandel des Arbeitsmarktes, 105-113. In: Geiling-Maul, Barbara/Macha, Hildegard/Schrutka-Rechtenstamm, Heidi/Vechtel, Anne (Hrsg.): Frauenalltag. Weibliche Lebenskultur in beiden Teilen Deutschlands, Köln

Faber, Christel/Wehrsig, Christof/Borchers, Uwe (1992): Frauenerwerbsarbeit und Neue Technologien im Einzelhandel, Sozialverträgliche Technikgestaltung. Materialien und Berichte Band 30. Herausgegeben vom Ministerium für Arbeit, Gesundheit und Soziales des Landes Nordrhein-Westfalen, Opladen

Ferlemann, Erwin (1982): Entwicklung und Perspektiven der tariflichen Arbeitszeit. In: WSI-Mitteilungen 9:537-542

Friedmann, Petra/Pfau, Birgit (1985): Frauenarbeit in der Krise. In: Leviathan 2:155-187

Funder, Maria (1992): Die (Dis-)Kontinuität weiblicher Lebensläufe – das Vereinbarkeitsdilemma zwischen betrieblicher und außerbetrieblicher Lebenswelt, 56-79. In: Raehlmann, Irene/ Meiner, Birgit/Glanz, Alexander/Funder, Maria (Hrsg.), Alles unter einen Hut? Arbeits- und Lebenszeit von Frauen in der »Dienstleistungsgesellschaft«, Hamburg

Gaugler, Eduard (1983): Betriebswirtschaftliche Aspekte der Arbeitszeitflexibilisierung. In: Personal – Mensch und Arbeit 35: 334-337

Gaugler, Eduard/Gille, Gerd/Herwig, Paul (1981): Teilzeitarbeit. Studie im Auftrag des Ministers für Soziales, Gesundheit und Umwelt Rheinland-Pfalz, Ludwigshafen

Gehrmann, Friedhelm/Becker, Thomas A. (Hrsg.) (1987): Arbeitszeit-Flexibilisierung. Tarifpolitische Erfahrungen und neue Modelle in Westdeutschland, Österreich und der Schweiz, Frankfurt a. M./New York

Geiling-Maul, Barbara/Macha, Hildegard/Schrutka-Rechtenstamm, Heidi/Vechtel, Anne (Hrsg.) (1992): Frauenalltag. Weibliche Lebenskultur in beiden Teilen Deutschlands, Köln

Geißler, Birgit (1989): Rahmenbedingungen der Erwerbsbeteiligung der Frauen seit der Nachkriegszeit – Wandel der weiblichen Arbeitsorientierungen und Lebensplanung, 1-25. In: Autorinnengemeinschaft, Arbeitsmarkt und Frauenerwerbsarbeit, SAMF, Paderborn

Gensior, Sabine/Lappe, Lothar (1982): Zukunft der Frauenerwerbsarbeit, 91-115. In: Frauenforschung in den Sozialwissenschaften in der Deutschen Gesellschaft für Soziologie, Beiträge zur Frauenforschung am 21. Deutschen Soziologentag, Bamberg

Gerhard, Ute/Limbach, Jutta (Hrsg.) (1988): Rechtsalltag von Frauen, Frankfurt a.M.

Gerlach, Werner (1985): Flexible Arbeitszeit. In: Die Ortskrankenkasse 7/8:300-302

Gerlach, Gerhard (1987): Arbeitszeitverkürzung ohne Lohnausgleich, 85-102. In: HBV, (Gewerkschaft Handel, Banken und Versicherungen) (Autorengruppe), Dienst am Kunden? Der Handel zwischen Flexibilisierung und Ladenschluß, Hamburg

Glaubitz, Jürgen (1985): Weibliche Angestellte im Einzelhandel. In: WSI-Mitteilungen 8:456-461

Glaubitz, Jürgen/Wiedemuth, Jörg/Zöller, Horst (1992): Zukunftsprogamm Einzelhandel der HBV. In: WSI-Mitteilungen 10: 652-660

Godel, Rainer (1978): Rationalisierung im Einzelhandel. Die Veränderung der Arbeitssituation im Warenverkauf durch die technisch-organisatorische Umstellungsmaßnahme Selbstbedienung, Frankfurt a.M./New York

Göbel, Johannes (1986): Flexibilisierung aus Arbeitgebersicht, 48-67. In: Oppolzer, Alfred/Wegener, Hartmut/Zachert, Ulrich (Hrsg.), Flexibilisierung und Deregulierung – Arbeitspolitik in der Wende, Hamburg

Göbel, Johannes/Neifer-Dichmann, Elisabeth (1989): Gestaltungsformen flexibler Teilzeitarbeit: Ein Leitfaden für die Praxis, Kiel

Gordon, David M. (1972): Theories of Poverty and Underemployment; Orthodox, Radical, and Dual Labor market Perspectives, Lexington, Mass.

Gottschall, Karin (1989a): Frauenerwerbsarbeit und Tertiarisierung. Zur Erosion und Rekonstruktion geschlechtsspezifischer Arbeitsteilung in der Dienstleistungsgesellschaft, 26-54. In: Autorinnengemeinschaft, Arbeitsmarkt und Frauenerwerbsarbeit, SAMF, Paderborn

Gottschall, Karin (1989b): Frauen auf dem bundesrepublikanischen Arbeitsmarkt: Integrationsprozesse mit Widersprüchen und Grenzen, 22-41. In: Müller, Ursula/Schmidt-Waldherr, Hiltraud (Hrsg.), FrauenSozialkunde. Wandel und Differenzierung von Lebensformen und Bewußtsein, Bielefeld

Gottschall, Karin/Jacobsen, Heike/Schütte, Ilse (1989): Weibliche Angestellte im Zentrum betrieblicher Innovation. Herausgegeben vom Bundesministerium für Jugend, Familie, Frauen und Gesundheit, Stuttgart

Gottschall, Karin (1990): Vom »weiblichen Arbeitsvermögen» zur »doppelten Vergesellschaftung« – Zur Rezeption und Kritik eines für die Frauenforschung zentralen Paradigmas, 40-53. In: Autorinnengemeinschaft, Erklärungsansätze zur geschlechtsspezifischen Strukturierung des Arbeitsmarktes, SAMF, Paderborn

Graf, Ronald (1987): Teilzeitarbeit und Tarifvertrag. In: Die Mitbestimmung, 10:605-606

Grindt, Rainer/Hesse, Karl-Ludwig (Hrsg.) (1990): Frauen in »prekären« Arbeitsverhältnissen, Paderborn/Düsseldorf

Grüning, Marlies (1985): Erwerbslosigkeit von Frauen. Eine Strukturanalyse der arbeitslos gemeldeten Frauen und Männer nach Krisenphasen von 1973 bis 1983, Köln: Rationalisierungs-Kuratorium der Deutschen Wirtschaft

Habicht-Erenler, Susanne (Hrsg.) (1989): Frauenzeit am Arbeitsmarkt. Perspektiven einer Arbeitszeitpolitik für Frauen, Loccumer Protokolle 51

Hähnel, Heidi (1987): Frauen in der Gebäudereinigung Harte Arbeit – Wenig Lohn. Kooperationsstelle Universität/Arbeiterkammer Bremen

Halberstadt, Gerhard (1991): Die Angestellten und ihre Gewerkschaften, Freiburg im Breisgau

Hanau, Peter (1987): Befristung und Abrufarbeit nach dem Beschäftigungsförderungsgesetz 1985. In: RdA 1:25-28

Hausen, Karin (1976): Die Polarisierung der »Geschlechtscharaktere« – Eine Spiegelung der Dissoziation von Erwerbs- und Familienleben, 363-393. In: Conze, Werner (Hrsg.), Sozialgeschichte der Familie in der Neuzeit Europas, Stuttgart

Hausen, Karin/Krell, Gertraude (Hrsg.) (1993): Frauenerwerbsarbeit. Forschungen zu Geschichte und Gegenwart, München und Mering

Hegner, Friedhart/Landenberger, Margarete (1988): Arbeitszeit, Arbeitsmarkt und soziale Sicherung, Opladen

Heinze, Rolf G./Hinrichs, Karl/Hohn, H.-Willy/Offe, Claus/Olk, Thomas (1979): Arbeitszeitflexibilisierung als beschäftigungspolitisches Instrument – Wirkungen und Grenzen Neuer Arbeitszeitpolitik. In: MittAB 12:276-288

Heinze, Rolf G./Hohn, H.-Willy/Olk, Thomas (1980): »Neue« Arbeitszeitpolitik im »alten« System der Interessenvertretung. In: Grottian, Peter (Hrsg.), Folgen reduzierten Wachstums für Politikfelder, PVS Sonderheft 11:38-52, Opladen

Heinze, Rolf G. et al. (1981): Einheitsprobleme der Einheitsgewerkschaft. In: Soziale Welt 1:19-38

Heinze, Rolf G./Olk, Thomas (1983): Ist der Arbeitsmarkt zu unflexibel? Zur Entformalisierung von Arbeitsbeziehungen, 226-248. In: Voigt, Rüdiger (Hrsg.), Abschied vom Recht, Frankfurt a.M.

Heinze, Rolf G. (1984): Der Arbeitsschock, Köln

Heinze, Rolf G. (1987): Zur Requalifizierung von Zeit. In: Hesse, Joachim Jens/Zöpel, Christoph (Hrsg.), Neuorganisation von Zeit. Forum Zukunft Bd. 2:150-151, Baden-Baden

Heinze, Rolf G./Hilbert, Josef (1989): Auch eine Herausforderung für die soziale Sicherung. In: Die Mitbestimmung 9/10:541-544

Held-Gemeinhard, Leonore/Kroker, Sabine (1985): Teilzeitarbeit an technikintensiven Arbeitsplätzen – insbesondere in der Produktion, 71-177 In: Bielenski, Harald/Hegener Friedhart, Flexible Arbeitszeiten. Erfahrungen aus der Praxis, Frankfurt

Helwig, Gisela/Nickel Hildegard Maria (1993): Frauen in Deutschland 1945-1992, Bonn

Hesmert, Erwin (Hrsg.) (1980): Moderne Gebäudereinigung, Köln

Hewlett, S.A. (1986): A lesser life, New York

Hijmans, Richard/De Jong, J.R. (1992): Untersuchung zur Teilzeitarbeit. In: Arbeit und Leistung, 12:313-316

Hinrichs, Karl/Offe, Claus/Wiesenthal, Helmut (1982): Der Streit um die Zeit – Die Arbeitszeit im gesellschaftspolitischen und industriellen Konflikt, 8-31. In: Offe, Claus/ Hinrichs, Karl/Wiesenthal, Helmut (Hrsg.), Arbeitszeitpolitik, Frankfurt a.M./New York

Hinrichs, Karl/Wiesenthal, Helmut (1984): Thesen zur Problematik nichtstandardisierter Arbeitszeiten. In: Sozialer Fortschritt 33:285-287

Hinrichs, Karl (1988): Motive und Interessen im Arbeitszeitkonflikt. Eine Analyse der Entwicklung des Normalarbeitszeitstandards, Frankfurt a.M.

Hirschmann, Albert O. (1970): Exit, Voice, and Loyality, Cambridge, Mass., Harvard University Press

Hirschmann, Albert O. (1984): Engagement und Enttäuschung, Frankfurt a.M.

Hörning, Karl H./Gerhardt, Anette/Michailow Matthias (1990): Zeitpioniere, Frankfurt a.M.

Hof, Bernd/Vajna, Thomas (1983): Arbeitszeitpolitik in der Bundesrepublik Deutschland, Köln

Hofbauer, Hans (1981): Zur Struktur der Teilzeitarbeit bei Frauen, 107-119. In: Klauder, Wolfgang/Kühlewind, Gerhard (Hrsg.), Probleme der Messung und Vorausschätzung des Frauenerwerbspotentials, Nürnberg

Hoff, Andreas (1981): Gewerkschaften und flexible Arbeitszeitregelungen, WZB Dicussion Paper IIM/LMP 81-1, Berlin

Hoff, Andreas (1982): Notwendigkeit und Möglichkeit der tarifvertraglichen Regelung flexibler Arbeitszeiten. In: WSI-Mitteilungen 3:183-190

Hoff, Andreas (1983a): Betriebliche Arbeitszeitpolitik zwischen Arbeitszeitverkürzung und Arbeitszeitflexibilisierung, München

Hoff, Andreas (1983b): Arbeitsmarktentlastung durch Ermöglichung freiwilliger Teilzeitarbeit, 221-242. In: Kutsch, Thomas/ Vilmar, Fritz (Hrsg.), Arbeitszeitverkürzung – Ein Weg zur Vollbeschäftigung? Opladen

Hoff, Andreas/Weidinger, Michael (1985): Teilzeitarbeit. Einführung, Organisation und vertragliche Gestaltung von Teilzeitarbeit. Forschungsbericht Nr. 127 des Bundesministers für Arbeit und Sozialordnung, Bonn

Hoffmann, Jürgen/Hoffmann, Reiner/Mückenberger, Ulrich/Lange, Dietrich (Hrsg.) (1990): Jenseits der Beschlußlage. Gewerkschaften als Zukunftswerkstatt, Köln

Holland, Jürgen (1990): Teilzeitarbeit, München

Hradil, Stefan (Hrsg.) (1985): Sozialstruktur im Umbruch, Opladen

IGM/HBS/WSI (Industriegewerkschaft Metall für die Bundesrepublik Deutschland/Hans-Böckler-Stiftung/Wirtschafts- und Sozialwissenschaftliches Institut des DGB) (1988): Menschliche Arbeitszeiten – geschützte Arbeitsverhältnisse. Sicherung und Ausbau des Normalarbeitsverhältnisses, Arbeitsmaterialien und Dokumentation, Frankfurt a.M.

Jindra-Süß, Doris/Kleemann, Ulla/Merz, Wiltrud (1987): Geringfügige Beschäftigung. Eine Studie zur Arbeits- und Lebenssituation von Frauen im Gebäudereinigerhandwerk. Herausgegeben von der Bevollmächtigten der Hessischen Landesregierung für Frauenangelegenheiten Wiesbaden

Jürgens, Ulrich/Naschold, Frieder (Hrsg.) (1983): Arbeitspolitik, Leviathan-Sonderheft 5, Opladen

Jurczyk, Karin/Kudera, Werner/Voß, Günter/Dunkel, Wolfgang/Behringer, Luise/Rerrich, Maria S. (1991): Flexibilisierte Arbeitsverhältnisse und die Organisation der individuellen Lebensführung (Veränderungen in der Arbeitsteilung von Personen, Teilprojekt A1), SFB 333 Entwicklungsperspektiven der Arbeit, München

Kador, Fritz-Jürgen (1987): Die Organisation wirft noch Probleme auf. In: Der Arbeitgeber, 21/39:814-815

Keller, Berndt (1989): Ein Irrweg der Deregulierung: Das Beschäftigungsförderungsgesetz. In: WSI-Mitteilungen 5:274-283

Kellner, Wolfgang (1983): Leistung und Rationalisierung – eine Forderung an Dienstleistung und Industrie. In: rationell reinigen, Heft 12:3

Kern, Horst/Schumann, Michael (1984): Das Ende der Arbeitsteilung?, München

Kilchenmann, Ulla (1992): Flexibel oder flexibilisiert? Chancen und Fallen der Teilzeitarbeit von Frauen, Zürich

Kittner, Michael (Hrsg.) (1985): Beschäftigungsförderungsgesetz. Erläuterte Textausgabe, Köln

Kittner, Michael (Hrsg.) (1987): Gewerkschaftsjahrbuch 1987, Stichwort: »Arbeitsrecht«, 426-427/438, Köln

Kittner, Michael (Hrsg.) (1988): Gewerkschaftsjahrbuch 1988, Stichwort: »Arbeitsrecht«, 408-409, Köln

Kittner, Michael (Hrsg.) (1990): Gewerkschaftsjahrbuch 1990, Stichwort: »Arbeitsrecht«, 441-443, Köln

Klauder, Wolfgang/Kühlewind, Gerhard (Hrsg.) (1981): Probleme der Messung und Vorausschätzung des Frauenerwerbspotentials, Nürnberg

Kleber, Michaela (1992): Arbeitsmarktsegmentation nach dem Geschlecht, 85-106. In: Krell, Gertraude/Osterloh, Margit (Hrsg.): Personalpolitik aus der Sicht von Frauen – Frauen aus der Sicht der Personalpolitik, München und Mering

Klein, Martina (Hrsg.) (1993): Nicht immer, aber immer öfter. Flexible Beschäftigung und ungeschützte Arbeitsverhältnisse, Marburg/Berlin

Klein, Martina (1993): Zur Ambivalenz von Teilzeitarbeit, »Teilzeitfallen« und der Notwendigkeit emanzipatorischer Gewerkschaftspolitik, 8-25. In: Klein Martina (Hrsg.), Nicht immer, aber immer öfter. Flexible Beschäftigung und ungeschützte Arbeitsverhältnisse, Marburg/Berlin

Klein, Thomas (1983): Die Durchsetzungschancen flexibler Arbeitszeit. Durchführbarkeit einer Maßnahme zur Verringerung der Doppelbelastung in Beruf und Haushalt, in: Zeitschrift für Bevölkerungswissenschaft 9:104-128

Kleßmann, Christoph (1988): Zwei Staaten, eine Nation. Deutsche Geschichte 1955-1970, Bonn

Kloß, Hans-Gustav (1981): Schichtung der Arbeiterverdienste 1978. Erste Ergebnisse der Gehalts- und Lohnstrukturerhebung. In: Wirtschaft und Statistik 8:576-587

Knapp, Gudrun-Axeli (1983): Männerarbeit ist nicht Frauensache. Der geschlechtsspezifische Arbeitsmarkt. In: Kommune 9:26-34

Knapp, Gudrun-Axeli (1990): Zur widersprüchlichen Vergesellschaftung von Frauen, 17-52. In: Hoff, Ernst-H., Die doppelte Sozialisation Erwachsener, Weinheim/ München

Knapp, Ulla (1984): Frauenarbeit in Deutschland, München (2 Bände)

Köhler, Christoph/Grüner, Hans (1988): Stamm- und Randbelegschaften – ein überlebtes Konzept?, SAMF, Paderborn

Kohl, Heribert/Seifert, Hartmut (1980): Überlegungen zu einer zukunftsbezogenen Arbeitszeitpolitik – Gesellschafts-, arbeitsmarkt- und betriebspolitische Grundfragen. In: WSI-Mitteilungen 1:4-18

Kohler, Hans/Reyher, Lutz (1985): Jahresarbeitszeit und Arbeitszeitvolumen. In: MittAB 1:14-19

Koller, Martin/Reyher, Lutz/Teriet, Bernhard (1981): Teilzeitarbeit in der Bundesrepublik Deutschland – Eine Bestandsaufnahme, Nürnberg

Kreckel, Reinhard (1993): Doppelte Vergesellschaftung und geschlechtsspezifische Arbeitsmarktstrukturierung, 51-63. In: Frerichs, Petra/Steinrücke, Margarete (Hrsg.), Soziale Ungleichheit und Geschlechterverhältnisse, Opladen

Krell, Gertraude/Osterloh Margit (Hrsg.) (1992): Personalpolitik aus der Sicht von Frauen – Frauen aus der Sicht der Personalpolitik, München und Mering

Kronenwett-Löhrlein, Eva (1992): Veränderungsprozesse auf dem westdeutschen Arbeitsmarkt. In: Arbeit 4:408-421

Krupp, Hans-Jürgen/Hanefeld, Uta (Hrsg.) (1987): Lebenslagen im Wandel: Analysen 1987, Frankfurt a.M./New York

Küpper, Bettina/Stolz-Willig, Brigitte (1988): Das bißchen Putzen. Arbeitsbedingungen und Gesundheitsrisiken im Reinigungsgewerbe, WSI-Arbeitspapier Nr. 27, Projektgruppe Humanisierung der Arbeit, Düsseldorf

Kuhn, Annette/Appenzeller, Detlef (Hrsg.) (1985): Mehrheit ohne Macht. Frauen in der Bundesrepublik Deutschland, Düsseldorf

Kurz-Scherf, Ingrid (1985): Zum Stellenwert der Teilzeitarbeit in einer emanzipatorischen Arbeitszeitpolitik. In: WSI-Mitteilungen 11:659-668

Kurz-Scherf, Ingrid (1986): Von der Emanzipation des Brunnenmädchens in Heilbädern. Frauendiskriminierung, Frauenförderung durch Tarifvertrag und Tarifpolitik. In: WSI-Mitteilungen 8:537-549

Kurz-Scherf, Ingrid/Breil, Gisela (Hrsg.) (1987): Wem gehört die Zeit?, Hamburg

Kurz-Scherf, Ingrid (1987a): Arbeitszeit im Umbruch. Inventur des tariflichen Regelungsbestandes, WSI-Mitteilungen 12:694-713

Kurz-Scherf, Ingrid (1987b): Zeitzwänge, Zeitsouveränität: Teilzeitarbeit, 171-181. In: Kurz-Scherf, Ingrid/Breil, Gisela (Hrsg.), Wem gehört die Zeit?, Hamburg

Kurz-Scherf, Ingrid (1988a): Zeit(t)räume per Tarifvertrag, 544-564. In: Zoll, Rainer (Hrsg.), Zerstörung und Wiederaneignung von Zeit, Frankfurt a.M.

Kurz-Scherf, Ingrid (1988b): Teilzeitarbeit – Schutz oder Abwehr? Aus: Der Betriebsrat (IG Chemie), Kapitel I 6. In: IGM/HBS/WSI (Hrsg.), Menschliche Arbeitszeiten – geschützte Arbeitsverhältnisse. Sicherung und Ausbau des Normalarbeitsverhältnisses, Frankfurt a.M.

Kurz-Scherf, Ingrid (1988c): Verteidigung und Kritik des Normalarbeitsverhältnisses, 126-135. In: IGM/HBS/WSI (Hrsg.), Menschliche Arbeitszeiten – geschützte Arbeitsverhältnisse. Sicherung und Ausbau des Normalarbeitsverhältnisses, Frankfurt a.M.

Kurz-Scherf, Ingrid (1989): Teilzeitarbeit: Individuelle Notlösung und/oder Vorbotin einer neuen Zeitordnung? 42-57 In: Müller, Ursula/Schmidt-Waldherr, Hiltraud (Hrsg.): FrauenSozialkunde, Bielefeld

Kutzner, Edelgard/Pantel, Paul (1990): Teilzeitarbeit als ungeschütztes Arbeitsverhältnis. In: Frauenforschung in der arbeitnehmerInnenorientierten Forschung – Anstöße zu einer längst fälligen Debatte, Forschungsinstitut zur Arbeiterbildung e.V., 9:46-61

Kutzner, Edelgard/Pantel, Paul (1992): Kein Tag wie der andere. Arbeitszeitstrukuren bei der Deutschen Bundespost. Abschlußbericht des Forschungsprojektes Teilzeitarbeit bei der Deutschen Bundespost, im Auftrag der Hans-Böckler-Stiftung, Bielefeld

Landenberger, Margarete (1983): Arbeitszeitwünsche. Vergleichende Analyse vorliegender Befragungsergebnisse. Discussion Paper IIM/LMP 83-17, WZB Berlin

Landenberger, Margarete (1984): Flexible Arbeitszeitformen und soziale Sicherung der Beschäftigten, WZB Discussion Paper IIM/LMP 84-17, Berlin

Landenberger, Margarete (1985): Aktuelle sozialversicherungsrechtliche Fragen zur flexiblen Arbeitszeit und Teilzeitbeschäftigung. In: Zeitschrift für Sozialreform 31:321-335 (Teil I) und 393-415 (Teil II)

Landenberger, Margarete (1986): Leiharbeit und flexible Arbeitsformen: Entwicklungstendenzen auf dem Arbeitsmarkt, 23-60. In: Tutzinger Materialien

Landenberger, Margarete (1987): Flexible Arbeitszeitformen im Spannungsfeld von ökonomischer Liberalisierung und sozialem Schutzbedarf. In: Aus Politik und Zeitgeschichte. Beilage zur Wochenzeitschrift Das Parlament B21:15-29

Landenberger, Margarete (1991): Defizite und Lösungsstrategien bei der sozialversicherungsrechtlichen Absicherung flexibler Beschäftigung, 271-293. In: Semlinger, Klaus (Hrgs.), Flexibilisierung des Arbeitsmarktes. Interessen, Wirkungen, Perspektiven, Frankfurt a. M./New York

Landenberger, Margarete/Lohr, Karin (1991): Teilzeitbeschäftigung. Strukturdaten sowie Möglichkeiten öffentlicher und privatwirtschaftlischer Teilzeitförderung, Teilprojekt B6, SFB 333, Entwicklungsperspektiven von Arbeit, München

Landenberger, Margarete (1993): Erziehungsurlaub – ein Instrument zur Ausgliederung von Frauen aus dem Arbeitsmarkt? In: Die Mitbestimmung 6:28-30

Lang, Klaus/Vogelheim, Elisabeth (1992): (Nur) Samstags gehört Papi uns? In: WSI-Mitteilungen 4:216-225

Langkau-Herrmann, Monika/Scholten, Udo (1986): Strategien zur Flexibilisierung der Arbeitszeit und zur Arbeitszeitverkürzung. Möglichkeiten und Bedingungen der Übertragbarbeit ausländischer Modelle auf die Bundesrepublik Deutschland, Bonn

Lappe, Lothar (1981): Die Arbeitssituation erwerbstätiger Frauen. Geschlechtsspezifische Arbeitsmarktsegmentation und ihre Folgen, Frankfurt a. M./New York

Lappe, Lothar (1986): Frauenarbeit und Frauenarbeitslosigkeit. SAMF, Paderborn

Lemm, Rainer/Skolnik, Martin (1986): Arbeitszeitverkürzung und ihre betriebliche Umsetzung im Einzelhandel. In: WSI-Mitteilungen 5:337-347

Linne, Gudrun/Voswinkel, Stephan (1989): Vielleicht ist ja noch alles offen, Hamburg

Lipke, Gert-Albert (1991): Individualrechtliche Grundprobleme der Teilzeitarbeit. In: Arbeit und Recht, 3:76-84

Löwisch, Manfred (1984): Arbeits- und sozialrechtliche Hemmnisse einer weiteren Flexibilisierung der Arbeitszeit. In: RdA 4:197-214

Lutz, Burghard/Sengenberger, Werner (1974): Arbeitsmarktstrukturen und öffentliche Arbeitsmarktpolitik, Göttingen

Lutz, Walter (1979): Lehrbuch für die Reinigungs- und Hygienetechnik, Dettingen

MAGS (Ministerium für Arbeit, Gesundheit und Soziales des Landes NRW) (Hrsg.) (1984): Modelle zur Arbeitszeitverkürzung und Arbeitsverteilung, Minden

MAGS (Ministerium für Arbeit, Gesundheit und Soziales des Landes NRW) (Hrsg.) (1987) Arbeitszeit '87, Troisdorf

MAGS (Ministerium für Arbeit, Gesundheit und Soziales des Landes NRW) (Hrsg.) (1989): Arbeitszeit '89, Herford

MAGS (Ministerium für Arbeit, Gesundheit und Soziales des Landes NRW) (Hrsg.) (1991): Arbeitszeiten und Betriebszeiten 1990, Duisburg

MAGS (Ministerium für Arbeit, Gesundheit und Soziales des Landes NRW) (Hrsg.) (1994): Arbeitszeit '93, Minden

Maier, Friederike (1989): Arbeits- und sozialrechtliche Stellung von Teilzeitarbeit im internationalen Vergleich, 1-20. In: Peters, Wilhelm (Hrsg.), Frauenerwerbstätigkeit – Berichte aus der laufenden Forschung –, SAMF, Paderborn

Maier, Friederike (1993): Zwischen Arbeitsmarkt und Familie – Frauenarbeit in den alten Bundesländern, 257-279. In: Helwig, Gisela/Nickel, Hildegard Maria (Hrsg.), Frauen in Deutschland 1945-1992, Bonn

Maier, Hans E./Schmid, Thomas (Hrsg.) (1986): Der goldene Topf. Vorschläge zur Auflockerung des Arbeitsmarktes, Berlin

Maindoch, Herlinde (1989): Anerkennung und Entwertung. Veränderungen in der Beurteilung weiblicher Fähigkeiten und Leistungen? 74-81. In: Müller, Ursula/Schmidt-Waldherr, Hiltraut (Hrsg.): FrauenSozialkunde. Wandel und Differenzierung von Lebensformen und Bewußtsein, Bielefeld

Manthey, Helga/Rudolph, Hedwig (1987): Ungeschützt ins Reich der Freiheit? 13-24. In: Rudolph, Hedwig/Manthey, Helga/Mayer, Christine/Ostendorf, Helga/Rabe-Kleberg, Ursula/Stahr, Ingeborg (Hrsg.), Ungeschützte Arbeitsverhältnisse. Frauen zwischen Risiko und neuer Lebensqualität, Hamburg

Markmann, Heinz (1991): Minderheitenvotum zu Kapitel 8: Arbeitsmarkt, der Deregulierungskommission, vom 24.02.1991. In: Deregulierungskommission Unabhängige Expertenkommission zum Abbau marktwidriger Regulierungen, Marktöffnung und Wettbewerb, Stuttgart

Marr, Rainer (Hrsg.) (1987): Arbeitszeitmanagement, Berlin

Matthes, Joachim (Hrsg.) (1983): Krise der Arbeitsgesellschaft, 21. Deutscher Soziologentag Bamberg 1982, Frankfurt a.M./New York

Mayer, Udo (1986): Kräfte und Spannungen im Arbeitsrecht. Tendenzen der Arbeitsrechtsentwicklung 1970-1985, Neuwied und Darmstadt

Mehrtens, Martin (1986): Die Auflösung traditioneller Arbeitszeitmuster. Strukturentwicklung und Gestaltungsformen der Zeitorganisation im Handel. Forschungsgruppe Arbeitszeit und Lebenszeit (Universität Bremen), Forschungsberichte und Arbeitspapiere Nr. 6

Mertens, Dieter (1979): Neue Arbeitszeitpolitik und Arbeitsmarkt. In: MittAB 12:263-269

Metz-Göckel, Sigrid/Müller, Ursula (1986): Der Mann, Weinheim/Basel

Metz-Göckel, Sigrid/Müller, Ursula (1987): Partner oder Gegner. Überlebensweisen der Ideologien vom männlichen Familienernährer. In: Soziale Welt 1:4-28

Ministerium für Soziales und Familie des Landes Rheinland-Pfalz (Hrsg.) (1987): Förderung der Einstellung von Berufsanfängern in der Wirtschaft (Anschlußbeschäftigung), Verwaltungsvorschrift Nr. 625-71303 vom 5.8.1987, Mainz

Möller, Carola (1988): Flexibel in die Armut. Empirische Untersuchung und theoretische Verortung ungeschützter Arbeitsverhältnisse, Hamburg

Mönig-Raane, Margret (1988): Frauenförderung in einer Frauenbranche? Die Diskussion in der HBV. 145-150 In: Weg/Marianne/Stein, Otti (Hrsg.), Macht macht Frauen stark. Frauenpolitik für die 90er Jahre, Hamburg

Mückenberger, Ulrich (1985): Die Krise des Normalarbeitsverhältnisses. In: Zeitschrift für Sozialreform 31:415-434 (Teil I) und 31:457-475 (Teil II)

Mückenberger, Ulrich (1990): Zur Rolle des Normalarbeitsverhältnisses bei der sozialstaatlichen Umverteilung von Risiken, 169-192. In: Büchtemann, Christoph F./Neumann, Helmut (Hrsg.), Mehr Arbeit durch weniger Recht? Chancen und Risiken der Arbeitsmarktflexibilisierung, Berlin

Mückenberger, Ulrich (1991): Re-Regulierung neuer Beschäftigungsformen – Kann »atypische« Beschäftigung sozialverträglich sein? 203-224. In: Semlinger, Klaus (Hrsg.), Flexibilisierung des Arbeitsmarktes. Interessen, Wirkungen, Perspektiven, Frankfurt a. M./New York

Mückenberger, Ulrich/Raasch, Sybille/Matthies, Hildegard/Peter, Edgar: Gesellschaftspolitische Anforderungen an die Neugestaltung der Arbeitsverhältnisse: ArbeitnehmerInnen als StaatsbürgerInnen im Betrieb, 39-56. In: Klein, Martina (Hrsg.), Nicht immer, aber immer öfter. Flexible Beschäftigung und ungeschützte Arbeitsverhältnisse, Marburg

Müller-Jentsch, Walther (1987): Eine neue Topographie der Arbeit. Organisationspolitische Herausforderungen für die Gewerkschaften. In: Leviathan, Sonderband 8:159-175

Müller-Jentsch, Walther (1989): Basisdaten der industriellen Beziehungen, Frankfurt a.M./ New York

Müller-Jentsch, Walther (Hrsg.) (1991): Konfliktpartnerschaft. Akteure und Institutionen der industriellen Beziehungen, München und Mering

Naschold, Frieder (1982): Gesellschaftliche Entwicklung der Belastungsstruktur, 9-24. In: Friczewski, Franz/ Maschewsky, Werner/Naschold, Frieder/Wotschack, Petra/ Wotschack, Winfried (Hrsg.), Arbeitsbelastung und Krankheit bei Industriearbeitern, Frankfurt a.M./ New York

Naschold, Frieder (Hrsg.) (1985): Arbeit und Politik, Frankfurt a.M.

Nassauer, Melanie (1987): Teilzeitarbeit – Restgröße gewerkschaftlicher Tarifpolitik? 181-183 In: Kurz-Scherf, Ingrid/ Breil, Gisela (Hrsg.), Wem gehört die Zeit?, Hamburg 1987

Nassauer, Melanie (1989): Gewerkschaftliche Tarifpolitik zu Teilzeitarbeit – Skizze der Geschichte eines "verqueren" Regelungsbereichs -, 58-73. In: Müller, Ursula/Schmidt-Waldherr, Hiltrud (Hrsg.), FrauenSozialKunde, Bielefeld

Naumann, Britta (1992): Frauen in DGB-Strukturen – die unzureichende Einbindung von Fraueninteressen. In: WSI-Mitteilungen 4:241-249

Negt, Oskar (1985): Lebendige Arbeit, enteignete Zeit. Politische und kulturelle Dimensionen des Kampfes um die Arbeitszeit, Frankfurt a. M./New York

Offe, Claus/Hinrichs, Klaus/Wiesenthal Helmut (Hrsg.) (1982): Arbeitszeitpolitik, Frankfurt a. M./New York

Offe, Claus (1982): Arbeit als soziologische Schlüsselkategorie? 38-65. In: Matthes, Joachim (Hrsg.), Krise der Arbeitsgesellschaft?, 21. Deutscher Soziologentag, Bamberg 1982, Frankfurt a. M./New York

Olk, Thomas/Hohn, H.-Willy/Hinrichs, Karl/Heinze, Rolf G. (1979): Lohnarbeit und Arbeitszeit. Arbeitsmarktpolitik zwischen Requalifizierung der Zeit und kapitalistischem Zeitregime. In: Leviathan 7:151-173/376-405

Olson, Mancur (1968): The Logic of Collective Action. Public Goods and the Theory of Groups, Cambridge, Mass., Harvard Univeriy Press

Oppolzer, Alfred/Wegener, Hartmut/Zachert, Ulrich (Hrsg.) (1986): Flexibilisierung und Deregulierung – Arbeitspolitik in der Wende, Hamburg

Ostner, Ilona/Willms, Angelika (1982): Strukturelle Veränderungen der Frauenarbeit in Haushalt und Beruf? 205-230. In: Frauenforschung in den Sozialwissenschaften in der Deutschen Gesellschaft für Soziologie, Beiträge zur Frauenforschung am 21. Deutschen Soziologentag, Bamberg

Ott, Erich (1982): Neue Arbeitszeitpolitik und Job-Sharing. Bedingungen, Interessen und Gefährdung einer Individualisierung der Arbeitszeit. In: WSI-Mitteilungen 3:163-175

Peschel, Peter/Scheibe-Lange, Ingrid (1977): Zu den Beschäftigungsperspektiven des Dienstleistungssektors. In: WSI-Mitteilungen 5:328-334

Peter, Gabriele (1988): Frauendiskriminierung durch Teilzeitbeschäftigung, Frankfurt a.M./ New York

Petzina, Dietmar (Hrsg.) (1991): Ordnungspolitische Weichenstellung nach dem Zweiten Weltkrieg. Schriften des Vereins für Socialpolitik

Pfarr, Heide (1988): Die mittelbare Diskriminierung von Frauen im Erwerbsleben – Chancen eines neuen Rechtsinstitutes, 33-45. In: Gerhard, Ute/Limbach, Jutta (Hrsg.), Rechtsalltag von Frauen, Frankfurt a. M.

Pfarr, Heide/Bertelsmann, Klaus (1989): Diskriminierung im Erwerbsleben, Baden-Baden

Piore, Michael J. (1969): On-the-Job Training in the Dual Labour Market: Public and Private Responsibilities in On-the-Job Training of Disadvantaged Workers. In: Weber, Arnold R. et al. (eds.), Public-Private Manpower Policies, Madison: Industrial Relations Research Association, Wisconsin

Piore, Michael J. (1972): Notes for a Theory of Labour Market Stratification, Working Paper No. 95, Dept. of Economics, Cambridge, Mass.: M. I. T.

Piore, Michael J./Sabel, Charles F. (1985): Das Ende der Massenproduktion. Studie über die Requalifizierung der Arbeit und die Rückkehr der Ökonomie in die Gesellschaft, Berlin

Preiser, K./Witt, K. (1989): Arbeitsunfähigkeit, Berufskrankheiten und Mobilität in Berufen, Dortmund

Prinz, Karin (1992): Lebens- und Erwerbsverläufe von Frauen zwischen Kindererziehung, Beruf und eigener Existenzsicherung, 165-252. In: Veil, Mechthild/Prinz, Karin/Gerhard, Ute (Hrsg.), Am modernen Frauenleben vorbei. Verliererinnen und Gewinnerinnen der Rentenreform 1992, Berlin

Pust, Carola/Reichert, Petra/Wenzel, Anne (1983): Frauen in der BRD. Beruf, Familie, Gewerkschaften, Frauenbewegung, Hamburg

Quack, Sigrid (1993): Dynamik der Teilzeitarbeit. Implikationen für die soziale Sicherung von Frauen, Berlin

Rabe-Kleberg, Ursula (1987): Traditionelle Frauenberufe – traditionell unsicher, 147-153. In: Rudolph, Hedwig/Manthey, Helga/Mayer, Christine/Ostendorf, Helga/Rabe-Kleberg, Ursula/ Stahr, Ingeborg (Hrsg.), Ungeschützte Arbeitsverhältnisse. Frauen zwischen Risiko und neuer Lebensqualität, Hamburg

Rabe-Kleberg, Ursula (1987): Frauenberufe – Zur Segmentierung der Berufswelt, Bielefeld

Raehlmann, Irene/Meiners, Birgit/Glanz, Alexander/Funder, Maria (1993): Flexible Arbeitszeiten. Wechselwirkungen zwischen betrieblicher und außerbetrieblicher Lebenswelt, Frankfurt a. M./ New York

Reuter, Dieter (1981): Arbeitsrechtliche Aspekte neuer Arbeitszeitstrukturen. In: RdA 34:201-208

Reyher, Lutz/Bach, Hans-Uwe/Kohler, Hans/Teriet, Bernhard (1979): Arbeitszeit und Arbeitsmarkt. Volumenrechnung, Auslastungsgrad und Entlastungswirkung. In: MittAB 12:381-420

Richter, Gudrun (1989): Einstellungsverhalten von Arbeitgebern und Beschäftigungschancen von Frauen, 41-54. In: Peters, Wilhelm (Hrsg.), Frauenerwerbstätigkeit – Berichte aus der laufenden Forschung, SAMF, Paderborn

Richter, Gudrun (1989): Alte und neue Konturen der geschlechtsspezifischen Diskriminierung im Beschäftigungssystem, 102-119. In: Autorinnengemeinschaft, Arbeitsmarkt und Frauenerwerbsarbeit, SAMF, Paderborn

Riedmüller, Barbara (1988): Zur staatlichen Regulierung der Frauenarbeit, 261-280. In: Feldhoff, Jürgen/Kühlewind, Gerhard, Wehrsig, Christof/Wiesenthal, Helmut (Hrsg.), Regulierung – Deregulierung. Steuerungsprobleme der Arbeitsgesellschaft, Beiträge zur Arbeitsmarkt- und Berufsforschung, Nürnberg

Rinderspacher, Jürgen P. (1982): Gesellschaft ohne Zeit?, 164-196. In: Benseler, Frank/ Heinze, Rolf G./Klönne, Arno (Hrsg.), Zukunft der Arbeit, Hamburg

Rinderspacher, Jürgen P. (1990): Arbeit und Zeitpolitik. In: König, Helmut/von Greiff, Bodo/Schauer, Helmut (Hrsg.), Sozialphilosophie der industriellen Arbeit, Leviathan Sonderheft 11:431-448

Rinderspacher, Jürgen P. (1992): Vereinbarkeit von Familie und Beruf durch bewegliche Arbeitszeiten, 25-37 In: Raehlmann, Irene/Meiners, Birgit/Glanz, Alexander/Funder, Maria (Hrsg.), Alles unter einen Hut? Arbeits- und Lebenszeit von Frauen in der Dienstleistungsgesellschaft, Hamburg

Rosenbaum, Heidi (1982): Formen der Familie. Untersuchung zum Zusammenhang von Familienverhältnissen, Sozialstruktur und sozialem Wandel in der deutschen Gesellschaft des 19. Jahrhunderts, Frankfurt a. M.

Rosenberger, Peter (1981): Waschraum(-kauen)-Wärter. In: Scholz, J.F./Wittgens, H. (Hrsg.), Arbeitsmedizinische Berufskunde, Stuttgart

Rudolph, Hedwig (1982): Zwischen »Präferenzen« und Profit: Zur bedingten Flexibilität teilzeitarbeitender Frauen, 98-105. In: Offe, Claus/ Hinrichs, Karl/Wiesenthal, Helmut (Hrsg.), Arbeitszeitpolitik, Frankfurt a. M./New York

Rudolph, Hedwig/Duran, Marga/Klähn, Margitta/Nassauer, Melanie/Naumann, Jenny (1981): Chancen und Risiken neuer Arbeitszeitsysteme. Zur Situation teilzeitarbeitender Frauen im Berliner Einzelhandel. In: WSI-Mitteilungen 4:204-211

Rürup, Bernd (1989): Wirtschaftliche und gesellschaftliche Perspektiven der Bundesrepublik Deutschland, Schriftenreihe des Bundeskanzleramtes, Bd. 7, München

Sauerborn, Werner (1992): Vater Morgana? Notwendigkeit, Voraussetzungen und Ansatzpunkte eines wesentlichen Wertewandels bei Vätern. In: WSI-Mitteilungen 11:735-744

Scharf, Günther (1987): Geschichte der Arbeitszeitverkürzung, Frankfurt a. M.

Scharf, Günther (1988): Wiederaneignung von Arbeitszeit als Lebenszeit, 509-530. In: Zoll, Rainer (Hrsg.), Zerstörung und Wiederaneignung von Zeit, Frankfurt a. M.

Schettkat, Ronald (1987): Erwerbsbeteiligung und Politik. Theoretische und empirische Analysen von Determinanten und Dynamik des Arbeitsangebots in Schweden und der Bundesrepublik Deutschland, WZB Berlin

Schimany, Peter (1991): Teilzeitarbeit im Geschlechterverhältnis. Dissertation, Nürnberg

Schmid, Günther (1986): Flexibilisierung des Arbeitsmarkts durch Recht? Überlegungen zu einer beschäftigungswirksamen und sozialverträglichen Regulierung von Teilzeitarbeit, Überstunden und Kurzarbeit, WZB Discussion Paper IIM/LMP 86-4, Berlin

Schmid, Thomas (Hrsg.) (1985): Das Ende der starren Zeit. Vorschläge zur flexiblen Arbeitszeit, Berlin

Schmidt, Manfred G. (1993): Erwerbsbeteiligung von Frauen und Männern im Industrieländervergleich, Opladen

Schoer, Karl (1986): Teilzeitbeschäftigung in Großbritannien und in der Bundesrepublik Deutschland. In: WSI-Mitteilungen 1:21-29

Scholz, J. F./Wittgens, H. (Hrsg.) (1981): Arbeitsmedizinische Berufskunde, Stuttgart

Schudlich, Edwin (1987): Die Abkehr vom Normalarbeitstag. Entwicklung der Arbeitszeiten in der Industrie der Bundesrepublik seit 1945, Frankfurt a. M./New York

Schudlich, Edwin (1990): Arbeitsverdichtung durch kürzere Arbeitszeiten? – Anmerkungen zur Verschränkung von extensiver und intensiver Dimension der Arbeitszeit. In: WSI-Mitteilungen 3:180-187

Schupp, Jürgen (1993): Teilzeitbeschäftigung im sozialen Wandel – Längsschnittanalysen und handlungstheoretische Fundierung. Dissertation, Bochum

Seifert, Eberhard (1980): Arbeitszeitstatistik – Stichworte zu einem Problem, 173-181. In: Rinderspacher, Jürgen P. (Hrsg.): Neue Arbeitszeitregelungen – Auswirkungen auf Arbeitsmarkt und Arbeitsleben, WZB Berlin

Seifert, Eberhard (1984): Arbeitszeitforschung und ihre unzugängliche statistische Basis. In: Angewandte Sozialforschung 12:189-202

Seifert, Eberhard (1988): Ökonomie und Zeit, Frankfurt a.M.

Seifert, Hartmut (1984): Öffentliche Arbeitsmarktpolitik in der Bundesrepublik Deutschland, Köln

Seifert, Hartmut (1985): Arbeitszeitpolitik in der Bundesrepublik Deutschland. In: Wirtschaft und Gesellschaft 11:309-324

Seifert, Hartmut (1987): Variable Arbeitszeitgestaltung. Arbeitszeit nach Maß für die Betriebe oder Zeitautonomie für die Arbeitnehmer? In: WSI-Mitteilungen 40:727-735

Seifert, Hartmut (1989): Beschäftigungswirkungen und Perspektiven der Arbeitszeitpolitik. In: WSI-Mitteilungen 3:156-163

Seifert, Hartmut (1989): Sozialverträgliche Arbeitszeitgestaltung – Ein neues Konzept der Arbeitszeitpolitik? In: WSI-Mitteilungen 11:670-681

Seifert, Hartmut (1991a): Perspektiven tariflicher Arbeitszeitpolitik. In: WSI-Mitteilungen 3:164-171

Seifert, Hartmut (1991b): Mehr Zeitsouveränität durch variable Arbeitszeitgestaltung? 249-269. In: Semlinger, Klaus (Hrsg.), Flexibilisierung des Arbeitsmarktes. Interessen, Wirkungen, Perspektiven, Frankfurt a.M./New York

Seifert, Hartmut/Welzmüller, Rudolf (1986): Arbeitszeitverkürzung und Verteilung. In: WSI-Mitteilungen 36:217-235

Sellien, R./Sellien, H. (1956): Dr. Gablers Wirtschafts-Lexikon, Wiesbaden

Semlinger, Klaus (Hrsg.) (1991): Flexibilisierung des Arbeitsmarktes. Interessen, Wirkungen, Perspektiven, Frankfurt a.M./ New York

Sengenberger, Werner (Hrsg.) (1978): Der gespaltene Arbeitsmarkt, Frankfurt a.M./New York

Sengenberger, Werner (1979): Zur Dynamik der Arbeitsmarktsegmentierung. In: Arbeitsmarktsegmentation – Theorie und Therapie im Lichte der empirischen Befunde, herausgegeben von Christian Brinkmann, Jürgen Kühl, Rainer Schultz-Wild, Werner Sengenberger, BeitrAB 33:1-44, Nürnberg

Sengenberger, Werner (1987): Struktur und Funktionsweise von Arbeitsmärkten. Die Bundesrepublik Deutschland im internationalen Vergleich, Frankfurt a.M./New York

Seyffert, Rudolf (1951): Wirtschaftslehre des Handels, Köln/Opladen

Sichtermann, Barbara (1987): FrauenArbeit. Über wechselnde Tätigkeiten und die Ökonomie der Emanzipation, Berlin

Sinzheimer, Otto (1976): Der Tarifgedanke in Deutschland. Arbeitsrecht und Rechtssoziologie. Herausgegeben von Kahn-Freud, Otto-H./Ramm, Thilo, Bd. 1 (Original 1915)

Stahn-Willig, Brigitte (1987): Arbeitsbedingungen und Gesundheitsbelastungen von Frauen. WSI-Arbeitspapier Nr. 17, Düsseldorf

Stoll, Evelyn (1993): Die Qualität von Teilzeitarbeit, 85-107. In: Hausen, Karin/Krell, Gertraude (Hrsg.): Frauenerwerbsarbeit. Forschungen zu Geschichte und Gegenwart. München und Mering

Stolz-Willig, Brigitte (1993): Das vernachlässigte Politikfeld: Gesellschaftliche und berufliche Realitäten teilzeitarbeitender Frauen – Plädoyer für eine Offensive, 139-148. In: Klein, Martina (Hrsg.). Nicht immer, aber immer öfter. Flexible Beschäftigung und ungeschützte Arbeitsverhältnisse, Marburg/Berlin

Stolz-Willig, Brigitte/Müller, Monika (1985): Hetze, Monotonie und Streß. Arbeitsbedingungen und Arbeitsbelastungen von Frauen, WSI Extra-Info 9, Düsseldorf

Stolz-Willig, Brigitte (1991): Vereinbarkeit von Beruf und Familie – Teilzeitarbeit und Familienpause als Königsweg? In: WSI -Mitteilungen 2:56-74

Streeck, Wolfgang (1981): Gewerkschaftliche Organisationsprobleme in der sozialstaatlichen Demokratie, Königstein/Taunus

Streeck, Wolfgang (1987): Vielfalt und Interdependenz: Probleme intermediärer Organisationen in sich ändernden Umwelten, WZB Discussion Paper IIM/LMP 87-3, Berlin

Strümpel, Burghard/Prenzel, Wolfgang/Scholz, Joachim/Hoff, Andreas (1988): Teilzeitarbeitende Männer und Hausmänner. Motive und Konsequenzen einer eingeschränkten Erwerbstätigkeit bei Männern, Berlin

Tenbensel, Bernd (1987): Arbeit, Qualifikation und Kontrolle im Einzelhandel. Dissertation, Dortmund

Teriet, Bernhard (1976): Neue Strukturen der Arbeitszeitverteilung, Göttingen

Teriet, Bernhard (1977): Wiedergewinnung der Zeitsouveränität. In: Technologie und Politik 8:75-111, Reinbek

Teriet, Bernhard (1980): Mit mehr Zeitsouveränität zu einer neuen Arbeitszeitpolitik. In: WSI-Mitteilungen 12:712-722

Teriet, Bernhard (1982): Flexible Arbeitszeitgestaltung – Zeitsouveränität und Zeitökonomie, 28-37. In: Heymann, H./Seiwert, L. (Hrsg.), Job Sharing – Flexible Arbeitszeit durch Arbeitsplatzteilung, Grafenau

Teske, Ulrike (1987): Frauenarbeit im Einzelhandel – Das freundliche Gesicht einer Verkäuferin steht im krassen Gegensatz zu ihren Arbeitsbedingungen. 66-84 In: HBV (Autorengruppe), Dienst am Kunden? Der Handel zwischen Flexibilisierung und Ladenschluß, Hamburg

Teske, Ulrike/Wiedemuth, Jörg (1986): Arbeitszeit im Einzelhandel. Humane Gestaltung oder Flexibilisierung. In: WSI-Mitteilungen 5:347-356

Teubner, Ulrike (1992): Geschlecht und Hierarchie, 45-50. In: Wetterer, Angelika (Hrsg.), Profession und Geschlecht, Frankfurt a. M./New York

Tietz, Bruno (1985): Der Handelsbetrieb. Grundlagen der Unternehmenspolitik, München

Trautwein-Kalms, Gudrun (1987): Teilzeitarbeit und Befristung – Perspektiven der Arbeitszeit für Frauen? WSI-Arbeitsmaterialien Nr. 13

Traxler, Franz (1991): Gewerkschaften und Arbeitgeberverbände Probleme der Verbandsbildung und Interessenvereinheitlichung, 139-165. In: Müller-Jentsch, Walther (Hrsg.), Konfliktpartnerschaft. Akteure und Institutionen der industriellen Beziehungen, München und Mering

Vobruba, Georg (1982): Interessendifferenzierung und Organisationseinheit. Arbeitszeitflexibilisierung als gewerkschaftliches Organisationsproblem, 219-232. In: Offe, Claus/Hinrichs, Karl/Wiesenthal, Helmut (Hrsg.), Arbeitszeitpolitik. Formen und Folgen einer Neuverteilung der Arbeitszeit, Frankfurt a. M./New York

Vobruba, Georg (1985): Wege aus der Flexibilisierungsfalle. Plädoyer für die Verbindung von Arbeitszeitverkürzung, Flexibilisierung und garantiertem Grundeinkommen, 25-39. In: Schmid, Thomas (Hrsg.), Das Ende der starren Zeit. Vorschläge zur flexiblen Arbeitszeit, Berlin

Vocke, Hans (Hrsg.) (1959): Geschichte der Handwerksberufe, Band 1, Waldshut/Baden

Voswinkel, Stefan (1989): Ist Abweichung prekär? In: Die Mitbestimmung 9/10:536-540

Wagner, Hilde (1992): Arbeitsentgelt im Spannungsfeld betrieblicher und gesellschaftlicher Veränderung, Schriftenreihe der Otto Brenner Stiftung Band 54, Frankfurt a. M.

Wald, Renate (1985): Verkaufen – eine Dienstleistung im Strukturwandel, Frankfurt a. M.

Wank, Rolf (1985): Die Teilzeitbeschäftigung im Arbeitsrecht. In: Recht der Arbeit 1:9

Wegehaupt-Schneider, Ingeborg (1985): Frauenindustriearbeit in Deutschland: Eine Konkurrenz für die männlichen Industriearbeiter auf dem Arbeitsmarkt, Zur Geschichte der sozialen, politischen und ökonomischen Bedingungen der Frauenindustriearbeit in Deutschland von der Industrialisierung bis zum Ende des Zweiten Weltkriegs, Göttingen

Weiler, Anni (1992): Frauenlöhne – Männerlöhne. Gewerkschaftliche Politik zur geschlechtsspezfischen Lohnstrukturierung. Dissertation, Frankfurt a. M.

Weitzel, Renate/Hoff, Andreas (1981): Möglichkeiten und Grenzen der öffentlichen Förderung von Teilzeitarbeit – Ergebnisse einer Explorativstudie, WZB Discussion Paper IIM/LMP 81-8, Berlin

Weltz, Friedrich/Diezinger, Angelika/Lullies, V./Marquard, Regine (1979): Junge Frauen zwischen Beruf und Familie, Frankfurt a. M./New York

Welzmüller, Rudi (1989): Arbeitszeitverkürzung, veränderte Beschäftigungsformen und soziale Sicherung. Zugleich ein Beitrag zur Diskussion des neuen sozialpolitischen Programms des DGB. In: WSI-Mitteilungen 3:163-172

Weyrather, Irmgard (1990): Erfreuliche Bilder deutschen Neuaufbaus – Frauenarbeit in »Männerberufen« nach 1945, 133-148. In: König, Helmut/von Greiff, Bodo/Schauer, Helmut (Hrsg.), Sozialphilosophie der industriellen Arbeit, Leviathan Sonderheft 11: 133-148

Wiedemuth, Jörg (1985): Bedeutung und Funktion des Einzelhandels, 14-63. In: HBV, (Gewerkschaft Handel, Banken und Versicherungen) – Glaubitz, Jürgen/Zmuda-Schamper, Erna et al., Hinter Neonlicht und Glitzerwelt, Hamburg

Wiesenthal, Helmut/Offe, Claus/Hinrichs, Karl/Engfer, Uwe (1983): Arbeitszeitflexibilisierung und gewerkschaftliche Interessenvertretung – Regelungsprobleme und Risiken individualisierter Arbeitszeiten. In: WSI-Mitteilungen 36:585-595

Wiesenthal, Helmut (1985): Themenraub und falsche Allgemeinheiten, 9-24. In: Schmid, Thomas (Hrsg.), Das Ende der starren Zeit. Vorschläge zur flexiblen Arbeitszeit, Berlin

Wiesenthal, Helmut (1986): Zwischen Verkürzung und Flexibilität – Arbeitsumverteilung diesseits der schlechten Utopie der 20-Stunden-Woche, 116-131. In: Maier, Hans E./Schmid, Thomas (Hrsg.), Der goldene Topf. Vorschläge zur Auflockerung des Arbeitsmarktes

Wiesenthal, Helmut (1987a): Strategie und Illusion. Rationalitätsgrenzen kollektiver Akteure am Beispiel der Arbeitszeitpolitik 1980-1985, Frankfurt a. M./New York

Wiesenthal, Helmut (1987b): Rational Choice. In: Zeitschrift für Soziologie, Heft 16:434-449

Willms-Herget, Angelika (1985): Frauenarbeit. Zur Integration der Frauen in den Arbeitsmarkt, Frankfurt a. M./New York

Winter, Regine (Hrsg.) (1994): Frauen verdienen mehr. Zur Neubewertung von Frauenenarbeit im Tarifsystem, Berlin

Wompel, Margarete (1985): Zeitliche Flexibilisierung der Frauenerwerbstätigkeit als Humanisierungsstrategie, Diplomarbeit, Universität Bochum, Fakultät für Sozialwissenschaft, Bochum

Zachert, Ulrich (1988): Entwicklung und Perspektiven des Normalarbeitsverhältnisses. In: WSI-Mitteilungen 8:457-466

Zachert, Ulrich (1989): Die Sicherung und Gestaltung des Normalarbeitsverhältnisses durch Tarifvertrag, Baden-Baden

Zmuda-Schamper, Erna (1984): Neue Arbeitszeitmodelle – für Frauen besonders geeignet? In: frauen und arbeit 2-12

Zoll, Rainer (Hrsg.) (1988): Zerstörung und Wiederaneignung von Zeit, Frankfurt a.M.

Quellen

Arbeitgebervereinigungen

BDA (Bundesvereinigung der Deutschen Arbeitgeberverbände) (Hrsg.) (1984): Mehr Beschäftigung durch flexible Teilzeitarbeit, Köln

BDA (Bundesvereinigung der Deutschen Arbeitgeberverbände) (Hrsg.) (1987): Flexible Teilzeitarbeit. Chance für verbesserte Wirtschaftlichkeit und mehr Beschäftigung, Köln

BDA (Bundesvereinigung der Deutschen Arbeitgeberverbände) (1986): Jahresbericht 1984, Köln

BDA (Bundesvereinigung der Deutschen Arbeitgeberverbände) (1988): Jahresbericht 1985, Bergisch-Gladbach

Deutsches Handelsinstitut (1990): Betriebs- und mitarbeitergerechte Arbeitszeitregelungen im Einzel- und im Großhandel (ARIEL). Eine des Untersuchung Einzelhandels. Teil 1 und Teil 2, Köln

HDE (Hauptgemeinschaft des Deutschen Einzelhandels) (o.J.): Auswirkungen einer tariflich vereinbarten 35-Stunden-Woche auf den Einzelhandel. Ergebnisse einer HDE Untersuchung, Köln

HDE (Hauptgemeinschaft des Deutschen Einzelhandels): Geschäftsberichte der Jahrgänge 1970-1990, Köln

Deutsche Angestellten-Gewerkschaft

»*Frauenstimme*«, Mitgliederzeitschrift der DAG, Jahrgänge 1960-1972 (danach eingestellt)

»Die Angestellten«, Mitgliederzeitschrift der DAG, Jahrgänge 1970-1989

DAG (Deutsche Angestellten-Gewerkschaft) (1971): Tätigkeitsbericht der Hauptabteilung Weibliche Angestellte in der DAG. April 1967 bis März 1971, Hamburg

DAG (Deutsche Angestellten-Gewerkschaft): Kongreßberichte und Protokolle der Jahrgänge 1971, 1975, 1979, 1983, 1987

DAG (Deutsche Angestellten-Gewerkschaft) (1974): Frauen in Beruf und Familie. Tagungsbericht 9. Bundesfrauenkonferenz 1. – 3.11.1974, Hamburg

DAG (Deutsche Angestellten-Gewerkschaft) (1983): Frauen in der Arbeitswelt gleichberechtigt? Tagungsbericht 11. Bundesfrauenkonferenz, o.O.

»*Teilzeitarbeit*« (1983), Arbeitshilfe, herausgegeben von der Vorstandsabteilung »Weibliche Angestellte« der DAG

»*Teilzeitarbeit* im Handel. Geteilte Arbeit – geteilte Rechte. Absicherung qualifizierter Teilzeitarbeit mit der DAG« (1985), herausgegeben von der »Bundesberufsgruppe Kaufmännische Angestellte«

DAG Bundesvorstand (1987): Eckpunkte zu einem Tarifvertrag über Teilzeitarbeit, Hamburg

»*Arbeitshilfe Teilzeitarbeit*« (1988), herausgegeben von der Bundesberufsgruppe Handel, Verkehr und Private Dienste

Gewerkschaft Handel, Banken und Versicherungen

HBV (Gewerkschaft Handel, Banken und Versicherungen): Protokoll des 3. Gewerkschaftstages 1955

HBV (Gewerkschaft Handel, Banken und Versicherungen): Geschäftsberichte und Protokolle der Jahrgänge 1968/71, 1972/75, 1976/79, 1980/83, 1984/87

HBV (Gewerkschaft Handel, Banken und Versicherungen): Fachgruppenstatistiken der Jahrgänge 1970-1979 und 1984-1989

»*Der Ausblick*«, Mitgliederzeitschrift der Gewerkschaft HBV, Jahrgänge 1970-1989

HBV (Gewerkschaft Handel, Banken und Versicherungen) (Hrsg.) (1972a): Technischer Wandel im Einzelhandel – Fortschritt oder Rückschritt für den Arbeitnehmer? Bearbeitet von Ingrid Scheibe-Lange, Schriftenreihe für Betriebsräte und Vertrauensleute, Heft 2, Düsseldorf

HBV (Gewerkschaft Handel, Banken und Versicherungen) (Hrsg.) (1972b): Warenhäuser in der Expansion Karstadt – Kaufhof – Horten im Spiegel der Bilanzen. Bearbeitet von Ingrid Scheibe-Lange, Schriftenreihe für Betriebsräte und Vertrauensleute, Heft 4, Düsseldorf

HBV (Gewerkschaft Handel, Banken und Versicherungen) (Hrsg.) (1976): Rationalisierung, Gewinn- und Personalpolitik der Warenhäuser Karstadt, Kaufhof, Horten und Neckermann. Bearbeitet von Ingrid Scheibe-Lange, Schriftenreihe für Betriebsräte und Vertrauensleute, Heft 7, Düsseldorf

HBV (Gewerkschaft Handel, Banken und Versicherungen) – Hauptvorstand, Abteilung Frauen. Hoffmann, Elfriede/Zmuda-Schamper, Erna (Hrsg.) (1982): Arbeitsheft Teilzeitarbeit – nicht nur ein Problem für Frauen, Düsseldorf

HBV (Gewerkschaft Handel, Banken und Versicherungen): 1. HBV-Bundesfrauenkonferenz 1984

HBV (Gewerkschaft Handel, Banken und Versicherungen) – Glaubitz, Jürgen/Zmuda-Schamper, Erna et al. (1985): Hinter Neonlicht und Glitzerwelt. Arbeiten im Kaufhaus, Hamburg

HBV (Gewerkschaft Handel, Banken und Versicherungen) – Hauptvorstand, Hauptfachabteilung Handel und Tarifpolitik (Hrsg.) (1987): Teilzeitarbeit. Auch Teilzeitbeschäftigte haben Rechte! Gegen Kapovaz und Arbeit auf Abruf, Düsseldorf

HBV (Gewerkschaft Handel, Banken und Versicherungen) (Autorengruppe) (1987): Dienst am Kunden? Der Handel zwischen Flexibilisierung und Ladenschluß, Hamburg

HBV (Gewerkschaft Handel, Banken und Versicherungen): 2. HBV-Bundesfrauenkonferenz 1988

HBV (Gewerkschaft Handel, Banken und Versicherungen) (1990): Teilzeitarbeit. Arbeitshilfe, Düsseldorf

HBV (Gewerkschaft Handel, Banken und Versicherungen) (1992): »Geringfügig Beschäftigte« (sog. Pauschalkräfte). Arbeitshilfe für Betriebsräte, Düsseldorf

HBV (Gewerkschaft Handel, Banken und Versicherungen) (1992): Humane Arbeitszeiten im Einzel- und Großhandel (HAZEG), eine Untersuchung der Gewerkschaft HBV, mit Mitteln des Bundesministerium für Forschung und Technologie.

Industriegewerkschaft Bau-Steine-Erden

IG BSE (Industriegewerkschaft Bau-Steine-Erden): Statistische Jahrbücher 1969-1989

»*Grundstein*«, Mitgliederzeitschrift der IG BSE, Jahrgänge 1970-1989, Frankfurt a.M.

IG BSE, (Industriegewerkschaft Bau-Steine-Erden) : Geschäftsberichte und Protokolle der Jahrgänge 1972/74, 1975/78, 1979/81, 1982/84, 1985/87, 1988/90

IG BSE (Industriegewerkschaft Bau-Steine-Erden): Protokoll der 1. Bundes-Frauenarbeitstagung der IG BSE am 10./11. November 1979, Frankfurt a.M.

IG BSE (Industriegewerkschaft Bau-Steine-Erden): Protokoll der 2. Bundes-Frauenarbeitstagung der IG BSE am 1. und 2. Oktober 1983, Frankfurt a.M.

IG BSE (Industriegewerkschaft Bau-Steine-Erden) (1985): Das Geschäft mit den geringfügig Beschäftigten. Ein Situationsbericht aus dem Gebäudereiniger-Handwerk. Internes Manuskript von Hildegard Pschunder, Frankfurt a.M.

IG BSE (Industriegewerkschaft Bau-Steine-Erden): Mit Frauen in die Zukunft. Protokoll der 1. Bundesfrauenkonferenz der IG BSE, 7. und 8. November 1987, Frankfurt a.M.

IG BSE (Industriegewerkschaft Bau-Steine-Erden): Ohne uns läuft nichts. Protokoll der 2. Bundesfrauenkonferenz der IG BSE, 27. und 28. Oktober 1990, Frankfurt a.M.

IG BSE (Industriegewerkschaft Bau-Steine-Erden) (Hrsg.) (1992): Frauenarbeit in der Gebäudereinigung. Bearbeitet von Doris Jindra-Süß, Ulla Kleemann, Frankfurt a.M.

IG BSE (Industriegewerkschaft Bau-Steine-Erden) (o.J.): Dienstmädchen im Wandel der Zeit. Vom Dienstmädchen zur Putzfrau. Bearbeitet von Maria Grewe, Karin Kaplan, Elinore Pabst, Frankfurt a.M.

Weitere gewerkschaftliche Publikationen

Kittner, Michael (Hrsg.): Gewerkschaftsjahrbücher von 1984 (erste Ausgabe) bis 1990

WSI (Wirtschafts- und Sozialwissenschaftliches Institut des DGB) (1983): Informationspaket Flexible Arbeitszeiten, bearbeitet von Reinhard Bispinck und Brigitte Stahn-Willig, Düsseldorf

WSI (Wirtschafts- und Sozialwissenschaftliches Institut des DGB) (Hrsg.) (1987): Informationsblätter Arbeit Gesundheit Humanisierung, Nr. 8

WSI (Wirtschafts- und Sozialwissenschaftliches Institut des DGB) Tarifarchiv (1989): Tarifvertragliche Bestimmungen zur Teilzeitarbeit in ausgewählten Tarifbereichen. Stand Januar 1984, Düsseldorf

WSI (Wirtschafts- und Sozialwissenschaftliches Institut des DGB) (Hrsg.) (1989): Informationsdienst Arbeit 1:6

Johanna Hellmann

Betriebsauflösung und Betriebsrat

Konsequenzen der Betriebsauflösung für den Bestand betriebsverfassungsrechtlicher Aufgaben und die Rechtsstellung des Betriebsrats

---

Unternehmerisch gesteuerte Veränderungen eines Betriebes berühren die vom Gesetz vorgesehene Ordnung betrieblicher Mitbestimmung. Untersuchungsgegenstand des Werkes ist die Frage, welche Konsequenzen die Auflösung des Betriebes für den Bestand des Betriebsrats und die Wahrnehmung betriebsverfassungsrechtlicher Aufgaben hat. Unter Berücksichtigung der zu dieser Frage vertretenen Auffassungen in Rechtsprechung und Literatur wird als Ergebnis formuliert, daß in sinngemäßer Anwendung der gesetzlichen Vorschriften und wissenschaftlichen Konstruktionen hinsichtlich der Auflösung körperschaftlich organisierter Personenmehrheiten der Betriebsrat ein „Restmandat" über den Untergang des Betriebes hinaus behält. Im Hinblick auf die Vielfalt der gerade in der Auflösungsphase entstehenden Interessenkonflikte – genannt sei nur die Aushandlung eines Sozialplans – betrifft das Werk einen Bereich besonders hoher praktischer Relevanz.

1994, 174 S., brosch., 44,– DM, 310,– öS, 40,– sFr,
ISBN 3-7890-3402-9
(Schriften der Hans-Böckler-Stiftung, Bd. 18)

NOMOS VERLAGSGESELLSCHAFT
Postfach 610 • 76484 Baden-Baden